Guide and Index to the Texas Confederate Audited Civil and Military Claims

1861-1865

By
The Texas State Archives

Edited by Robert de Berardinis

HERITAGE BOOKS
2008

HERITAGE BOOKS
AN IMPRINT OF HERITAGE BOOKS, INC.

Books, CDs, and more—Worldwide

For our listing of thousands of titles see our website
at
www.HeritageBooks.com

Published 2008 by
HERITAGE BOOKS, INC.
Publishing Division
100 Railroad Ave. #104
Westminster, Maryland 21157

Copyright © 2008 Robert de Berardinis

Other books by the author:

*Guide and Index to the Republic of Texas Donation Voucher Files, 1879-1887;
and Confederate Scrip Voucher Files, 1881-1883,
in the Texas General Land Office*
Texas General Land Office, Edited by Robert de Berardinis

*Guide and Indexes to the Conserved and Microfilmed Harris County, Texas
Records of Oaths and Allegiance, Declarations of Intent,
and Final Naturalizations, 1886-1906*

Cover illustration is a scan of an 1862 issue Confederate $1, Catalogue
No. T-44. It depicts a standing liberty, an ocean going steamship,
and Lucy Pickens, wife of South Carolina Governor Pickens.

All rights reserved. No part of this book may be reproduced or transmitted in any form or by any means,
electronic or mechanical, including photocopying, recording or by any information storage and retrieval system
without written permission from the author, except for the inclusion of brief quotations in a review.

International Standard Book Numbers
Paperbound: 978-0-7884-4766-2
Clothbound: 978-0-7884-7566-5

Table of Contents

Preface v

Primer on Confederate Research vi

Guide to the Audited Civil Claims 1

    Alphabetical Index by Name 9

    Numerical Listing by Claim Number 65

Guide to the Audited Military Claims 121

    Alphabetical Index by Name 127

    Numerical Listing by Claim Number 245

Preface

The Texas Confederate Audited Claims, both Civil and Military, and the Texas Indigent Confederate Families serve to identify and locate civilians and soldiers' families during the Civil War in Texas. These two record sets are about all that is accessible currently (at the time of publishing). There is currently very little available to the researcher for the documentation of Texas civilians and soldiers' families during this turbulent period. This is due to a number of factors including the growing lack of paper during the Civil War as well as lack of trained bureaucrats to record. There are three other records sets in the Texas State Archives that can help researchers of civilians. They are: the Warrant Ledgers, the Military Board Records, and the Appropriations Ledgers. Of these, the Warrant Ledgers are the most accessible and the ten volume set with their separate one volume index has been microfilmed as *The General Warrant Registers and Index of the State of Texas, 1846–1885*. Also available on microfilm is *Civil War Register of Military Vouchers and Warrants, 1862–65*. The Military Board collection has not been processed and the Appropriation Ledgers without an index are very difficult to use.

Photocopies are available by mail from the Texas State Archives of all of the claims found in both sets. Researchers should identify the claims by their number and names as written in this guide when writing to the state archives for photocopies. The address is:

> Research Room
> Texas State Archives
> P.O. Box 2927
> Austin, TX 78711-2927.

For more on Texas Confederate research, see "Primer on Texas Confederate Research" found herein. This primer also contains an extensive bibliography of microfilmed records available to the researcher.

The differentiation between the claim sets—civil and military—are based on the nature of service, i.e., did it assist the state of Texas in its civil capacity or military capacity? By military capacity, it could be the selling of any number of different items the "war machine" needed as well as providing services or slaves, anything the state felt was of direct military usage. To the genealogist, there are items in both claims of direct genealogical usage, such as powers of attorney, claims from probates, marriage and death records (or their statement), etc.

The Editor

Houston, Texas
Patty's birthday, my sweet sister in law
September 11

Primer on Texas Confederate Research

This primer is designed as a "step by step" beginner's guide using primarily the document collections found in the Texas State Archives and Texas General Land Office and not the U.S. National Archives. This is not an exhaustive or definitive treatise. It also addresses as a convenience to researchers, other major microfilm and document collections as well as bibliographies on Confederate research.

The researcher must first acquire all the information from the abstract card for a given officer or enlisted man. These are found in the eight roll microfilm collection, *Texas Confederate Military Service Records*.[1] It is important to note the company commander, the unit designation and name, and the county, if given. In other words, collect all information on the veteran from the card files. With this information, the researcher should then acquire the military roll numbers from the *Index to the Civil War Military Rolls Alphabetical List and by County*.[2] The researcher should also note any information concerning the unit of the soldier in the county section of this index. The county section is alphabetically arranged and begins after "Z" of the main index. The thorough researcher will also consult the *Index to the Civil War Military Rolls by Organizational Units* for any additional information. In all cases, the researcher will be collecting roll numbers.

Armed with these roll numbers, the researcher will then use the *Civil War Military Rolls, 1855–1865*, which are arranged by roll number in ascending order. There are gaps in the numbering but this should not concern the researcher. It is important to note that a roll number may contain more than one document or roll. The rolls themselves may be something other than muster rolls, i.e., election of officers' returns, pay rolls, enlistment rolls, etc. About one-fifth to one-fourth of the documents in the *Civil War Military Rolls, 1855–1865*, are so fragile that they have not been seen by the public in the past twenty years. All of them are designated as "map case" files. Additionally, the finding aid of the *Civil War Military Rolls, 1855–1865*, does identify the forty-three military rolls which were not abstracted onto the cards. They are:

# 73	# 705	# 801	# 844	# 987
# 95	# 734	# 802	# 846	# 989
# 134	# 778	# 803	# 848	# 1173
# 165	# 781	# 804	# 849	# 1354
# 298	# 786	# 833	# 850	# 1383
# 458	# 787	# 834	# 855	# 1562

---

[1] [Texas State Archives], *Texas Confederate Military Service Records*, 8 rolls (microfilm edition; Austin: Texas State Archives, 1976). This is available for purchase or interlibrary Loan.

[2] Index to the Civil War Military Rolls Alphabetical List and by County (microfilm edition; Austin: CLF, 2004).

Primer on Texas Confederate Research

Rolls Missing from the *Civil War Military Rolls*, Continued

# 605	# 788	# 836	# 866	# 1577
# 608	# 789	# 837	# 868	
# 614	# 792	# 838	# 912	

There are further avenues for Confederate research with the materials in the Texas State Archives. There are eighteen other sets of source material to be explored.[3] They are:

1. *5th Military District/District of Texas Records, 1865–1870* (Adj. Gen. Dept.),[4]
2. *Adjutant General Service Records*, with Indexes (Adj. Gen. Dept.),[5]
3. *Civil War Records, 1855, 1860–66*, (Adj. Gen. Dept.),
4. *Confederate Pension Application Records, 1899–1979*, with Indexes (Comptroller's Office),[6]
5. *Confederate Pension Payments Volumes, 1899–1905, 1909–1910, 1915–1966*, with Indexes (Comptroller's Office),[7]
6. *Confederate Audited Civil Claims*, with Indexes (Comptroller's Office),
7. *Confederate Audited Military Claims*, with Indexes (Comptroller's Office),[8]

---

[3] The compiled finding aid for these items on this list as well as the *Civil War Military Rolls, 1855–65*, may be found online at TARO, Texas Archival Resources Online, at: < www.lib.utexas.edu/taro/index.html>. Always use the archival title, not the microfilm title, for searches. All titles, except the *Confederate Scrip Vouchers*, are at the Texas State Library and Archives Commission.

[4] These were microfilmed as *Military Records of Texas Reconstruction, 1865–70* (microfilm edition; Austin: CLF, 2006).

[5] These records with a new online index are found online at the Texas State Archives website. A print version of all the service record indexes is available as Anthony Black [& TSLAC Staff], *Guide and Index to the Texas Adjutant General Service Records, 1836–1935*, Robert de Berardinis, ed., (Westminster, Md.: Heritage Books, 2008). The relevant portion of microfilm is titled *Confederate & Texas State Troops Service Records, 1861–1865* (Houston: CLF, 2006).

[6] These are currently being digitized for online publication at the website of the Texas State Archives.

[7] These and the previous records have been microfilmed with a new index. The Confederate Pension Applications were microfilmed by the Genealogical Society of Utah. This set is obsolete. Currently, information from the mortuary warrants and pay stubs is being included in the funded pension application folders and being digitized by the Texas State Archives. The payment series, except for the early payment stubs, was microfilmed as *Confederate Pension Warrant Registers and Stubs, 1950–55* (microfilm edition; Houston: CLF, 2005)., and *Texas Confederate Mortuary Warrant Registers, 1917–66*, (microfilm edition; Houston: CLF, 2005).. There is a comprehensive guide to all of the pension records with a corrected index to the online index as Black, Anthony and Texas State Library and Archives Commission, *Guide & Index to Texas Confederate Pension Application and Payment Records, 1899–1979*, Robert de Berardinis, ed., 2 vols., (Westminster, Md.: Heritage Books, 2008).

Primer on Texas Confederate Research

Additional Source Material at the Texas State Archives, *Continued*

8. *Departmental Correspondence, 1846–1943* (Adj. Gen. Dept.),[9]
9. *Applications for Special Pardons for Former Texas Confederates, 1865–1867* (),
10. *Indigent Confederate Families, 1863–1865*, with Index (Comptroller's Office),[10]
11. *Records of Sam Houston, 1824–1862* (Governor's Office),[11]
12. *Records of Edward Clark, 1861* (Governor's Office),[12]
13. *Records of Francis R. Lubbock, 1861–1881* (Governor's Office),[13]
14. *Records of Pendleton Murrah, 1863–1865* (Governor's Office),[14]
15. *Register of Military Vouchers and Warrants (and Civil Warrants Drawn on Military Appropriations), 1862–1865* (Treasurer's Office),[15]
16. *Special Appropriations Ledgers: Other, 1860–1865, 1879, 1881–1885, 1897–1909* (Comptroller's Office),[16]

---

[8] An index and guide is available in print as Texas State Library and Archives Commission, *Guide and Index to the Texas Confederate Audited Civil and Military Claims, 1861–1865*, Robert de Berardinis, ed., (Westminster, Md.: Heritage Books, 2008).

[9] The correspondence from 1846 through 1860 was microfilmed as *Ante-Bellum Correspondence of the Texas Adjutant General, 1846–61* (microfilm edition; Austin: CLF, 2006). The Correspondence and Letter Books from 1861 through 1865 was microfilmed as *Civil War Correspondence of the Texas Adjutant General, 1861–65* (microfilm edition; Austin: CLF, 2006). The correspondence from 1865 through 1877 was microfilmed as *Reconstruction Correspondence of the Texas Adjutant General, 1865–77* (microfilm edition; Austin: CLF, 2006). The Indexes to Letters Received and Registers of Letters Received, but not the Letterpress Books from 1870 through 1883 were microfilmed as *Indexes to the Registers of Letters Received by the Texas Adjutant General, 1870–83* (microfilm edition; Houston: CLF, 2005) and *Registers of Letters Received by the Texas Adjutant General, 1870–83* (microfilm edition; Houston: CLF, 2005), respectively. This is followed by the series *Early Modern Correspondence of the Texas Adjutant General, 1877–83* (microfilm edition; Austin: CLF, 2006).

[10] These were microfilmed as *Indigent Confederate Families, 1863–65* (microfilm edition; Austin: CLF, 2006). An index is available online and by Robert de Berardinis.

[11] Only the *Executive Record Books of Appointments*, etc. made by President and Governor Houston have been microfilmed already by the Texas State Archives. This is just a small part of this collection.

[12] Only the *Executive Record Books of Appointments*, etc. made by Governor Clark have been microfilmed already by the Texas State Archives. This is just a small part of this collection.

[13] Only the *Executive Record Books of Appointments*, etc. made by Governor Lubbock have been microfilmed already by the Texas State Archives. This is just a small part of this collection.

[14] Only the *Executive Record Books of Appointments*, etc. made by Governor Murrah have been microfilmed already by the Texas State Archives. This is just a small part of this collection.

[15] This was microfilmed as *Civil War Register of Military Vouchers and Warrants, 1862–65* (Houston: CLF, 2005). There is no finding aid or index to this unprocessed volume.

[16] This was microfilmed as *Special Appropriation Ledgers for the Frontier Defense of Texas, 1861–65, 1879* (microfilm edition; Houston: CLF, 2005).

Primer on Texas Confederate Research

Additional Source Material at the Texas State Archives, *Continued*

17. *Strays Collection, State Military Board Strays, 1860–1864* (Military Board) and
18. *Texas State Military Board Records, 1861–1865, 1955* (Military Board).[17]

At the time of this writing, the Texas State Archives is digitizing the *Adjutant General Service Records* for placement on their web site. Already on the Texas State Archives' web site[18] is a searchable index to those records as well as to the series, *Indigent Confederate Families*, and *Confederate Pension Applications*. There are also printed copies of the *Index to Indigent Confederate Families, 1863–65*, by both surname and county.[19] Photocopies from the *Confederate Pension Applications* may be ordered from the Texas State Archives.[20] There is no index to the *Civil War Records* or the *Departmental Correspondence*. Indeed, the finding aids are very brief as to contents, in many cases giving only beginning and ending dates for files.

There is another avenue for Confederate research, a series of records from the Texas General Land Office, *Confederate Scrip Voucher Files, 1881–1883*. Now available on microfilm,[21] these are the files documenting claims for land scrip in units of 1,280 acres issued to widows of Confederate soldiers or disabled Confederate soldiers as authorized by legislative act of April 5, 1881. The files include eligibility statements. These files are arranged by file number. To access these numbered files, the researcher should consult the online name index at the Texas General Land Office web site,[22] or the printed version of the index, edited by the author,.[23]

Of course, researchers should avail themselves of personal paper collections and source material found at other repositories in Texas and in other states, in particular, the Confederate Memorial Hall collection found at Tulane University Howard-Tilton Libraries Special Collections in New Orleans. Also to be noted is

---

[17] These last two collections are unprocessed, not microfilmed, and without finding aids.
[18] <http://www.tsl.state.tx.us/arc/>, scroll down the page to the database links for each.
[19] See by this author.
[20] Also, at the time of this writing, the David Lowe Chapter of the United Daughters of the Confederacy will be microfilming (with finding aids) the *Civil War Records, 1855–1865*.
[21] *Confederate Scrip Voucher Files, 1881–1883* (microfilm edition; Austin: CLF, 2004).
[22] <http:www.glo.tx.us>
[23] Texas General Land Office, *Index and Guide to the Republic of Texas Donation Vouchers, 1879–1887, and Confederate Scrip Voucher Files, 1881–1883, in the Texas General Land Office*, Robert de Berardinis, ed., (Westminster, Md.: Heritage Books, 2008).

the newly available[24] (on the Internet) text in the otherwise impossibly large, *War of the Rebellion*.[25]

No research on Texas Confederates can be considered thorough without consulting the material found in the U.S. National Archives[26] and their numerous Civil War microfilm publications.[27] At the time of filming, the following list was compiled of available microfilm publications from the National Archives Trust Board (the vendor of the microfilm):

Confederate Service Records and Their Indexes

M227, *Index to Compiled Service Records of Confederate Soldiers Who Served in Organizations from the State of Texas.*

M253, *Consolidated Index to Compiled Service Records of Confederate Soldiers.*

M258, *Compiled Service Records of Confederate Soldiers Who Served in Organizations Raised Directly by the Confederate Government.*

M260, *Records Relating to Confederate Naval and Marine Personnel.*

M323, *Compiled Service Records of Confederate Soldiers Who Served in Organizations From the State of Texas.*

M331, *Compiled Service Records of Confederate Generals and Staff Officers, and Nonregimental Enlisted Men.*

M347, *Unfiled Papers and Slips Belonging in Confederate Compiled Service Records.*

M818, *Index to Compiled Service Records of Confederate Soldiers Who Served in Organizations Raised Directly by the Confederate Government and of Confederate Generals and Staff Officers and Nonregimental Enlisted Men.*

M861, *Compiled Records Showing Service of Military Units in Confederate Organizations.*

T456, *Reference File Relating to Confederate Medical Officers.*

---

[24] At <http://moa.cit.cornell.edu/moa/browse.monographs/waro.html>

[25] Robert N. Scott, comp., *The War of the Rebellion: A Compilation of the Official Records of the Union and Confederate Armies*, 128 vols. (1880–1900 reprint; Gettysburg: National Historical Society, 1971–1972).

[26] Kenneth W. Munden, and Beers, Henry Putney, *Guide to Federal Archives Relating to the Civil War* (Washington: National Archives, 1962). Equally important is Henry Putney Beers, *Guide to the Archives of the Government of the Confederate States of America* (Washington: National Archives, 1968).

[27] For a near complete listing, see [National Archives Trust Board], *Military Service Records: A Select Catalog of National Archives Microfilm Publications* (Washington, D.C.: National Archives Trust Fund Board, 1985) and [National Archives Trust Board], *Microfilm Resources for Research, A Comprehensive Catalog* (Washington, D.C.: National Archives Trust Fund Board, 2000). Of course, to get a current listing, check the U.S. National Archives web site at: <http://www.nara.gov>.

Primer on Texas Confederate Research

Confederate Records Relating to Texas

M119, *Letters Sent by Lt. Col. G.H. Hill, Commander of the Confederate Ordnance Works at Tyler, Texas, 1864–1865.*

P2227, *Austin Confederate Court Dockets. 1862–1864.*

P2228, *Galveston Confederate Court Dockets, 1861–1865.*

General Confederate Records

M410, *Index to the Letters Received by the Confederate Adjutant and Inspector General and by the Confederate Quartermaster General, 1861–1865.*

M437, *Letters Received by the Confederate Secretary of War, 1861–1865.*

M469, *Letters Received by the Confederate Quartermaster General, 1861–1865.*

M474, *Letters Received by the Confederate Adjutant and Inspector General, 1861–1865.*

M499, *Letters Received by the Confederate Secretary of the Treasury, 1861–1865.*

M500, *Letters Sent by the Confederate Secretary of the Treasury, 1861, 1864–1865, 1861–1865.*

M522, *Letters Sent by the Confederate Secretary of War, 1861–1865.*

M523, *Letters Sent by the Confederate Secretary of War to the President, 1861–1865.*

M524, *Telegrams Sent by the Confederate Secretary of War, 1861–1865.*

M618, *Telegrams Received by the Confederate Secretary of War, 1861–1865.*

M627, *Letters and Telegrams Sent by the Confederate Adjutant and Inspector General, 1861–1865.*

M628, *Letters and Telegrams Sent by the Engineer Bureau of the Confederate War Department, 1861–1864.*

M836, *Confederate States Army Casualties: Lists and Narrative Reports, 1861–1865.*

M900, *Letters and Telegrams Sent by the Confederate Quartermaster General, 1861–1865.*

M901, *General Orders and Circulars of the Confederate War Department, 1861–1865.*

M909, *Papers Pertaining to Vessels of or Involved With the Confederate States of America: 'Vessel Papers.'*

M935, *Inspection Reports and Related Records Received by the Inspection Branch in the Confederate Adjutant and Inspector General's Office.*

M1091, *Subject File of the Confederate States Navy, 1861–1865.*

T1025, *Correspondence and Reports of the Confederate Treasury Department, 1861–1865.*

T1129, *Records of the Cotton Bureau of the Trans–Mississippi Department of the Confederate War Department, 1862–1865.*

Primer on Texas Confederate Research

Union Records Pertaining to Confederates

M345, *Union Provost Marshal's File of Papers Relating to Individual Civilians.*
M416, *Union Provost Marshal's File of Papers Relating to Two or More Civilians.*
M598, *Selected Records of the War Department Relating to Confederate Prisoners of War, 1861–1865.*
M621, *Reports and Decisions of the Provost Marshal General, 1863–1866.*
M918, *Register of Confederate Soldiers, Sailors, and Citizens Who Died in Federal Prisons and Military Hospitals in the North, 1861–1865.*
M1163, *Historical Reports of the State Acting Assistant Provost Marshal General and District Provost Marshals, 1865.*

General Civil War Records

M262, *Official Records of the Union and Confederate Armies, 1861–1865.*
M275, *Official Records of the Union and Confederate Navies, 1861–1865.*
M823, *Official Battle Lists of the Civil War, 1861–1865.*
M1036, *Military Operations of the Civil War: A Guide Index to the Official Records of the Union and Confederate Armies, Volume 1, 1861–1865.*
M1546, *Petitions Submitted to the U.S. Senate for the Removal of Political Disabilities of Former Confederate Officeholders, 1869–1877.*
M1815, *Military Operations of the Civil War: A Guide Index to the Official Records of the Union and Confederate Armies, Volumes 2–5, 1860–1865.*
P2282, *Correspondence of Military Commands Utilized in 'The War of the Rebellion: A Compilation of the Official Records of the Union and Confederate Armies. 1861–1865, 1862–1866.*

Robert de Berardinis

Houston, Texas
Sharon Clemon's birthday, my sister in law,
who can brighten the darkest room
August 2

This book is dedicated to
Mary Smith Fay, CG, FASG,

Teacher, friend, and yenta.

One of God's finer angels.

Confederate Audited Civil Claims, 1861–65

This series includes vouchers, affidavits, powers of attorney, claim jackets, and associated correspondence. The records comprise the claims for payment for civil services rendered for the State of Texas during the Civil War, submitted to the Texas Comptroller's office for auditing and approval. They date 1861–65. Claimants included elected and appointed state and county officials, along with the numerous members of their staffs, and private citizens. Civil services varied from serving as a member of the legislature, to serving as a district judge, to serving as an assistant clerk in one of the various state departments. Payments for goods and supplies furnished state and county offices were included along with payments for actual civil service.

The claims jackets and accompanying supportive affidavits, vouchers, and powers-of-attorney provide such information as name of claimant, position held or service performed, length of service, and amount of payment. There are more names in the index than there were claims, because of the practice of several individuals frequently submitting joint claims.

Further documentation of payments for civil services performed during the Civil War can be found in other series, especially Warrant Registers and Appropriation Registers. Finally, there is the important one volume record, Register of Military Vouchers and Warrants, 1862–65, microfilmed by Clayton Library Friends as *Civil War Register of Military Vouchers and Warrants, 1862–65*.

Arrangement

These records are stored numerically by claim number. The index that follows the finding aid (a copy of which is located in the search room of the Texas State Archives) matches the names of claimants with claim numbers. Because numbers were duplicated, the letter "A" precedes some voucher numbers in one group to avoid possible confusion. Entries in the index preceded by a dash (-) are missing. Entries that involved some question as to the correct spelling of a name or names are preceded by an asterisk (*). The surname, "Debesdernier," was regularized in the Index. All names with a formal "de" were rendered "De" with a space. All names with a formal "Van" or "Von" were rendered as such with a space following. Finally, there is the oddly, yet correctly numbered claim of # 80790, Anderson, G.

Preferred Citation for Claims

[Identify the Document], [Date of Document], Civil Claim No. [Claim Number], Confederate Audited Civil Claims, Records, Texas Comptroller's Office Archives and Information Services Division, Texas State Library and Archives Commission.

Accession Information

Accession records are too incomplete to determine when these records were transferred.

Confederate Audited Civil Claims (by Series)
"Series I" Claims

Box	Claim Numbers
2-12/949	13272–13321
2-12/950	13322–13371
2-12/951	13372–13422

Guide to Confederate Audited Civil Claims

Box 2-12/952	**Claim Numbers** 13423–13474
Box 2-12/953	**Claim Numbers** 13475–13525
Box 2-12/954	**Claim Numbers** 13526–13575
Box 2-12/955	**Claim Numbers** 13576–13625
Box 2-12/956	**Claim Numbers** 13626–13675
Box 2-12/957	**Claim Numbers** 13676–13724
Box 2-12/958	**Claim Numbers** 13726–13774
Box 2-12/959	**Claim Numbers** 13776–13825
Box 2-12/960	**Claim Numbers** 13826–13875
Box 2-12/961	**Claim Numbers** 13876–13925
Box 2-12/962	**Claim Numbers** 13926–13975
Box 2-12/963	**Claim Numbers** 13976–14025
Box 2-12/964	**Claim Numbers** 14026–14075
Box 2-12/965	**Claim Numbers** 14076–14125
Box 2-12/966	**Claim Numbers** 14126–14168

"Series II" Claims

Box 2-12/967	**Claim Numbers** 1–50
Box 2-12/968	**Claim Numbers** 51–100
Box 2-12/969	**Claim Numbers** 101–150
Box 2-12/970	**Claim Numbers** 151–200

Guide to Confederate Audited Civil Claims

Box	Claim Numbers
2-12/971	201–250
2-12/972	251–285

"Series III" Claims

Box	Claim Numbers
2-10/948	1 A–100 A
2-10/949	101 A–200 A (folder 170 A missing)
2-10/950	201 A–285 A (no Claim # 277 A) 286–300
2-10/951	301–400
2-10/952	401–500 (no Claim # 423 or 497)
2-10/953	501–600 (no Claim # 574)
2-10/954	601–700 (no Claim # 623 or 639)
2-10/955	701–800
2-10/956	801–900
2-10/957	901–1000 (no Claim # 958 or 981)
2-10/958	1001–1100 (no Claims # 1024–27, 1036–40, or 1086–93)
2-10/959	1101–1200
2-10/960	1201–1300
2-10/961	1301–1400
2-10/962	1401–1500
2-10/963	1501–1600
2-10/964	1601–1700 (no Claims # 1627 or 1649–50)

Guide to Confederate Audited Civil Claims

Box	Claim Numbers
2-10/965	1701–1800
2-10/966	1801–1900 (no Claim # 1891)
2-10/967	1901–2000 (no Claim # 1999)
2-10/968	2001–2100 (no Claim # 2020)
2-10/969	2101–2200 (no Claim # 2156)
2-10/970	2201–2300
2-10/971	2301–2400 (no Claim # 2359)
2-10/972	2401–2500
2-10/973	2501–2600 (no Claims # 2587–88)
2-10/974	2601–2700 (no Claims # 2621 or 2664)
2-10/975	2701–2721

Confederate Audited Civil Claims (by Claim Number Order)
"Series II" Claims
(Note: Claim Numbers 1–285 A are in "Series III," which follows)

Box	Claim Numbers
2-12/967	1–50
2-12/968	51–100
2-12/969	101–150
2-12/970	151–200
2-12/971	201–250
2-12/972	251–285

"Series III" Claims

Box	Claim Numbers
2-10/948	1 A–100 A

Guide to Confederate Audited Civil Claims

Box 2-10/949	**Claim Numbers** 101 A–200 A (folder 170 A missing)
Box 2-10/950	**Claim Numbers** 201 A–285 A (no Claim # 277 A) 286–300
Box 2-10/951	**Claim Numbers** 301–400
Box 2-10/952	**Claim Numbers** 401–500 (no Claim # 423 or 497)
Box 2-10/953	**Claim Numbers** 501–600 (no Claim # 574)
Box 2-10/954	**Claim Numbers** 601–700 (no Claim # 623 or 639)
Box 2-10/955	**Claim Numbers** 701–800
Box 2-10/956	**Claim Numbers** 801–900
Box 2-10/957	**Claim Numbers** 901–1000 (no Claim # 958 or 981)
Box 2-10/958	**Claim Numbers** 1001–1100 (no Claims # 1024–27, 1036–40, or 1086–93)
Box 2-10/959	**Claim Numbers** 1101–1200
Box 2-10/960	**Claim Numbers** 1201–1300
Box 2-10/961	**Claim Numbers** 1301–1400
Box 2-10/962	**Claim Numbers** 1401–1500
Box 2-10/963	**Claim Numbers** 1501–1600
Box 2-10/964	**Claim Numbers** 1601–1700 (no Claims # 1627 or 1649–50)
Box 2-10/965	**Claim Numbers** 1701–1800
Box 2-10/966	**Claim Numbers** 1801–1900 (no Claim # 1891)
Box 2-10/967	**Claim Numbers** 1901–2000 (no Claim # 1999)

Guide to Confederate Audited Civil Claims

Box	Claim Numbers
2-10/968	2001–2100 (no Claim # 2020)
2-10/969	2101–2200 (no Claim # 2156)
2-10/970	2201–2300
2-10/971	2301–2400 (no Claim # 2359)
2-10/972	2401–2500
2-10/973	2501–2600 (no Claims # 2587–88)
2-10/974	2601–2700 (no Claim # 2621 or 2664)
2-10/975	2701–2721

"Series I" Claims

Box	Claim Numbers
2-12/949	13272–13321
2-12/950	13322–13371
2-12/951	13372–13422
2-12/952	13423–13474
2-12/953	13475–13525
2-12/954	13526–13575
2-12/955	13576–13625
2-12/956	13626–13675
2-12/957	13676–13724
2-12/958	13726–13774
2-12/959	13776–13825
2-12/960	13826–13875

Guide to Confederate Audited Civil Claims

Box	Claim Numbers
2-12/961	13876–13925
2-12/962	13926–13975
2-12/963	13976–14025
2-12/964	14026–14075
2-12/965	14076–14125
2-12/966	14126–14168

Name Index to Civil Claims—Alphabetically

Claim	Surname	Name
13464		Shumard
13550	3 Asst. Draftsmen	
13551	3 Asst. Draftsmen	
13550	6-2nd Asst. Draftsmen	
13551	6-2nd Asst. Draftsmen	
406	Abercrombie	L. A.
407	Abercrombie	L. A.
13386	Abercrombie	L. A.
1	Abney	A. H.
30	Abney	A. H.
43	Abney	A. H.
130	Abney	A. H.
501	Abney	P. C.
1151	Abney	P. C.
2371	Abney	P. C.
13456	Abney	P. C.
175	Adair	Isaac
13402	Adair	Isaac
13992	Adair	Isaac
2137	Adams	F. E.
2198	Adams	F. E.
2199	Adams	F. E.
2269	Adams	F. E.
2281	Adams	F. E.
2282	Adams	F. E.
2288	Adams	F. E.
2346	Adams	F. E.
2430	Adams	F. E.
2431	Adams	F. E.
2481	Adams	F. E.
2498	Adams	F. E.
2607	Adams	F. E.
2635	Adams	F. E.
2636	Adams	F. E.
2680	Adams	F. E.
2688	Adams	F. E.
2712	Adams	F. E.
13281	Adams	W. S. J.
13428	Adams	W. S. J.
13640	Adams & Goodrich	
597	Alexander	John
2127	Alexander	John
14043	Alexander	Lewis
628	Alexander	W. J.
1	Alford	George F.
1	Alford	George F.
33	Alford	George F.
50 A	Alford	George F.
4	Alford	H. M.
39	Alford	H. M.
40	Alford	H. M.
135	Alford	H. M.
244 A	Alford	H. M.
295	Alford	H. M.
158 A	Alford	Hulbert M.
1462	Alford	I. R.
1980	Alford	J. R.
1011	Alford	James P.
1409	Allen	George
13274	Allen	W. A.
13274	Allen	W. A.
317	Allsup	R. H.
2251	Alsbury	Juana N.
702	Alston	John
80790	Anderson	G.
753	Anderson	J. H.
13611	Anderson	J. H.
13274	Anderson	J. M.
148	Anderson	M. G.
195	Anderson	M. G.
196	Anderson	M. G.
213	Anderson	M. G.
356	Anderson	M. G.
454	Anderson	M. G.
653	Anderson	M. G.
714	Anderson	M. G.
927	Anderson	M. G.
1096	Anderson	M. G.
1283	Anderson	M. G.
1560	Anderson	M. G.
2355	Anderson	M. G.
2453	Anderson	M. G.
2476	Anderson	M. G.
2578	Anderson	M. G.
13548	Anderson	M. G.
13829	Anderson	M. G.
14030	Anderson	M. G.
13853	Anderson	N.
124	Anderson	T. G.
13274	Anderson	T. S.
13972	Anderson	Thomas
14008	Anderson	Thomas
444	Anderson	W. H.

Name Index to Civil Claims-Alphabetically

1278	Anderson	W. H.	12 A	Bacon	E. M.
2089	Anderson	W. H.	27	Bacon	E. M.
953	Anderson	W. M.	180	Bacon	E. M.
105	Anderson	William M.	250	Bacon	E. M.
1915	Anderson Co. Ch. Justice		27	Bacon	R. S.
1253	Anderson Co. Court		13339	Bacon	R. S.
2193	Anderson Co. Court		69	Bagby	George H.
1100	Andrews	W. H.	1	Bagby	George W.
1282	Andrews	W. H.	1	Bagley	N. G.
1567	Andrews	W. H.	228	Bahn	A.
1770	Andrews	W. H.	1021	Bahn	A.
1817	Andrews	W. H.	1089	Bahn	A.
1875	Andrews	W. H.	13276	Bahn	A.
2101	Andrews	W. H.	2709	Baker	J. W.
2250	Andrews	W. H.	512	Baker	James A.
2273	Andrews	W. H.	667	Baker	James A.
2497	Andrews	W. H.	732	Baker	James A.
2667	Andrews	W. H.	857	Baker	James A.
921	Andrews	Wilson H.	1046	Baker	James A.
1873	Angelina Co. Ch. Justice		1553	Baker	James A.
2263	Angelina Co. Ch. Justice		1683	Baker	James A.
2303	Angelina Co. Ch. Justice		1719	Baker	James A.
1239	Angelina Co. Court		2016	Baker	James A.
1240	Angelina Co. Court		2187	Baker	James A.
126	Arlett	F. H.	2254	Baker	James A.
13311	Arlett	F. H.	2466	Baker	M. W.
4	Arlitt	F. H.	205	Baker & Smyth	
40	Arlitt	F. H.	13625	Baker & Smyth	
240	Arlitt	F. H.	13926	Baker & Smyth	
13274	Armstrong	J. R.	14156	Baker & Smyth	
13321	Armstrong	J. R.	1280	Baldridge	J. S.
13833	Armstrong	J. V.	2087	Baldridge	J. S.
13339	Armstrong	M. L.	666	Baldwin	H. B.
138 A	Armstrong & Bros.		13842	Baldwin	H. B.
718	Arrington	Joel	13844	Ballenger	Thomas
1839	Arrington	Joel	787	Ballinger	Thomas
13727	Arrington	Joel	1191	Bandera Co. Court	
13272	Askew	R. L.	13441	Bankey	Charles
13550	Asst. Clerks		13974	Banky	Charles
13551	Asst. Clerks		1	Bannerman	C. F.
2070	Atascosa Co. Ch. Justice		785	Barbour	W. D.
1549	Atascosa Co. Court		13675	Barbour	W. D.
1681	Atascosa Co. Court		703	Barclay	D. M.
2015	Austin Co. Ch. Justice		13680	Barclay	D. M.
2353	Austin Co. Ch. Justice		2271	Barclay	James
1152	Austin Co. Court		270	Barker	Samuel
235	Averett	James	681	Barnett	Thomas
2220	Aynes	D. S.	1265	Barnett	Thomas
1374	Aynes	David S.	1781	Barnett	Thomas

Name Index to Civil Claims-Alphabetically

No.	Surname	Given
13775	Barnett	Thomas
926	Barr	Robert
1701	Barr	Robert
2326	Barr	Robert
2337	Barr	Robert
13938	Barron & Cope	
14160	Barron & Cope	
627	Barrow	Z. A.
13822	Barrow	Z. A.
71	Barthelow	Jefferson
2210	Barton	J. U.
13274	Basby	George H.
1225	Bassett	R. H.
13684	Bassett	R. H.
14097	Bassett	R. H.
930	Bastian	Ed
14161	Bastian	Ed
13465	Bastrop Advertizer	
2246	Bastrop Co. Ch. Justice	
1410	Bastrop Co. Court	
13285	Batte	N. W.
1	Batte	W. C.
13274	Batte	W. C.
89	Battle	N. W.
202	Battle	N. W.
208	Battle	N. W.
300	Battle	N. W.
310	Battle	N. W.
682	Battle	N. W.
713	Battle	N. W.
13531 ½	Battle	N. W.
13540	Battle	N. W.
13742	Battle	N. W.
13924	Battle	N. W.
13937	Battle	N. W.
629	Baughn	J. H.
1673	Baughn	J. H.
13368	Baxter	E. H.
13291	Bayless	W. H.
35	Baylor	R. E. B.
448	Baylor	R. E. B.
469	Baylor	R. E. B.
685	Baylor	R. E. B.
712	Baylor	R. E. B.
911	Baylor	R. E. B.
1082	Baylor	R. E. B.
1376	Baylor	R. E. B.
1624	Baylor	R. E. B.
1882	Baylor	R. E. B.
13410	Baylor	R. E. B.
13752	Baylor	R. E. B.
13760	Baylor	R. E. B.
14005	Baylor	R. E. B.
4	Beale	Duval
27	Beale	Duval
55	Beale	Duval
275	Beale	Duval
551	Beale	Duval
649	Beale	Duval
1	Beall	W. P.
1	Bean	J. T.
1433	Bean	M. J.
1948	Bean	M. J.
14088	Bean	M. J.
1	Beasley	S. W.
13272	Beasley	S. W.
13274	Beasley	S. W.
13287	Beasley	S. W.
14143	Bee	H. P.
2030	Bee Co. Ch. Justice	
1229	Bee Co. Court	
13272	Beebe	S. P.
1799	Beech	John J.
2614	Beech	John J.
1610	Behnke	C.
1078	Bell	George D.
191	Bell	J. H.
416	Bell	J. H.
487	Bell	J. H.
1663	Bell	J. H.
1795	Bell	J. H.
1877	Bell	J. H.
2120	Bell	J. H.
2372	Bell	J. H.
13644	Bell	J. H.
61 A	Bell	James H.
63	Bell	James H.
161 A	Bell	James H.
254 A	Bell	James H.
339	Bell	James H.
563	Bell	James H.
692	Bell	James H.
749	Bell	James H.
828	Bell	James H.
909	Bell	James H.
1088	Bell	James H.
1167	Bell	James H.
1248	Bell	James H.

Name Index to Civil Claims-Alphabetically

1398	Bell	James H.
1507	Bell	James H.
1529	Bell	James H.
1594	Bell	James H.
1746	Bell	James H.
1941	Bell	James H.
2083	Bell	James H.
2203	Bell	James H.
13424	Bell	James H.
13768	Bell	James H.
13897	Bell	James H.
13957	Bell	James H.
14019	Bell	James H.
1922	Bell Co. Ch. Justice	
2361	Bell Co. Ch. Justice	
1251	Bell Co. Court	
1677	Bellville Countryman	
2365	Ben Henricks Asse.	
13339	Benevides	B.
521	Bensemann	H.
13676	Bensemann	H.
590	Besser	J. S.
1215	Besser	J. S.
1550	Besser	J. S.
1715	Besser	J. S.
1720	Besser	J. S.
131 A	Besser	John S.
186	Besser	John S.
187	Besser	John S.
188	Besser	John S.
192	Besser	John S.
402	Besser	John S.
861	Besser	John S.
1042	Besser	John S.
376	Bewley	J. B.
87 A	Bewley	S. B.
266	Bewley	S. B.
846	Bewley	S. B.
939	Bewley	S. B.
989	Bewley	S. B.
1605	Bewley	S. B.
1970	Bewley	S. B.
2295	Bewley	S. B.
13515	Bewley	S. B.
13546	Bewley	S. B.
13765	Bewley	S. B.
1878	Bexar Co. Ch. Justice	
2354	Bexar Co. Ch. Justice	
1541	Bexar Co. Court	
887	Biberstein	H.
551	Biberstein	Herman
664	Biberstein	Herman
744	Biberstein	Herman
811	Biberstein	Herman
1010	Bill	James H.
13339	Billingsley	Jesse
108	Bird	George Y.
311	Bird	Jonathan
1544	Bishop	A.
152	Bishop	J.
834	Black	J. N.
13272	Black	S. E.
13274	Black	S. E.
13274	Black	S. E.
334	Blair	John
600	Blair	John
1207	Blair	John
13485	Blair	John
13904	Blair	John
531	Blair	W. A.
13339	Blanch	E. A.
1884	Blanco Co. Ch. Justice	
1149	Blanco Co. Court	
1172	Blanco Co. Court	
1893	Blind Asylum	
122	Blocker	A. P.
173	Blocker	A. P.
257 A	Blocker	A. P.
331	Blocker	A. P.
414	Blocker	A. P.
500	Blocker	A. P.
573	Blocker	A. P.
683	Blocker	A. P.
793	Blocker	A. P.
855	Blocker	A. P.
894	Blocker	A. P.
957	Blocker	A. P.
1040	Blocker	A. P.
1087	Blocker	A. P.
1194	Blocker	A. P.
1366	Blocker	A. P.
1494	Blocker	A. P.
1597	Blocker	A. P.
1599	Blocker	A. P.
1666	Blocker	A. P.
1778	Blocker	A. P.
1804	Blocker	A. P.
1838	Blocker	A. P.

Name Index to Civil Claims-Alphabetically

1857	Blocker	A. P.
1899	Blocker	A. P.
1969	Blocker	A. P.
2074	Blocker	A. P.
2172	Blocker	A. P.
2202	Blocker	A. P.
2292	Blocker	A. P.
13322	Blocker	A. P.
13470	Blocker	A. P.
13508	Blocker	A. P.
13651	Blocker	A. P.
13790	Blocker	A. P.
13903	Blocker	A. P.
13953	Blocker	A. P.
14040	Blocker	A. P.
13879	Blunn & Walker	
13272	Blythe	William T.
78	Bobo	Lynn
13292	Bogart	Sam
2255	Boggs	Anderson
635	Booth	Dewitt C.
13832	Booth	W. C., Dr.
2032	Bosque Co. Ch. Justice	
1158	Bosque Co. Court	
1496	Bosque Co. Court	
602	Bourland	James
2429	Bowens	M. H.
1816	Bowers	M. H.
2286	Bowers	M. H.
2183	Bowie Co. Ch. Justice	
1406	Bowie Co. Court	
13274	Box	John
1	Boyd	John
38	Boyd	John
1572	Bozette *	William
107 ½	Bradford	H. E.
13272	Bradshaw	A.
142 A	Bradshaw	Amzi
228	Bradshaw	Amzi
330	Bradshaw	Amzi
965	Bradshaw	Amzi
1	Bragg	D.
13274	Brahan	R. W.
1	Branch	A. M.
13386	Branch	A. M.
2524	Bratton	L. R.
2090	Bratton	W. H.
967	Brauner	B.
2162	Brazoria Co. Ch. Justice	
1815	Brazoria Co. Court	
2026	Brazos Co. Ch. Justice	
1401	Brazos Co. Court	
30	Breeding	George W.
189	Bremond	John
1504	Bremond	John, Jr.
2291	Bremond	John, Jr.
2447	Bremond	John, Jr.
2530	Bremond	John, Jr.
2627	Bremond	John, Jr.
2643	Bremond	John, Jr.
2660	Bremond	John, Jr.
24 A	Bremond & Co.	
142	Bremond & Co.	
506	Bremond & Co.	
621	Bremond & Co.	
916	Bremond & Co.	
1093	Bremond & Co.	
1490	Bremond & Co.	
2398	Bremond & Co.	
2407	Bremond & Co.	
2408	Bremond & Co.	
13961	Bremond & Co.	
13993	Bremond & Co.	
378	Brewer	S.
2018	Brewer	S.
13867	Brewer	S.
1015	Bridgers	W. W.
2339	Brizendine	W. L.
30	Broaddus	A. S.
13272	Broaddus	A. S.
13435	Broaddus	A. S.
982	Browder	E. C.
2653	Brown	B. A.
134	Brown	Frank
371	Brown	Frank
1412	Brown	Frank
1975	Brown	Frank
2065	Brown	Frank
2136	Brown	Frank
2199	Brown	Frank
2226	Brown	Frank
2245	Brown	Frank
2338	Brown	Frank
2423	Brown	Frank
2454	Brown	Frank
2505	Brown	Frank
2526	Brown	Frank
2582	Brown	Frank

Name Index to Civil Claims-Alphabetically

13332	Brown	J. Henry
544	Brown	J. S.
529	Brown	James
1408	Brown	James
13619	Brown	James
13327	Brown	John Henry
13327	Brown	Julius R.
699	Brown	M. J.
321	Brown	Samuel. B.
4	Browne	James
40	Browne	James
158 A	Browne	James
218	Browne	James
239 ½ A	Browne	James
265	Browne	James
328	Browne	James
409	Browne	James
484	Browne	James
551	Browne	James
664	Browne	James
744	Browne	James
811	Browne	James
887	Browne	James
952	Browne	James
1001	Browne	James
1062	Browne	James
1119	Browne	James
1166	Browne	James
1246	Browne	James
1336	Browne	James
1423	Browne	James
1519	Browne	James
1589	Browne	James
1657	Browne	James
13286	Brownrigg	R. T.
13315	Brownrigg	R. T.
13329	Brownrigg	R. T.
13396	Brownrigg	R. T.
13815	Brownrigg	R. T.
95	Brush	S. B.
96	Brush	S. B.
222	Brush	S. B.
969	Brush	S. B.
1127	Brush	S. B.
1281	Brush	S. B.
1769	Brush	S. B.
13427	Brush	S. B.
13339	Bryan	K.
13364	Bryan	K.
191	Bryan	William J.
13397	Bryce	W. M.
13537	Buchanan	J. C.
13988	Buchanan	J. C.
2035	Buchanan	J. D.
2151	Buchanan	J. D.
2298	Buchanan	J. D.
2595	Buchanan	J. D.
2608	Buchanan	J. D.
2705	Buchanan	J. D.
377	Buckelew	L. B. C.
44	Buckholts	Jno.
1	Buckley	C. W.
13339	Buckley	C. W.
13519	Buckley	S. B.
190	Buckner	E. F.
315	Buckner	E. F.
342	Buckner	E. F.
598	Buckner	E. F.
599	Buckner	E. F.
761	Buckner	E. F.
762	Buckner	E. F.
763	Buckner	E. F.
907	Buckner	E. F.
1395	Buckner	E. F.
13355	Buckner	E. F.
13638	Buckner	E. F.
13795	Buckner	E. F.
14054	Buckner	E. F.
171	Burchard	P.
13305	Burditt	H. N.
77 A	Burford	N. M.
186	Burford	N. M.
206	Burford	N. M.
13654	Burford	N. M.
13492	Burford	Nat. M.
524	Burgdorf	L.
2043	Burgdorf	L.
1268	Burgdorf	Louis
176	Burlage	John
13321	Burlage	John
27	Burleson	D. C.
13364	Burleson	D. C.
2141	Burleson Co. Ch. Justice	
1387	Burleson Co. Court	
1081	Burnet Co.	
1305	Burnet Co. Court	
1813	Burnett	Isaac
1	Burnett	J. H.

Name Index to Civil Claims-Alphabetically

1698	Burney	George E.	1227	Carley	William
13334	Burroughs	J. M.	1956	Carley	William
13274	Burton	Jno. I.	2714	Carley	William
623	Byrd	W. D.	75	Carlton	Fred
1378	Byrd	W. D.	13455	Carly	William
2178	Byrd	W. D.	752	Carnall	Samuel B.
261	Byrd	William	13825	Carolan	J. M.
13330	Byrd	William	110	Carothers	Thomas
13393	Byrd	William	130 A	Carothers	Thomas
13513	Byrd	William	401	Carothers	Thomas
13796	Byrd	William	589	Carothers	Thomas
13814	Byrd	William	862	Carothers	Thomas
13826	Byrd	William	1041	Carothers	Thomas
13892	Byrd	William	1214	Carothers	Thomas
13914	Byrd	William	1477	Carothers	Thomas
13917	Byrd	William	1714	Carothers	Thomas
13918	Byrd	William	13915	Carothers	Thomas
13952	Byrd	William	340	Carpenter	J. C.
13970	Byrd	William	13706	Carpenter	J. C.
13978	Byrd	William	2186	Carr	Solomon
13980	Byrd	William	167 A	Carrington	L. D.
14029	Byrd	William	13318	Carter	B. F.
14037	Byrd	William	13631	Carter	B. F.
14082	Byrd	William	13720	Carter	B. F.
382	C. Ennis & Co.		13861	Carter	B. F.
1880	C. H. Randolph Asse.		13569	Carter	Ben. F.
1949	C. H. Randolph Asse.		1388	Carter	E. H.
1993	C. H. Randolph Asse.		2140	Carter	E. H.
2308	C. H. Randolph Asse.		11040	Carter	J. A.
2336	C. H. Randolph Asse.		49 A	Carter	Theodore
2349	C. H. Randolph Asse.		843	Carter	Theodore
2370	C. H. Randolph Asse.		2259	Cary	John J.
2406	C. H. Randolph Asse.		1	Casey	L. F.
548	Cabaniss	J. C.	1	Casey	L. F.
13910	Cabaniss	J. C.	13292	Casey	L. F.
13364	Caddell	J. W.	14079	Casey	L. F.
2022	Caldwell Co. Ch. Justice		328	Cassidy	S. J.
1526	Caldwell Co. Court		409	Cassidy	S. J.
771	Calhoun	L. E., Mrs.	484	Cassidy	S. J.
13298	Calhoun	L. E., Mrs.	551	Cassidy	S. J.
2150	Calhoun Co. Ch. Justice		1435	Cassidy	S. J.
1267	Calhoun Co. Court		1516	Cassidy	S. J.
981	Camp	Thomas	1	Castile	A. H.
919	Campbell	A.	566	Castleman	R. M.
13453	Campbell	R. C.	13823	Castleman	R. M.
13274	Campbell	Robert C.	14049	Cater	Joseph
1808	Carleton	Fred	13763	Caton	W. R.
2341	Carleton	R. A.	81 A	Cave	E. W.
613	Carley	William	455	Cave	E. W.

Name Index to Civil Claims-Alphabetically

1	Chalmers	A. H.
1	Chalmers	A. H.
28	Chalmers	W. L.
39	Chalmers	W. L.
209	Chalmers	W. L.
13337	Chalmers	W. L.
13830	Chalmers	W. L.
13886	Chalmers	W. L.
13274	Chambers	J. A.
13339	Chambers	J. G.
13282	Chambers	John G.
13274	Chambers	T. J.
13272	Chambers	William
13869	Chambers	William
1298	Chambers Co. Court	
13274	Charleton	N. B.
2177	Charlton	N. B.
1944	Cherokee Co. Ch. Justice	
2302	Cherokee Co. Ch. Justice	
1212	Cherokee Co. Court	
1513	Cherokee Co. Court	
2301	Chesshen	A. J.
13687	Chessher	A. J.
567	Chester	A. J.
2412	Ch. Jus. Anderson Co.	
2616	Ch. Jus. Bandera Co.	
2543	Ch. Jus. Bastrop Co.	
2477	Ch. Jus. Bee Co.	
2550	Ch. Jus. Blanco Co.	
2507	Ch. Jus. Bosque Co.	
2385	Ch. Jus. Brazos Co.	
2394 ½	Ch. Jus. Burleson Co.	
2547	Ch. Jus. Burnet Co.	
2474	Ch. Jus. Caldwell Co.	
2552	Ch. Jus. Calhoun Co.	
2422	Ch. Jus. Chambers Co.	
2575	Ch. Jus. Collin Co.	
2502	Ch. Jus. Comal Co.	
2613	Ch. Jus. Cooke Co.	
2593	Ch. Jus. Coryell Co.	
2662	Ch. Jus. Davis Co.	
2428	Ch. Jus. El Paso Co.	
2542	Ch. Jus. Ellis Co.	
2586	Ch. Jus. Erath Co.	
2409	Ch. Jus. Falls Co.	
2375	Ch. Jus. Galveston Co.	
2380	Ch. Jus. Galveston Co.	
2671	Ch. Jus. Grayson Co.	
2713	Ch. Jus. Grimes Co.	
2463	Ch. Jus. Guadalupe Co.	
2419	Ch. Jus. Hamilton Co.	
2491	Ch. Jus. Hardin Co.	
2661	Ch. Jus. Harrison Co.	
2464	Ch. Jus. Hays Co.	
2573	Ch. Jus. Hill Co.	
2488	Ch. Jus. Johnson Co.	
2510	Ch. Jus. Kaufman Co.	
2400	Ch. Jus. Lamar Co.	
2433	Ch. Jus. Lampasas Co.	
2425	Ch. Jus. Lavaca Co.	
2473	Ch. Jus. Liberty Co.	
2611	Ch. Jus. Live Oak Co.	
2531	Ch. Jus. Marion Co.	
2594	Ch. Jus. Mason Co.	
2503	Ch. Jus. McCulloch Co.	
2610	Ch. Jus. McMullin Co.	
2553	Ch. Jus. Medina Co.	
2377	Ch. Jus. Milam Co.	
2669	Ch. Jus. Navarro Co.	
2612	Ch. Jus. Nueces Co.	
2579	Ch. Jus. Palo Pinto Co.	
2509	Ch. Jus. Panola Co.	
2677	Ch. Jus. Polk Co.	
2681	Ch. Jus. Robertson Co.	
2591	Ch. Jus. Sabine Co.	
2387	Ch. Jus. San Saba Co.	
2673	Ch. Jus. San Saba Co.	
2537	Ch. Jus. Shelby Co.	
2538	Ch. Jus. Starr Co.	
2490	Ch. Jus. Tarrant Co.	
2480	Ch. Jus. Trinity Co.	
2460	Ch. Jus. Tyler Co.	
2493	Ch. Jus. Upshur Co.	
2623	Ch. Jus. Van Zandt Co.	
2536	Ch. Jus. Victoria Co.	
2678	Ch. Jus. Washington Co.	
2494	Ch. Jus. Wharton Co.	
13321	Chilton	George W.
587	Chisholm	J. M. H.
13883	Chisholm	J. M. H.
13274	Chisum	Isham
1992	Christian	Ed
2176	Christian	Ed
2424	Christian	Ed
13312	Christian Advocate	
13522	Christian Advocate	
13862	Civilian	
13888	Claiborne	J. M.

Name Index to Civil Claims-Alphabetically

13309	Claibourne	J. M.
13646	Claibourne	J. M.
13779	Claibourne	J. M.
13274	Clapton	A. G.
466	Clark	Daniel
1297	Clark	Daniel
13864	Clark	Daniel
13414	Clark	Ed
13416	Clark	Ed
13422	Clark	Ed
13497	Clark	Ed
13631	Clark	Ed
13787	Clark	Ed
13959	Clark	Ed
181	Clark	Edward
13878	Clark	Edward
14066	Clark	Edward
14150	Clark	Edward
519	Clark	James
1230	Clark	P.
2175	Clark	Patterson
13349	Clark	William
13364	Clark	William
2029	Clay Co. Ch. Justice	
1555	Clay Co. Court	
13272	Clayton	J. A.
13274	Clayton	J. A.
13274	Clayton	J. A.
776	Cleaves	Frank
1033	Clements	R. H.
2362	Clements	R. H.
91 A	Cleveland	C. L.
162 A	Cleveland	C. L.
446	Cleveland	C. L.
871	Cleveland	C. L.
975	Cleveland	C. L.
1005	Cleveland	C. L.
2492	Cleveland	C. L.
13459	Cleveland	C. L.
853	Cleveland	C. S.
13272	Cleveland	Charles L.
13412	Close	H.
13474	Close	H.
14075	Close	H.
194	Cloud	William
2615	Cooke Co. Court	
1302	Lavaca Co. Court	
13868	Coates	J. H.
13856	Coates	T. S.
2179	Cochran	J. H.
1285	Cochran	John H.
1	Cocke	F. B. S.
375	Cocke	John R.
13274	Coke	Richard
13324	Coke	Richard
70	Cole	David
428	Cole	David
905	Cole	David
1262	Cole	David
1809	Cole	David
2094	Cole	David
2467	Cole	David
13645	Cole	David
71 A	Coleman	D. R.
2268	Coleman	H.
2317	Coleman	H.
2347	Coleman	H.
2389	Coleman	H.
2441	Coleman	H.
2514	Coleman	H.
2576	Coleman	H.
1889	Coleman	Henry
1966	Coleman	Henry
2065	Coleman	Henry
2136	Coleman	Henry
2146	Coleman	Henry
2199	Coleman	Henry
2249	Coleman	Henry
2289	Coleman	Henry
2290	Coleman	Henry
984	Coller	John G.
114 A	Collier	Edward
264 A	Collier	Edward
710	Collier	Edward
13716	Collier	Edward
2157	Collin Co. Ch. Justice	
2165	Collin Co. Ch. Justice	
1224	Collin Co. Court	
1456	Collin Co. Court	
1026	Collins	L. D.
1618	Collins	L. D.
84	Collins	T. C.
374	Collins	T. C.
496	Collins	T. C.
1596	Collins	T. C.
1708	Collins	T. C.
1860	Collins	T. C.
2280	Collins	T. C.

Name Index to Civil Claims-Alphabetically

794	Collins	Thomas C.
800	Collins	Thomas C.
867	Collins	Thomas C.
893	Collins	Thomas C.
1066	Collins	Thomas C.
1667	Collins	Thomas C.
1702	Collins	Thomas C.
2017	Collins	Thomas C.
2344	Collins	Thomas C.
2568	Collins	Thomas C.
14110	Collins	Thomas C.
2102	Colorado Co. Ch. Justice	
1145	Colorado Co. Court	
1862	Comal Co. Ch. Justice	
1142	Comal Co. Court	
1264	Comal Co. Court	
1286	Comanche Co. Court	
509	Comsekhe & Heyer	
1	Cone	Horace
49	Cone	Horace
1315	Conner	A. B.
1947	Conner	A. B.
306	Conway	P. C.
76 A	Cook	A. H.
128	Cook	A. H.
237	Cook	A. H.
2442	Cook	A. H., Jr.
2703	Cook	A. H., Jr.
1607	Cook	G. W.
1	Cook	H. C.
32	Cook	H. C.
13274	Cook	J. E.
13321	Cook	J. E.
13437	Cook	T. S.
13450	Cook	T. S.
13339	Cooke	Thomas R.
1514	Cooke Co. Court	
507	Cooksey	W.
786	Coon	E.
2143	Coon	Ephraim
2144	Coon	Ephraim
113 A	Cooper	Dillard
494	Cooper	Dillard
1360	Cooper	Dillard
1810	Cooper	Dillard
2147	Cooper	Dillard
2556	Cooper	Dillard
2621	Cope	J. P.
2642	Cope	J. P.
1598	Cordova	P. De
1774	Cordova	P. De
1780	Cordova	P. De
1865	Cordova	P. De
2297	Cordova	P. De
13511	Corothers	Thomas
13309	Corta	J. B.
2003	Coryell Co. Ch. Justice	
1244	Coryell Co. Court	
1245	Coryell Co. Court	
322	Costa	I. B.
395	Costa	I. B.
14024	Costa	I. B.
2	Costa	J. B.
41 A	Costa	J. B.
129	Costa	J. B.
153 A	Costa	J. B.
476	Costa	J. B.
516	Costa	J. B.
549	Costa	J. B.
656	Costa	J. B.
736	Costa	J. B.
810	Costa	J. B.
842	Costa	J. B.
872	Costa	J. B.
948	Costa	J. B.
996	Costa	J. B.
1057	Costa	J. B.
1118	Costa	J. B.
1163	Costa	J. B.
1238	Costa	J. B.
1326	Costa	J. B.
1420	Costa	J. B.
1516	Costa	J. B.
1588	Costa	J. B.
1656	Costa	J. B.
1736	Costa	J. B.
1786	Costa	J. B.
1826	Costa	J. B.
13635	Costa	J. B.
13774	Costa	J. B.
13873	Costa	J. B.
13942	Costa	J. B.
235 A	Costa	John B.
101	Costley	J. M.
32	Costley	John M.
39 ½	Costley	John M.
74	Costley	John M.
1048	Costley	John M.

Name Index to Civil Claims-Alphabetically

13339	Cotten	Robert
561	Cottrell	J. L.
14149	Cottrell	J. L.
1266	Grimes Co. Court	
27	Coupland	T. O.
14085	Cowan	G. P.
13670	Cowan	L.
528	Cowart	Thomas
450	Cowen	Louis
14056	Cowen	Louis
2062	Cox	J. W.
13274	Cox	Noah
80 A	Cox	Thomas
611	Crabb	H. M.
13339	Craig	E. T.
13435	Craven	W. M.
1	Crawford	A. F.
436	Crawford	A. F.
13339	Crawford	A. F.
43 A	Crawford	A. W.
493	Crawford	A. W.
1	Crawford	J. F.
14123	Creuzbaur	Robert
13906	Criswell	A. B.
50 A	Crockett	J. M.
82	Crockett	J. M.
1	Crockett	John M.
33	Crockett	John M.
38	Crockett	John M.
110	Crockett	John M.
14168	Crockett	John M.
1363	Crockett Courier	
13339	Crooks	T. J.
13354	Crosby	Charles A.
238	Crosby	J. F.
298	Crosby	J. F.
540	Crosby	J. F.
778	Crosby	J. F.
13405	Crosby	J. F.
13697	Crosby	J. F.
13827	Crosby	J. F.
14099	Crosby	J. F.
157 A	Crosby	S.
325	Crosby	S.
410	Crosby	S.
479	Crosby	S.
558	Crosby	S.
663	Crosby	S.
746	Crosby	S.
821	Crosby	S.
882	Crosby	S.
951	Crosby	S.
1000	Crosby	S.
1061	Crosby	S.
1117	Crosby	S.
1162	Crosby	S.
1243	Crosby	S.
1335	Crosby	S.
1422	Crosby	S.
1518	Crosby	S.
1587	Crosby	S.
1640	Crosby	S.
1655	Crosby	S.
1739	Crosby	S.
1789	Crosby	S.
2440	Crosby	S.
2450	Crosby	S.
2647	Crosby	S.
2648	Crosby	S.
256 A	Crosby	Stephen
845	Crouch	W. H.
13704	Crunk	H.
595	Crutchfield	J. V.
13397	Cumby	R. H.
4	Cummings	S.
40	Cummings	S.
158 A	Cummings	S.
239	Cummings	S.
244 A	Cummings	S.
328	Cummings	S.
409	Cummings	S.
484	Cummings	S.
126	Cummings	Stephen
14011	Cushing	E. H.
2200	Cushney	W. H.
2225	Cushney	W. H.
13506	Dade	D. C.
1098	Dale	John H.
13339	Dale	Matt
1961	Dallas Co. Ch. Justice	
2321	Dallas Co. Ch. Justice	
1174	Dallas Co. Court	
1284	Dallas Co. Court	
1482	Dallas Herald	
13557	Daly	W. A.
581	Daly	W. H.
13730	Damron	M. W.
13274	Dancy	J. W.

Name Index to Civil Claims-Alphabetically

1	Dansby	Isaac	2008	Davis	T. H.
1	Darden	S. H.	13622	Davis	T. H.
366	Darden & Maynard		3	Davis	W. B.
13764	Darden & Maynard		15 A	Davis	W. B.
1	Darnell	N. H.	125 A	Davis	W. B.
38	Darnell	N. H.	131	Davis	W. B.
13339	Darnell	N. H.	13774	Davis	W. B.
10	Dashiell	J. Y.	13873	Davis	W. B.
14133	Dashiell	J. Y.	1934	Davis Co. Ch. Justice	
1	Daugherty	T. W.	1469	Davis Co. Court	
33	Daugherty	T. W.	1693	Davis Co. Court	
13274	Davenport	Thomas G.	1818	Davis, Williams, & Tisdale	
13274	Davidson	A. H.	26	Day	J. M.
4	Davidson	John	420	Day	J. M.
13 A	Davidson	John	903	Day	J. M.
133	Davidson	John	1814	Day	J. M.
136 A	Davidson	John	2567	Day	J. M.
892	Davidson	W. M.	1400	Day	James M.
14116	Davie	L. J.	13695	Day	James M.
1662	Davis	A. M.	28	De Cordova	P.
1337	Davis	B. F.	85	De Cordova	P.
30	Davis	B. H.	229	De Cordova	P.
40	Davis	B. H.	299	De Cordova	P.
452	Davis	D. F.	322	De Cordova	P.
2115	Davis	D. F.	476	De Cordova	P.
13361	Davis	E. J.	488	De Cordova	P.
13526	Davis	E. J.	549	De Cordova	P.
1638	Davis	G. W.	1009	De Cordova	P.
1639	Davis	G. W.	1598	De Cordova	P.
2306	Davis	G. W.	1774	De Cordova	P.
963	Davis	George W.	1780	De Cordova	P.
13364	Davis	J. W.	1865	De Cordova	P.
13572	Davis	John	1902	De Cordova	P.
769	Davis	John T.	1902	De Cordova	P.
704	Davis	R. E.	2297	De Cordova	P.
2028	Davis	R. E.	395	De Cordova	Phineas
1135	Davis	R. M.	235	De Cordova	Phiness
1295	Davis	R. M.	2411	De Cordova Assn	P.
2427	Davis	R. M.	13830	De Coursey	James A.
13609	Davis	R. M.	13274	De Montel	Charles
271 A	Davis	Rolla M.	116 A	De Morse	Charles
564	Davis	Rolla M.	283	De Morse	Charles
1800	Davis	Rolla M.	303	De Morse	Charles
464	Davis	S. J.	117	De Morse *	Charles
1351	Davis	Saml. J.	1531	De Ryee	William
13746	Davis	Samuel	13274	Dean	Calloway
2124	Davis	Samuel J.	13402	Debray	X.
460	Davis	T. H.	13434	Debray	X.
2007	Davis	T. H.	13408	Debray	X. B.

Name Index to Civil Claims-Alphabetically

13434	Debray	X. B.
13446	Debray	X. B.
13454	Debray	X. B.
13610	Debray	X. B.
13685	Debray	X. B.
13689	Debray	X. B.
13782	Debray	X. B.
13783	Debray	X. B.
13800	Debray	X. B.
13930	Debray	X. B.
13939	Debray	X. B.
1423	Debrill	C. L.
1519	Debrill	C. L.
1589	Debrill	C. L.
1657	Debrill	C. L.
1740	Debrill	C. L.
1790	Debrill	C. L.
1828	Debrill	C. L.
1853	Debrill	C. L.
1891	Debrill	C. L.
1962	Debrill	C. L.
2064	Debrill	C. L.
2129	Debrill	C. L.
2204	Debrill	C. L.
2224	Debrill	C. L.
1423	Debrill	J. W.
1519	Debrill	J. W.
1589	Debrill	J. W.
1657	Debrill	J. W.
1740	Debrill	J. W.
1790	Debrill	J. W.
1828	Debrill	J. W.
1845	Debrill	J. W.
988	Dechard	J. T.
1563	Dechard	J. T.
14091	Dechard	J. T.
1678	Dechard	John T.
140	Decherd	J. T.
275 A	Decherd	J. T.
485	Decherd	J. T.
680	Decherd	J. T.
696	Decherd	J. T.
705	Decherd	J. T.
1499	Decherd	J. T.
1874	Decherd	J. T.
2312	Decherd	J. T.
2357	Decherd	J. T.
13468	Decherd	J. T.
13806	Decherd	J. T.
13968	Decherd	J. T.
1837	Decherd	John T.
1927	Decherd	John T.
2216	Decherd	John T.
952	Deitz	
158 A	Deitz	Oswald
171	Deitz	Oswald
240 A	Deitz	Oswald
328	Deitz	Oswald
409	Deitz	Oswald
484	Deitz	Oswald
551	Deitz	Oswald
664	Deitz	Oswald
1001	Deitz	Oswald
308	Delaney	W. S.
924	Delaney	W. S.
925	Delaney	W. S.
1106	Delaney	W. S.
1259	Delaney	W. S.
2095	Delaney	W. S.
2675	Delaney	W. S.
2679	Delaney	W. S.
1536	Delany	W. S.
1772	Delany	W. S.
14129	Delany	W. S.
273	Democrat & Planter Office	
116	Demorse *	Charles
117 A	Demorse *	Charles
1957	Denison	F. L.
13364	Dennis	T. N.
89	Dennison	F. L.
255 A	Dennison	F. L.
13400	Dennison	F. L.
13750	Dennison	F. L.
13921	Dennison	F. L.
2040	Denton Co. Ch. Justice	
2322	Denton Co. Ch. Justice	
1279	Denton Co. Court	
1361	Denton Co. Court	
1953	Devall	Sam
1301	Devall	Saml.
13272	Devine	Thomas J.
13274	Devine	Thomas J.
13568	Devine	Thomas J.
13769	Devine	Thomas J.
2122	De Witt Co. Ch. Justice	
1321	De Witt Co. Court	
13292	Diamond	J. J.
13292	Diamond	W. W.

Name Index to Civil Claims-Alphabetically

551	Dibbrell	C. L.
1001	Dibbrell	C. L.
811	Dibbrell	C. S.
238	Dibbrell	Charles L.
1001	Dibbrell	J. W.
818	Dibbrell	James W.
328	Dibrell	C. L.
744	Dibrell	C. L.
1119	Dibrell	C. L.
1166	Dibrell	C. L.
1246	Dibrell	C. L.
1336	Dibrell	C. L.
409	Dibrell	Charles L.
484	Dibrell	Charles L.
887	Dibrell	Charles L.
952	Dibrell	Charles L.
1062	Dibrell	Charles L.
952	Dibrell	J. W.
1075	Dibrell	J. W.
1119	Dibrell	J. W.
1166	Dibrell	J. W.
1246	Dibrell	J. W.
1336	Dibrell	J. W.
745	Dibrell	James W.
878	Dibrell	James W.
1062	Dibrell	James W.
13339	Dickson	D. C.
13364	Dickson	D. C.
1	Dickson	J. J.
637	Dickson	W. W.
2191	Dickson	W. W.
13850	Dickson	W. W.
744	Dietz	Oswald
811	Dietz	Oswald
887	Dietz	Oswald
72	Dillahunty	H.
1	Dillahunty	H., Sr.
1	Dillahunty	H., Sr.
47 A	Dillahunty	H., Sr.
664	Dilrell *	Charles
620	Dobbin	John
13996	Domsehke & Heyer	
543	Donaldson	Dan
13843	Donelson	J.
13404	Dougherty	C. C.
14044	Dougherty	E.
14047	Dougherty	E.
1169	Dougherty	Ed
1173	Dougherty	Ed
2413	Dougherty	Ed
2436	Dougherty	Ed
2461	Dougherty	Ed
13448	Dougherty	Ed
13534	Dougherty	Ed
457	Dougherty	Edward
72	Dougherty	T. W.
155	Dougherty	T. W.
734	Doughty	J. M.
13460	Doughty	J. M.
107 A	Douglas	John
158 A	Douglass	John C.
178	Douglass	John C.
336	Douglass	Richard
13658	Doyle	James
4	Doyle	M. J.
40	Doyle	M. J.
239 A	Doyle	M. J.
280	Doyle	M. J.
158 A	Doyle	Michael J.
536	Doyle	W. W.
13778	Doyle	W. W.
1272	Drawhon	W. M.
619	Duck	G. W. M.
13791	Duck	G. W. M.
19	Duffau	F. T.
90	Duffau	F. T.
94	Duffau	F. T.
177	Duffau	F. T.
273 A	Duffau	F. T.
291	Duffau	F. T.
292	Duffau	F. T.
423	Duffau	F. T.
424	Duffau	F. T.
495	Duffau	F. T.
537	Duffau	F. T.
624	Duffau	F. T.
827	Duffau	F. T.
938	Duffau	F. T.
1016	Duffau	F. T.
1022	Duffau	F. T.
1349	Duffau	F. T.
1383	Duffau	F. T.
1570	Duffau	F. T.
1573	Duffau	F. T.
1593	Duffau	F. T.
1794	Duffau	F. T.
1866	Duffau	F. T.
1958	Duffau	F. T.

Name Index to Civil Claims-Alphabetically

2299	Duffau	F. T.
2691	Duffau	F. T.
13300	Duffau	F. T.
13308	Duffau	F. T.
13626	Duffau	F. T.
13682	Duffau	F. T.
13733	Duffau	F. T.
13964	Duffau	F. T.
13966	Duffau	F. T.
14065	Duffau	F. T.
14146	Duffau	F. T.
13339	Duggan	Thomas H.
1206	Duglass	Richard
2019	Duglass	Richard
13570	Duglass	Richard
13364	Dulany	H. P. C.
158 A	Dumars	A.
244 A	Dumars	A.
328	Dumars	A.
409	Dumars	A.
484	Dumars	A.
551	Dumars	A.
664	Dumars	A.
744	Dumars	A.
811	Dumars	A.
887	Dumars	A.
13339	Duncan	J. H.
2452	Duncan	John H.
2554	Duncan	John H.
2694	Duncan	John H.
578	Duncan	Lewis
13274	Dunham	James H.
235	Dunlevia	John
322	Dunlevie	John
395	Dunlevie	John
27	Durant	J. W.
13274	Durham	B. F.
13281	Durham	B. F.
13352	Durham	B. F.
13817	Durham	B. F.
13998	Durham	George I.
13309	Durham	George J.
13499	Durham	George J.
13635	Durham	George J.
13774	Durham	George J.
13873	Durham	George J.
13942	Durham	George J.
27	Duval	Burr
4	Duval	T. H.
39	Duval	Thomas H.
40	Duval	Thomas H.
221	Duval	Thomas H.
1109	Eahn	A.
247	Eaker	William A.
2350	Eanes	A.
14157	Eanes	Alexander
14109	Eans	Alexander
13272	Earley	E.
13274	Earley	E.
14117	Earp	Alexander
259 A	East Texas Times	
2145	Eastland	N. W.
896	Eastwood	Jeremiah
1101	Ed Tips & Co.	
1296	Ed Tips & Co.	
1492	Ed Tips & Co.	
1538	Ed Tips & Co.	
1686	Ed Tips & Co.	
13339	Edwards	H. H.
37 A	Elgin	R. M.
39	Elgin	R. M.
40 A	Elgin	R. M.
158 A	Elgin	R. M.
250 A	Elgin	R. M.
484	Elgin	R. M.
551	Elgin	R. M.
664	Elgin	R. M.
744	Elgin	R. M.
811	Elgin	R. M.
887	Elgin	R. M.
952	Elgin	R. M.
1001	Elgin	R. M.
1062	Elgin	R. M.
1119	Elgin	R. M.
1166	Elgin	R. M.
1246	Elgin	R. M.
1336	Elgin	R. M.
1423	Elgin	R. M.
1519	Elgin	R. M.
1589	Elgin	R. M.
1657	Elgin	R. M.
1740	Elgin	R. M.
1790	Elgin	R. M.
1828	Elgin	R. M.
1853	Elgin	R. M.
1891	Elgin	R. M.
1962	Elgin	R. M.
2064	Elgin	R. M.

Name Index to Civil Claims-Alphabetically

2129	Elgin	R. M.	13893	Evans	L. R.
2204	Elgin	R. M.	14028	Evans	L. R.
2237	Elgin	R. M.	14072	Evans	L. R.
2455	Elgin	R. M.	14073	Evans	L. R.
2512	Elgin	R. M.	1	Everett	F.
2534	Elgin	R. M.	1	Everett	F.
2566	Elgin	R. M.	4	Everett	F.
2628	Elgin	R. M.	82 A	Everett	F.
2683	Elgin	R. M.	195	Everett	F.
2720	Elgin	R. M.	282	Everett	F.
13550	Elgin	R. M.	158 A	Everett	Flavius
13717	Elgin	R. M.	88	Ewing	W. M.
13718	Elgin	R. M.	1	Ewing	William M.
13808	Elgin	R. M.	2663	Fabj	F.
13895	Elgin	R. M.	1679	Fabj	Frank
13994	Elgin	R. M.	13316	Fall	J. N.
4	Elgin	Robert M.	13364	Fall	J. N.
328	Elgin	Robert M.	2211	Falls Co. Ch. Justice	
409	Elgin	Robert M.	1488	Falls Co. Court	
14048	Elgin	Robert M.	2386	Falvel	Luke A.
1078	Elliott	B. F.	2037	Fannin Co. Ch. Justice	
1261	Ellis	A. J.	2311	Fannin Co. Ch. Justice	
164 A	Ellis	Volney	1437	Fannin Co. Court	
1571	Ellis	Volney	790	Farrar	J. J.
2011	Ellis Co. Ch. Justice		434	Fauntleroy	F. W.
1397	Ellis Co. Court		638	Fauntleroy	F. W.
1	Elmore	H. M.	803	Fauntleroy	F. W.
33	Elmore	H. M.	934	Fauntleroy	F. W.
64	Elmore	H. M.	1051	Fauntleroy	F. W.
66	Elmore	H. M.	1241	Fauntleroy	F. W.
114	Elmore	H. M.	1726	Fauntleroy	F. W.
1602	Emanuel	J.	1849	Fauntleroy	F. W.
179	England	J. W.	2329	Fayette Co. Ch. Justice	
14	England & Millican		1543	Fayette Co. Court	
13339	Epperson	B. H.	13272	Feeney	John
27	Erath	G. B.	1320	Feller	Carl
13339	Erath	G. B.	2051	Feller	Charles
2069	Erath Co. Ch. Justice		1522	Fellman	L.
1154	Erath Co. Court		1623	Fellman	L.
1491	Erath Co. Court		1625	Fellman	L.
383	Estep	E.	1688	Fellman	L.
13571	Estep	E.	1747	Fellman	L.
1226	Estes	E.	2227	Fellman	L.
2005	Estes	E.	2382	Fellman	L.
13512	Evans	L. R.	2383	Fellman	L.
13691	Evans	L. R.	2384	Fellman	L.
13725	Evans	L. R.	2535	Fellman	L.
13819	Evans	L. R.	2603	Fellman	L.
13837	Evans	L. R.	486	Ferris	J. W.

Name Index to Civil Claims-Alphabetically

695	Ferris	J. W.
964	Ferris	J. W.
1177	Ferris	J. W.
1276	Ferris	J. W.
1604	Ferris	J. W.
1775	Ferris	J. W.
1950	Ferris	J. W.
2168	Ferris	J. W.
2296	Ferris	J. W.
2656	Ferris	J. W.
13612	Field	Drury
92	Field	Joseph E.
2306	Fields	C. J.
13636	Fields	Joseph E.
1019	Fink, Eilers & Co.	
13567	Fink, Eilers & Co.	
1	Finlay	George P.
30	Finley	George P.
166 A	Finnin	Ed
13445	Finnin	Ed
14033	Finnin	Ed
11	Finnin	Edward
839	Fisher	G. K.
13643	Fisher	G. K.
14009	Fisher	Rhoads
13365	Fitzhugh	William
13426	Fitzhugh	William
13432	Fitzhugh	William
13466	Fitzhugh	William
13714	Fitzhugh	William
13753	Fitzhugh	William
13824	Fitzhugh	William
1	Flewellen	R. T.
30	Flewellen	R. T.
37	Flewellen	R. T.
13339	Flewellen	R. T.
30	Flint	J. T.
1	Flint	Jno. T.
25 A	Flournoy	George
13279	Flournoy	George
13650	Flournoy	George
13744	Flournoy	George
13766	Flournoy	George
13919	Flournoy	George
14045	Flournoy	George
14120	Flournoy	George
14138	Flournoy	George
13274	Flournoy	George M.
13289	Flournoy	George M.
13394	Flusser	O.
13521	Forbes & Ballard	
13403	Ford	J. B.
242	Ford	John P.
14163	Ford	John S.
14164	Ford	John S.
13288	Ford	Spencer
13339	Fort	Clinton
2056	Fort Bend Co. Ch. Justice	
1537	Fort Bend Co. Court	
1	Foscue	B. D.
13339	Foscue	F. F.
684	Foster	A.
2230	Foster	A.
13923	Foster	John
1362	Foster	William
13473	Fox	C.
13339	Francis	J. C.
2221	Franks	M. L.
74 A	Frazer	C. A.
156	Frazer	C. A.
294	Frazer	C. A.
381	Frazer	C. A.
449	Frazer	C. A.
491	Frazer	C. A.
576	Frazer	C. A.
672	Frazer	C. A.
764	Frazer	C. A.
955	Frazer	C. A.
1004	Frazer	C. A.
1077	Frazer	C. A.
1125	Frazer	C. A.
1171	Frazer	C. A.
1256	Frazer	C. A.
1356	Frazer	C. A.
1441	Frazer	C. A.
1525	Frazer	C. A.
1600	Frazer	C. A.
1668	Frazer	C. A.
1749	Frazer	C. A.
1807	Frazer	C. A.
1859	Frazer	C. A.
1903	Frazer	C. A.
1935	Frazer	C. A.
1982	Frazer	C. A.
2072	Frazer	C. A.
2131	Frazer	C. A.
2213	Frazer	C. A.
2243	Frazer	C. A.

Name Index to Civil Claims-Alphabetically

2397	Frazer	C. A.	1	Gano	R. M.
2483	Frazer	C. A.	37	Gano	R. M.
2525	Frazer	C. A.	194	Gano	R. M.
2641	Frazer	C. A.	588	Gardner	A. T.
13356	Frazer	C. A.	1	Garrison	J. L.
13525	Frazer	C. A.	32	Garrison	J. L.
13797	Frazer	C. A.	2443	Garrison	J. L.
14057	Frazer	C. A.	2518	Garrison	J. L.
14141	Frazer	G. W.	2532	Garrison	J. L.
264	Frazer	George W.	2637	Garrison	J. L.
349	Frazer	George W.	538	Gates	Thomas J.
351	Frazer	George W.	1001	Geiseke	Albert
13557	Frazer	George W.	1119	Geiseke	Albert
1020	Frazier	J. S.	13390	Gentry	A. M.
1008	Freeman	C. T.	13503	George	Alfred
2142	Freeman	C. T.	546	Gerhard	W.
2199	Freeman	C. T.	1391	Gerhard	W.
2264	Freeman	C. T.	2170	Gerhard	W.
2426	Freeman	Charles T.	13671	Gerhard	W.
980	Freeman	T. C.	2343	Gibson & Costa	
1018	Freeman	Thomas	2665	Gibson & Costa	
2194	Freestone Co. Ch. Justice		1062	Gieseke	Albert
2358	Freestone Co. Ch. Justice		1136	Gieseke	Albert
1520	Freestone Co. Court		199	Gill	R. R.
1405	French	M. T.	13528	Gill	R. R.
1940	French	M. T.	13529	Gill	R. R.
1290	Froebel	H. G.	1196	Gilleland	W. M.
2050	Froebel	H. G.	1358	Gilleland	W. M.
13401	Frost	T. C.	1521	Gilleland	W. M.
13389	Fry	J. H.	1620	Gilleland	W. M.
1216	Fullennider	P.	1696	Gilleland	W. M.
1044	Fullenwider	P.	2520	Gilleland	W. M.
1551	Fullenwider	P.	2572	Gilleland	W. M.
858	Fullenwider	P. H.	13382	Gilleland	W. M.
1717	Fullenwider	P. H.	13518	Gilleland	W. M.
129 A	Fullinwider	P. H.	1195	Gillespie Co. Court	
404	Fullinwider	P. H.	1318	Gillespie Co. Court	
591	Fullinwider	P. H.	257	Gillialand	W. M.
2466	G. W. Glasscock Asse.		283	Gillialand	W. M.
13934	Gaines	Nat. T.	1126	Gilliland	W. M.
13936	Gaines	Nat. T.	1664	Gilliland	W. M.
193	Gallatin	Albert	4	Gilliland	William M.
13320	Galloway	A. P.	1352	Givens	J. S.
1091	Galveston Civilian		1637	Givens	J. S.
1619	Galveston Co. Court		2010	Givens	J. S.
2261	Galveston News		2119	Givens	J. S.
2700	Galveston News		735	Givens	John S.
13858	Galveston News		960	Givens	John S.
13274	Ganahl	Charles	2214	Givens	John S.

Name Index to Civil Claims-Alphabetically

1123	Givins	John S.
1743	Glasscock	G. W.
835	Glover	J. C.
1905	Glover	John C.
182	Gober	W. C.
731	Godfrey	William B.
1744	Goldstein	M.
1791	Goldstein	M.
1938	Goldthwaite	George
2182	Goliad Co. Ch. Justice	
1480	Goliad Co. Court	
279 A	Goliad Messenger	
1375	Goliad Messenger	
2088	Gonzales Co. Ch. Justice	
1277	Gonzales Co. Court	
154	Gonzales Enquirer	
176	Gonzales Enquirer	
1764	Gonzales Inquirer	
636	Goodnight	J. P.
1	Goodrich	W. E.
13339	Goodrich	W. E.
664	Gordon	J. G.
952	Gordon	J. G.
1001	Gordon	J. G.
1062	Gordon	J. G.
1119	Gordon	J. G.
1166	Gordon	J. G.
1246	Gordon	J. G.
1336	Gordon	J. G.
1423	Gordon	J. G.
1519	Gordon	J. G.
1589	Gordon	J. G.
1657	Gordon	J. G.
1740	Gordon	J. G.
1790	Gordon	J. G.
1828	Gordon	J. G.
1853	Gordon	J. G.
1891	Gordon	J. G.
1962	Gordon	J. G.
2064	Gordon	J. G.
2129	Gordon	J. G.
2204	Gordon	J. G.
2237	Gordon	J. G.
2388	Gordon	J. G.
2455	Gordon	J. G.
2512	Gordon	J. G.
2566	Gordon	J. G.
2628	Gordon	J. G.
2683	Gordon	J. G.
244 A	Gordon	John G.
328	Gordon	John G.
409	Gordon	John G.
484	Gordon	John G.
551	Gordon	John G.
744	Gordon	John G.
811	Gordon	John G.
887	Gordon	John G.
865	Gordon	R. A.
1928	Gordon	R. A.
6	Gorman	Pat O.
13417	Gorman	Pat O.
13634	Gorman	Pat O.
13788	Gorman	Pat O.
13876	Gorman	Pat O.
13947	Gorman	Pat O.
4	Gorthans	F.
852	Gotcher	H. P.
13274	Gould	R. S.
14136	Gould	R. S.
258 A	Gould	Robert S.
13317	Graham	B.
13281	Graham	M. D.
470	Graham	P. M.
1	Graham	R. H.
1	Graham	R. H.
37	Graham	R. H.
13544	Graham	Robert
1345	Grant	J. D.
13701	Grant	J. D.
707	Grant	James D.
2248	Grant	James D.
284 A	Grant	M. M.
1003	Gray	B. W.
1303	Gray	B. W.
1689	Gray	B. W.
2585	Gray	B. W.
13807	Gray	James
13274	Gray	P. W.
85	Grayson	S. G.
1128	Grayson Co.	
2228	Grayson Co. Ch. Justice	
1547	Grayson Co. Court	
13449	Grayson Monitor	
13274	Green	J. A.
29	Green	M. W., Mrs.
14108	Green	Samuel
13475	Green	Thomas
13722	Green	Thomas

Name Index to Civil Claims-Alphabetically

13792	Green	Thomas	2683	Grooms	A.
14095	Green	Thomas	13808	Grooms	A.
13471	Green	Wilson	13895	Grooms	A.
1317	Greer	J. W.	37	Grooms	Alfred
2058	Greer	J. W.	39	Grooms	Alfred
1258	Gregg	Alex	40	Grooms	Alfred
1524	Gregg	Alex	158 A	Grooms	Alfred
1771	Gregg	Alex	244 A	Grooms	Alfred
1820	Gregg	Alex	328	Grooms	Alfred
1832	Gregg	Alex	409	Grooms	Alfred
2116	Gregg	Alex	484	Grooms	Alfred
2138	Gregg	Alex	551	Grooms	Alfred
2212	Gregg	Alex	664	Grooms	Alfred
13	Gregg	Alexander	744	Grooms	Alfred
1083	Gregg	Alexander	811	Grooms	Alfred
1894	Gregg	Alexander	887	Grooms	Alfred
13413	Gregg	Alexander	1119	Grooms	Alfred
13905	Gregg	Alexander	2401	Grooms	Alfred
952	Greseke	Albert	13994	Grooms	Alfred
380	Griffin	James H.	14048	Grooms	Alfred
541	Grim	H.	40	Grothans	F.
13805	Grim	Henry	248	Grothans	F.
13339	Grimes	Jesse	115 A	Grothaus	F.
1951	Grimes Co. Ch. Justice		13808	Grothaus	F.
4	Grooms	A.	13895	Grothaus	F.
952	Grooms	A.	13994	Grothaus	F.
1001	Grooms	A.	14048	Grothaus	F.
1062	Grooms	A.	13548	Grundy	J. H.
1166	Grooms	A.	2098	Guadalupe Co. Ch. Justice	
1246	Grooms	A.	1299	Guadalupe Co. Court	
1336	Grooms	A.	1	Guinn	R. H.
1423	Grooms	A.	77	Guinn	R. H.
1519	Grooms	A.	13339	Guinn	R. H.
1589	Grooms	A.	539	Hagee	Joel W.
1657	Grooms	A.	1411	Hall	Elisha
1740	Grooms	A.	1768	Hall	Elisha
1790	Grooms	A.	2598	Hall	Elisha
1828	Grooms	A.	1	Hall	J. W.
1853	Grooms	A.	13383	Hall	J. W.
1891	Grooms	A.	1909	Hall	M.
1962	Grooms	A.	13274	Hall	M. J.
2064	Grooms	A.	385	Ham	B. L.
2129	Grooms	A.	9 A	Hamilton	Charles A.
2204	Grooms	A.	13872	Hamilton	R. M.
2237	Grooms	A.	856	Hamilton	W. A.
2455	Grooms	A.	1981	Hamilton Co. Ch. Justice	
2512	Grooms	A.	1463	Hamilton Co. Court	
2566	Grooms	A.	1464	Hamilton Co. Court	
2628	Grooms	A.	14094	Hammock	W. W.

Name Index to Civil Claims-Alphabetically

1130	Hanck	Henry
1407	Hancock	J. L.
640	Hancock	J. S.
13552	Hancock	J. S.
2113	Hanks	James
53 A	Haralson	H. A.
138	Haralson	H. A.
146 A	Haralson	H. A.
242 A	Haralson	H. A.
327	Haralson	H. A.
398 ½	Haralson	H. A.
481	Haralson	H. A.
607	Haralson	H. A.
2293	Haralson	H. A.
2468	Haralson	H. A.
2654	Haralson	H. A.
2695	Haralson	H. A.
13353	Haralson	H. A.
13889	Haralson	H. A.
13962	Haralson	H. A.
104 A	Haralson	Hugh A.
554	Haralson	Hugh A.
14022	Haralson	Hugh A.
1	Harcourt	J. T.
13836	Hardcastle	G. S.
1	Hardeman	B.
13389	Hardeman	Peter
100	Hardeman	W. N.
121	Hardeman	W. N.
243	Hardeman	W. N.
13274	Hardeman	William P.
1	Hardin	James A.
13990	Hardin	S. A.
1913	Hardin Co. Ch. Justice	
1213	Hardin Co. Court	
1217	Hardin Co. Court	
32 A	Harkness	W. B.
214	Harkness	W. B.
284	Harkness	W. B.
364	Harkness	W. B.
504	Harkness	W. B.
765	Harkness	W. B.
801	Harkness	W. B.
13364	Harman	L. G.
1143	Harms	Julius
1451	Harper	E. B.
14087	Harrel	Jo.
244 A	Harrell	A. J.
328	Harrell	A. J.
409	Harrell	A. J.
433	Harrell	A. J.
276	Harrell	J.
277	Harrell	J.
296	Harrell	J.
1105	Harrell	J.
13516	Harrell	J.
13907	Harrell	J.
13963	Harrell	J.
1319	Harrell	Ja.
1802	Harrell	Ja.
748	Harrell	Joseph
2	Harris	R. D.
12 A	Harris	R. D.
103 A	Harris	R. D.
129	Harris	R. D.
236	Harris	R. D.
13309	Harris	R. D.
13635	Harris	R. D.
13774	Harris	R. D.
13909	Harris	R. D.
13942	Harris	R. D.
14024	Harris	R. D.
1854	Harris Co. Ch. Justice	
2340	Harris Co. Ch. Justice	
1205	Harris Co. Court	
4	Harrison	Charles A.
135	Harrison	Charles A.
136	Harrison	Charles A.
13323	Harrison	J. M.
13339	Harrison	J. M.
249	Harrison	James E.
13443	Harrison	James E.
13339	Harrison	S. P.
1	Harrison	S. T.
2599	Harrison	T. S.
13339	Harrison	W. H.
2126	Harrison Co. Ch. Justice	
1367	Harrison Co. Court	
1219	Hart	R. J.
29 A	Hart	S.
648	Hart	W. F. T.
1	Hartley	R. K.
38	Hartley	R. K.
92 A	Hartley	R. K.
2456	Hartley	R. K.
13421	Hartley	R. K.
1	Harwell	J. E.
1396	Hawkins	W. A.

Name Index to Civil Claims-Alphabetically

2323	Hawkins	W. A.
1987	Hay	S. D.
4	Hayes	J. M.
40	Hayes	J. M.
231	Hayes	J. M.
542	Haynes	Thomas J.
1680	Haynie	George
2367	Haynie	George
2	Haynie	H. H.
3 A	Haynie	H. H.
45 A	Haynie	H. H.
150 A	Haynie	H. H.
216	Haynie	H. H.
252 A	Haynie	H. H.
322	Haynie	H. H.
353	Haynie	H. H.
395	Haynie	H. H.
476	Haynie	H. H.
549	Haynie	H. H.
645	Haynie	H. H.
656	Haynie	H. H.
736	Haynie	H. H.
14024	Haynie	H. H.
170	Haynie	H. M.
13642	Haynie	H. M., Mrs.
5	Haynie	S. G.
1253 ½	Haynie	S. G.
1675	Haynie	S. G.
1687	Haynie	S. G.
1697	Haynie	S. G.
1983	Haynie	S. G.
13425	Haynie	S. G.
13652	Haynie	S. G.
14026	Haynie	S. G.
1	Hays	F. M.
13274	Hays	John R.
2184	Hays	W. J.
2209	Hays Co. Ch. Justice	
1448	Hays Co. Court	
783	Heath	E. M.
13839	Heath	E. M.
13920	Heath	Thomas
215	Henderson	J. M.
865	Henderson	J. M.
1928	Henderson	J. M.
13274	Henderson	J. W.
13339	Henderson	J. W.
1063	Henderson	W. H.
1200	Henderson	W. H.
1530	Henderson	W. H.
1712	Henderson	W. H.
1851	Henderson	W. H.
2053	Henderson	W. H.
2054	Henderson	W. H.
2154	Henderson	W. H.
2155	Henderson	W. H.
2277	Henderson	W. H.
2508	Henderson	W. H.
2604	Henderson	W. H.
2048	Henderson Co. Ch. Justice	
1221	Henderson Co. Court	
1222	Henderson Co. Court	
1263	Henderson Co. Court	
1444	Henderson Times	
1	Hendricks	S. B.
37	Hendricks	S. B.
189	Hendricks	S. B.
2495	Hendricks	S. B.
1705	Henricks	Ben
1748	Henricks	Ben
1918	Henricks	Ben
2023	Henricks	Ben
2080	Henricks	Ben
14068	Henry	I. L.
13397	Henry	J. E.
267	Henry	J. L.
545	Henry	J. L.
13531	Henry	J. L.
13709	Henry	J. L.
756	Henry	J. P.
901	Henry	J. P.
1357	Henry	J. P.
13346	Henry	J. Pat
13364	Henry	J. Pat
13274	Henry	J. R.
282 A	Henry	John L.
962	Henry	John L.
290	Henry	John P.
1144	Hensinger	A.
630	Henson	W.
46	Herald Office	
13339	Herbert	C. C.
13292	Herbert	P. T.
386	Herman	J. W.
13463	Hermann	J. W.
789	Herrera	M. C.
1446	Herrera	M. C.
2206	Herrera	M. C.

Name Index to Civil Claims-Alphabetically

13678	Herrera	M. C.	13274	Holland	J. L.
717	Herring	C.	1	Holland	S.
13674	Herring	C.	288	Holland	S.
1380	Herrman	J. W.	869	Holland	Spearman
1990	Herrman	J. W.	1911	Hollander	John
2707	Herrman	J. W.	2334	Hollander	William
13520	Hester	T. A.	13395	Hollingsworth	J. B.
13290	Heusinger	A.	23	Holman	H. C.
13380	Heusinger	A.	37	Holman	H. C.
2549	Heyer	F.	1919	Holman	Jasper S.
13274	Hicks	A. W. O.	2533	Holt	J. J.
13274	Hicks	A. W. O.	13377	Holt	J. J.
13728	Hicks	A. W. O.	365	Holtzclaw	H.
13729	Hicks	A. W. O.	13681	Holtzclaw	Hy
14167	Hicks	A. W. O.	832	Hons	Henry
1438	Hicks	E. B.	473	Hood	P. C.
14079	Hicksfer	A. W. O.	13803	Hood	P. C.
612	Hill	O. H. P.	560	Hood	W. D.
13272	Hill	T. B. J.	13310	Hooker	James
1	Hill	T. E.	13698	Hooker	Robert
37	Hill	T. E.	1	Hooks	R. D.
2229	Hill Co. Ch. Justice		37	Hooks	R. D.
1635	Hill Co. Court		379	Hooper	Thomas E.
1636	Hill Co. Court		796	Hooper	Thomas E.
900	Hiner	James	13309	Hopkins	A. N.
1425	Hiner	James	13734	Hopkins	A. N.
1	Hobby	A. M.	13774	Hopkins	A. N.
49	Hobby	A. M.	13873	Hopkins	A. N.
13343	Hobby	A. M.	14014	Hopkins	A. N.
13347	Hobby	A. M.	13429	Hopkins	A. W.
1460	Hocker	D. M.	13274	Hopkins	C. A.
13274	Hogg	Jos. L.	13469	Hopkins	C. A.
1384	Hok	H.	13871	Hopkins	C. A.
1392	Hok	H.	40	Hopkins	M.
4	Holeman	H. C.	4	Hopkins	Matthew
13438	Holeman	M. W., Mrs.	162	Hopkins	Matthew
1662	Holland	B. C.	239	Hopkins	Matthew
13299	Holland	Bird	1907	Hopkins Co. Ch. Justice	
13623	Holland	Bird	2316	Hopkins Co. Ch. Justice	
13798	Holland	Bird	1223	Hopkins Co. Court	
13894	Holland	Bird	1377	Hopkins Co. Court	
13958	Holland	Bird	1998	Hord	E. R.
14017	Holland	Bird	2399	Hord	E. R.
14069	Holland	Bird	13574	Hord	E. R.
14074	Holland	Bird	7 A	Hotchkiss	W. S.
782	Holland	E.	11 A	Hotchkiss	W. S.
13661	Holland	E.	27	Hotchkiss	W. S.
1032	Holland	J. K.	45	Hotchkiss	W. S.
458	Holland	J. L.	120	Hotchkiss	W. S.

Name Index to Civil Claims-Alphabetically

137	Hotchkiss	W. S.
153 A	Hotchkiss	W. S.
203	Hotchkiss	W. S.
408	Hotchkiss	W. S.
476	Hotchkiss	W. S.
525	Hotchkiss	W. S.
549	Hotchkiss	W. S.
656	Hotchkiss	W. S.
736	Hotchkiss	W. S.
810	Hotchkiss	W. S.
872	Hotchkiss	W. S.
948	Hotchkiss	W. S.
1057	Hotchkiss	W. S.
1118	Hotchkiss	W. S.
1163	Hotchkiss	W. S.
1238	Hotchkiss	W. S.
1325	Hotchkiss	W. S.
1326	Hotchkiss	W. S.
1420	Hotchkiss	W. S.
1516	Hotchkiss	W. S.
1588	Hotchkiss	W. S.
1656	Hotchkiss	W. S.
1736	Hotchkiss	W. S.
1751	Hotchkiss	W. S.
1786	Hotchkiss	W. S.
1825	Hotchkiss	W. S.
1965	Hotchkiss	W. S.
2103	Hotchkiss	W. S.
2405	Hotchkiss	W. S.
2410	Hotchkiss	W. S.
2434	Hotchkiss	W. S.
2446	Hotchkiss	W. S.
2486	Hotchkiss	W. S.
2523	Hotchkiss	W. S.
2528	Hotchkiss	W. S.
2584	Hotchkiss	W. S.
2632	Hotchkiss	W. S.
2670	Hotchkiss	W. S.
2699	Hotchkiss	W. S.
13501	Hotchkiss	W. S.
13621 ½	Hotchkiss	W. S.
13641	Hotchkiss	W. S.
13789	Hotchkiss	W. S.
13884	Hotchkiss	W. S.
13956	Hotchkiss	W. S.
14027	Hotchkiss	W. S.
235 A	Hotchkiss	William S.
996	Hotchkiss	William S.
10 A	Houghton	J. A.
362	Houghton	J. A.
468	Houghton	J. A.
708	Houghton	J. A.
848	Houghton	J. A.
13838	Houghton	J. A.
13951	Houghton	J. A.
13981	Houghton	J. A.
14063 ½	Houghton	J. A.
13502	Houghton	Joel A.
13618	Houghton	Joel A.
13364	Houghton	W. M. S.
1	Houston	John N.
1	Houston	John N.
535	Houston	S. L.
2025	Houston Co. Ch. Justice	
1204	Houston Co. Court	
1208	Houston Co. Court	
13741	Houston T. W. Telegraph	
145	Houston Telegraph	
1131	Houston Telegraph	
1138	Houston Telegraph	
1485	Houston Telegraph	
1497	Houston Telegraph	
1498	Houston Telegraph	
1545	Houston Telegraph	
1633	Houston Telegraph	
1929	Houston Telegraph	
2215	Houston Telegraph	
2545	Houston Telegraph	
2706	Houston Telegraph	
1473	Hovenkamp	Edward
158 A	Howard	J. W.
244 A	Howard	J. W.
328	Howard	J. W.
409	Howard	J. W.
551	Howard	J. W.
887	Howard	J. W.
952	Howard	J. W.
1001	Howard	J. W.
1064	Howard	J. W.
1238	Howard	J. W.
1420	Howard	J. W.
1516	Howard	J. W.
1580	Howard	J. W.
1736	Howard	J. W.
1825	Howard	J. W.
1848	Howard	J. W.
1963	Howard	J. W.
2065	Howard	J. W.

Name Index to Civil Claims-Alphabetically

2136	Howard	J. W.
2199	Howard	J. W.
2395	Howard	J. W.
2432	Howard	J. W.
2444	Howard	J. W.
2655	Howard	J. W.
484	Howard	James W.
664	Howard	James W.
744	Howard	James W.
811	Howard	James W.
1058	Howard	James W.
1118	Howard	James W.
1163	Howard	James W.
1326	Howard	James W.
1656	Howard	James W.
1786	Howard	James W.
13274	Howard	Russell
13976	Howard	Thomas C.
13272	Hoyle	A. C.
13274	Hoyle	A. C.
13364	Hubbard	R. B.
575	Hudson	J. L.
13562	Hudson	L.
13563	Hudson	L.
13564	Hudson	S. E. W.
13388	Hughes	Thomas P.
389	Hughes	W. P.
341	Hullum	W.
13274	Hunt	Wilkins
1	Hunt	Z.
2197	Hunt Co. Ch. Justice	
2310	Hunt Co. Ch. Justice	
1603	Hunt Co. Court	
1684	Hunt Co. Court	
1483	Huntsville Item	
1896	Huntsville Item	
662	Hust	J. A.
2013	Hust	J. A.
13702	Hust	J. A.
744	Hutchens	James H.
811	Hutchens	James H.
13292	Hutcheson	J. W.
13731	Hutchins	C. J.
664	Hutchins	I. H.
4	Hutchins	J. H.
37	Hutchins	J. H.
39	Hutchins	J. H.
40	Hutchins	J. H.
247	Hutchins	J. H.
484	Hutchins	J. H.
551	Hutchins	J. H.
887	Hutchins	J. H.
952	Hutchins	J. H.
1001	Hutchins	J. H.
1062	Hutchins	J. H.
1119	Hutchins	J. H.
1166	Hutchins	J. H.
1246	Hutchins	J. H.
1336	Hutchins	J. H.
1423	Hutchins	J. H.
1519	Hutchins	J. H.
1589	Hutchins	J. H.
1657	Hutchins	J. H.
1740	Hutchins	J. H.
1790	Hutchins	J. H.
1828	Hutchins	J. H.
2590	Hutchins	J. H.
2628	Hutchins	J. H.
2683	Hutchins	J. H.
158 A	Hutchins	James H.
328	Hutchins	James H.
409	Hutchins	James H.
2306	Hutto	H.
13339	Hyde	A. C.
2	Illingworth	J. O.
16 A	Illingworth	J. O.
118 A	Illingworth	J. O.
129	Illingworth	J. O.
148 A	Illingworth	J. O.
202	Illingworth	J. O.
232	Illingworth	J. O.
322	Illingworth	J. O.
395	Illingworth	J. O.
462	Illingworth	J. O.
476	Illingworth	J. O.
549	Illingworth	J. O.
656	Illingworth	J. O.
736	Illingworth	J. O.
810	Illingworth	J. O.
872	Illingworth	J. O.
948	Illingworth	J. O.
996	Illingworth	J. O.
1057	Illingworth	J. O.
1118	Illingworth	J. O.
1163	Illingworth	J. O.
1238	Illingworth	J. O.
1326	Illingworth	J. O.
1420	Illingworth	J. O.

Name Index to Civil Claims-Alphabetically

1516	Illingworth	J. O.
1577	Illingworth	J. O.
13873	Illingworth	J. O.
14024	Illingworth	J. O.
13309	Illingworth	James O.
13541	Illingworth	James O.
13635	Illingworth	James O.
13774	Illingworth	James O.
13942	Illingworth	James O.
13423	Ireland	John
747	J. H. Robinson & Co.	
1373	Jack Co. Court	
788	Jackson	T. A.
13770	Jackson	T. A.
13748	Jackson	William
2055	Jackson Co. Ch. Justice	
1535	Jackson Co. Court	
2626	James	W. M.
1989	Jasper Co. Ch. Justice	
1685	Jasper Co. Court	
1704	Jasper Co. Court	
1864	Jefferson Co. Ch. Justice	
1466	Jefferson Co. Court	
98	Jefferson Herald	
276 A	Jefferson Herald	
1104	Jenkins	R. T.
13274	Jennings	Thomas J.
13431	Jewett	H. J.
13818	Jewett	H. J.
15	John Marshall & Co.	
50	John Marshall & Co.	
51	John Marshall & Co.	
52	John Marshall & Co.	
53	John Marshall & Co.	
54	John Marshall & Co.	
57 A	John Marshall & Co.	
80	John Marshall & Co.	
146	John Marshall & Co.	
147	John Marshall & Co.	
160 A	John Marshall & Co.	
198	John Marshall & Co.	
199	John Marshall & Co.	
209	John Marshall & Co.	
216	John Marshall & Co.	
278	John Marshall & Co.	
309	John Marshall & Co.	
360	John Marshall & Co.	
415	John Marshall & Co.	
515	John Marshall & Co.	
625	John Marshall & Co.	
728	John Marshall & Co.	
773	John Marshall & Co.	
808	John Marshall & Co.	
824	John Marshall & Co.	
831	John Marshall & Co.	
898	John Marshall & Co.	
1071	John Marshall & Co.	
1073	John Marshall & Co.	
13613	John Marshall & Co.	
13614	John Marshall & Co.	
13615	John Marshall & Co.	
13740	John Marshall & Co.	
13969	John Marshall & Co.	
14148	John Marshall & Co.	
2 A	Johns	C. R.
54 A	Johns	C. R.
147 A	Johns	C. R.
215	Johns	C. R.
263 A	Johns	C. R.
435	Johns	C. R.
593	Johns	C. R.
755	Johns	C. R.
812	Johns	C. R.
879	Johns	C. R.
947	Johns	C. R.
997	Johns	C. R.
1059	Johns	C. R.
1114	Johns	C. R.
1629	Johns	C. R.
1659	Johns	C. R.
1735	Johns	C. R.
14035	Johns	C. R.
13277	Johns	C. R., Jr.
13344	Johns	C. R., Jr.
13500	Johns	Clem. R.
13908	Johns	Clem. R.
13967	Johns	Clem. R.
13444	Johnson	Charles
618	Johnson	George M.
14096	Johnson	George M.
14103	Johnson	George M.
1707	Johnson	J. F.
1844	Johnson	J. F.
1858	Johnson	J. F.
13274	Johnson	J. F.
13547	Johnson	J. F.
2374	Johnson	J. H.
2555	Johnson	J. H.

Name Index to Civil Claims-Alphabetically

13274	Johnson	J. W.	2164	Kaufman Co. Ch. Justice	
13294	Johnson	J. W.	1528	Kaufman Co. Court	
13296	Johnson	J. W.	1626	Kaufman Co. Court	
41	Johnson	James F.	1997	Keenan	C. G.
105	Johnson	James F.	13374	Keenan	C. G.
211 A	Johnson	James F.	13392	Keenan	C. G.
885	Johnson	James F.	13655	Keenan	C. G.
937	Johnson	James F.	13663	Keenan	C. G.
13397	Johnson	James F.	13739	Keenan	C. G.
13477	Johnson	James F.	13948	Keenan	C. G.
154 A	Johnson	W. G.	13949	Keenan	C. G.
235	Johnson	W. G.	14002	Keenan	C. G.
322	Johnson	W. G.	14058	Keenan	C. G.
395	Johnson	W. G.	709	Keese	O. H. P.
476	Johnson	W. G.	13761	Keese	O. H. P.
549	Johnson	W. G.	891	Keith	J. M.
656	Johnson	W. G.	610	Keith	W. G.
736	Johnson	W. G.	13707	Keith	W. G.
806	Johnson	W. G.	2672	Kelly	James
810	Johnson	W. G.	13310	Kelly	W. C.
854	Johnson	W. G.	2046	Kendall Co. Ch. Justice	
13272	Johnson	W. H.	1289	Kendall Co. Court	
13328	Johnson	W. H.	16	Kent	Thomas H.
1937	Johnson Co. Ch. Justice		102 A	Kerbey	J. C.
1414	Johnson Co. Court		13813	Kerbey	J. C.
384	Jones	F.	2047	Kerr Co. Ch. Justice	
608	Jones	F.	1291	Kerr Co. Court	
100 A	Jones	Fielding	80 A	Kettner	Francis
1209	Jones	Fielding	133 A	King	A.
13899	Jones	Fielding	1	King	Adolph
14052	Jones	Fielding	62	King	Adolph
13834	Jones	J. S.	63 A	King	Adolph
69 A	Jones	John S.	64 A	King	Adolph
2262	Jones	John S.	65 A	King	Adolph
22	Jones	R. R.	112	King	Adolph
13960	Jones	R. R.	152 A	King	Adolph
14021	Jones	Rufus R.	236	King	Adolph
13274	Jones	Tignal W.	293	King	Adolph
2104	Jones	Wiley	715	King	John H.
1	Jordan	A. N.	393	King	W. G.
87	Jordan	A. N.	13738	King	William G.
1218	Jordan	C. M.	14089	Kirby	J. T.
727	Jurgensen	H. N.	17	Kirk	E.
2696	Jurgensen	H. N.	1897	Kirk	Eli
1308	Jurgenson	H. N.	2148	Kirk	Eli
2123	Karnes Co. Ch. Justice		13292	Koester	Theodore
2342	Karnes Co. Ch. Justice		1995	Kyle	Claiborne
1350	Karnes Co. Court		258	L. C. Cunningham & Co.	
1558	Karnes Co. Court		1871	Lamar Co. Ch. Justice	

Name Index to Civil Claims-Alphabetically

1917.........	Lamar Co. Ch. Justice	
1179.........	Lamar Co. Court	
1591.........	Lamar Co. Court	
1977.........	Lampasas Co. Ch. Justice	
1611.........	Lampasas Co. Court	
1...............	Lane....................	E. D.
2163.........	Lane....................	W. R.
863...........	Langham..............	B. P.
2305.........	Lanham................	B. P.
1931.........	Lasswell	A.
1855.........	Lavaca Co. Ch. Justice	
13553.......	Lavanburg & Bros.	
13900.......	Lavanburg & Bros.	
86 A..........	Lavenburg & Bros.	
180...........	Lavenburg & Bros.	
971...........	Lavenburg & Bros.	
807...........	Lavenbury & Bros.	
123...........	Lawler	Levi T.
27.............	Lea......................	Pryor
102...........	Lea......................	Pryor
1192.........	Lea......................	Pryor
13281.......	Lea......................	Pryor
13321.......	Lea......................	Pryor
13549.......	Leavy...................	J. H.
14102.......	Leavy...................	J. R.
1506.........	Leckie..................	Thomas
1661.........	Leckie..................	Thomas
219...........	Leisering..............	J. F.
1906.........	Leon Co. Ch. Justice	
1595.........	Leon Co. Court	
13274.......	Leseun *	C. M.
13272.......	Leseur..................	Charles M.
13272.......	Lester...................	I. S.
13364.......	Lewellen...............	Thomas
13339.......	Lewis...................	Charles
13339.......	Lewis...................	J. M.
14064.......	Lewis...................	W. Charles
13339.......	Lewter	J.
2181.........	Liberty Co. Ch. Justice	
13306.......	Lightfoot..............	J. H.
2114.........	Limestone Co. Ch. Justice	
2359.........	Limestone Co. Ch. Justice	
1338.........	Limestone Co. Court	
13415.......	Lindheimer...........	F. F.
13475 ½...	Lindheimer...........	F. F.
107...........	Lindsay................	A. M.
1...............	Lindsay................	J. M.
344...........	Lindsey................	T. J.
4...............	Linn.....................	Edward
39.............	Linn.....................	Edward
40.............	Linn.....................	Edward
118...........	Linn.....................	Edward
158 A.......	Linn.....................	Edward
248 A.......	Linn.....................	Edward
328...........	Linn.....................	Edward
409...........	Linn.....................	Edward
484...........	Linn.....................	Edward
551...........	Linn.....................	Edward
664...........	Linn.....................	Edward
744...........	Linn.....................	Edward
811...........	Linn.....................	Edward
887...........	Linn.....................	Edward
952...........	Linn.....................	Edward
1001.........	Linn.....................	Edward
1062.........	Linn.....................	Edward
1119.........	Linn.....................	Edward
1166.........	Linn.....................	Edward
1246.........	Linn.....................	Edward
1336.........	Linn.....................	Edward
1423.........	Linn.....................	Edward
1519.........	Linn.....................	Edward
1561.........	Linn.....................	Edward
13550.......	Linn.....................	Edward
13551.......	Linn.....................	Edward
13718.......	Linn.....................	Edward
13808.......	Linn.....................	Edward
13895.......	Linn.....................	Edward
13994.......	Linn.....................	Edward
14048.......	Linn.....................	Edward
584...........	Lionberger...........	J. S.
1431.........	Lionberger...........	J. S.
2033.........	Lionberger...........	J. S.
13711.......	Lionberger...........	J. S.
13376.......	Litten	J. M.
13406.......	Littleton...............	John
2093.........	Live Oak Co. Ch. Justice	
1723.........	Live Oak Co. Court	
2006.........	Llano Co. Ch. Justice	
1178.........	Llano Co. Court	
1327.........	Llano Co. Court	
13272.......	Locke...................	M. F.
13274.......	Locke...................	M. F.
13274.......	Locke...................	M. F.
13307.......	Lofton..................	O.
1742.........	Logan	A. T.
1792.........	Logan	A. T.
1830.........	Logan	A. T.
1908.........	Logan	A. T.

Name Index to Civil Claims-Alphabetically

2038	Logan	A. T.
2110	Logan	A. T.
2333	Logan	A. T.
2459	Logan	A. T.
2597	Logan	A. T.
13284	Logan	A. T.
511	Logan	J. D.
14070	Logan, Sweet, & Palmer	
14086	Logan, Sweet, & Palmer	
47	Logan, Sweet, & Palmer	
1833	Logan, Sweet, & Palmer	
1834	Logan, Sweet, & Palmer	
409	Long	I. M.
4	Long	J. M.
26 A	Long	J. M.
223	Long	J. M.
244 A	Long	J. M.
484	Long	J. M.
664	Long	J. M.
811	Long	J. M.
952	Long	J. M.
1001	Long	J. M.
1017	Long	J. M.
1119	Long	J. M.
1166	Long	J. M.
1246	Long	J. M.
1336	Long	J. M.
1423	Long	J. M.
1519	Long	J. M.
1589	Long	J. M.
1657	Long	J. M.
1740	Long	J. M.
1790	Long	J. M.
1828	Long	J. M.
1853	Long	J. M.
1891	Long	J. M.
1962	Long	J. M.
2064	Long	J. M.
2129	Long	J. M.
2204	Long	J. M.
2237	Long	J. M.
2388	Long	J. M.
2512	Long	J. M.
2566	Long	J. M.
2628	Long	J. M.
2683	Long	J. M.
158 A	Long	James M.
328	Long	James M.
551	Long	James M.
744	Long	James M.
887	Long	James M.
1062	Long	James M.
2455	Long	James M.
2325	Long	M. M.
13755	Long	R. B.
13690	Long	W. T.
14092	Long	W. T.
123 A	Loomis & Christian	
274 A	Loomis & Christian	
646	Loomis & Christian	
687	Loomis & Christian	
770	Loomis & Christian	
2222	Loomis & Christian	
2287	Loomis & Christian	
2327	Loomis & Christian	
2439	Loomis & Christian	
2504	Loomis & Christian	
2640	Loomis & Christian	
2659	Loomis & Christian	
13510	Loomis & Christian	
14106	Loomis & Christian	
14159	Loomis & Christian	
13339	Lott	E. E.
14135	Lott	E. E.
2318	Loughridge	J. R.
471	Lount	W. R.
1	Lovejoy	John L.
1	Lovejoy	John L.
172	Lowe	P. B.
604	Lowe	P. B.
615	Lowe	P. B.
974	Lowe	P. B.
2099	Lowell	A. J. L.
8	Lubbock	F. R.
55 A	Lubbock	F. R.
91	Lubbock	F. R.
144 A	Lubbock	F. R.
260 A	Lubbock	F. R.
280 A	Lubbock	F. R.
297	Lubbock	F. R.
369	Lubbock	F. R.
390	Lubbock	F. R.
391	Lubbock	F. R.
412	Lubbock	F. R.
430	Lubbock	F. R.
432	Lubbock	F. R.
453	Lubbock	F. R.
463	Lubbock	F. R.

Name Index to Civil Claims-Alphabetically

498	Lubbock	F. R.
505	Lubbock	F. R.
559	Lubbock	F. R.
658	Lubbock	F. R.
768	Lubbock	F. R.
772	Lubbock	F. R.
819	Lubbock	F. R.
873	Lubbock	F. R.
943	Lubbock	F. R.
992	Lubbock	F. R.
1052	Lubbock	F. R.
1110	Lubbock	F. R.
1156	Lubbock	F. R.
1232	Lubbock	F. R.
1329	Lubbock	F. R.
1416	Lubbock	F. R.
1509	Lubbock	F. R.
1582	Lubbock	F. R.
1608	Lubbock	F. R.
1627	Lubbock	F. R.
14107	Lubbock	F. R.
14165	Lubbock	F. R.
849	Lubbock	T. U.
13274	Lubbock	Thomas S.
2711	Luce	D. L.
585	Luce	M. R.
1269	Luce	M. R.
2021	Luce	M. R.
13662	Luce	M. R.
14151	Luckett	J. H.
21	Luckett	L. H.
13339	Luckett	L. H.
13407	Luckett	P. N.
314	Lucky	Samuel C.
93 A	Lumsden Kendall & Co.	
13321	Lunday	R. W.
13339	Mabry	H. P.
2036	Madison Co. Ch. Justice	
1346	Madison Co. Court	
320	Madray	J. B.
13566	Madray	James B.
13679	Magby	J. D.
1	Magill	J. P.
830	Majors	James
2192	Majors	James
13784	Majors	James
2403	Makemson	W. K.
13373	Maltby	Henry A.
13339	Manchaca	A.
2376	Maney	H.
13371	Mangum	Joseph
13372	Mangum	Joseph
1	Manion	George D.
1	Mann	John
30	Mann	John
38	Mann	John
167	Mann	John
1643	Mansfield	J. M.
1870	Marion Co. Ch. Justice	
1644	Marion Co. Court	
1822	Marion Co. Court	
127 A	Markham	T. W.
143 A	Markham	T. W.
405	Markham	T. W.
592	Markham	T. W.
859	Markham	T. W.
1045	Markham	T. W.
1479	Markham	T. W.
1552	Markham	T. W.
1718	Markham	T. W.
13915	Markham	T. W.
13511	Markham	Thomas W.
13381	Marshall	J.
1	Marshall	J. W.
272 A	Marshall	J. W.
2163	Marshall	J. W.
13292	Marshall	Jessee
13442	Marshall	John
13708	Marshall	John
13925	Marshall	John
1564	Marshall Republican	
2079	Marshall Republican	
2651	Marshall Republican	
13339	Martin	F. M.
13891	Martin	George W.
13808	Martin	J.
4	Martin	James
13895	Martin	James
40	Martin	Joseph
233	Martin	Joseph
13994	Martin	Joseph
14048	Martin	Joseph
14125	Martin	R. D.
571	Martin	W. L.
13274	Mason	George
14090	Mason	John
520	Mason	W. R.
2045	Mason Co. Ch. Justice	

Name Index to Civil Claims-Alphabetically

1270.........	Mason Co. Court	
13397.......	Masterson............	T. W.
13647.......	Masterson............	T. W.
1869.........	Matagorda Co. Ch. Justice	
1495.........	Matagorda Co. Court	
13274.......	Mattby................	Henry A.
13310.......	Mattox.................	W. A.
13699.......	Maury.................	B. W.
1725.........	Mauthe *.............	R.
30.............	Maverick.............	S. A.
1872.........	Maverick.............	S. A.
13339.......	Maverick.............	S. A.
706...........	Mavis..................	J. W.
1615.........	Mavis..................	J. W.
2657.........	Mavis..................	J. W.
527...........	Max.....................	George
13664.......	Max.....................	George
13364.......	Maxan.................	Nestor
13338.......	Maxey.................	J. M.
13700.......	Maxey.................	James M.
14126.......	Maxey.................	James M.
13339.......	Maxey.................	W. S.
983...........	McAdams............	N. O.
603...........	McBride..............	William
13799.......	McCall................	J. L. L.
2366.........	McCall................	John D.
2381.........	McCall................	John D.
2500.........	McCall................	John D.
270...........	McCall................	Thomas R.
13278.......	McCarty..............	C. L.
13834.......	McCarty..............	C. L.
69 A.........	McCarty..............	Charles L.
372...........	McCarty..............	Daniel
13935.......	McClanahan.........	J. H.
13656.......	McClarty.............	J.
13657.......	McClarty.............	J.
28 A.........	McClarty.............	John
302...........	McClarty.............	John
1579.........	McClarty.............	John
1916.........	McClarty.............	John
2014.........	McClarty.............	John
2256.........	McClarty.............	John
14063.......	McClarty.............	John
208...........	McClure..............	A. E.
316...........	McClure..............	A. E.
1926.........	McClure..............	A. E.
2312.........	McClure..............	A. E.
691...........	McCormick.........	C.
13721.......	McCormick.........	C.
1310.........	McCormick.........	Calvin
14130.......	McCown.............	J. W., Jr.
2331.........	McCoy................	J. C.
1...............	McCoy................	John C.
13274.......	McCraw..............	T. M.
929...........	McCright.............	Robert
1188.........	McCright.............	Robert
1399.........	McCright.............	Robert
1672.........	McCright.............	Robert
1805.........	McCright.............	Robert
1901.........	McCright.............	Robert
2109.........	McCright.............	Robert
2356.........	McCright.............	Robert
13736.......	McCuistian..........	M. H.
1946.........	McCulloch Co. Court	
1...............	McDonald............	J. G.
1...............	McDonald............	J. G.
38.............	McDonald............	J. G.
2189.........	McDonald............	J. G.
689...........	McDonald............	J. M.
2034.........	McDonald............	J. S.
1...............	McDowell............	S. J. P.
38.............	McDowell............	S. J. P.
1403.........	McFarland...........	Jacob
1182.........	McFarland...........	W. Y.
1355.........	McFarland...........	W. Y.
1559.........	McFarland...........	W. Y.
1840.........	McFarland...........	W. Y.
2009.........	McFarland...........	W. Y.
2415.........	McFarland...........	W. Y.
2529.........	McFarland...........	W. Y.
4...............	McGill.................	A. B.
39.............	McGill.................	A. B.
40.............	McGill.................	A. B.
126...........	McGill.................	A. B.
158 A.......	McGill.................	A. B.
238...........	McGill.................	A. B.
328...........	McGill.................	A. B.
409...........	McGill.................	A. B.
484...........	McGill.................	A. B.
551...........	McGill.................	A. B.
664...........	McGill.................	A. B.
744...........	McGill.................	A. B.
811...........	McGill.................	A. B.
887...........	McGill.................	A. B.
952...........	McGill.................	A. B.
1001.........	McGill.................	A. B.
1062.........	McGill.................	A. B.
1119.........	McGill.................	A. B.

Name Index to Civil Claims-Alphabetically

1166	McGill	A. B.
1246	McGill	A. B.
1336	McGill	A. B.
1423	McGill	A. B.
1519	McGill	A. B.
1589	McGill	A. B.
1657	McGill	A. B.
1740	McGill	A. B.
1790	McGill	A. B.
2231	McGinnis	A. D.
2465	McGinnis	A. D.
2646	McGinnis	A. D.
1703	McGuire	John A.
13561	McIntosh	W.
13419	McKay	Gil
583	McKenney	I. F.
108	McKenney	J. F.
373	McKenney	J. F.
651	McKenney	J. F.
13527	McKenney	J. F.
13749	McKenney	J. F.
13793	McKenney	J. F.
13984	McKenney	J. F.
224 A	McKenney	John F.
184	McKinney	E. D.
791	McKinney	J. F.
868	McKinney	J. F.
1030	McKinney	J. F.
14101	McKinney	J. F.
221	McKinney Messenger	
1381	McKinney Messenger	
1348	McKinnon	J. C.
1427	McKinsey	J. R.
2265	McKinsey	J. R.
13369	McKnight	George
13391	McKnight	George
13408	McKnight	George
1	McLean	W. P.
49	McLean	W. P.
1952	McLennan Co. Ch. Justice	
2352	McLennan Co. Ch. Justice	
1846	McLennan Co. Court	
14155	McMahan	William
2242	McMullen Co. Ch. Justice	
497	McNeil	J. M.
1364	McNeill	J. M.
13560	McNeill	J. M.
13847	McQuerry	Charles
609	McQuerry	James
1255	McTaylor	J.
2195	Means	William
1129	Medina Co.	
1885	Medina Co. Ch. Justice	
1170	Medina Co. Court	
13536	Mellett	C. S.
13870	Merritt	D.
1340	Mersfelder	A.
2267	Mersfelder	A.
99	Messenger Office	
168 A	Messenger Office/McKinney	
686	Messer	J. W.
13852	Messer	J. W.
744	Meylins	W. T. E.
13339	Middleton	W. B.
2133	Milam Co. Ch. Justice	
1341	Milam Co. Court	
1556	Miles	C. P.
387	Military Board	
388	Military Board	
392	Military Board	
547	Military Board	
605	Military Board	
641	Military Board	
642	Military Board	
775	Military Board	
1486	Military Board	
1609	Military Board	
1752	Military Board	
1756	Military Board	
1779	Military Board	
1806	Military Board	
1886	Military Board	
1984	Military Board	
13295	Miller	J. T.
804	Miller	John T.
1090	Miller	John T.
1153	Miller	John T.
996	Miller	L. K.
1057	Miller	L. K.
1115	Miller	L. K.
1163	Miller	L. K.
1238	Miller	L. K.
1760	Miller	L. K.
1786	Miller	L. K.
1825	Miller	L. K.
1848	Miller	L. K.
1888	Miller	L. K.
1964	Miller	L. K.

Name Index to Civil Claims-Alphabetically

2065	Miller	L. K.
2136	Miller	L. K.
2199	Miller	L. K.
2363	Miller	L. K.
2511	Miller	L. K.
644	Miller	R.
1440	Miller	Robert
2000	Miller	Robert
13339	Miller	S. A.
2600	Miller	William
13272	Miller	William G.
73 A	Millett	C. F.
178	Millett	C. F.
14158	Millett	C. F.
2569	Millett	C. S.
579	Millican	C. C.
13669	Millican	C. C.
13435	Mills	A. N.
1758	Mills	Gideon
2190	Mills	Gideon
13339	Mills	R. Q.
744	Minot	S.
1119	Minot	S.
1246	Minot	S.
1336	Minot	S.
1423	Minot	S.
1519	Minot	S.
1589	Minot	S.
1657	Minot	S.
1790	Minot	S.
1828	Minot	S.
1853	Minot	S.
1891	Minot	S.
1962	Minot	S.
2064	Minot	S.
2129	Minot	S.
2204	Minot	S.
2237	Minot	S.
2388	Minot	S.
2455	Minot	S.
2512	Minot	S.
2566	Minot	S.
2628	Minot	S.
2683	Minot	S.
328	Minot	Stephen
409	Minot	Stephen
484	Minot	Stephen
551	Minot	Stephen
664	Minot	Stephen
811	Minot	Stephen
887	Minot	Stephen
952	Minot	Stephen
1001	Minot	Stephen
1062	Minot	Stephen
1166	Minot	Stephen
13451	Minter	T. G.
27	Mitchell	N. H.
932	Mitchell	Nat
13668	Mondragon	E.
13845	Montague	D.
2104	Montague	Daniel
2234	Montague Co. Ch. Justice	
1554	Montague Co. Court	
13274	Montgomery	W. A.
2091	Montgomery Co. Ch. Justice	
1309	Montgomery Co. Court	
966	Moody	J. W.
2489	Moody	J. W.
1176	Moore	A. B.
2653	Moore	A. B.
4	Moore	F. W.
20 A	Moore	F. W.
39	Moore	F. W.
40	Moore	F. W.
249 A	Moore	F. W.
263	Moore	F. W.
13551	Moore	F. W.
13718	Moore	F. W.
13808	Moore	F. W.
13895	Moore	F. W.
13994	Moore	F. W.
14048	Moore	F. W.
13841	Moore	Francis
14003	Moore	Fred W.
14060	Moore	Fred W.
14062	Moore	Fred W.
13620	Moore	Fred. W.
158 A	Moore	Frederic W.
1379	Moore	G. F.
889	Moore	George F.
1065	Moore	George F.
1617	Moore	George F.
1670	Moore	George F.
1798	Moore	George F.
2558	Moore	George F.
13660	Moore	J. F.
13756	Moore	J. F.
1	Moore	J. W.

Name Index to Civil Claims-Alphabetically

38	Moore	J. W.	1434	Morrison	J. C.
47 A	Moore	J. W.	2112	Morrison	J. C.
72	Moore	J. W.	13726	Morrison	J. C.
13550	Moore	J. W.	134 A	Morton	W. J.
562	Moore	John F.	218	Morton	W. J.
13274	Moore	Lewis W.	437	Morton	W. J.
13274	Moore	Thomas	456	Morton	W. J.
13771	Moore	Thomas	513	Morton	W. J.
13272	Moore	Thomas C.	723	Morton	W. J.
1344	Moores	J. W.	13713	Morton	W. J.
522	Morris	A. R.	32	Moseley	J. W.
1385	Morris	A. R.	38	Moseley	J. W.
2063	Morris	A. R.	1	Mosley	James W.
2092	Morris	A. W.	13458	Moss	B. F.
117	Morris	George W.	13274	Muller	John
13757	Morris	George W.	13364	Mundine	T. H.
977	Morris	J. B.	13339	Munson	M. S.
676	Morris	James B.	174	Murphy	J. B.
738	Morris	James B.	203	Murphy	J. B.
817	Morris	James B.	13359	Murphy	J. B.
877	Morris	James B.	13479	Murphy	J. B.
946	Morris	James B.	13666	Murphy	J. B.
994	Morris	James B.	13977	Murphy	J. B.
1056	Morris	James B.	30	Murphy	J. W.
1113	Morris	James B.	1650	Murrah	P.
1160	Morris	James B.	1731	Murrah	P.
1168	Morris	James B.	1782	Murrah	P.
1235	Morris	James B.	2472	Murrah	P.
1332	Morris	James B.	2658	Murrah	P.
1419	Morris	James B.	1853	Murrah	P., Gov.
1512	Morris	James B.	1954	Murrah	P., Gov.
1585	Morris	James B.	1955	Murrah	P., Gov.
1613	Morris	James B.	2217	Murrah	P., Gov.
1653	Morris	James B.	2710	Murray	J. W.
1734	Morris	James B.	551	Mylins	W. T. E.
1785	Morris	James B.	664	Mylins	W. T. E.
1829	Morris	James B.	811	Mylins	W. T. E.
1920	Morris	James B.	887	Mylins	W. T. E.
1979	Morris	James B.	952	Mylins	W. T. E.
2068	Morris	James B.	1001	Mylins	W. T. E.
2152	Morris	James B.	1062	Mylins	W. T. E.
2332	Morris	James B.	1119	Mylins	W. T. E.
2390	Morris	James B.	1141	Mylins	W. T. E.
2391	Morris	James B.	328	Mylins	William
2421	Morris	James B.	409	Mylins	William
2601	Morris	James B.	484	Mylins	William
2664	Morris	James B.	601	Nabours	J.
13339	Morris	W. W.	2134	Nabours	J.
720	Morrison	J. C.	1343	Nabours	Jeremiah

Name Index to Civil Claims-Alphabetically

13705	Nabours	Jeremiah
1912	Nacogdoches Co. Ch. Justice	
2307	Nacogdoches Co. Ch. Justice	
1140	Nacogdoches Co. Court	
1187	Nacogdoches Co. Court	
13281	Nash	T. J.
13274	Nash	Thomas J.
13274	Nash	William
13274	Nauendorf	Adolph
230	Navarro	Angel
13364	Navarro	Angel
13366	Navarro	Angel
1939	Navarro Co. Ch. Justice	
1404	Navarro Co. Court	
1879	Navarro Express	
2084	Neal	B. F.
2085	Neal	B. F.
2609	Neal	B. F.
13339	Neal	B. F.
1028	Neal	J. P.
14166	Neal	James P.
1	Neal	T. C.
49	Neal	T. C.
13272	Neel	T. C.
13274	Neel	T. C.
1102	Neely	B. F.
13319	Nelson	Allison
13364	Nelson	Allison
127	Nelson	W. W.
451	Nelson	W. W.
13940	Newland	H. S.
94 A	News Office	
99 A	News Office	
101 A	News Office	
837	News Office	
14080	News Office	
442	News Office Galveston	
13274	Newsom	James F.
2002	Newton Co. Ch. Justice	
1371	Newton Co. Court	
1447	Newton Co. Court	
307	Neyland	W. M.
14132	Neyland	W. M.
14140	Neyland	W. M.
13274	Neyland	William M.
1038	Nichols	E. B.
1039	Nichols	E. B.
13274	Nichols	E. B.
421	Nichols	J. W.
2567	Nichols	J. W.
13696	Nichols	J. W.
25	Nichols	James W.
902	Nichols	James W.
1400	Nichols	James W.
1814	Nichols	James W.
594	Nichols	L. D.
1978	Nichols	L. D.
13648	Nichols	L. D.
14114	Nichols	M. P.
13272	Nicholson	A. J.
13274	Nicholson	A. J.
13274	Nicholson	E. P.
13387	Nicholson	E. P.
13764 ½	Nicholson	John
2517	Nix	Jonathan
2649	Nix	Jonathan
1085	Noonan	G. H.
1185	Noonan	G. H.
1459	Noonan	G. H.
1741	Noonan	G. H.
2565	Noonan	G. H.
2622	Noonan	G. H.
2708	Noonan	G. H.
13274	Norris	J. M.
125	Norris	Thomas
419	Norris	Thomas
940	Norris	Thomas
1372	Norris	Thomas
1766	Norris	Thomas
13732	Norris	Thomas
438	Northington	M. W.
1293	Northington	M. W.
2020	Northington	M. W.
13801	Norton	A. B.
13802	Norton	A. B.
13831	Norton	A. B.
14061	Norton	A. B.
1	Norvell	L.
2630	Nowlin	P. W.
2687	Nowlin	P. W.
2285	Nueces Co. Ch. Justice	
1260	Nueces Co. Court	
1476	Nueces Co. Court	
802	O'Brien	Owen
79	O'Docharty	W.
2638	O'Gorman	J.
2684	O'Gorman	J.
2633	O'Gorman	John

Name Index to Civil Claims-Alphabetically

6 A	O'Gorman	P.
1647	O'Gorman	P.
2618	O'Gorman	P.
2629	O'Gorman	P.
2686	O'Gorman	P.
132	O'Gorman	Pat
156 A	O'Gorman	Pat
169	O'Gorman	Pat
237	O'Gorman	Pat
324	O'Gorman	Pat
397	O'Gorman	Pat
477	O'Gorman	Pat
553	O'Gorman	Pat
626	O'Gorman	Pat
659	O'Gorman	Pat
740	O'Gorman	Pat
809	O'Gorman	Pat
814	O'Gorman	Pat
881	O'Gorman	Pat
950	O'Gorman	Pat
999	O'Gorman	Pat
1060	O'Gorman	Pat
1116	O'Gorman	Pat
1161	O'Gorman	Pat
1237	O'Gorman	Pat
1288	O'Gorman	Pat
1334	O'Gorman	Pat
1421	O'Gorman	Pat
1517	O'Gorman	Pat
1586	O'Gorman	Pat
1654	O'Gorman	Pat
1738	O'Gorman	Pat
1788	O'Gorman	Pat
1827	O'Gorman	Pat
1852	O'Gorman	Pat
1890	O'Gorman	Pat
1968	O'Gorman	Pat
2066	O'Gorman	Pat
2130	O'Gorman	Pat
2201	O'Gorman	Pat
2236	O'Gorman	Pat
2275	O'Gorman	Pat
2335	O'Gorman	Pat
2438	O'Gorman	Pat
2448	O'Gorman	Pat
2516	O'Gorman	Pat
2571	O'Gorman	Pat
13504	O'Gorman	Pat
14034	O'Gorman	Pat
1	Obenchain	A. T.
1	Obenchain	A. T.
48	Obenchain	A. T.
13272	Obenchain	A. T.
13274	Obenchain	A. T.
38	Oberchain	A. T.
1394	Oborski	Eugene
13418	Ochiltree	W. B.
530	Odom	B. M.
13686	Oldham	W. S.
38 A	Oltorf	J. D.
904	Oltorf	J. D.
14121	Oltorf	J. D.
1	O'Quinn	J. J.
1868	Orange Co. Ch. Justice	
1254	Orange Co. Court	
1307	Orange Co. Court	
13367	Ormsby *	Theo. D.
13364	Owen	W. M.
159	Oxford	T. R.
13360	Palm & Bros.	
35 A	Palm Bros. & Co.	
98 A	Palm Bros. & Co.	
173	Palm Bros. & Co.	
187	Palm Bros. & Co.	
188	Palm Bros. & Co.	
281	Palm Bros. & Co.	
318	Palm Bros. & Co.	
1095	Palm Bros. & Co.	
1103	Palm Bros. & Co.	
13379	Palm Bros. & Co.	
14118	Palm Bros. & Co.	
14147	Palm Bros. & Co.	
14152	Palm Bros. & Co.	
14154	Palm Bros. & Co.	
13357	Palmer	E. A.
13666	Palmer	E. A.
14038	Palmer	E. A.
169 A	Palmer	Edward A.
1	Palmer	R. J.
13274	Palmer	R. J.
780	Palmore	C.
1472	Palmore	C.
13747	Palmore	Columbus
2059	Palo Pinto Co. Ch. Justice	
1354	Palo Pinto Co. Court	
1713	Palo Pinto Co. Court	
2060	Palo Pinto Co. Court	
2239	Panola Co. Ch. Justice	

Name Index to Civil Claims-Alphabetically

1220	Panola Co. Court	
1430	Panola Co. Court	
1	Parker	A.
13339	Parker	Ben
13703	Parker	C. A.
774	Parker	Cynthia Ann
533	Parker	W. C.
1287	Parker	W. C.
2105	Parker	W. C.
13407	Parker	W. C.
2031	Parker Co. Ch. Justice	
2319	Parker Co. Ch. Justice	
1324	Parker Co. Court	
1424	Parker Co. Court	
329	Parks	W. W.
18	Parrish	A. H.
13375	Parrish	A. H.
14145	Parrish	A. H.
110	Parsons	J. H.
1	Parsons	J. Harvey
13348	Parsons	Jesse H.
622	Partridge	J. W.
847	Patrick	W. A.
2180	Patridge	J. W.
13673	Patridge	J. W.
1314	Patterson	G. W.
1943	Patterson	G. W.
655	Patterson	N. M. C.
13931	Patty	J. W.
200	Paul	James
243 A	Paul	James
326	Paul	James
399	Paul	James
480	Paul	James
552	Paul	James
661	Paul	James
737	Paul	James
820	Paul	James
874	Paul	James
944	Paul	James
995	Paul	James
1053	Paul	James
1111	Paul	James
1157	Paul	James
1233	Paul	James
1330	Paul	James
1417	Paul	James
1510	Paul	James
1583	Paul	James
1631	Paul	James
1651	Paul	James
1732	Paul	James
1783	Paul	James
1793	Paul	James
1831	Paul	James
1847	Paul	James
1856	Paul	James
1887	Paul	James
1898	Paul	James
1971	Paul	James
1973	Paul	James
1986	Paul	James
1988	Paul	James
2067	Paul	James
2128	Paul	James
2435	Paul	James
2471	Paul	James
2521	Paul	James
2676	Paul	James
2716	Paul	James
13274	Payne	W. M.
13274	Payne	William K.
109	Pecht	Charles
13627	Pecht	Charles
13743	Pecht	Charles
175	Peck	R. H.
13902	Peck	R. H.
13538	Peck	William
633	Pegnes	George H.
973	Peltzer	G.
1146	Perkins	H. E.
1811	Perkins	H. E.
2118	Perkins	H. E.
986	Perkins	Henry E.
1	Perry	A.
1	Perry	A.
13339	Perry	A.
13274	Perry	B. F.
13774	Perry	B. F.
784	Peters	H.
13854	Peters	H.
13624	Petterson	J.
103	Petterson	Johan
17 A	Petterson	John
231	Petterson	John
332	Petterson	John
413	Petterson	John
478	Petterson	John

Name Index to Civil Claims-Alphabetically

568	Petterson	John	13692	Plasters	Thomas P.
760	Petterson	John	13321	Poag	W. R.
13411	Petterson	John	1910	Polk Co. Ch. Justice	
13785	Petterson	John	1347	Polk Co. Court	
13890	Petterson	John	13274	Pope	Alexander
690	Pettigrew	G. W.	13274	Portis	David Y.
159 A	Phillips	J. W.	1787	Poteet	A. N.
322	Phillips	J. W.	1825	Poteet	A. N.
395	Phillips	J. W.	1848	Poteet	A. N.
476	Phillips	J. W.	1888	Poteet	A. N.
549	Phillips	J. W.	1964	Poteet	A. N.
656	Phillips	J. W.	2135	Poteet	A. N.
736	Phillips	J. W.	2485	Poteet	A. N.
810	Phillips	J. W.	1515	Potter	C.
1134	Phillips	J. W.	2232	Potter	C.
1692	Phillips	J. W.	1	Potter	M. M.
2674	Phillips	J. W.	13339	Potter	M. M.
235 A	Phillips	John W.	606	Potts	John H.
111 A	Philpot	H. V.	665	Power	A. V.
13511	Philpot	H. V.	13461	Power	A. V.
13945	Philpot	H. V.	197	Powers	Stephen
669	Philpott	H. V.	198	Powers	Stephen
1	Pickett	E. B.	445	Powers	Stephen
38	Pickett	E. B.	931	Powers	Stephen
647	Pierce	G. M.	1311	Powers	Stephen
109	Pittman	W. F.	13866	Preacher	G. A.
259	Pittman	W. F.	13989	Preacher	George A.
281 A	Pittman	W. F.	2034	Prendergast	D. M.
431	Pittman	W. F.	13274	Prendergast	D. M.
1365	Pittman	W. F.	4	Pressler	C. W.
1646	Pittman	W. F.	40	Pressler	C. W.
1900	Pittman	W. F.	13550	Pressler	C. W.
2121	Pittman	W. F.	13551	Pressler	C. W.
2392	Pittman	W. F.	13718	Pressler	C. W.
2506	Pittman	W. F.	13808	Pressler	C. W.
2527	Pittman	W. F.	13895	Pressler	C. W.
46 A	Pittman	William F.	37	Pressler	Charles W.
285 A	Pittman	William F.	39	Pressler	Charles W.
759	Pittman	William F.	13994	Pressler	Charles W.
13364	Pitts	E. S.	14048	Pressler	Charles W.
948	Plagge	C.	13326	Preston	W. F.
996	Plagge	C.	13274	Preston	Walter F.
1057	Plagge	C.	1	Price	C. L.
1118	Plagge	C.	1	Price	C. L.
1163	Plagge	C.	13274	Price	F. P.
1238	Plagge	C.	13326	Price	J. T.
1326	Plagge	C.	1	Price	L. F.
1369	Plagge	C.	4	Price	W. D.
822	Plagge	G.	197	Price	W. D.

Name Index to Civil Claims-Alphabetically

4	Priestley	P.
38 ½	Priestley	P.
39 A	Priestley	P.
40	Priestley	P.
149	Priestley	P.
1036	Priestley	Periander
1037	Priestley	Periander
2487	Priestley	Periander
2589	Priestley	Periander
2644	Priestley	Periander
2682	Priestley	Periander
2692	Priestley	Periander
1024	Priestley	Philander
2693	Priestley	Philander
204	Proctor	D. C.
13339	Quinan	George
13274	Quintero	J. A.
13274	Quintero	J. A.
13326 ½	Quintero	J. A.
13403	Quintero	J. A.
13452	Quintero	J. A.
13944	Quintero	J. A.
459	R. & D. G. Mills	
14153	R. D. Carr & Co.	
2	Raglin	H. W.
41 A	Raglin	H. W.
153 A	Raglin	H. W.
183	Raglin	H. W.
196	Raglin	H. W.
235	Raglin	H. W.
251	Raglin	H. W.
322	Raglin	H. W.
395	Raglin	H. W.
476	Raglin	H. W.
549	Raglin	H. W.
656	Raglin	H. W.
722	Raglin	H. W.
13309	Raglin	H. W.
13499	Raglin	H. W.
13635	Raglin	H. W.
13774	Raglin	H. W.
13873	Raglin	H. W.
13942	Raglin	H. W.
14024	Raglin	H. W.
13274	Rainey	A. T.
13339	Rains	Emory
1	Rains	J. D.
30	Rains	J. D.
38	Rains	J. D.
61	Rains	J. D.
119	Rains	J. D.
182	Rains	J. D.
13340	Rains	J. D.
1183	Ramsaun	A.
1612	Ranchero Newspaper	
586	Randle	Wilson
13274	Randle	Wilson
1 A	Randolph	C. H.
116	Randolph	C. H.
150	Randolph	C. H.
155 A	Randolph	C. H.
252	Randolph	C. H.
262 A	Randolph	C. H.
269	Randolph	C. H.
323	Randolph	C. H.
396	Randolph	C. H.
482	Randolph	C. H.
555	Randolph	C. H.
660	Randolph	C. H.
741	Randolph	C. H.
813	Randolph	C. H.
880	Randolph	C. H.
949	Randolph	C. H.
998	Randolph	C. H.
1035	Randolph	C. H.
1236	Randolph	C. H.
1333	Randolph	C. H.
1429	Randolph	C. H.
1590	Randolph	C. H.
1660	Randolph	C. H.
1737	Randolph	C. H.
1861	Randolph	C. H.
1967	Randolph	C. H.
2096	Randolph	C. H.
2167	Randolph	C. H.
2274	Randolph	C. H.
2393	Randolph	C. H.
2458	Randolph	C. H.
2515	Randolph	C. H.
2596	Randolph	C. H.
2624	Randolph	C. H.
2634	Randolph	C. H.
2685	Randolph	C. H.
2721	Randolph	C. H.
13514	Randolph	C. H.
13633	Randolph	C. H.
13718	Randolph	C. H.
13875	Randolph	C. H.

Name Index to Civil Claims-Alphabetically

13946	Randolph	C. H.	833	Reavis	S. A.
14036	Randolph	C. H.	2600	Reavis	S. A.
223	Randolph	C. H., Jr.	13336	Rector	Claiborne
253	Ratliff	James	13309	Rector	J. E.
206	Raven	E.	13505	Rector	James E.
268	Raven	E.	1924	Red River Co. Ch. Justice	
1014	Raven	E.	1753	Red River Co. Court	
1027	Raven	E.	13339	Redgate	S. J.
1108	Raven	E.	13350	Redwine	H. D.
1489	Raven	E.	21 A	Reed	Erastus
1724	Raven	E.	1193	Reed	J. B.
2548	Raven	E.	2541	Reed	J. B.
805	Raven	Ernst	62 A	Reeves	R. A.
1974	Raven	Ernst	174	Reeves	R. A.
2351	Raven	Ernst	357	Reeves	R. A.
8 A	Raymond	N. C.	358	Reeves	R. A.
44 A	Raymond	N. C.	678	Reeves	R. A.
120	Raymond	N. C.	1676	Reeves	R. A.
153 A	Raymond	N. C.	2313	Reeves	R. A.
168	Raymond	N. C.	2522	Reeves	R. A.
235	Raymond	N. C.	2562	Reeves	R. A.
322	Raymond	N. C.	13481	Reeves	R. A.
395	Raymond	N. C.	13997	Reeves	R. A.
743	Raymond	N. C.	14053	Reeves	R. A.
823	Raymond	N. C.	2041	Refugio Co. Ch. Justice	
1007	Raymond	N. C.	1493	Refugio Co. Court	
1013	Raymond	N. C.	952	Reichel	
1062	Raymond	N. C.	1853	Reichel	R.
1119	Raymond	N. C.	1891	Reichel	R.
1132	Raymond	N. C.	2237	Reichel	R.
1166	Raymond	N. C.	2512	Reichel	R.
1246	Raymond	N. C.	2602	Reichel	R.
1336	Raymond	N. C.	158 A	Reichel	Robert
1423	Raymond	N. C.	171	Reichel	Robert
1519	Raymond	N. C.	328	Reichel	Robert
1568	Raymond	N. C.	409	Reichel	Robert
13339	Raymond	N. C.	484	Reichel	Robert
13345	Raymond	N. C.	551	Reichel	Robert
13885	Raymond	N. C.	664	Reichel	Robert
13932	Raymond	N. C.	744	Reichel	Robert
13955	Raymond	N. C.	811	Reichel	Robert
13995	Raymond	N. C.	887	Reichel	Robert
14000	Raymond	N. C.	1001	Reichel	Robert
14020	Raymond	N. C.	1062	Reichel	Robert
13559	Read	J. L.	1119	Reichel	Robert
634	Read	James L.	1166	Reichel	Robert
13292	Reagan	J. H.	1246	Reichel	Robert
13913	Reagan	Morris R.	1336	Reichel	Robert
13863	Reavis	J. B.	1423	Reichel	Robert

Name Index to Civil Claims-Alphabetically

1519	Reichel	Robert
1589	Reichel	Robert
1657	Reichel	Robert
1740	Reichel	Robert
1790	Reichel	Robert
1828	Reichel	Robert
1962	Reichel	Robert
2064	Reichel	Robert
2129	Reichel	Robert
2204	Reichel	Robert
2388	Reichel	Robert
2455	Reichel	Robert
270	Reicherzer	Frank
14142	Reichom	F.
1	Reid	J. M.
1	Reid	J. M.
241 A	Reighel	Robert
13274	Reyeley	J.
1	Rhea	J. C.
38	Rhea	J. C.
72	Rhea	J. C.
2328	Rhea	W. H.
13973	Rhodes	E. J.
13983	Rhodes	E. J.
13274	Rhome	P. G.
1443	Rice	A. T.
13922	Richard	A. W.
1999	Richards	A. W.
1642	Richardson	D.
1729	Richardson	D.
1730	Richardson	D.
1745	Richardson	D.
1761	Richardson	D.
1762	Richardson	D.
1777	Richardson	D.
1819	Richardson	D.
2078	Richardson	D.
13991	Richardson	I. W.
1921	Richardson	W.
13293	Richardson	W.
1275	Richardson & Co.	
1055	Richmond Whig	
13530	Riddell	W. P.
13639	Riddell	W. P.
1	Rippetoe	A. H.
38	Rippetoe	A. H.
467	Ritchie	John
27	Rives	George C.
2639	Robards	W. C.
2698	Robards	W. C.
2279	Robards	W. L.
2402	Robards	W. L.
2404	Robards	W. L.
2445	Robards	W. L.
2449	Robards	W. L.
2513	Robards	W. L.
2570	Robards	W. L.
2631	Robards	W. L.
2697	Robards	W. L.
1	Roberts	F. F.
76	Roberts	F. F.
4	Roberts	F. J.
40	Roberts	F. J.
118	Roberts	F. J.
244 A	Roberts	F. J.
279	Roberts	F. J.
328	Roberts	F. J.
484	Roberts	F. J.
551	Roberts	F. J.
664	Roberts	F. J.
811	Roberts	F. J.
744	Roberts	Fred J.
158 A	Roberts	Frederic J.
2563	Roberts	H. P., Mrs.
409	Roberts	J. J.
143	Roberts	O. M.
210	Roberts	O. M.
2314	Roberts	O. M.
2560	Roberts	O. M.
2561	Roberts	O. M.
13273	Roberts	O. M.
13467	Roberts	O. M.
13809	Roberts	O. M.
14004	Roberts	O. M.
14007	Roberts	O. M.
14046	Roberts	O. M.
14112	Roberts	O. M.
13274	Robertson	E. S. C.
13274	Robertson	J. B.
13307	Robertson	J. C.
1959	Robertson Co. Ch. Justice	
1487	Robertson Co. Court	
128 A	Robinson	B. W.
403	Robinson	B. W.
590 ½	Robinson	B. W.
670	Robinson	B. W.
860	Robinson	B. W.
1043	Robinson	B. W.

Name Index to Civil Claims-Alphabetically

1478	Robinson	B. W.
13511	Robinson	B. W.
13915	Robinson	B. W.
13339	Robinson	J. W.
1534	Robinson & Son	
13351	Rodriguez	J. M.
370	Roe	J. L.
590 ½	Roe	J. L.
860	Roe	J. L.
1043	Roe	J. L.
1716	Roe	J. L.
13511	Roe	J. L.
13915	Roe	J. L.
670	Roe	J. S.
128 A	Roe	John L.
13314	Roessler	A. R.
13495	Roessler	A. R.
13495	Roessler	A. R.
13616	Roessler	A. R.
726	Rogers	A.
1690	Rogers	A. L.
13321	Rogers	James H.
163 A	Rogers	M. C.
13511	Rogers	M. C.
13915	Rogers	M. C.
13325	Rogers	W. P.
137 A	Root & Davis	
139 A	Root & Davis	
13364	Ross	B. F.
13272	Ross	E. M.
13274	Ross	E. M.
13274	Ross	E. M.
13350	Ross	W. M.
1621	Rossignal	Charles
1622	Rossignal	Charles
2564	Rossignal	Charles
13637	Rossignol	C.
13941	Rossignol	C.
1850	Rossignol	Charles
42	Rossiguol	Charles
13274	Runnels	H. R.
13274	Runnels	H. R.
14041	Runnels	H. R.
13712	Rushton	C. H.
1	Rusk	John C.
2253	Rusk Co. Ch. Justice	
2304	Rusk Co. Ch. Justice	
1578	Rusk Co. Court	
13274	Russell	C. A.
1	Russell	Charles
2086	Russell	Charles A.
305	Russell	John
24	Russell	S. B.
13309	Rust	Edwin
13499	Rust	Edwin
13635	Rust	Edwin
13774	Rust	Edwin
13873	Rust	Edwin
13942	Rust	Edwin
14024	Rust	Edwin
14127	Rust	Edwin
13630	Rust	W.
60 A	Rust	William
184	Rust	William
220	Rust	William
277	Rust	William
278 A	Rust	William
426	Rust	William
427	Rust	William
688	Rust	William
777	Rust	William
899	Rust	William
908	Rust	William
936	Rust	William
1034	Rust	William
1079	Rust	William
1080	Rust	William
1322	Rust	William
1539	Rust	William
1540	Rust	William
1708 ½	Rust	William
1722	Rust	William
1754	Rust	William
1759	Rust	William
1883	Rust	William
2097	Rust	William
2266	Rust	William
2392	Rust	William
2469	Rust	William
2470	Rust	William
2583	Rust	William
2668	Rust	William
13301	Rust	William
13313	Rust	William
13433	Rust	William
13719	Rust	William
13965	Rust	William
14016	Rust	William

Name Index to Civil Claims-Alphabetically

14076	Rust	William
14162	Rust	William
2414	Ryan	John
13479	Ryan	John
13436	S. W. Express Co.	
2108	Sabine Co. Ch. Justice	
1198	Sabine Co. Court	
1273	Sabine Co. Court	
923	Sachtleben	August
13677	Salinas	J. J.
355	Salinas	Manuel
13794	Salinas	Manuel
693	Samford	Thomas
20	Sampson & Henricks	
33 A	Sampson & Henricks	
60	Sampson & Henricks	
301	Sampson & Henricks	
724	Sampson & Henricks	
888	Sampson & Henricks	
933	Sampson & Henricks	
970	Sampson & Henricks	
1201	Sampson & Henricks	
1645	Sampson & Henricks	
2559	Sampson & Henricks	
13370	Sampson & Henricks	
13632	Sampson & Henricks	
14051	Sampson & Henricks	
14144	Sampson & Henricks	
1484	San Antonio Herald	
1835	San Antonio Herald	
2544	San Antonio Herald	
225 A	San Antonio News	
106	San Antonio Texan	
2107	San Augustine Co. Ch. Justice	
2309	San Augustine Co. Ch. Justice	
1467	San Augustine Co. Court	
1996	San Patricio Co. Ch. Justice	
2117	San Patricio Co. Ch. Justice	
1393	San Saba Co. Court	
1503	Sanger	J.
2580	Sanger	J.
13554	Satham	F. W.
13576	Sawyer, Risher & Co.	
2247	Sawyer, Risher, & Hall	
13911	Saxon	B. B.
13851	Sayers	J. D.
13310	Scarborough	E.
1	Scarborough	E. B.
13364	Scarborough	E. B.
13339	Schleicher	G.
13491	Schneider	Henry
14128	Schols	A.
83	Scholz	A.
1181	Scholz	A.
1575	Scholz	A.
13472	Scholz	A.
13786	Scholz	August
2223	Scholze	A.
13274	Schoolfield	William D.
13283	Schoolfield	William D.
13281 ½	Schultz	Augustus
313	Schulz	A.
13933	Schulz	A.
13556	Schulz	Ary
1150	Schutze	J.
1773	Schutze	J.
350	Scott	Ben
348	Scott	Benjamin
13755	Scott	Benjamin
14126 ½	Scott	Benjamin
124 A	Scott	Sam T.
13274	Scott	W. T.
526	Scrivner	D. D.
700	Scruggs	J. T.
2106	Scruggs	J. T.
13517	Scruggs	Jesse T.
13274	Scurry	W. R.
13275	Scurry	W. R.
447	Seale	C. C.
1402	Seale	C. C.
2027	Seale	C. C.
13565	Seale	C. C.
13710	Seawright	W. M.
1	Sedberry	W. R.
1	Selman	B. T.
1	Selman	B. T.
38	Selman	B. T.
106 A	Semi-Weekley News/San Antonio	
1382	Semi-Weekly News	
797	Settegast & Brawner	
13339	Shannon	W. R.
113	Sharp	W. H.
227 A	Sharp	W. H.
363	Sharp	W. H.
13927	Sharp	W. H.
14105	Sharp	W. H.
14093	Sharp	William H.
13859	Shaw	J.

Name Index to Civil Claims-Alphabetically

2111	Shelby Co. Ch. Justice		2	Simcox	G. G.
1197	Shelby Co. Court		4 A	Simcox	G. G.
1432	Shelby Co. Court		129	Simcox	G. G.
1	Shelley	N. G.	149 A	Simcox	G. G.
27	Shelley	N. G.	165	Simcox	G. G.
104	Shelley	N. G.	322	Simcox	G. G.
270 A	Shelley	N. G.	395	Simcox	G. G.
346	Shelley	N. G.	476	Simcox	G. G.
400	Shelley	N. G.	549	Simcox	G. G.
483	Shelley	N. G.	656	Simcox	G. G.
557	Shelley	N. G.	736	Simcox	G. G.
657	Shelley	N. G.	810	Simcox	G. G.
742	Shelley	N. G.	872	Simcox	G. G.
815	Shelley	N. G.	948	Simcox	G. G.
875	Shelley	N. G.	1057	Simcox	G. G.
920	Shelley	N. G.	1118	Simcox	G. G.
942	Shelley	N. G.	1163	Simcox	G. G.
956	Shelley	N. G.	1238	Simcox	G. G.
991	Shelley	N. G.	1326	Simcox	G. G.
1025	Shelley	N. G.	1420	Simcox	G. G.
1565	Shelley	N. G.	1516	Simcox	G. G.
1569	Shelley	N. G.	1588	Simcox	G. G.
1592	Shelley	N. G.	1628	Simcox	G. G.
1658	Shelley	N. G.	1656	Simcox	G. G.
1755	Shelley	N. G.	1736	Simcox	G. G.
2360	Shelley	N. G.	1786	Simcox	G. G.
475	Shelley & Mabin		1825	Simcox	G. G.
489	Shelley & Mabin		1848	Simcox	G. G.
13339	Shelton	E. J.	1888	Simcox	G. G.
1	Shelton	P. H.	1936	Simcox	G. G.
1	Shelton	P. H.	1964	Simcox	G. G.
38	Shelton	P. H.	2065	Simcox	G. G.
49	Shelton	P. H.	2136	Simcox	G. G.
68	Shelton	P. H.	2199	Simcox	G. G.
153	Shelton	P. H.	2512	Simcox	G. G.
27	Shepard	C. B.	2619	Simcox	G. G.
32	Shepard	C. B.	2628	Simcox	G. G.
13339	Shepard	C. B.	2683	Simcox	G. G.
2153	Shepard	James E.	13404	Simcox	G. G.
13274	Shepard	James E.	233	Simcox	George G.
170	Shepherd	Charles	996	Simcox	George G.
13385	Shepherd	Charles	2252	Simcox	George G.
13979	Shepherd	Charles	2272	Simcox	George G.
269 A	Sherman Patriot		2388	Simcox	George G.
411	Shipman	J. K.	2455	Simcox	George G.
13457	Shipman	J. K.	2566	Simcox	George G.
1994	Shook	John R.	13309	Simcox	George G.
13339	Short	D. M.	13499	Simcox	George G.
13321	Shuford	A. P.	13635	Simcox	George G.

Name Index to Civil Claims-Alphabetically

Number	Surname	Given
13774	Simcox	George G.
13873	Simcox	George G.
13942	Simcox	George G.
14024	Simcox	George G.
215	Simmons	S. C.
523	Simon	Conrad
337	Simonds	H. B.
985	Simonds	H. B.
14050	Simonds	H. B.
30	Simpson	J. P.
1068	Sims	James W.
766	Sims	R. G.
13462	Sims	R. G.
550	Skinner	W. P.
1	Slaughter	R. F.
27	Slaughter	R. F.
14012	Smith	A. I.
13659	Smith	A. J.
13896	Smith	A. J.
510	Smith	A. T.
207	Smith	Alfred
78	Smith	Daniel B.
271	Smith	F. M.
72 A	Smith	G. W.
265 A	Smith	G. W.
502	Smith	G. W.
13358	Smith	G. W.
13985	Smith	G. W.
721	Smith	George W.
918	Smith	George W.
1147	Smith	George W.
13688	Smith	George W.
13274	Smith	Gideon
13874	Smith	Gideon
1930	Smith	H. C.
166	Smith	H. M.
418	Smith	H. M.
915	Smith	H. M.
1669	Smith	H. M.
1750	Smith	H. M.
2073	Smith	H. M.
2482	Smith	H. M.
13649	Smith	H. M.
1	Smith	J. T.
49	Smith	John T.
440	Smith	Julia A.
441	Smith	Mary E.
698	Smith	Mary E.
750	Smith	Mary E.
826	Smith	Mary E.
883	Smith	Mary E.
961	Smith	Mary E.
1006	Smith	Mary E.
1092	Smith	Mary E.
1121	Smith	Mary E.
1164	Smith	Mary E.
1250	Smith	Mary E.
1439	Smith	Mary E.
78	Smith	Risdon
34 A	Smith	Robert W.
13272	Smith	S. S.
13274	Smith	S. S.
79 A	Smith	S. T.
97	Smith	S. T.
13399	Smith	S. T.
13758	Smith	S. T.
13901	Smith	S. T.
13986	Smith	S. T.
13406	Smith	Thomas
13896	Smith	Thomas
1892	Smith	Tom
122 A	Smith	W. A.
268 A	Smith	W. A.
439	Smith	W. A.
472	Smith	W. A.
697	Smith	W. A.
825	Smith	W. A.
884	Smith	W. A.
961	Smith	W. A.
1006	Smith	W. A.
1076	Smith	W. A.
1120	Smith	W. A.
1165	Smith	W. A.
1249	Smith	W. A.
1342	Smith	W. A.
1439	Smith	W. A.
1481	Smith	W. A.
1533	Smith	W. A.
1601	Smith	W. A.
1648	Smith	W. A.
1691	Smith	W. A.
1776	Smith	W. A.
1823	Smith	W. A.
1881	Smith	W. A.
1925	Smith	W. A.
1991	Smith	W. A.
2196	Smith	W. A.
2270	Smith	W. A.

Name Index to Civil Claims-Alphabetically

2373	Smith	W. A.	1	Starr	Lewis
2451	Smith	W. A.	1	Starr	Lewis
2617	Smith	W. A.	38	Starr	Lewis
2701	Smith	W. A.	1867	State Armory	
13364	Smith	William	1461	State Gazette	
751	Smith	William A.	1475	State Gazette	
30	Smith	William N.	1505	State Gazette	
1904	Smith Co. Ch. Justice		1616	State Gazette	
2324	Smith Co. Ch. Justice		1665	State Gazette	
1502	Smith Co. Court		2075	State Gazette	
14042	Smither	J. H.	2076	State Gazette	
2188	Smither	J. R.	2077	State Gazette	
979	Smyth	Andrew F.	2081	State Gazette	
244	Smyth	Baker	2082	State Gazette	
245	Smyth	Baker	2139	State Gazette	
246	Smyth	Baker	2173	State Gazette	
673	Sneed	Thomas E.	2174	State Gazette	
674	Sneed	Thomas E.	2238	State Gazette Office	
675	Sneed	Thomas E.	2348	State Gazette Office	
795	Snively	H. F.	2420	State Gazette Office	
13478	Snively	H. F.	2475	State Gazette Office	
1465	Snow	D. C.	2478	State Gazette Office	
177	Southern Confederacy		2479	State Gazette Office	
13543	Southern Rights Democrats		2499	State Gazette Office	
1300	Sowell	A. J. L.	2546	State Gazette Office	
1803	Sparks	S. W.	2625	State Gazette Office	
13339	Speights	J. H.	2690	State Gazette Office	
2557	Spence	John S.	2702	State Gazette Office	
115	Spence	Joseph	211	Stayton	J. W.
232	Spence	Joseph	474	Stayton	J. W.
13982	Spence	Joseph	912	Stayton	J. W.
14010	Spence	Joseph	13524	Stayton	J. W.
14077	Spence	Joseph	304	Stayton	John W.
14104	Spence	Joseph	13999	Stayton	John W.
59	Sprenger	Charles	14039	Stayton	John W.
139	Sprenger	Charles	215	Steel	E.
27	St. Clair	J. Q.	866	Steele	E.
86	St. Clair	J. Q.	56	Steiner	J. M.
13501	St. Clair	J. Q.	66 A	Steiner	J. M.
13523	St. Clair	J. Q.	158	Steiner	J. M.
13621 ½	St. Clair	J. Q.	205	Steiner	J. M.
13641	St. Clair	J. Q.	217	Steiner	J. M.
13780	St. Clair	J. Q.	254	Steiner	J. M.
14032	St. Clair	John Q.	267 A	Steiner	J. M.
1	Staehely	J. A.	345	Steiner	J. M.
157	Staehely	J. A.	367	Steiner	J. M.
1614	Stanfield	T. L.	465	Steiner	J. M.
13430	Stanley	J. H.	580	Steiner	J. M.
13281	Stapp	D. M.	733	Steiner	J. M.

Name Index to Civil Claims-Alphabetically

767	Steiner	J. M.
841	Steiner	J. M.
897	Steiner	J. M.
917	Steiner	J. M.
1012	Steiner	J. M.
1186	Steiner	J. M.
1359	Steiner	J. M.
1442	Steiner	J. M.
1470	Steiner	J. M.
1548	Steiner	J. M.
1841	Steiner	J. M.
1932	Steiner	J. M.
2039	Steiner	J. M.
2149	Steiner	J. M.
2539	Steiner	J. M.
2581	Steiner	J. M.
2718	Steiner	J. M.
14139	Steiner	J. M.
14122	Steiner	Josephus M.
14131	Steiner	Josephus M.
22 A	Stelfox	John
13274	Stell	J. D.
1	Stell	J. W.
14164	Stell	John D.
359	Stephens	Joshua
716	Stephens	Joshua
719	Stephens	Joshua
1532	Stephens	Joshua
2606	Stephens	Joshua
1542	Stephens Co. Court	
88 A	Stephenson	Horace F.
1728	Stevens	W. E.
574	Steves	G.
1292	Steves	G.
2049	Steves	G.
13558	Steves	G.
671	Stewart	C. W.
13575	Stewart	C. W.
13440	Stewart	Charles
13292	Stewart	J. G.
13362	Stewart	W. H.
13363	Stewart	W. H.
38	Stiff	D.
1	Stiff	David
13339	Stockdale	F. P.
260	Stockdale	F. S.
2652	Stockdale	F. S.
2715	Stockdale	F. S.
13341	Stockdale	F. S.
36 A	Stremme	C.
185	Stremme	C.
13311	Stremme	C.
13950	Stremme	C.
7	Stremme	Conrad
13498	Stremme	Conrad
13621	Stremme	Conrad
13629	Stremme	Conrad
13781	Stremme	Conrad
13882	Stremme	Conrad
14025	Stremme	Conrad
67 A	Stribling	Thomas H.
207	Stribling	Thomas H.
226	Stribling	Thomas H.
319	Stribling	Thomas H.
443	Stribling	Thomas H.
694	Stribling	Thomas H.
792	Stribling	Thomas H.
910	Stribling	Thomas H.
1029	Stribling	Thomas H.
1097	Stribling	Thomas H.
1247	Stribling	Thomas H.
1274	Stribling	Thomas H.
1546	Stribling	Thomas H.
1767	Stribling	Thomas H.
13880	Stringer	Alexander
140 A	Stuart & Cave	
13280	Stucker	F. V. D.
1428	Stump	J. S.
13816	Stump	J. S.
201	Stump	John S.
532	Stump	John S.
1086	Stump	John S.
1801	Stump	John S.
2218	Stump	John S.
2551	Stump	John S.
89 A	Sutherland	Jack
1211	Sutor	F. W.
978	Swann	S. A.
172	Swenson	S. M.
13302	Swenson	S. M.
13303	Swenson	S. M.
13304	Swenson	S. M.
13409	Swenson	S. M.
13439	Swenson	S. M.
13510	Swenson	S. M.
13773	Swenson	S. M.
14001	Swenson	S. M.
14013	Swenson	S. M.

Name Index to Civil Claims-Alphabetically

2042	Swift	F. M.
1047	Swift	R. M.
1175	Swift	R. M.
2653	Swift	R. M.
18 A	Swindells	J. W.
13420	Swindells	James H.
179	Swindells & Lane	
13812	Swisher	J. M.
582	Tabor	John
2012	Tarrant Co. Ch. Justice	
1474	Tarrant Co. Court	
2283	Tarver	B. E.
2416	Tarver	B. E.
2418	Tarver	B. E.
2501	Tarver	B. E.
2519	Tarver	B. E.
2577	Tarver	B. E.
2645	Tarver	B. E.
2689	Tarver	B. E.
70 A	Tarver	C. B.
121 A	Tarver	C. B.
13545	Tarver	C. B.
13804	Tarver	C. B.
13855	Tarver	C. B.
13971	Tarver	C. B.
14059	Tarver	C. B.
13672	Tarver	N.
58 A	Tate	William
13848	Tate	William
13849	Tate	William
1	Taylor	F. M.
38	Taylor	F. M.
67	Taylor	F. M.
93	Taylor	F. M.
13940	Taylor	F. M.
48 A	Taylor	G. W.
13339	Taylor	M. D. K.
13321	Taylor	P.
13271	Taylor	P. M.
13281	Taylor	Pleasant
13378	Taylor	R. H.
968	Taylor	W. M.
1122	Taylor	W. M.
1709	Taylor	W. M.
1836	Taylor	W. M.
2260	Taylor	William M.
31	Taylor & Renfro	
57	Telegraph Office	
58	Telegraph Office	
262	Telegraph Office	
2235	Templeton	A.
56 A	Terrell	A. W.
185	Terrell	A. W.
200	Terrell	A. W.
210	Terrell	A. W.
217	Terrell	A. W.
219	Terrell	A. W.
266 A	Terrell	A. W.
343	Terrell	A. W.
425	Terrell	A. W.
13409	Terrell	A. W.
13723	Terrell	A. W.
13929	Terrell	A. W.
14031	Terrell	A. W.
14098	Terrell	A. W.
1	Terrell	C. M.
38	Terrell	C. M.
935	Terrill	A. W.
1023	Terrill	A. W.
1107	Terrill	A. W.
1148	Terrill	A. W.
1184	Terrill	A. W.
1323	Terrill	A. W.
13388	Terry	B. F.
13274	Terry	Nat
14134	Terry	Nat
836	Texas Almanac Office	
838	Texas Almanac Office	
958	Texas Almanac Office	
959	Texas Almanac Office	
1069	Texas Almanac Office	
1070	Texas Almanac Office	
1072	Texas Almanac Office	
1074	Texas Almanac Office	
1630	Texas Almanac Office	
1711	Texas Almanac Office	
23 A	Texas Democrat	
84 A	Texas Democrat	
214	Texas Democrat	
1574	Texas Democrat	
1576	Texas Pioneer	
165 A	Texas Ranger	
1523	Texas Ranger	
220	Texas Republican	
1699	Texas Times	
514	Thacker	J. B.
2457	Thacker	J. B.
13762	Thacker	J. B.

Name Index to Civil Claims-Alphabetically

1202	Thacker	Jno. B.
1763	Thacker	John B.
2284	Thaxton	William
2574	Thaxton	William
1641	The Standard	
952	Theilpape	
247 A	Theilpape	G. J.
1001	Theilpape	G. J.
887	Thielpape	G. J.
1062	Thielpape	G. J.
1119	Thielpape	G. J.
1166	Thielpape	G. J.
1246	Thielpape	G. J.
1336	Thielpape	G. J.
1423	Thielpape	G. J.
1589	Thielpape	G. J.
1657	Thielpape	G. J.
1695	Thielpape	G. J.
15190	Thielpape	G. J.
158 A	Thielpape	George J.
171 A	Thielpape	George J.
328	Thielpape	George J.
409	Thielpape	George J.
484	Thielpape	George J.
551	Thielpape	George J.
664	Thielpape	George J.
744	Thielpape	George J.
746	Thielpape	George J.
811	Thielpape	George J.
2719	Thomas	E. F.
2378	Thomas	Henry
2379	Thomas	Henry
19 A	Thomas	J. M.
285	Thomas	J. M.
2169	Thomas	J. M.
1	Thomas	James
1	Thomas	James
38	Thomas	James
68 A	Thomas	James
630	Thomas	L. R.
844	Thomas	S. D.
1468	Thomas	S. D.
13339	Thomas	W.
14081	Thomas	W. H.
97 A	Thomas Freeman & Co.	
354	Thomas Freeman & Co.	
132 A	Thomason	E.
13388	Thomason	E.
13832	Thomason	E.
781	Thompson	H. M.
13857	Thompson	H. M.
13272	Thompson	J. G.
13292	Thompson	J. G.
2462	Thompson	S. C.
41 A	Thornton	L. C.
153 A	Thornton	L. C.
235	Thornton	L. C.
322	Thornton	L. C.
395	Thornton	L. C.
476	Thornton	L. C.
549	Thornton	L. C.
656	Thornton	L. C.
736	Thornton	L. C.
810	Thornton	L. C.
872	Thornton	L. C.
948	Thornton	L. C.
996	Thornton	L. C.
1057	Thornton	L. C.
1118	Thornton	L. C.
1163	Thornton	L. C.
1238	Thornton	L. C.
1326	Thornton	L. C.
1420	Thornton	L. C.
1516	Thornton	L. C.
1588	Thornton	L. C.
1656	Thornton	L. C.
1736	Thornton	L. C.
1786	Thornton	L. C.
1825	Thornton	L. C.
1848	Thornton	L. C.
1888	Thornton	L. C.
1964	Thornton	L. C.
2065	Thornton	L. C.
2136	Thornton	L. C.
2199	Thornton	L. C.
13535	Thornton	N. M.
886	Thorp	Henry
13292	Throckmorton	J. W.
13397	Throckmorton	J. W.
725	Thurmond	C. L.
13724	Thurmond	C. L.
1454	Tillman	Ed
1344	Tindal	Thomas R.
1606	Tindall	Thomas P.
2657	Tindell	Thomas P.
2300	Tips	Ed
1895	Titus Co. Ch. Justice	
2315	Titus Co. Ch. Justice	

Name Index to Civil Claims-Alphabetically

1455	Titus Co. Court	
1700	Titus Co. Court	
13898	Todd	G. H.
13928	Todd	G. H.
14023	Todd	G. H.
144	Todd	George H.
13751	Todd	George H.
13943	Todd	George H.
73	Todd	W. S.
90 A	Todd	W. S.
312	Todd	W. S.
508	Todd	W. S.
798	Todd	W. S.
1124	Todd	W. S.
13274	Todd	W. S.
13767	Todd	W. S.
13840	Todd	W. S.
14119	Todd	W. S.
730	Toler	Thomas H.
503	Tomlinson	J. M.
1304	Tomlinson	J. M.
2044	Tomlinson	J. M.
13772	Tomlinson	J. M.
27 A	Townes	E. D.
677	Townes	R. J.
739	Townes	R. J.
972	Townes	R. J.
976	Townes	R. J.
993	Townes	R. J.
1054	Townes	R. J.
1112	Townes	R. J.
1159	Townes	R. J.
1234	Townes	R. J.
1331	Townes	R. J.
1418	Townes	R. J.
1511	Townes	R. J.
1584	Townes	R. J.
1733	Townes	R. J.
1784	Townes	R. J.
1985	Townes	R. J.
2258	Townes	R. J.
2278	Townes	R. J.
816	Townes	Robert J.
876	Townes	Robert J.
945	Townes	Robert J.
1652	Townes	Robert J.
59 A	Townsend	M. W.
13333	Townsend	M. W.
2061	Travis Co. Ch. Justice	
2364	Travis Co. Ch. Justice	
1386	Travis Co. Court	
2100	Trinity Co. Ch. Justice	
1190	Trinity Co. Court	
1450	Trinity Co. Court	
75 A	Triplett	W.
78	True Issue	
1199	True Issue	
1389	True Issue	
2496	True Issue Office	
13835	Truehart	H. M.
650	Trueheart	H. M.
652	Tucker	W. B.
30 A	Tullos	J. A.
31 A	Tullos	J. A.
183	Tumey & Barnandine	
13916	Turner	I. M. V.
14067	Twaddell	A. E.
14113	Twaddell	A. E.
1948 ½	Tyler Co. Ch. Justice	
1436	Tyler Co. Court	
461	Tyler Reporter	
1370	Tyler Reporter	
222	Underwood	A.
13364	Upshaw	A. M. M.
14137	Upshaw	A. M. M.
107	Upshur	H. L.
1914	Upshur Co. Ch. Justice	
1390	Upshur Co. Court	
1471	Upshur Co. Court	
1942	Uvalde Co. Ch. Justice	
1203	Uvalde Co. Court	
1313	Uvalde Co. Court	
1557	V. Biberstein	H. R.
2540	Vale	John
226	Van Nostrand	J.
256	Van Nostrand	J.
534	Van Nostrand	J.
565	Van Nostrand	J.
570	Van Nostrand	J.
799	Van Nostrand	J.
914	Van Nostrand	J.
1133	Van Nostrand	J.
1413	Van Nostrand	J.
1452	Van Nostrand	J.
1727	Van Nostrand	J.
1757	Van Nostrand	J.
1796	Van Nostrand	J.
1821	Van Nostrand	J.

Name Index to Civil Claims-Alphabetically

1842.........	Van Nostrand	J.
1976.........	Van Nostrand	J.
2171.........	Van Nostrand	J.
2369.........	Van Nostrand	J.
2650.........	Van Nostrand	J.
13490.......	Van Nostrand	J.
13860.......	Van Nostrand	J.
4...............	Van Rosenberg....	William
4...............	Van Rosenberg....	William
1694.........	Van Zandt Co. Court	
2161.........	Van Zandt Co. Court	
289...........	Victoria Advocate	
2233.........	Victoria Co. Ch. Justice	
1453.........	Vollmer	Val
928...........	Von Biberstein	H.
4...............	Von Biberstein	H. R.
39.............	Von Biberstein	H. R.
40.............	Von Biberstein	H. R.
328...........	Von Biberstein	H. R.
409...........	Von Biberstein	H. R.
664...........	Von Biberstein	H. R.
744...........	Von Biberstein	H. R.
811...........	Von Biberstein	H. R.
887...........	Von Biberstein	H. R.
952...........	Von Biberstein	H. R.
1001.........	Von Biberstein	H. R.
1062.........	Von Biberstein	H. R.
1119.........	Von Biberstein	H. R.
1166.........	Von Biberstein	H. R.
1246.........	Von Biberstein	H. R.
1336.........	Von Biberstein	H. R.
1423.........	Von Biberstein	H. R.
1519.........	Von Biberstein	H. R.
328...........	Von Biberstein	Herman
409...........	Von Biberstein	Herman
484...........	Von Biberstein	Herman
158 A	Von Biberstein	Herman R.
484...........	Von Biberstein	Herman R.
551...........	Von Biberstein	Herman R.
245 A	Von Bieberstein...	H. R.
118...........	Von Riberstein	W.
14 A.........	Von Rosenberg....	W.
118...........	Von Rosenberg....	W.
274...........	Von Rosenberg....	W.
328...........	Von Rosenberg....	W.
409...........	Von Rosenberg....	W.
551...........	Von Rosenberg....	W.
664...........	Von Rosenberg....	W.
952...........	Von Rosenberg....	W.
1001.........	Von Rosenberg....	W.
1062.........	Von Rosenberg....	W.
1119.........	Von Rosenberg....	W.
1246.........	Von Rosenberg....	W.
1423.........	Von Rosenberg....	W.
1519.........	Von Rosenberg....	W.
158 A	Von Rosenberg....	William
246 A	Von Rosenberg....	William
484...........	Von Rosenberg....	William
744...........	Von Rosenberg....	William
811...........	Von Rosenberg....	William
887...........	Von Rosenberg....	William
1166.........	Von Rosenberg....	William
1336.........	Von Rosenberg....	William
1562.........	Von Rosenberg....	William
13331.......	Von Rosenburg ...	W.
13476.......	Von Rosenburg ...	W.
229...........	Vontress	E. H.
230...........	Vontress	E. H.
272...........	Vontress	E. H.
361...........	Vontress	E. H.
13737.......	Vontress	E. H.
13820.......	Vontress	E. H.
13912.......	Vontress	E. H.
14084.......	Vontress	E. H.
13981.......	Vontress	Ed H.
13493.......	Vontress	Ed. H.
13494.......	Vontress	Ed. H.
13542.......	Vontress	Ed. H.
1067.........	W. B. Vincent & Co.	
13877.......	Waddill................	R. L.
42 A.........	Waddill................	R. S.
83 A.........	Waddill................	R. S.
119 A.......	Waddill................	R. S.
181...........	Waddill................	R. S.
201...........	Waddill................	R. S.
286...........	Waddill................	R. S.
287...........	Waddill................	R. S.
352...........	Waddill................	R. S.
394...........	Waddill................	R. S.
517...........	Waddill................	R. S.
614...........	Waddill................	R. S.
711...........	Waddill................	R. S.
851...........	Waddill................	R. S.
922...........	Waddill................	R. S.
987...........	Waddill................	R. S.
1099.........	Waddill................	R. S.
1139.........	Waddill................	R. S.
1228.........	Waddill................	R. S.

Name Index to Civil Claims-Alphabetically

1312	Waddill	R. S.
1449	Waddill	R. S.
1458	Waddill	R. S.
1500	Waddill	R. S.
1566	Waddill	R. S.
1634	Waddill	R. S.
1721	Waddill	R. S.
1765	Waddill	R. S.
1812	Waddill	R. S.
1843	Waddill	R. S.
1876	Waddill	R. S.
1923	Waddill	R. S.
2158	Waddill	R. S.
2219	Waddill	R. S.
2240	Waddill	R. S.
2276	Waddill	R. S.
2396	Waddill	R. S.
2437	Waddill	R. S.
2484	Waddill	R. S.
2605	Waddill	R. S.
2666	Waddill	R. S.
13342	Waddill	R. S.
13922	Wade	G. W.
13683	Wade	George W.
2071	Wadsworth	Jno. W.
2132	Wadsworth	Jno. W.
13539	Walden	J.
13339	Walder	Jacob
13339	Walker	A. G.
850	Walker	A. S.
1031	Walker	A. S.
1189	Walker	A. S.
1710	Walker	A. S.
2244	Walker	A. S.
112 A	Walker	B. W.
128 A	Walker	B. W.
403	Walker	B. W.
590 ½	Walker	B. W.
860	Walker	B. W.
1043	Walker	B. W.
1478	Walker	B. W.
1674	Walker	B. W.
1716	Walker	B. W.
2305	Walker	B. W.
13511	Walker	B. W.
13915	Walker	B. W.
870	Walker	J. C.
13532	Walker	J. G.
13556	Walker	J. G.
13975	Walker	J. H.
1671	Walker	James C.
1	Walker	John C.
36	Walker	R. S.
1084	Walker	R. S.
1252	Walker	R. S.
1527	Walker	R. S.
1797	Walker	R. S.
2592	Walker	R. S.
2704	Walker	R. S.
204	Walker	Richard S.
417	Walker	Richard S.
779	Walker	Richard S.
890	Walker	Richard S.
1972	Walker	Richard S.
2257	Walker	Richard S.
754	Walker	T. L. & D. N.
160	Walker	Thomas R.
864	Walker	W. B.
1824	Walker	W. B.
2185	Walker Co. Ch. Justice	
2345	Walker Co. Ch. Justice	
1353	Walker Co. Court	
13335	Waller	Edwin
13865	Waller	Edwin
2394	Walsh	W. C.
2620	Walsh	W. C.
13647	Walsh	W. C.
51 A	Walton	W. M.
163	Walton	W. M.
9	Walton	William M.
120 A	Walton	William M.
1	Walworth	J.
13341	Walworth	J.
13339	Walworth	James
1	Ward	Joseph
38	Ward	Joseph
49	Ward	Joseph
81	Ward	Joseph
13274	Ward	Robb H.
135 A	Ward	Thomas William
13339	Warfield	Charles A.
13274	Warren	William
13281	Warren	William
1960	Washington Co. Ch. Justice	
1180	Washington Co. Court	
13364	Waterhouse	R.
13310	Watkins	J. E.
1271	Watson	J. M.

Name Index to Civil Claims-Alphabetically

No.	Surname	Given
13667	Watts	P. S.
13987	Watts	P. S.
1	Weatherford	Jeff.
141 A	Weaver	W. T. G.
192	Weaver	W. T. G.
193	Weaver	W. T. G.
338	Weaver	W. T. G.
729	Weaver	W. T. G.
13828	Webb	D. F.
444	Webb	David F.
1278	Webb	David F.
13272	Weir	J. P.
13653	Wells	A. M., Miss
13811	Wells	A. M., Miss
161	Wells	Ann M.
1	Werbiskie	A.
13735	West	A. J.
12	West	C. S.
52 A	West	C. S.
95 A	West	C. S.
96 A	West	C. S.
145 A	West	C. S.
151	West	C. S.
261 A	West	C. S.
368	West	C. S.
398	West	C. S.
499	West	C. S.
556	West	C. S.
14055	West	R.
13339	Whaley	D. M.
13274	Wharton	J. A.
2024	Wharton Co. Ch. Justice	
1306	Wharton Co. Court	
13364	Whealock	W. H.
1	Wheeler	M. W.
38	Wheeler	M. W.
34	Wheeler	R. T.
65	Wheeler	R. T.
212	Wheeler	R. T.
213	Wheeler	R. T.
253 A	Wheeler	R. T.
347	Wheeler	R. T.
429	Wheeler	R. T.
490	Wheeler	R. T.
577	Wheeler	R. T.
616	Wheeler	R. T.
668	Wheeler	R. T.
758	Wheeler	R. T.
840	Wheeler	R. T.
895	Wheeler	R. T.
913	Wheeler	R. T.
941	Wheeler	R. T.
954	Wheeler	R. T.
990	Wheeler	R. T.
1049	Wheeler	R. T.
1094	Wheeler	R. T.
1155	Wheeler	R. T.
1231	Wheeler	R. T.
1328	Wheeler	R. T.
1415	Wheeler	R. T.
1508	Wheeler	R. T.
1581	Wheeler	R. T.
1649	Wheeler	R. T.
13384	Wheeler	R. T.
13694	Wheeler	R. T.
13759	Wheeler	R. T.
14006	Wheeler	R. T.
14015	Wheeler	R. T.
14100	Wheeler	R. T.
126 A	Wheeler	Royal T.
13810	Wheeler	W. W.
2657	Wheelock	W. H.
241	White	F. M.
255	White	F. M.
284	White	F. M.
13496	White	F. M.
13628	White	F. M.
13776	White	F. M.
13881	White	F. M.
13954	White	F. M.
14018	White	F. M.
4	White	H. L.
39	White	H. L.
40	White	H. L.
221	White	H. L.
158 A	White	Hugh L.
596	White	J. D.
1257	White	J. D.
2205	White	J. D.
13447	White	J. D.
572	White	J. R.
13617	White	J. R.
2052	White	J. T.
13821	White	J. T.
643	White	John T.
190	White	John W.
632	White	M.
1339	Whitehead	J. W.

Name Index to Civil Claims-Alphabetically

13339	Whitfield	J. O.
13339	Whitmore	G. W.
13533	Whults	Jo.
13364	Wier	Abert
13321	Wier	J. P.
1242	Wiggins	William
2004	Wiggins	William
2717	Wiggins	William
13272	Wilcox	J. H.
13274	Wilcox	Jno. A.
13274	Wilcox	Jno. A.
13274	Wiley	A. P.
14078	Williams	B.
14083	Williams	Ben
1	Williams	F. E.
212	Williams	F. E.
47 A	Williams	Frank E.
234	Williams	Frank E.
335	Williams	H. L.
2294	Williams	H. L.
14071	Williams	I. M.
1501	Williams	J. H.
2417	Williams	J. H.
13272	Williams	Lem. H.
952	Williams	R. A.
1002	Williams	R. A.
251 A	Williams	W. D.
422	Williams	W. D.
492	Williams	W. D.
569	Williams	W. D.
679	Williams	W. D.
757	Williams	W. D.
829	Williams	W. D.
906	Williams	W. D.
1501	Williams	W. H.
2417	Williams	W. H.
333	Williams	William D.
1945	Williamson Co. Ch. Justice	
2368	Williamson Co. Ch. Justice	
1137	Williamson Co. Court	
1294	Williamson Co. Court	
30	Willis	D.
13272	Wilson	Jason
13274	Wilson	Jason
13274	Wilson	Sam. A.
701	Wilson	W. S.
1445	Wilson	W. S.
2001	Wilson	W. S.
2208	Wilson Co. Ch. Justice	
1682	Wilson Co. Court	
2207	Wilson Co. Court	
1050	Wingfield	W. E.
1426	Wingfield	W. E.
2	Winkel	H.
5 A	Winkel	H.
141	Winkel	H.
151 A	Winkel	H.
164	Winkel	H.
225	Winkel	H.
234	Winkel	H.
322	Winkel	H.
395	Winkel	H.
476	Winkel	H.
549	Winkel	H.
656	Winkel	H.
736	Winkel	H.
810	Winkel	H.
872	Winkel	H.
948	Winkel	H.
996	Winkel	H.
1057	Winkel	H.
1118	Winkel	H.
1163	Winkel	H.
1238	Winkel	H.
1326	Winkel	H.
1420	Winkel	H.
1516	Winkel	H.
1588	Winkel	H.
1656	Winkel	H.
1736	Winkel	H.
1786	Winkel	H.
1825	Winkel	H.
1848	Winkel	H.
1888	Winkel	H.
1933	Winkel	H.
13309	Winkel	H.
13635	Winkel	H.
13774	Winkel	H.
13873	Winkel	H.
13942	Winkel	H.
14024	Winkel	H.
2241	Wise Co. Ch. Justice	
2320	Wise Co. Ch. Justice	
1210	Wise Co. Court	
1706	Wise Co. Court	
1143	Wiskemann	Daniel
13665	Wollter	John
654	Wood	J. J.

Name Index to Civil Claims-Alphabetically

13846.......	Wood....................	Samuel J.
2057.........	Wood Co. Ch. Justice	
2330.........	Wood Co. Ch. Justice	
1316.........	Wood Co. Court	
14124.......	Woodman............	George W.
1...............	Woods	J. D.
13339.......	Wooldridge..........	J. R.
13345.......	Wooldridge..........	J. R.
111...........	Word....................	Mary E.
13292.......	Word....................	Thos. Jefferson
13274.......	Work....................	P. A.
1...............	Wortham..............	William A.
13693.......	Worthington	M. W.
13339.......	Wrede	F.
617...........	Wren....................	William
13754.......	Wren....................	William
13297.......	W. Richardson & Co.	
13272.......	Wright	George W.
13328.......	Wright	George W.
13745.......	Wright	L. B.
518...........	Yantis	E.
1457.........	Yantis	E.
2159.........	Yantis	E.
13715.......	Yantis	E.
13507.......	Yantis	W. O.
13777.......	Yarborough	G.
14115.......	Yerger.................	Orville
2125.........	Young..................	G. W.
1368.........	Young..................	George W.
1632.........	Young Co. Court	
631...........	Youngblood..........	J.
2160.........	Youngblood..........	J.
2166.........	Youngblood..........	J.
13573.......	Youngblood..........	J.

Name Index to Civil Claims—Numerically

Claim	Surname	Name
1	Abney	A. H.
1	Alford	George F.
1	Alford	George F.
1	Bagby	George W.
1	Bagley	N. G.
1	Bannerman	C. F.
1	Batte	W. C.
1	Beall	W. P.
1	Bean	J. T.
1	Beasley	S. W.
1	Boyd	John
1	Bragg	D.
1	Branch	A. M.
1	Buckley	C. W.
1	Burnett	J. H.
1	Casey	L. F.
1	Casey	L. F.
1	Castile	A. H.
1	Chalmers	A. H.
1	Chalmers	A. H.
1	Cocke	F. B. S.
1	Cone	Horace
1	Cook	H. C.
1	Crawford	A. F.
1	Crawford	J. F.
1	Crockett	John M.
1	Dansby	Isaac
1	Darden	S. H.
1	Darnell	N. H.
1	Daugherty	T. W.
1	Dickson	J. J.
1	Dillahunty	H., Sr.
1	Dillahunty	H., Sr.
1	Elmore	H. M.
1	Everett	F.
1	Everett	F.
1	Ewing	William M.
1	Finlay	George P.
1	Flewellen	R. T.
1	Flint	Jno. T.
1	Foscue	B. D.
1	Gano	R. M.
1	Garrison	J. L.
1	Goodrich	W. E.
1	Graham	R. H.
1	Graham	R. H.
1	Guinn	R. H.
1	Hall	J. W.
1	Harcourt	J. T.
1	Hardeman	B.
1	Hardin	James A.
1	Harrison	S. T.
1	Hartley	R. K.
1	Harwell	J. E.
1	Hays	F. M.
1	Hendricks	S. B.
1	Hill	T. E.
1	Hobby	A. M.
1	Holland	S.
1	Hooks	R. D.
1	Houston	John N.
1	Houston	John N.
1	Hunt	Z.
1	Jordan	A. N.
1	King	Adolph
1	Lane	E. D.
1	Lindsay	J. M.
1	Lovejoy	John L.
1	Lovejoy	John L.
1	Magill	J. P.
1	Manion	George D.
1	Mann	John
1	Marshall	J. W.
1	McCoy	John C.
1	McLean	W. P.
1	McDonald	J. G.
1	McDonald	J. G.
1	McDowell	S. J. P.
1	Moore	J. W.
1	Mosley	James W.
1	Neal	T. C.
1	Norvell	L.
1	Obenchain	A. T.
1	Obenchain	A. T.
1	O'Quinn	J. J.
1	Palmer	R. J.
1	Parker	A.
1	Parsons	J. Harvey
1	Perry	A.
1	Perry	A.
1	Pickett	E. B.
1	Potter	M. M.
1	Price	C. L.

Name Index to Civil Claims-Numerically

1	Price	C. L.	4	Arlitt	F. H.
1	Price	L. F.	4	Beale	Duval
1	Rains	J. D.	4	Browne	James
1	Reid	J. M.	4	Cummings	S.
1	Reid	J. M.	4	Davidson	John
1	Rhea	J. C.	4	Doyle	M. J.
1	Rippetoe	A. H.	4	Duval	T. H.
1	Roberts	F. F.	4	Elgin	Robert M.
1	Rusk	John C.	4	Everett	F.
1	Russell	Charles	4	Gilliland	William M.
1	Scarborough	E. B.	4	Gorthans	F.
1	Sedberry	W. R.	4	Grooms	A.
1	Selman	B. T.	4	Harrison	Charles A.
1	Selman	B. T.	4	Hayes	J. M.
1	Shelley	N. G.	4	Holeman	H. C.
1	Shelton	P. H.	4	Hopkins	Matthew
1	Shelton	P. H.	4	Hutchins	J. H.
1	Slaughter	R. F.	4	Linn	Edward
1	Smith	J. T.	4	Long	J. M.
1	Staehely	J. A.	4	Martin	James
1	Starr	Lewis	4	McGill	A. B.
1	Starr	Lewis	4	Moore	F. W.
1	Stell	J. W.	4	Pressler	C. W.
1	Stiff	David	4	Price	W. D.
1	Taylor	F. M.	4	Priestley	P.
1	Terrell	C. M.	4	Roberts	F. J.
1	Thomas	James	4	Van Rosenberg	William
1	Thomas	James	4	Van Rosenberg	William
1	Walker	John C.	4	Von Biberstein	H. R.
1	Walworth	J.	4	White	H. L.
1	Ward	Joseph	4 A	Simcox	G. G.
1	Weatherford	Jeff.	5	Haynie	S. G.
1	Werbiskie	A.	5 A	Winkel	H.
1	Wheeler	M. W.	6	Gorman	Pat O.
1	Williams	F. E.	6 A	O'Gorman	P.
1	Woods	J. D.	7	Stremme	Conrad
1	Wortham	William A.	7 A	Hotchkiss	W. S.
1 A	Randolph	C. H.	8	Lubbock	F. R.
2	Costa	J. B.	8 A	Raymond	N. C.
2	Harris	R. D.	9	Walton	William M.
2	Haynie	H. H.	9 A	Hamilton	Charles A.
2	Illingworth	J. O.	10	Dashiell	J. Y.
2	Raglin	H. W.	10 A	Houghton	J. A.
2	Simcox	G. G.	11	Finnin	Edward
2	Winkel	H.	11 A	Hotchkiss	W. S.
2 A	Johns	C. R.	12	West	C. S.
3	Davis	W. B.	12 A	Bacon	E. M.
3 A	Haynie	H. H.	12 A	Harris	R. D.
4	Alford	H. M.	13	Gregg	Alexander

Name Index to Civil Claims-Numerically

13 A	Davidson	John
14	England & Millican	
14 A	Von Rosenberg	W.
15	John Marshall & Co.	
15 A	Davis	W. B.
16	Kent	Thomas H.
16 A	Illingworth	J. O.
17	Kirk	E.
17 A	Petterson	John
18	Parrish	A. H.
18 A	Swindells	J. W.
19	Duffau	F. T.
19 A	Thomas	J. M.
20	Sampson & Henricks	
20 A	Moore	F. W.
21	Luckett	L. H.
21 A	Reed	Erastus
22	Jones	R. R.
22 A	Stelfox	John
23	Holman	H. C.
23 A	Texas Democrat	
24	Russell	S. B.
24 A	Bremond & Co.	
25	Nichols	James W.
25 A	Flournoy	George
26	Day	J. M.
26 A	Long	J. M.
27	Bacon	R. S.
27	Bacon	E. M.
27	Beale	Duval
27	Burleson	D. C.
27	Coupland	T. O.
27	Durant	J. W.
27	Duval	Burr
27	Erath	G. B.
27	Hotchkiss	W. S.
27	Lea	Pryor
27	Mitchell	N. H.
27	Rives	George C.
27	Shelley	N. G.
27	Shepard	C. B.
27	Slaughter	R. F.
27	St. Clair	J. Q.
27 A	Townes	E. D.
28	Chalmers	W. L.
28	De Cordova	P.
28 A	McClarty	John
29	Green	M. W., Mrs.
29 A	Hart	S.
30	Abney	A. H.
30	Breeding	George W.
30	Broaddus	A. S.
30	Davis	B. H.
30	Finley	George P.
30	Flewellen	R. T.
30	Flint	J. T.
30	Mann	John
30	Maverick	S. A.
30	Murphy	J. W.
30	Rains	J. D.
30	Simpson	J. P.
30	Smith	William N.
30	Willis	D.
30 A	Tullos	J. A.
31	Taylor & Renfro	
31 A	Tullos	J. A.
32	Cook	H. C.
32	Costley	John M.
32	Garrison	J. L.
32	Moseley	J. W.
32	Shepard	C. B.
32 A	Harkness	W. B.
33	Alford	George F.
33	Crockett	John M.
33	Daugherty	T. W.
33	Elmore	H. M.
33 A	Sampson & Henricks	
34	Wheeler	R. T.
34 A	Smith	Robert W.
35	Baylor	R. E. B.
35 A	Palm Bros. & Co.	
36	Walker	R. S.
36 A	Stremme	C.
37	Flewellen	R. T.
37	Gano	R. M.
37	Graham	R. H.
37	Grooms	Alfred
37	Hendricks	S. B.
37	Hill	T. E.
37	Holman	H. C.
37	Hooks	R. D.
37	Hutchins	J. H.
37	Pressler	Charles W.
37 A	Elgin	R. M.
38	Boyd	John
38	Crockett	John M.
38	Darnell	N. H.
38	Hartley	R. K.

Name Index to Civil Claims-Numerically

38	Mann	John
38	McDonald	J. G.
38	McDowell	S. J. P.
38	Moore	J. W.
38	Moseley	J. W.
38	Oberchain	A. T.
38	Pickett	E. B.
38	Rains	J. D.
38	Rhea	J. C.
38	Rippetoe	A. H.
38	Selman	B. T.
38	Shelton	P. H.
38	Starr	Lewis
38	Stiff	D.
38	Taylor	F. M.
38	Terrell	C. M.
38	Thomas	James
38	Ward	Joseph
38	Wheeler	M. W.
38 A	Oltorf	J. D.
38 ½	Priestley	P.
39	Alford	H. M.
39	Chalmers	W. L.
39	Duval	Thomas H.
39	Elgin	R. M.
39	Grooms	Alfred
39	Hutchins	J. H.
39	Linn	Edward
39	McGill	A. B.
39	Moore	F. W.
39	Pressler	Charles W.
39	Von Biberstein	H. R.
39	White	H. L.
39 A	Priestley	P.
39 ½	Costley	John M.
40	Alford	H. M.
40	Arlitt	F. H.
40	Browne	James
40	Cummings	S.
40	Davis	B. H.
40	Doyle	M. J.
40	Duval	Thomas H.
40	Grooms	Alfred
40	Grothans	F.
40	Hayes	J. M.
40	Hopkins	M.
40	Hutchins	J. H.
40	Linn	Edward
40	Martin	Joseph
40	McGill	A. B.
40	Moore	F. W.
40	Pressler	C. W.
40	Priestley	P.
40	Roberts	F. J.
40	Von Biberstein	H. R.
40	White	H. L.
40 A	Elgin	R. M.
41	Johnson	James F.
41 A	Costa	J. B.
41 A	Raglin	H. W.
41 A	Thornton	L. C.
42	Rossiguol	Charles
42 A	Waddill	R. S.
43	Abney	A. H.
43 A	Crawford	A. W.
44	Buckholts	Jno.
44 A	Raymond	N. C.
45	Hotchkiss	W. S.
45 A	Haynie	H. H.
46	Herald Office	
46 A	Pittman	William F.
47	Logan, Sweet, & Palmer	
47 A	Dillahunty	H., Sr.
47 A	Moore	J. W.
47 A	Williams	Frank E.
48	Obenchain	A. T.
48 A	Taylor	G. W.
49	Cone	Horace
49	Hobby	A. M.
49	McLean	W. P.
49	Neal	T. C.
49	Shelton	P. H.
49	Smith	John T.
49	Ward	Joseph
49 A	Carter	Theodore
50	John Marshall & Co.	
50 A	Alford	George F.
50 A	Crockett	J. M.
51	John Marshall & Co.	
51 A	Walton	W. M.
52	John Marshall & Co.	
52 A	West	C. S.
53	John Marshall & Co.	
53 A	Haralson	H. A.
54	John Marshall & Co.	
54 A	Johns	C. R.
55	Beale	Duval
55 A	Lubbock	F. R.

Name Index to Civil Claims-Numerically

56	Steiner	J. M.
56 A	Terrell	A. W.
57	Telegraph Office	
57 A	John Marshall & Co.	
58	Telegraph Office	
58 A	Tate	William
59	Sprenger	Charles
59 A	Townsend	M. W.
60	Sampson & Henricks	
60 A	Rust	William
61	Rains	J. D.
61 A	Bell	James H.
62	King	Adolph
62 A	Reeves	R. A.
63	Bell	James H.
63 A	King	Adolph
64	Elmore	H. M.
64 A	King	Adolph
65	Wheeler	R. T.
65 A	King	Adolph
66	Elmore	H. M.
66 A	Steiner	J. M.
67	Taylor	F. M.
67 A	Stribling	Thomas H.
68	Shelton	P. H.
68 A	Thomas	James
69	Bagby	George H.
69 A	Jones	John S.
69 A	McCarty	Charles L.
70	Cole	David
70 A	Tarver	C. B.
71	Barthelow	Jefferson
71 A	Coleman	D. R.
72	Dillahunty	H.
72	Dougherty	T. W.
72	Moore	J. W.
72	Rhea	J. C.
72 A	Smith	G. W.
73	Todd	W. S.
73 A	Millett	C. F.
74	Costley	John M.
74 A	Frazer	C. A.
75	Carlton	Fred
75 A	Triplett	W.
76	Roberts	F. F.
76 A	Cook	A. H.
77	Guinn	R. H.
77 A	Burford	N. M.
78	Bobo	Lynn
78	Smith	Risdon
78	Smith	Daniel B.
78	True Issue	
79	O'Docharty	W.
79 A	Smith	S. T.
80	John Marshall & Co.	
80 A	Cox	Thomas
80 A	Kettner	Francis
81	Ward	Joseph
81 A	Cave	E. W.
82	Crockett	J. M.
82 A	Everett	F.
83	Scholz	A.
83 A	Waddill	R. S.
84	Collins	T. C.
84 A	Texas Democrat	
85	De Cordova	P.
85	Grayson	S. G.
86	St. Clair	J. Q.
86 A	Lavenburg & Bros.	
87	Jordan	A. N.
87 A	Bewley	S. B.
88	Ewing	W. M.
88 A	Stephenson	Horace F.
89	Battle	N. W.
89	Dennison	F. L.
89 A	Sutherland	Jack
90	Duffau	F. T.
90 A	Todd	W. S.
91	Lubbock	F. R.
91 A	Cleveland	C. L.
92	Field	Joseph E.
92 A	Hartley	R. K.
93	Taylor	F. M.
93 A	Lumsden Kendall & Co.	
94	Duffau	F. T.
94 A	News Office	
95	Brush	S. B.
95 A	West	C. S.
96	Brush	S. B.
96 A	West	C. S.
97	Smith	S. T.
97 A	Thomas Freeman & Co.	
98	Jefferson Herald	
98 A	Palm Bros. & Co.	
99	Messenger Office	
99 A	News Office	
100	Hardeman	W. N.
100 A	Jones	Fielding

Name Index to Civil Claims-Numerically

101	Costley	J. M.
101 A	News Office	
102	Lea	Pryor
102 A	Kerbey	J. C.
103	Petterson	Johan
103 A	Harris	R. D.
104	Shelley	N. G.
104 A	Haralson	Hugh A.
105	Anderson	William M.
105	Johnson	James F.
106	San Antonio Texan	
106 A	Semi-Weekley News (San Ant.)	
107	Lindsay	A. M.
107	Upshur	H. L.
107 A	Douglas	John
107 ½	Bradford	H. E.
108	Bird	George Y.
108	McKenney	J. F.
109	Pecht	Charles
109	Pittman	W. F.
110	Carothers	Thomas
110	Crockett	John M.
110	Parsons	J. H.
111	Word	Mary E.
111 A	Philpot	H. V.
112	King	Adolph
112 A	Walker	B. W.
113	Sharp	W. H.
113 A	Cooper	Dillard
114	Elmore	H. M.
114 A	Collier	Edward
115	Spence	Joseph
115 A	Grothaus	F.
116	Demorse *	Charles
116	Randolph	C. H.
116 A	De Morse	Charles
117	De Morse *	Charles
117 A	De Morse *	Charles
117	Morris	George W.
118	Linn	Edward
118	Roberts	F. J.
118	Von Riberstein	W.
118	Von Rosenberg	W.
118 A	Illingworth	J. O.
119	Rains	J. D.
119 A	Waddill	R. S.
120	Hotchkiss	W. S.
120	Raymond	N. C.
120 A	Walton	William M.
121	Hardeman	W. N.
121 A	Tarver	C. B.
122	Blocker	A. P.
122 A	Smith	W. A.
123	Lawler	Levi T.
123 A	Loomis & Christian	
124	Anderson	T. G.
124 A	Scott	Sam T.
125	Norris	Thomas
125 A	Davis	W. B.
126	Arlett	F. H.
126	Cummings	Stephen
126	McGill	A. B.
126 A	Wheeler	Royal T.
127	Nelson	W. W.
127 A	Markham	T. W.
128	Cook	A. H.
128 A	Robinson	B. W.
128 A	Roe	John L.
128 A	Walker	B. W.
129	Costa	J. B.
129	Harris	R. D.
129	Illingworth	J. O.
129	Simcox	G. G.
129 A	Fullinwider	P. H.
130	Abney	A. H.
130 A	Carothers	Thomas
131	Davis	W. B.
131 A	Besser	John S.
132	O'Gorman	Pat
132 A	Thomason	E.
133	Davidson	John
133 A	King	A.
134	Brown	Frank
134 A	Morton	W. J.
135	Alford	H. M.
135	Harrison	Charles A.
135 A	Ward	Thomas William
136	Harrison	Charles A.
136 A	Davidson	John
137	Hotchkiss	W. S.
137 A	Root & Davis	
138	Haralson	H. A.
138 A	Armstrong & Bros.	
139	Sprenger	Charles
139 A	Root & Davis	
140	Decherd	J. T.
140 A	Stuart & Cave	
141	Winkel	H.

Name Index to Civil Claims-Numerically

141 A	Weaver	W. T. G.
142	Bremond & Co.	
142 A	Bradshaw	Amzi
143	Roberts	O. M.
143 A	Markham	T. W.
144	Todd	George H.
144 A	Lubbock	F. R.
145	Houston Telegraph	
145 A	West	C. S.
146	John Marshall & Co.	
146 A	Haralson	H. A.
147	John Marshall & Co.	
147 A	Johns	C. R.
148	Anderson	M. G.
148 A	Illingworth	J. O.
149	Priestley	P.
149 A	Simcox	G. G.
150	Randolph	C. H.
150 A	Haynie	H. H.
151	West	C. S.
151 A	Winkel	H.
152	Bishop	J.
152 A	King	Adolph
153	Shelton	P. H.
153 A	Costa	J. B.
153 A	Hotchkiss	W. S.
153 A	Raglin	H. W.
153 A	Raymond	N. C.
153 A	Thornton	L. C.
154	Gonzales Enquirer	
154 A	Johnson	W. G.
155	Dougherty	T. W.
155 A	Randolph	C. H.
156	Frazer	C. A.
156 A	O'Gorman	Pat
157	Staehely	J. A.
157 A	Crosby	S.
158	Steiner	J. M.
158 A	Alford	Hulbert M.
158 A	Browne	James
158 A	Cummings	S.
158 A	Deitz	Oswald
158 A	Douglass	John C.
158 A	Doyle	Michael J.
158 A	Dumars	A.
158 A	Elgin	R. M.
158 A	Everett	Flavius
158 A	Grooms	Alfred
158 A	Howard	J. W.
158 A	Hutchins	James H.
158 A	Von Biberstein	Herman R.
158 A	Linn	Edward
158 A	Long	James M.
158 A	McGill	A. B.
158 A	Moore	Frederic W.
158 A	Reichel	Robert
158 A	Roberts	Frederic J.
158 A	Thielpape	George J.
158 A	Von Rosenberg	William
158 A	White	Hugh L.
159	Oxford	T. R.
159 A	Phillips	J. W.
160	Walker	Thomas R.
160 A	John Marshall & Co.	
161	Wells	Ann M.
161 A	Bell	James H.
162	Hopkins	Matthew
162 A	Cleveland	C. L.
163	Walton	W. M.
163 A	Rogers	M. C.
164	Winkel	H.
164 A	Ellis	Volney
165	Simcox	G. G.
165 A	Texas Ranger	
166	Smith	H. M.
166 A	Finnin	Ed
167	Mann	John
167 A	Carrington	L. D.
168	Raymond	N. C.
168 A	Messenger Office/McKinney	
169	O'Gorman	Pat
169 A	Palmer	Edward A.
170	Haynie	H. M.
170	Shepherd	Charles
171	Burchard	P.
171	Deitz	Oswald
171	Reichel	Robert
171 A	Thielpape	George J.
172	Lowe	P. B.
172	Swenson	S. M.
173	Blocker	A. P.
173	Palm Bros. & Co.	
174	Murphy	J. B.
174	Reeves	R. A.
175	Adair	Isaac
175	Peck	R. H.
176	Burlage	John
176	Gonzales Enquirer	

Name Index to Civil Claims-Numerically

177	Duffau	F. T.
177	Southern Confederacy	
178	Douglass	John C.
178	Millett	C. F.
179	England	J. W.
179	Swindells & Lane	
180	Bacon	E. M.
180	Lavenburg & Bros.	
181	Clark	Edward
181	Waddill	R. S.
182	Gober	W. C.
182	Rains	J. D.
183	Raglin	H. W.
183	Tumey & Barnandine	
184	McKinney	E. D.
184	Rust	William
185	Stremme	C.
185	Terrell	A. W.
186	Besser	John S.
186	Burford	N. M.
187	Besser	John S.
187	Palm Bros. & Co.	
188	Besser	John S.
188	Palm Bros. & Co.	
189	Bremond	John
189	Hendricks	S. B.
190	Buckner	E. F.
190	White	John W.
191	Bell	J. H.
191	Bryan	William J.
192	Besser	John S.
192	Weaver	W. T. G.
193	Gallatin	Albert
193	Weaver	W. T. G.
194	Cloud	William
194	Gano	R. M.
195	Anderson	M. G.
195	Everett	F.
196	Anderson	M. G.
196	Raglin	H. W.
197	Powers	Stephen
197	Price	W. D.
198	John Marshall & Co.	
198	Powers	Stephen
199	Gill	R. R.
199	John Marshall & Co.	
200	Paul	James
200	Terrell	A. W.
201	Stump	John S.
201	Waddill	R. S.
202	Battle	N. W.
202	Illingworth	J. O.
203	Hotchkiss	W. S.
203	Murphy	J. B.
204	Proctor	D. C.
204	Walker	Richard S.
205	Baker & Smyth	
205	Steiner	J. M.
206	Burford	N. M.
206	Raven	E.
207	Smith	Alfred
207	Stribling	Thomas H.
208	Battle	N. W.
208	McClure	A. E.
209	Chalmers	W. L.
209	John Marshall & Co.	
210	Roberts	O. M.
210	Terrell	A. W.
211	Stayton	J. W.
211 A	Johnson	James F.
212	Wheeler	R. T.
212	Williams	F. E.
213	Anderson	M. G.
213	Wheeler	R. T.
214	Harkness	W. B.
214	Texas Democrat	
215	Henderson	J. M.
215	Johns	C. R.
215	Simmons	S. C.
215	Steel	E.
216	Haynie	H. H.
216	John Marshall & Co.	
217	Steiner	J. M.
217	Terrell	A. W.
218	Browne	James
218	Morton	W. J.
219	Leisering	J. F.
219	Terrell	A. W.
220	Rust	William
220	Texas Republican	
221	Duval	Thomas H.
221	McKinney Messenger	
221	White	H. L.
222	Brush	S. B.
222	Underwood	A.
223	Long	J. M.
223	Randolph	C. H., Jr.
224 A	McKenney	John F.

Name Index to Civil Claims-Numerically

No.	Name	First
225	Winkel	H.
225 A	San Antonio News	
226	Stribling	Thomas H.
226	Van Nostrand	J.
227 A	Sharp	W. H.
228	Bahn	A.
228	Bradshaw	Amzi
229	De Cordova	P.
229	Vontress	E. H.
230	Navarro	Angel
230	Vontress	E. H.
231	Hayes	J. M.
231	Petterson	John
232	Illingworth	J. O.
232	Spence	Joseph
233	Martin	Joseph
233	Simcox	George G.
234	Williams	Frank E.
234	Winkel	H.
235	Averett	James
235	De Cordova	Phiness
235	Dunlevia	John
235	Johnson	W. G.
235	Raglin	H. W.
235	Raymond	N. C.
235	Thornton	L. C.
235 A	Costa	John B.
235 A	Hotchkiss	William S.
235 A	Phillips	John W.
236	Harris	R. D.
236	King	Adolph
237	Cook	A. H.
237	O'Gorman	Pat
238	Crosby	J. F.
238	Dibbrell	Charles L.
238	McGill	A. B.
239	Cummings	S.
239	Hopkins	Matthew
239 A	Doyle	M. J.
239 ½ A	Browne	James
240	Arlitt	F. H.
240 A	Deitz	Oswald
241	White	F. M.
241 A	Reighel	Robert
242	Ford	John P.
242 A	Haralson	H. A.
243	Hardeman	W. N.
243 A	Paul	James
244	Smyth	Baker
244 A	Alford	H. M.
244 A	Cummings	S.
244 A	Dumars	A.
244 A	Gordon	John G.
244 A	Grooms	Alfred
244 A	Harrell	A. J.
244 A	Howard	J. W.
244 A	Long	J. M.
244 A	Roberts	F. J.
245	Smyth	Baker
245 A	Von Bieberstein	H. R.
246	Smyth	Baker
246 A	Von Rosenberg	William
247	Eaker	William A.
247	Hutchins	J. H.
247 A	Theilpape	G. J.
248	Grothans	F.
248 A	Linn	Edward
249	Harrison	James E.
249 A	Moore	F. W.
250	Bacon	E. M.
250 A	Elgin	R. M.
251	Raglin	H. W.
251 A	Williams	W. D.
252	Randolph	C. H.
252 A	Haynie	H. H.
253	Ratliff	James
253 A	Wheeler	R. T.
254	Steiner	J. M.
254 A	Bell	James H.
255	White	F. M.
255 A	Dennison	F. L.
256	Van Nostrand	J.
256 A	Crosby	Stephen
257	Gillialand	W. M.
257 A	Blocker	A. P.
258	L. C. Cunningham & Co.	
258 A	Gould	Robert S.
259	Pittman	W. F.
259 A	East Texas Times	
260	Stockdale	F. S.
260 A	Lubbock	F. R.
261	Byrd	William
261 A	West	C. S.
262	Telegraph Office	
262 A	Randolph	C. H.
263	Moore	F. W.
263 A	Johns	C. R.
264	Frazer	George W.

Name Index to Civil Claims-Numerically

264 A	Collier	Edward	289	Victoria Advocate	
265	Browne	James	290	Henry	John P.
265 A	Smith	G. W.	291	Duffau	F. T.
266	Bewley	S. B.	292	Duffau	F. T.
266 A	Terrell	A. W.	293	King	Adolph
267	Henry	J. L.	294	Frazer	C. A.
267 A	Steiner	J. M.	295	Alford	H. M.
268	Raven	E.	296	Harrell	J.
268 A	Smith	W. A.	297	Lubbock	F. R.
269	Randolph	C. H.	298	Crosby	J. F.
269 A	Sherman Patriot		299	De Cordova	P.
270	Barker	Samuel	300	Battle	N. W.
270	McCall	Thomas R.	301	Sampson & Henricks	
270	Reicherzer	Frank	302	McClarty	John
270 A	Shelley	N. G.	303	De Morse	Charles
271	Smith	F. M.	304	Stayton	John W.
271 A	Davis	Rolla M.	305	Russell	John
272	Vontress	E. H.	306	Conway	P. C.
272 A	Marshall	J. W.	307	Neyland	W. M.
273	Democrat & Planter Office		308	Delaney	W. S.
273 A	Duffau	F. T.	309	John Marshall & Co.	
274	Von Rosenberg	W.	310	Battle	N. W.
274 A	Loomis & Christian		311	Bird	Jonathan
275	Beale	Duval	312	Todd	W. S.
275 A	Decherd	J. T.	313	Schulz	A.
276	Harrell	J.	314	Lucky	Samuel C.
276 A	Jefferson Herald		315	Buckner	E. F.
277	Harrell	J.	316	McClure	A. E.
277	Rust	William	317	Allsup	R. H.
278	John Marshall & Co.		318	Palm Bros. & Co.	
278 A	Rust	William	319	Stribling	Thomas H.
279	Roberts	F. J.	320	Madray	J. B.
279 A	Goliad Messenger		321	Brown	Samuel. B.
280	Doyle	M. J.	322	Costa	I. B.
280 A	Lubbock	F. R.	322	De Cordova	P.
281	Palm Bros. & Co.		322	Dunlevie	John
281 A	Pittman	W. F.	322	Haynie	H. H.
282	Everett	F.	322	Illingworth	J. O.
282 A	Henry	John L.	322	Johnson	W. G.
283	De Morse	Charles	322	Phillips	J. W.
283	Gillialand	W. M.	322	Raglin	H. W.
284	Harkness	W. B.	322	Raymond	N. C.
284	White	F. M.	322	Simcox	G. G.
284 A	Grant	M. M.	322	Thornton	L. C.
285	Thomas	J. M.	322	Winkel	H.
285 A	Pittman	William F.	323	Randolph	C. H.
286	Waddill	R. S.	324	O'Gorman	Pat
287	Waddill	R. S.	325	Crosby	S.
288	Holland	S.	326	Paul	James

Name Index to Civil Claims-Numerically

327	Haralson	H. A.
328	Browne	James
328	Cassidy	S. J.
328	Cummings	S.
328	Deitz	Oswald
328	Dibrell	C. L.
328	Dumars	A.
328	Elgin	Robert M.
328	Gordon	John G.
328	Grooms	Alfred
328	Harrell	A. J.
328	Howard	J. W.
328	Hutchins	James H.
328	Linn	Edward
328	Long	James M.
328	McGill	A. B.
328	Minot	Stephen
328	Mylins	William
328	Reichel	Robert
328	Roberts	F. J.
328	Thielpape	George J.
328	Von Biberstein	Herman
328	Von Biberstein	H. R.
328	Von Rosenberg	W.
329	Parks	W. W.
330	Bradshaw	Amzi
331	Blocker	A. P.
332	Petterson	John
333	Williams	William D.
334	Blair	John
335	Williams	H. L.
336	Douglass	Richard
337	Simonds	H. B.
338	Weaver	W. T. G.
339	Bell	James H.
340	Carpenter	J. C.
341	Hullum	W.
342	Buckner	E. F.
343	Terrell	A. W.
344	Lindsey	T. J.
345	Steiner	J. M.
346	Shelley	N. G.
347	Wheeler	R. T.
348	Scott	Benjamin
349	Frazer	George W.
350	Scott	Ben
351	Frazer	George W.
352	Waddill	R. S.
353	Haynie	H. H.
354	Thomas Freeman & Co.	
355	Salinas	Manuel
356	Anderson	M. G.
357	Reeves	R. A.
358	Reeves	R. A.
359	Stephens	Joshua
360	John Marshall & Co.	
361	Vontress	E. H.
362	Houghton	J. A.
363	Sharp	W. H.
364	Harkness	W. B.
365	Holtzclaw	H.
366	Darden & Maynard	
367	Steiner	J. M.
368	West	C. S.
369	Lubbock	F. R.
370	Roe	J. L.
371	Brown	Frank
372	McCarty	Daniel
373	McKenney	J. F.
374	Collins	T. C.
375	Cocke	John R.
376	Bewley	J. B.
377	Buckelew	L. B. C.
378	Brewer	S.
379	Hooper	Thomas E.
380	Griffin	James H.
381	Frazer	C. A.
382	C. Ennis & Co.	
383	Estep	E.
384	Jones	F.
385	Ham	B. L.
386	Herman	J. W.
387	Military Board	
388	Military Board	
389	Hughes	W. P.
390	Lubbock	F. R.
391	Lubbock	F. R.
392	Military Board	
393	King	W. G.
394	Waddill	R. S.
395	Costa	I. B.
395	De Cordova	Phineas
395	Dunlevie	John
395	Haynie	H. H.
395	Illingworth	J. O.
395	Johnson	W. G.
395	Phillips	J. W.
395	Raglin	H. W.

Name Index to Civil Claims-Numerically

No.	Surname	Given
395	Raymond	N. C.
395	Simcox	G. G.
395	Thornton	L. C.
395	Winkel	H.
396	Randolph	C. H.
397	O'Gorman	Pat
398	West	C. S.
398 ½	Haralson	H. A.
399	Paul	James
400	Shelley	N. G.
401	Carothers	Thomas
402	Besser	John S.
403	Robinson	B. W.
403	Walker	B. W.
404	Fullinwider	P. H.
405	Markham	T. W.
406	Abercrombie	L. A.
407	Abercrombie	L. A.
408	Hotchkiss	W. S.
409	Browne	James
409	Cassidy	S. J.
409	Cummings	S.
409	Deitz	Oswald
409	Dibrell	Charles L.
409	Dumars	A.
409	Elgin	Robert M.
409	Gordon	John G.
409	Grooms	Alfred
409	Harrell	A. J.
409	Howard	J. W.
409	Hutchins	James H.
409	Linn	Edward
409	Long	I. M.
409	McGill	A. B.
409	Minot	Stephen
409	Mylins	William
409	Reichel	Robert
409	Roberts	J. J.
409	Thielpape	George J.
409	Von Biberstein	Herman
409	Von Biberstein	H. R.
409	Von Rosenberg	W.
410	Crosby	S.
411	Shipman	J. K.
412	Lubbock	F. R.
413	Petterson	John
414	Blocker	A. P.
415	John Marshall & Co.	
416	Bell	J. H.
417	Walker	Richard S.
418	Smith	H. M.
419	Norris	Thomas
420	Day	J. M.
421	Nichols	J. W.
422	Williams	W. D.
423	Duffau	F. T.
424	Duffau	F. T.
425	Terrell	A. W.
426	Rust	William
427	Rust	William
428	Cole	David
429	Wheeler	R. T.
430	Lubbock	F. R.
431	Pittman	W. F.
432	Lubbock	F. R.
433	Harrell	A. J.
434	Fauntleroy	F. W.
435	Johns	C. R.
436	Crawford	A. F.
437	Morton	W. J.
438	Northington	M. W.
439	Smith	W. A.
440	Smith	Julia A.
441	Smith	Mary E.
442	News Office Galveston	
443	Stribling	Thomas H.
444	Anderson	W. H.
444	Webb	David F.
445	Powers	Stephen
446	Cleveland	C. L.
447	Seale	C. C.
448	Baylor	R. E. B.
449	Frazer	C. A.
450	Cowen	Louis
451	Nelson	W. W.
452	Davis	D. F.
453	Lubbock	F. R.
454	Anderson	M. G.
455	Cave	E. W.
456	Morton	W. J.
457	Dougherty	Edward
458	Holland	J. L.
459	R. & D. G. Mills	
460	Davis	T. H.
461	Tyler Reporter	
462	Illingworth	J. O.
463	Lubbock	F. R.
464	Davis	S. J.

Name Index to Civil Claims-Numerically

No.	Surname	Given
465	Steiner	J. M.
466	Clark	Daniel
467	Ritchie	John
468	Houghton	J. A.
469	Baylor	R. E. B.
470	Graham	P. M.
471	Lount	W. R.
472	Smith	W. A.
473	Hood	P. C.
474	Stayton	J. W.
475	Shelley & Mabin	
476	Costa	J. B.
476	De Cordova	P.
476	Haynie	H. H.
476	Hotchkiss	W. S.
476	Illingworth	J. O.
476	Johnson	W. G.
476	Phillips	J. W.
476	Raglin	H. W.
476	Simcox	G. G.
476	Thornton	L. C.
476	Winkel	H.
477	O'Gorman	Pat
478	Petterson	John
479	Crosby	S.
480	Paul	James
481	Haralson	H. A.
482	Randolph	C. H.
483	Shelley	N. G.
484	Browne	James
484	Cassidy	S. J.
484	Cummings	S.
484	Deitz	Oswald
484	Dibrell	Charles L.
484	Dumars	A.
484	Elgin	R. M.
484	Gordon	John G.
484	Grooms	Alfred
484	Howard	James W.
484	Hutchins	J. H.
484	Linn	Edward
484	Long	J. M.
484	McGill	A. B.
484	Minot	Stephen
484	Mylins	William
484	Reichel	Robert
484	Roberts	F. J.
484	Thielpape	George J.
484	Von Biberstein	Herman
484	Von Biberstein	Herman R.
484	Von Rosenberg	William
485	Decherd	J. T.
486	Ferris	J. W.
487	Bell	J. H.
488	De Cordova	P.
489	Shelley & Mabin	
490	Wheeler	R. T.
491	Frazer	C. A.
492	Williams	W. D.
493	Crawford	A. W.
494	Cooper	Dillard
495	Duffau	F. T.
496	Collins	T. C.
497	McNeil	J. M.
498	Lubbock	F. R.
499	West	C. S.
500	Blocker	A. P.
501	Abney	P. C.
502	Smith	G. W.
503	Tomlinson	J. M.
504	Harkness	W. B.
505	Lubbock	F. R.
506	Bremond & Co.	
507	Cooksey	W.
508	Todd	W. S.
509	Comsekhe & Heyer	
510	Smith	A. T.
511	Logan	J. D.
512	Baker	James A.
513	Morton	W. J.
514	Thacker	J. B.
515	John Marshall & Co.	
516	Costa	J. B.
517	Waddill	R. S.
518	Yantis	E.
519	Clark	James
520	Mason	W. R.
521	Bensemann	H.
522	Morris	A. R.
523	Simon	Conrad
524	Burgdorf	L.
525	Hotchkiss	W. S.
526	Scrivner	D. D.
527	Max	George
528	Cowart	Thomas
529	Brown	James
530	Odom	B. M.
531	Blair	W. A.

Name Index to Civil Claims-Numerically

No.	Surname	Given
532	Stump	John S.
533	Parker	W. C.
534	Van Nostrand	J.
535	Houston	S. L.
536	Doyle	W. W.
537	Duffau	F. T.
538	Gates	Thomas J.
539	Hagee	Joel W.
540	Crosby	J. F.
541	Grim	H.
542	Haynes	Thomas J.
543	Donaldson	Dan
544	Brown	J. S.
545	Henry	J. L.
546	Gerhard	W.
547	Military Board	
548	Cabaniss	J. C.
549	Costa	J. B.
549	De Cordova	P.
549	Haynie	H. H.
549	Hotchkiss	W. S.
549	Illingworth	J. O.
549	Johnson	W. G.
549	Phillips	J. W.
549	Raglin	H. W.
549	Simcox	G. G.
549	Thornton	L. C.
549	Winkel	H.
550	Skinner	W. P.
551	Beale	Duval
551	Biberstein	Herman
551	Browne	James
551	Cassidy	S. J.
551	Deitz	Oswald
551	Dibbrell	C. L.
551	Dumars	A.
551	Elgin	R. M.
551	Gordon	John G.
551	Grooms	Alfred
551	Howard	J. W.
551	Hutchins	J. H.
551	Linn	Edward
551	Long	James M.
551	McGill	A. B.
551	Minot	Stephen
551	Mylins	W. T. E.
551	Reichel	Robert
551	Roberts	F. J.
551	Thielpape	George J.
551	Von Biberstein	Herman R.
551	Von Rosenberg	W.
552	Paul	James
553	O'Gorman	Pat
554	Haralson	Hugh A.
555	Randolph	C. H.
556	West	C. S.
557	Shelley	N. G.
558	Crosby	S.
559	Lubbock	F. R.
560	Hood	W. D.
561	Cottrell	J. L.
562	Moore	John F.
563	Bell	James H.
564	Davis	Rolla M.
565	Van Nostrand	J.
566	Castleman	R. M.
567	Chester	A. J.
568	Petterson	John
569	Williams	W. D.
570	Van Nostrand	J.
571	Martin	W. L.
572	White	J. R.
573	Blocker	A. P.
574	Steves	G.
575	Hudson	J. L.
576	Frazer	C. A.
577	Wheeler	R. T.
578	Duncan	Lewis
579	Millican	C. C.
580	Steiner	J. M.
581	Daly	W. H.
582	Tabor	John
583	McKenney	I. F.
584	Lionberger	J. S.
585	Luce	M. R.
586	Randle	Wilson
587	Chisholm	J. M. H.
588	Gardner	A. T.
589	Carothers	Thomas
590	Besser	J. S.
590 ½	Robinson	B. W.
590 ½	Roe	J. L.
590 ½	Walker	B. W.
591	Fullinwider	P. H.
592	Markham	T. W.
593	Johns	C. R.
594	Nichols	L. D.
595	CrutChield	J. V.

Name Index to Civil Claims-Numerically

596	White	J. D.
597	Alexander	John
598	Buckner	E. F.
599	Buckner	E. F.
600	Blair	John
601	Nabours	J.
602	Bourland	James
603	McBride	William
604	Lowe	P. B.
605	Military Board	
606	Potts	John H.
607	Haralson	H. A.
608	Jones	F.
609	McQuerry	James
610	Keith	W. G.
611	Crabb	H. M.
612	Hill	O. H. P.
613	Carley	William
614	Waddill	R. S.
615	Lowe	P. B.
616	Wheeler	R. T.
617	Wren	William
618	Johnson	George M.
619	Duck	G. W. M.
620	Dobbin	John
621	Bremond & Co.	
622	Partridge	J. W.
623	Byrd	W. D.
624	Duffau	F. T.
625	John Marshall & Co.	
626	O'Gorman	Pat
627	Barrow	Z. A.
628	Alexander	W. J.
629	Baughn	J. H.
630	Henson	W.
630	Thomas	L. R.
631	Youngblood	J.
632	White	M.
633	Pegnes	George H.
634	Read	James L.
635	Booth	Dewitt C.
636	Goodnight	J. P.
637	Dickson	W. W.
638	Fauntleroy	F. W.
640	Hancock	J. S.
641	Military Board	
642	Military Board	
643	White	John T.
644	Miller	R.
645	Haynie	H. H.
646	Loomis & Christian	
647	Pierce	G. M.
648	Hart	W. F. T.
649	Beale	Duval
650	Trueheart	H. M.
651	McKenney	J. F.
652	Tucker	W. B.
653	Anderson	M. G.
654	Wood	J. J.
655	Patterson	N. M. C.
656	Costa	J. B.
656	Haynie	H. H.
656	Hotchkiss	W. S.
656	Illingworth	J. O.
656	Johnson	W. G.
656	Phillips	J. W.
656	Raglin	H. W.
656	Simcox	G. G.
656	Thornton	L. C.
656	Winkel	H.
657	Shelley	N. G.
658	Lubbock	F. R.
659	O'Gorman	Pat
660	Randolph	C. H.
661	Paul	James
662	Hust	J. A.
663	Crosby	S.
664	Biberstein	Herman
664	Browne	James
664	Deitz	Oswald
664	Dilrell *	Charles
664	Dumars	A.
664	Elgin	R. M.
664	Gordon	J. G.
664	Grooms	Alfred
664	Howard	James W.
664	Hutchins	I. H.
664	Linn	Edward
664	Long	J. M.
664	McGill	A. B.
664	Minot	Stephen
664	Mylins	W. T. E.
664	Reichel	Robert
664	Roberts	F. J.
664	Thielpape	George J.
664	Von Biberstein	H. R.
664	Von Rosenberg	W.
665	Power	A. V.

Name Index to Civil Claims-Numerically

666	Baldwin	H. B.	714	Anderson	M. G.
667	Baker	James A.	715	King	John H.
668	Wheeler	R. T.	716	Stephens	Joshua
669	Philpott	H. V.	717	Herring	C.
670	Robinson	B. W.	718	Arrington	Joel
670	Roe	J. S.	719	Stephens	Joshua
671	Stewart	C. W.	720	Morrison	J. C.
672	Frazer	C. A.	721	Smith	George W.
673	Sneed	Thomas E.	722	Raglin	H. W.
674	Sneed	Thomas E.	723	Morton	W. J.
675	Sneed	Thomas E.	724	Sampson & Henricks	
676	Morris	James B.	725	Thurmond	C. L.
677	Townes	R. J.	726	Rogers	A.
678	Reeves	R. A.	727	Jurgensen	H. N.
679	Williams	W. D.	728	John Marshall & Co.	
680	Decherd	J. T.	729	Weaver	W. T. G.
681	Barnett	Thomas	730	Toler	Thomas H.
682	Battle	N. W.	731	Godfrey	William B.
683	Blocker	A. P.	732	Baker	James A.
684	Foster	A.	733	Steiner	J. M.
685	Baylor	R. E. B.	734	Doughty	J. M.
686	Messer	J. W.	735	Givens	John S.
687	Loomis & Christian		736	Costa	J. B.
688	Rust	William	736	Haynie	H. H.
689	McDonald	J. M.	736	Hotchkiss	W. S.
690	Pettigrew	G. W.	736	Illingworth	J. O.
691	McCormick	C.	736	Johnson	W. G.
692	Bell	James H.	736	Phillips	J. W.
693	Samford	Thomas	736	Simcox	G. G.
694	Stribling	Thomas H.	736	Thornton	L. C.
695	Ferris	J. W.	736	Winkel	H.
696	Decherd	J. T.	737	Paul	James
697	Smith	W. A.	738	Morris	James B.
698	Smith	Mary E.	739	Townes	R. J.
699	Brown	M. J.	740	O'Gorman	Pat
700	Scruggs	J. T.	741	Randolph	C. H.
701	Wilson	W. S.	742	Shelley	N. G.
702	Alston	John	743	Raymond	N. C.
703	Barclay	D. M.	744	Biberstein	Herman
704	Davis	R. E.	744	Browne	James
705	Decherd	J. T.	744	Dibrell	C. L.
706	Mavis	J. W.	744	Dietz	Oswald
707	Grant	James D.	744	Dumars	A.
708	Houghton	J. A.	744	Elgin	R. M.
709	Keese	O. H. P.	744	Gordon	John G.
710	Collier	Edward	744	Grooms	Alfred
711	Waddill	R. S.	744	Howard	James W.
712	Baylor	R. E. B.	744	Hutchens	James H.
713	Battle	N. W.	744	Linn	Edward

Name Index to Civil Claims-Numerically

744	Long	James M.
744	McGill	A. B.
744	Meylins	W. T. E.
744	Minot	S.
744	Reichel	Robert
744	Roberts	Fred J.
744	Thielpape	George J.
744	Von Biberstein	H. R.
744	Von Rosenberg	William
745	Dibrell	James W.
746	Crosby	S.
746	Thielpape	George J.
747	J. H. Robinson & Co.	
748	Harrell	Joseph
749	Bell	James H.
750	Smith	Mary E.
751	Smith	William A.
752	Carnall	Samuel B.
753	Anderson	J. H.
754	Walker	T. L. & D. N.
755	Johns	C. R.
756	Henry	J. P.
757	Williams	W. D.
758	Wheeler	R. T.
759	Pittman	William F.
760	Petterson	John
761	Buckner	E. F.
762	Buckner	E. F.
763	Buckner	E. F.
764	Frazer	C. A.
765	Harkness	W. B.
766	Sims	R. G.
767	Steiner	J. M.
768	Lubbock	F. R.
769	Davis	John T.
770	Loomis & Christian	
771	Calhoun	L. E., Mrs.
772	Lubbock	F. R.
773	John Marshall & Co.	
774	Parker	Cynthia Ann
775	Military Board	
776	Cleaves	Frank
777	Rust	William
778	Crosby	J. F.
779	Walker	Richard S.
780	Palmore	C.
781	Thompson	H. M.
782	Holland	E.
783	Heath	E. M.
784	Peters	H.
785	Barbour	W. D.
786	Coon	E.
787	Ballinger	Thomas
788	Jackson	T. A.
789	Herrera	M. C.
790	Farrar	J. J.
791	McKinney	J. F.
792	Stribling	Thomas H.
793	Blocker	A. P.
794	Collins	Thomas C.
795	Snively	H. F.
796	Hooper	Thomas E.
797	Settegast & Brawner	
798	Todd	W. S.
799	Van Nostrand	J.
800	Collins	Thomas C.
801	Harkness	W. B.
802	O'Brien	Owen
803	Fauntleroy	F. W.
804	Miller	John T.
805	Raven	Ernst
806	Johnson	W. G.
807	Lavenbury & Bros.	
808	John Marshall & Co.	
809	O'Gorman	Pat
810	Costa	J. B.
810	Hotchkiss	W. S.
810	Illingworth	J. O.
810	Johnson	W. G.
810	Phillips	J. W.
810	Simcox	G. G.
810	Thornton	L. C.
810	Winkel	H.
811	Biberstein	Herman
811	Browne	James
811	Dibbrell	C. S.
811	Dietz	Oswald
811	Dumars	A.
811	Elgin	R. M.
811	Gordon	John G.
811	Grooms	Alfred
811	Howard	James W.
811	Hutchens	James H.
811	Linn	Edward
811	Long	J. M.
811	McGill	A. B.
811	Minot	Stephen
811	Mylins	W. T. E.

Name Index to Civil Claims-Numerically

811	Reichel	Robert	856	Hamilton	W. A.
811	Roberts	F. J.	857	Baker	James A.
811	Thielpape	George J.	858	Fullenwider	P. H.
811	Von Biberstein	H. R.	859	Markham	T. W.
811	Von Rosenberg	William	860	Robinson	B. W.
812	Johns	C. R.	860	Roe	J. L.
813	Randolph	C. H.	860	Walker	B. W.
814	O'Gorman	Pat	861	Besser	John S.
815	Shelley	N. G.	862	Carothers	Thomas
816	Townes	Robert J.	863	Langham	B. P.
817	Morris	James B.	864	Walker	W. B.
818	Dibbrell	James W.	865	Gordon	R. A.
819	Lubbock	F. R.	865	Henderson	J. M.
820	Paul	James	866	Steele	E.
821	Crosby	S.	867	Collins	Thomas C.
822	Plagge	G.	868	McKinney	J. F.
823	Raymond	N. C.	869	Holland	Spearman
824	John Marshall & Co.		870	Walker	J. C.
825	Smith	W. A.	871	Cleveland	C. L.
826	Smith	Mary E.	872	Costa	J. B.
827	Duffau	F. T.	872	Hotchkiss	W. S.
828	Bell	James H.	872	Illingworth	J. O.
829	Williams	W. D.	872	Simcox	G. G.
830	Majors	James	872	Thornton	L. C.
831	John Marshall & Co.		872	Winkel	H.
832	Hons	Henry	873	Lubbock	F. R.
833	Reavis	S. A.	874	Paul	James
834	Black	J. N.	875	Shelley	N. G.
835	Glover	J. C.	876	Townes	Robert J.
836	Texas Almanac Office		877	Morris	James B.
837	News Office		878	Dibrell	James W.
838	Texas Almanac Office		879	Johns	C. R.
839	Fisher	G. K.	880	Randolph	C. H.
840	Wheeler	R. T.	881	O'Gorman	Pat
841	Steiner	J. M.	882	Crosby	S.
842	Costa	J. B.	883	Smith	Mary E.
843	Carter	Theodore	884	Smith	W. A.
844	Thomas	S. D.	885	Johnson	James F.
845	Crouch	W. H.	886	Thorp	Henry
846	Bewley	S. B.	887	Biberstein	H.
847	Patrick	W. A.	887	Browne	James
848	Houghton	J. A.	887	Dibrell	Charles L.
849	Lubbock	T. U.	887	Dietz	Oswald
850	Walker	A. S.	887	Dumars	A.
851	Waddill	R. S.	887	Elgin	R. M.
852	Gotcher	H. P.	887	Gordon	John G.
853	Cleveland	C. S.	887	Grooms	Alfred
854	Johnson	W. G.	887	Howard	J. W.
855	Blocker	A. P.	887	Hutchins	J. H.

Name Index to Civil Claims-Numerically

No.	Surname	Given
887	Linn	Edward
887	Long	James M.
887	McGill	A. B.
887	Minot	Stephen
887	Mylins	W. T. E.
887	Reichel	Robert
887	Thielpape	G. J.
887	Von Biberstein	H. R.
887	Von Rosenberg	William
888	Sampson & Henricks	
889	Moore	George F.
890	Walker	Richard S.
891	Keith	J. M.
892	Davidson	W. M.
893	Collins	Thomas C.
894	Blocker	A. P.
895	Wheeler	R. T.
896	Eastwood	Jeremiah
897	Steiner	J. M.
898	John Marshall & Co.	
899	Rust	William
900	Hiner	James
901	Henry	J. P.
902	Nichols	James W.
903	Day	J. M.
904	Oltorf	J. D.
905	Cole	David
906	Williams	W. D.
907	Buckner	E. F.
908	Rust	William
909	Bell	James H.
910	Stribling	Thomas H.
911	Baylor	R. E. B.
912	Stayton	J. W.
913	Wheeler	R. T.
914	Van Nostrand	J.
915	Smith	H. M.
916	Bremond & Co.	
917	Steiner	J. M.
918	Smith	George W.
919	Campbell	A.
920	Shelley	N. G.
921	Andrews	Wilson H.
922	Waddill	R. S.
923	Sachtleben	August
924	Delaney	W. S.
925	Delaney	W. S.
926	Barr	Robert
927	Anderson	M. G.
928	Von Biberstein	H.
929	McCright	Robert
930	Bastian	Ed
931	Powers	Stephen
932	Mitchell	Nat
933	Sampson & Henricks	
934	Fauntleroy	F. W.
935	Terrill	A. W.
936	Rust	William
937	Johnson	James F.
938	Duffau	F. T.
939	Bewley	S. B.
940	Norris	Thomas
941	Wheeler	R. T.
942	Shelley	N. G.
943	Lubbock	F. R.
944	Paul	James
945	Townes	Robert J.
946	Morris	James B.
947	Johns	C. R.
948	Costa	J. B.
948	Hotchkiss	W. S.
948	Illingworth	J. O.
948	Plagge	C.
948	Simcox	G. G.
948	Thornton	L. C.
948	Winkel	H.
949	Randolph	C. H.
950	O'Gorman	Pat
951	Crosby	S.
952	Browne	James
952	Deitz	
952	Dibrell	Charles L.
952	Dibrell	J. W.
952	Elgin	R. M.
952	Gordon	J. G.
952	Greseke	Albert
952	Grooms	A.
952	Howard	J. W.
952	Hutchins	J. H.
952	Linn	Edward
952	Long	J. M.
952	McGill	A. B.
952	Minot	Stephen
952	Mylins	W. T. E.
952	Reichel	
952	Theilpape	
952	Von Biberstein	H. R.
952	Von Rosenberg	W.

Name Index to Civil Claims-Numerically

952	Williams	R. A.
953	Anderson	W. M.
954	Wheeler	R. T.
955	Frazer	C. A.
956	Shelley	N. G.
957	Blocker	A. P.
958	Texas Almanac Office	
959	Texas Almanac Office	
960	Givens	John S.
961	Smith	W. A.
961	Smith	Mary E.
962	Henry	John L.
963	Davis	George W.
964	Ferris	J. W.
965	Bradshaw	Amzi
966	Moody	J. W.
967	Brauner	B.
968	Taylor	W. M.
969	Brush	S. B.
970	Sampson & Henricks	
971	Lavenburg & Bros.	
972	Townes	R. J.
973	Peltzer	G.
974	Lowe	P. B.
975	Cleveland	C. L.
976	Townes	R. J.
977	Morris	J. B.
978	Swann	S. A.
979	Smyth	Andrew F.
980	Freeman	T. C.
981	Camp	Thomas
982	Browder	E. C.
983	McAdams	N. O.
984	Coller	John G.
985	Simonds	H. B.
986	Perkins	Henry E.
987	Waddill	R. S.
988	Dechard	J. T.
989	Bewley	S. B.
990	Wheeler	R. T.
991	Shelley	N. G.
992	Lubbock	F. R.
993	Townes	R. J.
994	Morris	James B.
995	Paul	James
996	Costa	J. B.
996	Hotchkiss	William S.
996	Illingworth	J. O.
996	Miller	L. K.
996	Plagge	C.
996	Simcox	George G.
996	Thornton	L. C.
996	Winkel	H.
997	Johns	C. R.
998	Randolph	C. H.
999	O'Gorman	Pat
1000	Crosby	S.
1001	Browne	James
1001	Deitz	Oswald
1001	Dibbrell	J. W.
1001	Dibbrell	C. L.
1001	Elgin	R. M.
1001	Geiseke	Albert
1001	Gordon	J. G.
1001	Grooms	A.
1001	Howard	J. W.
1001	Hutchins	J. H.
1001	Linn	Edward
1001	Long	J. M.
1001	McGill	A. B.
1001	Minot	Stephen
1001	Mylins	W. T. E.
1001	Reichel	Robert
1001	Theilpape	G. J.
1001	Von Biberstein	H. R.
1001	Von Rosenberg	W.
1002	Williams	R. A.
1003	Gray	B. W.
1004	Frazer	C. A.
1005	Cleveland	C. L.
1006	Smith	W. A.
1006	Smith	Mary E.
1007	Raymond	N. C.
1008	Freeman	C. T.
1009	De Cordova	P.
1010	Bill	James H.
1011	Alford	James P.
1012	Steiner	J. M.
1013	Raymond	N. C.
1014	Raven	E.
1015	Bridgers	W. W.
1016	Duffau	F. T.
1017	Long	J. M.
1018	Freeman	Thomas
1019	Fink, Eilers & Co.	
1020	Frazier	J. S.
1021	Bahn	A.
1022	Duffau	F. T.

Name Index to Civil Claims-Numerically

1023	Terrill	A. W.
1024	Priestley	Philander
1025	Shelley	N. G.
1026	Collins	L. D.
1027	Raven	E.
1028	Neal	J. P.
1029	Stribling	Thomas H.
1030	McKinney	J. F.
1031	Walker	A. S.
1032	Holland	J. K.
1033	Clements	R. H.
1034	Rust	William
1035	Randolph	C. H.
1036	Priestley	Periander
1037	Priestley	Periander
1038	Nichols	E. B.
1039	Nichols	E. B.
1040	Blocker	A. P.
1041	Carothers	Thomas
1042	Besser	John S.
1043	Robinson	B. W.
1043	Roe	J. L.
1043	Walker	B. W.
1044	Fullenwider	P.
1045	Markham	T. W.
1046	Baker	James A.
1047	Swift	R. M.
1048	Costley	John M.
1049	Wheeler	R. T.
1050	Wingfield	W. E.
1051	Fauntleroy	F. W.
1052	Lubbock	F. R.
1053	Paul	James
1054	Townes	R. J.
1055	Richmond Whig	
1056	Morris	James B.
1057	Costa	J. B.
1057	Hotchkiss	W. S.
1057	Illingworth	J. O.
1057	Miller	L. K.
1057	Plagge	C.
1057	Simcox	G. G.
1057	Thornton	L. C.
1057	Winkel	H.
1058	Howard	James W.
1059	Johns	C. R.
1060	O'Gorman	Pat
1061	Crosby	S.
1062	Browne	James
1062	Dibrell	Charles L.
1062	Dibrell	James W.
1062	Elgin	R. M.
1062	Gieseke	Albert
1062	Gordon	J. G.
1062	Grooms	A.
1062	Hutchins	J. H.
1062	Linn	Edward
1062	Long	James M.
1062	McGill	A. B.
1062	Minot	Stephen
1062	Mylins	W. T. E.
1062	Raymond	N. C.
1062	Reichel	Robert
1062	Thielpape	G. J.
1062	Von Biberstein	H. R.
1062	Von Rosenberg	W.
1063	Henderson	W. H.
1064	Howard	J. W.
1065	Moore	George F.
1066	Collins	Thomas C.
1067	W. B. Vincent & Co.	
1068	Sims	James W.
1069	Texas Almanac Office	
1070	Texas Almanac Office	
1071	John Marshall & Co.	
1072	Texas Almanac Office	
1073	John Marshall & Co.	
1074	Texas Almanac Office	
1075	Dibrell	J. W.
1076	Smith	W. A.
1077	Frazer	C. A.
1078	Bell	George D.
1078	Elliott	B. F.
1079	Rust	William
1080	Rust	William
1081	Burnet Co.	
1082	Baylor	R. E. B.
1083	Gregg	Alexander
1084	Walker	R. S.
1085	Noonan	G. H.
1086	Stump	John S.
1087	Blocker	A. P.
1088	Bell	James H.
1089	Bahn	A.
1090	Miller	John T.
1091	Galveston Civilian	
1092	Smith	Mary E.
1093	Bremond & Co.	

Name Index to Civil Claims-Numerically

No.	Surname	Given
1094	Wheeler	R. T.
1095	Palm Bros. & Co.	
1096	Anderson	M. G.
1097	Stribling	Thomas H.
1098	Dale	John H.
1099	Waddill	R. S.
1100	Andrews	W. H.
1101	Ed Tips & Co.	
1102	Neely	B. F.
1103	Palm Bros. & Co.	
1104	Jenkins	R. T.
1105	Harrell	J.
1106	Delaney	W. S.
1107	Terrill	A. W.
1108	Raven	E.
1109	Eahn	A.
1110	Lubbock	F. R.
1111	Paul	James
1112	Townes	R. J.
1113	Morris	James B.
1114	Johns	C. R.
1115	Miller	L. K.
1116	O'Gorman	Pat
1117	Crosby	S.
1118	Costa	J. B.
1118	Hotchkiss	W. S.
1118	Howard	James W.
1118	Illingworth	J. O.
1118	Plagge	C.
1118	Simcox	G. G.
1118	Thornton	L. C.
1118	Winkel	H.
1119	Browne	James
1119	Dibrell	C. L.
1119	Dibrell	J. W.
1119	Elgin	R. M.
1119	Geiseke	Albert
1119	Gordon	J. G.
1119	Grooms	Alfred
1119	Hutchins	J. H.
1119	Linn	Edward
1119	Long	J. M.
1119	McGill	A. B.
1119	Minot	S.
1119	Mylins	W. T. E.
1119	Raymond	N. C.
1119	Reichel	Robert
1119	Thielpape	G. J.
1119	Von Biberstein	H. R.
1119	Von Rosenberg	W.
1120	Smith	W. A.
1121	Smith	Mary E.
1122	Taylor	W. M.
1123	Givins	John S.
1124	Todd	W. S.
1125	Frazer	C. A.
1126	Gilliland	W. M.
1127	Brush	S. B.
1128	Grayson Co.	
1129	Medina Co.	
1130	Hanck	Henry
1131	Houston Telegraph	
1132	Raymond	N. C.
1133	Van Nostrand	J.
1134	Phillips	J. W.
1135	Davis	R. M.
1136	Gieseke	Albert
1137	Williamson Co. Court	
1138	Houston Telegraph	
1139	Waddill	R. S.
1140	Nacogdoches Co. Court	
1141	Mylins	W. T. E.
1142	Comal Co. Court	
1143	Harms	Julius
1143	Wiskemann	Daniel
1144	Hensinger	A.
1145	Colorado Co. Court	
1146	Perkins	H. E.
1147	Smith	George W.
1148	Terrill	A. W.
1149	Blanco Co. Court	
1150	Schutze	J.
1151	Abney	P. C.
1152	Austin Co. Court	
1153	Miller	John T.
1154	Erath Co. Court	
1155	Wheeler	R. T.
1156	Lubbock	F. R.
1157	Paul	James
1158	Bosque Co. Court	
1159	Townes	R. J.
1160	Morris	James B.
1161	O'Gorman	Pat
1162	Crosby	S.
1163	Costa	J. B.
1163	Hotchkiss	W. S.
1163	Howard	James W.
1163	Illingworth	J. O.

Name Index to Civil Claims-Numerically

1163	Miller	L. K.	1193	Reed	J. B.
1163	Plagge	C.	1194	Blocker	A. P.
1163	Simcox	G. G.	1195	Gillespie Co. Court	
1163	Thornton	L. C.	1196	Gilleland	W. M.
1163	Winkel	H.	1197	Shelby Co. Court	
1164	Smith	Mary E.	1198	Sabine Co. Court	
1165	Smith	W. A.	1199	True Issue	
1166	Browne	James	1200	Henderson	W. H.
1166	Dibrell	C. L.	1201	Sampson & Henricks	
1166	Dibrell	J. W.	1202	Thacker	Jno. B.
1166	Elgin	R. M.	1203	Uvalde Co. Court	
1166	Gordon	J. G.	1204	Houston Co. Court	
1166	Grooms	A.	1205	Harris Co. Court	
1166	Hutchins	J. H.	1206	Duglass	Richard
1166	Linn	Edward	1207	Blair	John
1166	Long	J. M.	1208	Houston Co. Court	
1166	McGill	A. B.	1209	Jones	Fielding
1166	Minot	Stephen	1210	Wise Co. Court	
1166	Raymond	N. C.	1211	Sutor	F. W.
1166	Reichel	Robert	1212	Cherokee Co. Court	
1166	Thielpape	G. J.	1213	Hardin Co. Court	
1166	Von Biberstein	H. R.	1214	Carothers	Thomas
1166	Von Rosenberg	William	1215	Besser	J. S.
1167	Bell	James H.	1216	Fullennider	P.
1168	Morris	James B.	1217	Hardin Co. Court	
1169	Dougherty	Ed	1218	Jordan	C. M.
1170	Medina Co. Court		1219	Hart	R. J.
1171	Frazer	C. A.	1220	Panola Co. Court	
1172	Blanco Co. Court		1221	Henderson Co. Court	
1173	Dougherty	Ed	1222	Henderson Co. Court	
1174	Dallas Co. Court		1223	Hopkins Co. Court	
1175	Swift	R. M.	1224	Collin Co. Court	
1176	Moore	A. B.	1225	Bassett	R. H.
1177	Ferris	J. W.	1226	Estes	E.
1178	Llano Co. Court		1227	Carley	William
1179	Lamar Co. Court		1228	Waddill	R. S.
1180	Washington Co. Court		1229	Bee Co. Court	
1181	Scholz	A.	1230	Clark	P.
1182	McFarland	W. Y.	1231	Wheeler	R. T.
1183	Ramsaun	A.	1232	Lubbock	F. R.
1184	Terrill	A. W.	1233	Paul	James
1185	Noonan	G. H.	1234	Townes	R. J.
1186	Steiner	J. M.	1235	Morris	James B.
1187	Nacogdoches Co. Court		1236	Randolph	C. H.
1188	McCright	Robert	1237	O'Gorman	Pat
1189	Walker	A. S.	1238	Costa	J. B.
1190	Trinity Co. Court		1238	Hotchkiss	W. S.
1191	Bandera Co. Court		1238	Howard	J. W.
1192	Lea	Pryor	1238	Illingworth	J. O.

Name Index to Civil Claims-Numerically

1238	Miller	L. K.
1238	Plagge	C.
1238	Simcox	G. G.
1238	Thornton	L. C.
1238	Winkel	H.
1239	Angelina Co. Court	
1240	Angelina Co. Court	
1241	Fauntleroy	F. W.
1242	Wiggins	William
1243	Crosby	S.
1244	Coryell Co. Court	
1245	Coryell Co. Court	
1246	Browne	James
1246	Dibrell	J. W.
1246	Dibrell	C. L.
1246	Elgin	R. M.
1246	Gordon	J. G.
1246	Grooms	A.
1246	Hutchins	J. H.
1246	Linn	Edward
1246	Long	J. M.
1246	McGill	A. B.
1246	Minot	S.
1246	Raymond	N. C.
1246	Reichel	Robert
1246	Thielpape	G. J.
1246	Von Biberstein	H. R.
1246	Von Rosenberg	W.
1247	Stribling	Thomas H.
1248	Bell	James H.
1249	Smith	W. A.
1250	Smith	Mary E.
1251	Bell Co. Court	
1252	Walker	R. S.
1253	Anderson Co. Court	
1253 ½	Haynie	S. G.
1254	Orange Co. Court	
1255	McTaylor	J.
1256	Frazer	C. A.
1257	White	J. D.
1258	Gregg	Alex
1259	Delaney	W. S.
1260	Nueces Co. Court	
1261	Ellis	A. J.
1262	Cole	David
1263	Henderson Co. Court	
1264	Comal Co. Court	
1265	Barnett	Thomas
1266	Grimes Co. Court	
1267	Calhoun Co. Court	
1268	Burgdorf	Louis
1269	Luce	M. R.
1270	Mason Co. Court	
1271	Watson	J. M.
1272	Drawhon	W. M.
1273	Sabine Co. Court	
1274	Stribling	Thomas H.
1275	Richardson & Co.	
1276	Ferris	J. W.
1277	Gonzales Co. Court	
1278	Anderson	W. H.
1278	Webb	David F.
1279	Denton Co. Court	
1280	Baldridge	J. S.
1281	Brush	S. B.
1282	Andrews	W. H.
1283	Anderson	M. G.
1284	Dallas Co. Court	
1285	Cochran	John H.
1286	Comanche Co. Court	
1287	Parker	W. C.
1288	O'Gorman	Pat
1289	Kendall Co. Court	
1290	Froebel	H. G.
1291	Kerr Co. Court	
1292	Steves	G.
1293	Northington	M. W.
1294	Williamson Co. Court	
1295	Davis	R. M.
1296	Ed Tips & Co.	
1297	Clark	Daniel
1298	Chambers Co. Court	
1299	Guadalupe Co. Court	
1300	Sowell	A. J. L.
1301	Devall	Saml.
1302	Lavaca Co. Court	
1303	Gray	B. W.
1304	Tomlinson	J. M.
1305	Burnet Co. Court	
1306	Wharton Co. Court	
1307	Orange Co. Court	
1308	Jurgenson	H. N.
1309	Montgomery Co. Court	
1310	McCormick	Calvin
1311	Powers	Stephen
1312	Waddill	R. S.
1313	Uvalde Co. Court	
1314	Patterson	G. W.

Name Index to Civil Claims-Numerically

1315	Conner	A. B.
1316	Wood Co. Court	
1317	Greer	J. W.
1318	Gillespie Co. Court	
1319	Harrell	Ja.
1320	Feller	Carl
1321	Dewitt Co. Court	
1322	Rust	William
1323	Terrill	A. W.
1324	Parker Co. Court	
1325	Hotchkiss	W. S.
1326	Costa	J. B.
1326	Hotchkiss	W. S.
1326	Howard	James W.
1326	Illingworth	J. O.
1326	Plagge	C.
1326	Simcox	G. G.
1326	Thornton	L. C.
1326	Winkel	H.
1327	Llano Co. Court	
1328	Wheeler	R. T.
1329	Lubbock	F. R.
1330	Paul	James
1331	Townes	R. J.
1332	Morris	James B.
1333	Randolph	C. H.
1334	O'Gorman	Pat
1335	Crosby	S.
1336	Browne	James
1336	Dibrell	J. W.
1336	Dibrell	C. L.
1336	Elgin	R. M.
1336	Gordon	J. G.
1336	Grooms	A.
1336	Hutchins	J. H.
1336	Linn	Edward
1336	Long	J. M.
1336	McGill	A. B.
1336	Minot	S.
1336	Raymond	N. C.
1336	Reichel	Robert
1336	Thielpape	G. J.
1336	Von Biberstein	H. R.
1336	Von Rosenberg	William
1337	Davis	B. F.
1338	Limestone Co. Court	
1339	Whitehead	J. W.
1340	Mersfelder	A.
1341	Milam Co. Court	
1342	Smith	W. A.
1343	Nabours	Jeremiah
1344	Moores	J. W.
1344	Tindal	Thomas R.
1345	Grant	J. D.
1346	Madison Co. Court	
1347	Polk Co. Court	
1348	McKinnon	J. C.
1349	Duffau	F. T.
1350	Karnes Co. Court	
1351	Davis	Saml. J.
1352	Givens	J. S.
1353	Walker Co. Court	
1354	Palo Pinto Co. Court	
1355	McFarland	W. Y.
1356	Frazer	C. A.
1357	Henry	J. P.
1358	Gilleland	W. M.
1359	Steiner	J. M.
1360	Cooper	Dillard
1361	Denton Co. Court	
1362	Foster	William
1363	Crockett Courier	
1364	McNeill	J. M.
1365	Pittman	W. F.
1366	Blocker	A. P.
1367	Harrison Co. Court	
1368	Young	George W.
1369	Plagge	C.
1370	Tyler Reporter	
1371	Newton Co. Court	
1372	Norris	Thomas
1373	Jack Co. Court	
1374	Aynes	David S.
1375	Goliad Messenger	
1376	Baylor	R. E. B.
1377	Hopkins Co. Court	
1378	Byrd	W. D.
1379	Moore	G. F.
1380	Herrman	J. W.
1381	McKinney Messenger	
1382	Semi-Weekly News	
1383	Duffau	F. T.
1384	Hok	H.
1385	Morris	A. R.
1386	Travis Co. Court	
1387	Burleson Co. Court	
1388	Carter	E. H.
1389	True Issue	

Name Index to Civil Claims-Numerically

1390	Upshur Co. Court	
1391	Gerhard	W.
1392	Hok	H.
1393	San Saba Co. Court	
1394	Oborski	Eugene
1395	Buckner	E. F.
1396	Hawkins	W. A.
1397	Ellis Co. Court	
1398	Bell	James H.
1399	McCright	Robert
1400	Day	James M.
1400	Nichols	James W.
1401	Brazos Co. Court	
1402	Seale	C. C.
1403	McFarland	Jacob
1404	Navarro Co. Court	
1405	French	M. T.
1406	Bowie Co. Court	
1407	Hancock	J. L.
1408	Brown	James
1409	Allen	George
1410	Bastrop Co. Court	
1411	Hall	Elisha
1412	Brown	Frank
1413	Van Nostrand	J.
1414	Johnson Co. Court	
1415	Wheeler	R. T.
1416	Lubbock	F. R.
1417	Paul	James
1418	Townes	R. J.
1419	Morris	James B.
1420	Costa	J. B.
1420	Hotchkiss	W. S.
1420	Howard	J. W.
1420	Illingworth	J. O.
1420	Simcox	G. G.
1420	Thornton	L. C.
1420	Winkel	H.
1421	O'Gorman	Pat
1422	Crosby	S.
1423	Browne	James
1423	Debrill	J. W.
1423	Debrill	C. L.
1423	Elgin	R. M.
1423	Gordon	J. G.
1423	Grooms	A.
1423	Hutchins	J. H.
1423	Linn	Edward
1423	Long	J. M.
1423	McGill	A. B.
1423	Minot	S.
1423	Raymond	N. C.
1423	Reichel	Robert
1423	Thielpape	G. J.
1423	Von Biberstein	H. R.
1423	Von Rosenberg	W.
1424	Parker Co. Court	
1425	Hiner	James
1426	Wingfield	W. E.
1427	McKinsey	J. R.
1428	Stump	J. S.
1429	Randolph	C. H.
1430	Panola Co. Court	
1431	Lionberger	J. S.
1432	Shelby Co. Court	
1433	Bean	M. J.
1434	Morrison	J. C.
1435	Cassidy	S. J.
1436	Tyler Co. Court	
1437	Fannin Co. Court	
1438	Hicks	E. B.
1439	Smith	Mary E.
1439	Smith	W. A.
1440	Miller	Robert
1441	Frazer	C. A.
1442	Steiner	J. M.
1443	Rice	A. T.
1444	Henderson Times	
1445	Wilson	W. S.
1446	Herrera	M. C.
1447	Newton Co. Court	
1448	Hays Co. Court	
1449	Waddill	R. S.
1450	Trinity Co. Court	
1451	Harper	E. B.
1452	Van Nostrand	J.
1453	Vollmer	Val
1454	Tillman	Ed
1455	Titus Co. Court	
1456	Collin Co. Court	
1457	Yantis	E.
1458	Waddill	R. S.
1459	Noonan	G. H.
1460	Hocker	D. M.
1461	State Gazette	
1462	Alford	I. R.
1463	Hamilton Co. Court	
1464	Hamilton Co. Court	

Name Index to Civil Claims-Numerically

1465	Snow	D. C.
1466	Jefferson Co. Court	
1467	San Augustine Co. Court	
1468	Thomas	S. D.
1469	Davis Co. Court	
1470	Steiner	J. M.
1471	Upshur Co. Court	
1472	Palmore	C.
1473	Hovenkamp	Edward
1474	Tarrant Co. Court	
1475	State Gazette	
1476	Nueces Co. Court	
1477	Carothers	Thomas
1478	Robinson	B. W.
1478	Walker	B. W.
1479	Markham	T. W.
1480	Goliad Co. Court	
1481	Smith	W. A.
1482	Dallas Herald	
1483	Huntsville Item	
1484	San Antonio Herald	
1485	Houston Telegraph	
1486	Military Board	
1487	Robertson Co. Court	
1488	Falls Co. Court	
1489	Raven	E.
1490	Bremond & Co.	
1491	Erath Co. Court	
1492	Ed Tips & Co.	
1493	Refugio Co. Court	
1494	Blocker	A. P.
1495	Matagorda Co. Court	
1496	Bosque Co. Court	
1497	Houston Telegraph	
1498	Houston Telegraph	
1499	Decherd	J. T.
1500	Waddill	R. S.
1501	Williams	W. H.
1501	Williams	J. H.
1502	Smith Co. Court	
1503	Sanger	J.
1504	Bremond	John, Jr.
1505	State Gazette	
1506	Leckie	Thomas
1507	Bell	James H.
1508	Wheeler	R. T.
1509	Lubbock	F. R.
1510	Paul	James
1511	Townes	R. J.
1512	Morris	James B.
1513	Cherokee Co. Court	
1514	Cooke Co. Court	
1515	Potter	C.
1516	Cassidy	S. J.
1516	Costa	J. B.
1516	Hotchkiss	W. S.
1516	Howard	J. W.
1516	Illingworth	J. O.
1516	Simcox	G. G.
1516	Thornton	L. C.
1516	Winkel	H.
1517	O'Gorman	Pat
1518	Crosby	S.
1519	Browne	James
1519	Debrill	C. L.
1519	Debrill	J. W.
1519	Elgin	R. M.
1519	Gordon	J. G.
1519	Grooms	A.
1519	Hutchins	J. H.
1519	Linn	Edward
1519	Long	J. M.
1519	McGill	A. B.
1519	Minot	S.
1519	Raymond	N. C.
1519	Reichel	Robert
1519	Von Biberstein	H. R.
1519	Von Rosenberg	W.
1520	Freestone Co. Court	
1521	Gilleland	W. M.
1522	Fellman	L.
1523	Texas Ranger	
1524	Gregg	Alex
1525	Frazer	C. A.
1526	Caldwell Co. Court	
1527	Walker	R. S.
1528	Kaufman Co. Court	
1529	Bell	James H.
1530	Henderson	W. H.
1531	De Ryee	William
1532	Stephens	Joshua
1533	Smith	W. A.
1534	Robinson & Son	
1535	Jackson Co. Court	
1536	Delany	W. S.
1537	Fort Bend Co. Court	
1538	Ed Tips & Co.	
1539	Rust	William

Name Index to Civil Claims-Numerically

1540	Rust	William
1541	Bexar Co. Court	
1542	Stephens Co. Court	
1543	Fayette Co. Court	
1544	Bishop	A.
1545	Houston Telegraph	
1546	Stribling	Thomas H.
1547	Grayson Co. Court	
1548	Steiner	J. M.
1549	Atascosa Co. Court	
1550	Besser	J. S.
1551	Fullenwider	P.
1552	Markham	T. W.
1553	Baker	James A.
1554	Montague Co. Court	
1555	Clay Co. Court	
1556	Miles	C. P.
1557	V. Biberstein	H. R.
1558	Karnes Co. Court	
1559	McFarland	W. Y.
1560	Anderson	M. G.
1561	Linn	Edward
1562	Von Rosenberg	William
1563	Dechard	J. T.
1564	Marshall Republican	
1565	Shelley	N. G.
1566	Waddill	R. S.
1567	Andrews	W. H.
1568	Raymond	N. C.
1569	Shelley	N. G.
1570	Duffau	F. T.
1571	Ellis	Volney
1572	Bozette *	William
1573	Duffau	F. T.
1574	Texas Democrat	
1575	Scholz	A.
1576	Texas Pioneer	
1577	Illingworth	J. O.
1578	Rusk Co. Court	
1579	McClarty	John
1580	Howard	J. W.
1581	Wheeler	R. T.
1582	Lubbock	F. R.
1583	Paul	James
1584	Townes	R. J.
1585	Morris	James B.
1586	O'Gorman	Pat
1587	Crosby	S.
1588	Costa	J. B.
1588	Hotchkiss	W. S.
1588	Simcox	G. G.
1588	Thornton	L. C.
1588	Winkel	H.
1589	Browne	James
1589	Debrill	C. L.
1589	Debrill	J. W.
1589	Elgin	R. M.
1589	Gordon	J. G.
1589	Grooms	A.
1589	Hutchins	J. H.
1589	Long	J. M.
1589	McGill	A. B.
1589	Minot	S.
1589	Reichel	Robert
1589	Thielpape	G. J.
1590	Randolph	C. H.
1591	Lamar Co. Court	
1592	Shelley	N. G.
1593	Duffau	F. T.
1594	Bell	James H.
1595	Leon Co. Court	
1596	Collins	T. C.
1597	Blocker	A. P.
1598	De Cordova	P.
1598	De Cordova	P.
1599	Blocker	A. P.
1600	Frazer	C. A.
1601	Smith	W. A.
1602	Emanuel	J.
1603	Hunt Co. Court	
1604	Ferris	J. W.
1605	Bewley	S. B.
1606	Tindall	Thomas P.
1607	Cook	G. W.
1608	Lubbock	F. R.
1609	Military Board	
1610	Behnke	C.
1611	Lampasas Co. Court	
1612	Ranchero Newspaper	
1613	Morris	James B.
1614	Stanfield	T. L.
1615	Mavis	J. W.
1616	State Gazette	
1617	Moore	George F.
1618	Collins	L. D.
1619	Galveston Co. Court	
1620	Gilleland	W. M.
1621	Rossignal	Charles

Name Index to Civil Claims-Numerically

1622	Rossignal	Charles
1623	Fellman	L.
1624	Baylor	R. E. B.
1625	Fellman	L.
1626	Kaufman Co. Court	
1627	Lubbock	F. R.
1628	Simcox	G. G.
1629	Johns	C. R.
1630	Texas Almanac Office	
1631	Paul	James
1632	Young Co. Court	
1633	Houston Telegraph	
1634	Waddill	R. S.
1635	Hill Co. Court	
1636	Hill Co. Court	
1637	Givens	J. S.
1638	Davis	G. W.
1639	Davis	G. W.
1640	Crosby	S.
1641	The Standard	
1642	Richardson	D.
1643	Mansfield	J. M.
1644	Marion Co. Court	
1645	Sampson & Henricks	
1646	Pittman	W. F.
1647	O'Gorman	P.
1648	Smith	W. A.
1649	Wheeler	R. T.
1650	Murrah	P.
1651	Paul	James
1652	Townes	Robert J.
1653	Morris	James B.
1654	O'Gorman	Pat
1655	Crosby	S.
1656	Costa	J. B.
1656	Hotchkiss	W. S.
1656	Howard	James W.
1656	Simcox	G. G.
1656	Thornton	L. C.
1656	Winkel	H.
1657	Browne	James
1657	Debrill	J. W.
1657	Debrill	C. L.
1657	Elgin	R. M.
1657	Gordon	J. G.
1657	Grooms	A.
1657	Hutchins	J. H.
1657	Long	J. M.
1657	McGill	A. B.
1657	Minot	S.
1657	Reichel	Robert
1657	Thielpape	G. J.
1658	Shelley	N. G.
1659	Johns	C. R.
1660	Randolph	C. H.
1661	Leckie	Thomas
1662	Davis	A. M.
1662	Holland	B. C.
1663	Bell	J. H.
1664	Gilliland	W. M.
1665	State Gazette	
1666	Blocker	A. P.
1667	Collins	Thomas C.
1668	Frazer	C. A.
1669	Smith	H. M.
1670	Moore	George F.
1671	Walker	James C.
1672	McCright	Robert
1673	Baughn	J. H.
1674	Walker	B. W.
1675	Haynie	S. G.
1676	Reeves	R. A.
1677	Bellville Countryman	
1678	Dechard	John T.
1679	Fabj	Frank
1680	Haynie	George
1681	Atascosa Co. Court	
1682	Wilson Co. Court	
1683	Baker	James A.
1684	Hunt Co. Court	
1685	Jasper Co. Court	
1686	Ed Tips & Co.	
1687	Haynie	S. G.
1688	Fellman	L.
1689	Gray	B. W.
1690	Rogers	A. L.
1691	Smith	W. A.
1692	Phillips	J. W.
1693	Davis Co. Court	
1694	Van Zandt Co. Court	
1695	Thielpape	G. J.
1696	Gilleland	W. M.
1697	Haynie	S. G.
1698	Burney	George E.
1699	Texas Times	
1700	Titus Co. Court	
1701	Barr	Robert
1702	Collins	Thomas C.

Name Index to Civil Claims-Numerically

1703	McGuire	John A.
1704	Jasper Co. Court	
1705	Henricks	Ben
1706	Wise Co. Court	
1707	Johnson	J. F.
1708	Collins	T. C.
1708 ½	Rust	William
1709	Taylor	W. M.
1710	Walker	A. S.
1711	Texas Almanac Office	
1712	Henderson	W. H.
1713	Palo Pinto Co. Court	
1714	Carothers	Thomas
1715	Besser	J. S.
1716	Roe	J. L.
1716	Walker	B. W.
1717	Fullenwider	P. H.
1718	Markham	T. W.
1719	Baker	James A.
1720	Besser	J. S.
1721	Waddill	R. S.
1722	Rust	William
1723	Live Oak Co. Court	
1724	Raven	E.
1725	Mauthe *	R.
1726	Fauntleroy	F. W.
1727	Van Nostrand	J.
1728	Stevens	W. E.
1729	Richardson	D.
1730	Richardson	D.
1731	Murrah	P.
1732	Paul	James
1733	Townes	R. J.
1734	Morris	James B.
1735	Johns	C. R.
1736	Costa	J. B.
1736	Hotchkiss	W. S.
1736	Howard	J. W.
1736	Simcox	G. G.
1736	Thornton	L. C.
1736	Winkel	H.
1737	Randolph	C. H.
1738	O'Gorman	Pat
1739	Crosby	S.
1740	Debrill	J. W.
1740	Debrill	C. L.
1740	Elgin	R. M.
1740	Gordon	J. G.
1740	Grooms	A.
1740	Hutchins	J. H.
1740	Long	J. M.
1740	McGill	A. B.
1740	Reichel	Robert
1741	Noonan	G. H.
1742	Logan	A. T.
1743	Glasscock	G. W.
1744	Goldstein	M.
1745	Richardson	D.
1746	Bell	James H.
1747	Fellman	L.
1748	Henricks	Ben
1749	Frazer	C. A.
1750	Smith	H. M.
1751	Hotchkiss	W. S.
1752	Military Board	
1753	Red River Co. Court	
1754	Rust	William
1755	Shelley	N. G.
1756	Military Board	
1757	Van Nostrand	J.
1758	Mills	Gideon
1759	Rust	William
1760	Miller	L. K.
1761	Richardson	D.
1762	Richardson	D.
1763	Thacker	John B.
1764	Gonzales Inquirer	
1765	Waddill	R. S.
1766	Norris	Thomas
1767	Stribling	Thomas H.
1768	Hall	Elisha
1769	Brush	S. B.
1770	Andrews	W. H.
1771	Gregg	Alex
1772	Delany	W. S.
1773	Schutze	J.
1774	De Cordova	P.
1774	De Cordova	P.
1775	Ferris	J. W.
1776	Smith	W. A.
1777	Richardson	D.
1778	Blocker	A. P.
1779	Military Board	
1780	De Cordova	P.
1780	De Cordova	P.
1781	Barnett	Thomas
1782	Murrah	P.
1783	Paul	James

Name Index to Civil Claims-Numerically

1784	Townes	R. J.
1785	Morris	James B.
1786	Costa	J. B.
1786	Hotchkiss	W. S.
1786	Howard	James W.
1786	Miller	L. K.
1786	Simcox	G. G.
1786	Thornton	L. C.
1786	Winkel	H.
1787	Poteet	A. N.
1788	O'Gorman	Pat
1789	Crosby	S.
1790	Debrill	J. W.
1790	Debrill	C. L.
1790	Elgin	R. M.
1790	Gordon	J. G.
1790	Grooms	A.
1790	Hutchins	J. H.
1790	Long	J. M.
1790	McGill	A. B.
1790	Minot	S.
1790	Reichel	Robert
1791	Goldstein	M.
1792	Logan	A. T.
1793	Paul	James
1794	Duffau	F. T.
1795	Bell	J. H.
1796	Van Nostrand	J.
1797	Walker	R. S.
1798	Moore	George F.
1799	Beech	John J.
1800	Davis	Rolla M.
1801	Stump	John S.
1802	Harrell	Ja.
1803	Sparks	S. W.
1804	Blocker	A. P.
1805	McCright	Robert
1806	Military Board	
1807	Frazer	C. A.
1808	Carleton	Fred
1809	Cole	David
1810	Cooper	Dillard
1811	Perkins	H. E.
1812	Waddill	R. S.
1813	Burnett	Isaac
1814	Day	J. M.
1814	Nichols	James W.
1815	Brazoria Co. Court	
1816	Bowers	M. H.
1817	Andrews	W. H.
1818	Davis, Williams, & Tisdale	
1819	Richardson	D.
1820	Gregg	Alex
1821	Van Nostrand	J.
1822	Marion Co. Court	
1823	Smith	W. A.
1824	Walker	W. B.
1825	Hotchkiss	W. S.
1825	Howard	J. W.
1825	Miller	L. K.
1825	Poteet	A. N.
1825	Simcox	G. G.
1825	Thornton	L. C.
1825	Winkel	H.
1826	Costa	J. B.
1827	O'Gorman	Pat
1828	Debrill	C. L.
1828	Debrill	J. W.
1828	Elgin	R. M.
1828	Gordon	J. G.
1828	Grooms	A.
1828	Hutchins	J. H.
1828	Long	J. M.
1828	Minot	S.
1828	Reichel	Robert
1829	Morris	James B.
1830	Logan	A. T.
1831	Paul	James
1832	Gregg	Alex
1833	Logan, Sweet, & Palmer	
1834	Logan, Sweet, & Palmer	
1835	San Antonio Herald	
1836	Taylor	W. M.
1837	Decherd	John T.
1838	Blocker	A. P.
1839	Arrington	Joel
1840	McFarland	W. Y.
1841	Steiner	J. M.
1842	Van Nostrand	J.
1843	Waddill	R. S.
1844	Johnson	J. F.
1845	Debrill	J. W.
1846	McLennan Co. Court	
1847	Paul	James
1848	Howard	J. W.
1848	Miller	L. K.
1848	Poteet	A. N.
1848	Simcox	G. G.

Name Index to Civil Claims-Numerically

1848	Thornton	L. C.
1848	Winkel	H.
1849	Fauntleroy	F. W.
1850	Rossignol	Charles
1851	Henderson	W. H.
1852	O'Gorman	Pat
1853	Debrill	C. L.
1853	Elgin	R. M.
1853	Gordon	J. G.
1853	Grooms	A.
1853	Long	J. M.
1853	Minot	S.
1853	Reichel	R.
1854	Harris Co. Ch. Justice	
1855	Lavaca Co. Ch. Justice	
1856	Paul	James
1857	Blocker	A. P.
1858	Johnson	J. F.
1859	Frazer	C. A.
1860	Collins	T. C.
1861	Randolph	C. H.
1862	Comal Co. Ch. Justice	
1853	Murrah	P., Gov.
1864	Jefferson Co. Ch. Justice	
1865	De Cordova	P.
1865	De Cordova	P.
1866	Duffau	F. T.
1867	State Armory	
1868	Orange Co. Ch. Justice	
1869	Matagorda Co. Ch. Justice	
1870	Marion Co. Ch. Justice	
1871	Lamar Co. Ch. Justice	
1872	Maverick	S. A.
1873	Angelina Co. Ch. Justice	
1874	Decherd	J. T.
1875	Andrews	W. H.
1876	Waddill	R. S.
1877	Bell	J. H.
1878	Bexar Co. Ch. Justice	
1879	Navarro Express	
1880	C. H. Randolph Asse.	
1881	Smith	W. A.
1882	Baylor	R. E. B.
1883	Rust	William
1884	Blanco Co. Ch. Justice	
1885	Medina Co. Ch. Justice	
1886	Military Board	
1887	Paul	James
1888	Miller	L. K.
1888	Poteet	A. N.
1888	Simcox	G. G.
1888	Thornton	L. C.
1888	Winkel	H.
1889	Coleman	Henry
1890	O'Gorman	Pat
1891	Debrill	C. L.
1891	Elgin	R. M.
1891	Gordon	J. G.
1891	Grooms	A.
1891	Long	J. M.
1891	Minot	S.
1891	Reichel	R.
1892	Smith	Tom
1893	Blind Asylum	
1894	Gregg	Alexander
1895	Titus Co. Ch. Justice	
1896	Huntsville Item	
1897	Kirk	Eli
1898	Paul	James
1899	Blocker	A. P.
1900	Pittman	W. F.
1901	McCright	Robert
1902	De Cordova	P.
1902	De Cordova	P.
1903	Frazer	C. A.
1904	Smith Co. Ch. Justice	
1905	Glover	John C.
1906	Leon Co. Ch. Justice	
1907	Hopkins Co. Ch. Justice	
1908	Logan	A. T.
1909	Hall	M.
1910	Polk Co. Ch. Justice	
1911	Hollander	John
1912	Nacogdoches Co. Ch. Justice	
1913	Hardin Co. Ch. Justice	
1914	Upshur Co. Ch. Justice	
1915	Anderson Co. Ch. Justice	
1916	McClarty	John
1917	Lamar Co. Ch. Justice	
1918	Henricks	Ben
1919	Holman	Jasper S.
1920	Morris	James B.
1921	Richardson	W.
1922	Bell Co. Ch. Justice	
1923	Waddill	R. S.
1924	Red River Co. Ch. Justice	
1925	Smith	W. A.
1926	McClure	A. E.

Name Index to Civil Claims-Numerically

No.	Name	
1927	Decherd	John T.
1928	Gordon	R. A.
1928	Henderson	J. M.
1929	Houston Telegraph	
1930	Smith	H. C.
1931	Lasswell	A.
1932	Steiner	J. M.
1933	Winkel	H.
1934	Davis Co. Ch. Justice	
1935	Frazer	C. A.
1936	Simcox	G. G.
1937	Johnson Co. Ch. Justice	
1938	Goldthwaite	George
1939	Navarro Co. Ch. Justice	
1940	French	M. T.
1941	Bell	James H.
1942	Uvalde Co. Ch. Justice	
1943	Patterson	G. W.
1944	Cherokee Co. Ch. Justice	
1945	Williamson Co. Ch. Justice	
1946	McCulloch Co. Court	
1947	Conner	A. B.
1948	Bean	M. J.
1948 ½	Tyler Co. Ch. Justice	
1949	C. H. Randolph Asse.	
1950	Ferris	J. W.
1951	Grimes Co. Ch. Justice	
1952	McLennan Co. Ch. Justice	
1953	Devall	Sam
1954	Murrah	P., Gov.
1955	Murrah	P., Gov.
1956	Carley	William
1957	Denison	F. L.
1958	Duffau	F. T.
1959	Robertson Co. Ch. Justice	
1960	Washington Co. Ch. Justice	
1961	Dallas Co. Ch. Justice	
1962	Debrill	C. L.
1962	Elgin	R. M.
1962	Gordon	J. G.
1962	Grooms	A.
1962	Long	J. M.
1962	Minot	S.
1962	Reichel	Robert
1963	Howard	J. W.
1964	Miller	L. K.
1964	Poteet	A. N.
1964	Simcox	G. G.
1964	Thornton	L. C.
1965	Hotchkiss	W. S.
1966	Coleman	Henry
1967	Randolph	C. H.
1968	O'Gorman	Pat
1969	Blocker	A. P.
1970	Bewley	S. B.
1971	Paul	James
1972	Walker	Richard S.
1973	Paul	James
1974	Raven	Ernst
1975	Brown	Frank
1976	Van Nostrand	J.
1977	Lampasas Co. Ch. Justice	
1978	Nichols	L. D.
1979	Morris	James B.
1980	Alford	J. R.
1981	Hamilton Co. Ch. Justice	
1982	Frazer	C. A.
1983	Haynie	S. G.
1984	Military Board	
1985	Townes	R. J.
1986	Paul	James
1987	Hay	S. D.
1988	Paul	James
1989	Jasper Co. Ch. Justice	
1990	Herrman	J. W.
1991	Smith	W. A.
1992	Christian	Ed
1993	C. H. Randolph Asse.	
1994	Shook	John R.
1995	Kyle	Claiborne
1996	San Patricio Co. Ch. Justice	
1997	Keenan	C. G.
1998	Hord	E. R.
1999	Richards	A. W.
2000	Miller	Robert
2001	Wilson	W. S.
2002	Newton Co. Ch. Justice	
2003	Coryell Co. Ch. Justice	
2004	Wiggins	William
2005	Estes	E.
2006	Llano Co. Ch. Justice	
2007	Davis	T. H.
2008	Davis	T. H.
2009	McFarland	W. Y.
2010	Givens	J. S.
2011	Ellis Co. Ch. Justice	
2012	Tarrant Co. Ch. Justice	
2013	Hust	J. A.

Name Index to Civil Claims-Numerically

2014	McClarty	John
2015	Austin Co. Ch. Justice	
2016	Baker	James A.
2017	Collins	Thomas C.
2018	Brewer	S.
2019	Duglass	Richard
2020	Northington	M. W.
2021	Luce	M. R.
2022	Caldwell Co. Ch. Justice	
2023	Henricks	Ben
2024	Wharton Co. Ch. Justice	
2025	Houston Co. Ch. Justice	
2026	Brazos Co. Ch. Justice	
2027	Seale	C. C.
2028	Davis	R. E.
2029	Clay Co. Ch. Justice	
2030	Bee Co. Ch. Justice	
2031	Parker Co. Ch. Justice	
2032	Bosque Co. Ch. Justice	
2033	Lionberger	J. S.
2034	McDonald	J. S.
2034	Prendergast	D. M.
2035	Buchanan	J. D.
2036	Madison Co. Ch. Justice	
2037	Fannin Co. Ch. Justice	
2038	Logan	A. T.
2039	Steiner	J. M.
2040	Denton Co. Ch. Justice	
2041	Refugio Co. Ch. Justice	
2042	Swift	F. M.
2043	Burgdorf	L.
2044	Tomlinson	J. M.
2045	Mason Co. Ch. Justice	
2046	Kendall Co. Ch. Justice	
2047	Kerr Co. Ch. Justice	
2048	Henderson Co. Ch. Justice	
2049	Steves	G.
2050	Froebel	H. G.
2051	Feller	Charles
2052	White	J. T.
2053	Henderson	W. H.
2054	Henderson	W. H.
2055	Jackson Co. Ch. Justice	
2056	Fort Bend Co. Ch. Justice	
2057	Wood Co. Ch. Justice	
2058	Greer	J. W.
2059	Palo Pinto Co. Ch. Justice	
2060	Palo Pinto Co. Court	
2061	Travis Co. Ch. Justice	
2062	Cox	J. W.
2063	Morris	A. R.
2064	Debrill	C. L.
2064	Elgin	R. M.
2064	Gordon	J. G.
2064	Grooms	A.
2064	Long	J. M.
2064	Minot	S.
2064	Reichel	Robert
2065	Brown	Frank
2065	Coleman	Henry
2065	Howard	J. W.
2065	Miller	L. K.
2065	Simcox	G. G.
2065	Thornton	L. C.
2066	O'Gorman	Pat
2067	Paul	James
2068	Morris	James B.
2069	Erath Co. Ch. Justice	
2070	Atascosa Co. Ch. Justice	
2071	Wadsworth	Jno. W.
2072	Frazer	C. A.
2073	Smith	H. M.
2074	Blocker	A. P.
2075	State Gazette	
2076	State Gazette	
2077	State Gazette	
2078	Richardson	D.
2079	Marshall Republican	
2080	Henricks	Ben
2081	State Gazette	
2082	State Gazette	
2083	Bell	James H.
2084	Neal	B. F.
2085	Neal	B. F.
2086	Russell	Charles A.
2087	Baldridge	J. S.
2088	Gonzales Co. Ch. Justice	
2089	Anderson	W. H.
2090	Bratton	W. H.
2091	Montgomery Co. Ch. Justice	
2092	Morris	A. W.
2093	Live Oak Co. Ch. Justice	
2094	Cole	David
2095	Delaney	W. S.
2096	Randolph	C. H.
2097	Rust	William
2098	Guadalupe Co. Ch. Justice	
2099	Lowell	A. J. L.

Name Index to Civil Claims-Numerically

2100	Trinity Co. Ch. Justice	
2101	Andrews	W. H.
2102	Colorado Co. Ch. Justice	
2103	Hotchkiss	W. S.
2104	Jones	Wiley
2104	Montague	Daniel
2105	Parker	W. C.
2106	Scruggs	J. T.
2107	San Augustine Co. Ch. Justice	
2108	Sabine Co. Ch. Justice	
2109	McCright	Robert
2110	Logan	A. T.
2111	Shelby Co. Ch. Justice	
2112	Morrison	J. C.
2113	Hanks	James
2114	Limestone Co. Ch. Justice	
2115	Davis	D. F.
2116	Gregg	Alex
2117	San Patricio Co. Ch. Justice	
2118	Perkins	H. E.
2119	Givens	J. S.
2120	Bell	J. H.
2121	Pittman	W. F.
2122	DeWitt Co. Ch. Justice	
2123	Karnes Co. Ch. Justice	
2124	Davis	Samuel J.
2125	Young	G. W.
2126	Harrison Co. Ch. Justice	
2127	Alexander	John
2128	Paul	James
2129	Debrill	C. L.
2129	Elgin	R. M.
2129	Gordon	J. G.
2129	Grooms	A.
2129	Long	J. M.
2129	Minot	S.
2129	Reichel	Robert
2130	O'Gorman	Pat
2131	Frazer	C. A.
2132	Wadsworth	Jno. W.
2133	Milam Co. Ch. Justice	
2134	Nabours	J.
2135	Poteet	A. N.
2136	Brown	Frank
2136	Coleman	Henry
2136	Howard	J. W.
2136	Miller	L. K.
2136	Simcox	G. G.
2136	Thornton	L. C.
2137	Adams	F. E.
2138	Gregg	Alex
2139	State Gazette	
2140	Carter	E. H.
2141	Burleson Co. Ch. Justice	
2142	Freeman	C. T.
2143	Coon	Ephraim
2144	Coon	Ephraim
2145	Eastland	N. W.
2146	Coleman	Henry
2147	Cooper	Dillard
2148	Kirk	Eli
2149	Steiner	J. M.
2150	Calhoun Co. Ch. Justice	
2151	Buchanan	J. D.
2152	Morris	James B.
2153	Shepard	James E.
2154	Henderson	W. H.
2155	Henderson	W. H.
2157	Collin Co. Ch. Justice	
2158	Waddill	R. S.
2159	Yantis	E.
2160	Youngblood	J.
2161	Van Zandt Co. Court	
2162	Brazoria Co. Ch. Justice	
2163	Lane	W. R.
2163	Marshall	J. W.
2164	Kaufman Co. Ch. Justice	
2165	Collin Co. Ch. Justice	
2166	Youngblood	J.
2167	Randolph	C. H.
2168	Ferris	J. W.
2169	Thomas	J. M.
2170	Gerhard	W.
2171	Van Nostrand	J.
2172	Blocker	A. P.
2173	State Gazette	
2174	State Gazette	
2175	Clark	Patterson
2176	Christian	Ed
2177	Charlton	N. B.
2178	Byrd	W. D.
2179	Cochran	J. H.
2180	Patridge	J. W.
2181	Liberty Co. Ch. Justice	
2182	Goliad Co. Ch. Justice	
2183	Bowie Co. Ch. Justice	
2184	Hays	W. J.
2185	Walker Co. Ch. Justice	

Name Index to Civil Claims-Numerically

2186	Carr	Solomon
2187	Baker	James A.
2188	Smither	J. R.
2189	McDonald	J. G.
2190	Mills	Gideon
2191	Dickson	W. W.
2192	Majors	James
2193	Anderson Co. Court	
2194	Freestone Co. Ch. Justice	
2195	Means	William
2196	Smith	W. A.
2197	Hunt Co. Ch. Justice	
2198	Adams	F. E.
2199	Adams	F. E.
2199	Brown	Frank
2199	Coleman	Henry
2199	Freeman	C. T.
2199	Howard	J. W.
2199	Miller	L. K.
2199	Simcox	G. G.
2199	Thornton	L. C.
2200	Cushney	W. H.
2201	O'Gorman	Pat
2202	Blocker	A. P.
2203	Bell	James H.
2204	Debrill	C. L.
2204	Elgin	R. M.
2204	Gordon	J. G.
2204	Grooms	A.
2204	Long	J. M.
2204	Minot	S.
2204	Reichel	Robert
2205	White	J. D.
2206	Herrera	M. C.
2207	Wilson Co. Court	
2208	Wilson Co. Ch. Justice	
2209	Hays Co. Ch. Justice	
2210	Barton	J. U.
2211	Falls Co. Ch. Justice	
2212	Gregg	Alex
2213	Frazer	C. A.
2214	Givens	John S.
2215	Houston Telegraph	
2216	Decherd	John T.
2217	Murrah	P., Gov.
2218	Stump	John S.
2219	Waddill	R. S.
2220	Aynes	D. S.
2221	Franks	M. L.
2222	Loomis & Christian	
2223	Scholze	A.
2224	Debrill	C. L.
2225	Cushney	W. H.
2226	Brown	Frank
2227	Fellman	L.
2228	Grayson Co. Ch. Justice	
2229	Hill Co. Ch. Justice	
2230	Foster	A.
2231	McGinnis	A. D.
2232	Potter	C.
2233	Victoria Co. Ch. Justice	
2234	Montague Co. Ch. Justice	
2235	Templeton	A.
2236	O'Gorman	Pat
2237	Elgin	R. M.
2237	Gordon	J. G.
2237	Grooms	A.
2237	Long	J. M.
2237	Minot	S.
2237	Reichel	R.
2238	State Gazette Office	
2239	Panola Co. Ch. Justice	
2240	Waddill	R. S.
2241	Wise Co. Ch. Justice	
2242	McMullen Co. Ch. Justice	
2243	Frazer	C. A.
2244	Walker	A. S.
2245	Brown	Frank
2246	Bastrop Co. Ch. Justice	
2247	Sawyer, Risher, & Hall	
2248	Grant	James D.
2249	Coleman	Henry
2250	Andrews	W. H.
2251	Alsbury	Juana N.
2252	Simcox	George G.
2253	Rusk Co. Ch. Justice	
2254	Baker	James A.
2255	Boggs	Anderson
2256	McClarty	John
2257	Walker	Richard S.
2258	Townes	R. J.
2259	Cary	John J.
2260	Taylor	William M.
2261	Galveston News	
2262	Jones	John S.
2263	Angelina Co. Ch. Justice	
2264	Freeman	C. T.
2265	McKinsey	J. R.

Name Index to Civil Claims-Numerically

2266	Rust	William
2267	Mersfelder	A.
2268	Coleman	H.
2269	Adams	F. E.
2270	Smith	W. A.
2271	Barclay	James
2272	Simcox	George G.
2273	Andrews	W. H.
2274	Randolph	C. H.
2275	O'Gorman	Pat
2276	Waddill	R. S.
2277	Henderson	W. H.
2278	Townes	R. J.
2279	Robards	W. L.
2280	Collins	T. C.
2281	Adams	F. E.
2282	Adams	F. E.
2283	Tarver	B. E.
2284	Thaxton	William
2285	Nueces Co. Ch. Justice	
2286	Bowers	M. H.
2287	Loomis & Christian	
2288	Adams	F. E.
2289	Coleman	Henry
2290	Coleman	Henry
2291	Bremond	John, Jr.
2292	Blocker	A. P.
2293	Haralson	H. A.
2294	Williams	H. L.
2295	Bewley	S. B.
2296	Ferris	J. W.
2297	Cordova	P. De
2297	De Cordova	P.
2298	Buchanan	J. D.
2299	Duffau	F. T.
2300	Tips	Ed
2301	Chesshen	A. J.
2302	Cherokee Co. Ch. Justice	
2303	Angelina Co. Ch. Justice.	
2304	Rusk Co. Ch. Justice	
2305	Lanham	B. P.
2305	Walker	B. W.
2306	Davis	G. W.
2306	Fields	C. J.
2306	Hutto	H.
2307	Nacogdoches Co. Ch. Justice	
2308	C. H. Randolph Asse.	
2309	San Augustine Co. Ch. Justice	
2310	Hunt Co. Ch. Justice	
2311	Fannin Co. Ch. Justice	
2312	Decherd	J. T.
2312	McClure	A. E.
2313	Reeves	R. A.
2314	Roberts	O. M.
2315	Titus Co. Ch. Justice	
2316	Hopkins Co. Ch. Justice	
2317	Coleman	H.
2318	Loughridge	J. R.
2319	Parker Co. Ch. Justice	
2320	Wise Co. Ch. Justice	
2321	Dallas Co. Ch. Justice	
2322	Denton Co. Ch. Justice	
2323	Hawkins	W. A.
2324	Smith Co. Ch. Justice	
2325	Long	M. M.
2326	Barr	Robert
2327	Loomis & Christian	
2328	Rhea	W. H.
2329	Fayette Co. Ch. Justice	
2330	Wood Co. Ch. Justice	
2331	McCoy	J. C.
2332	Morris	James B.
2333	Logan	A. T.
2334	Hollander	William
2335	O'Gorman	Pat
2336	C. H. Randolph Asse.	
2337	Barr	Robert
2338	Brown	Frank
2339	Brizendine	W. L.
2340	Harris Co. Ch. Justice	
2341	Carleton	R. A.
2342	Karnes Co. Ch. Justice	
2343	Gibson & Costa	
2344	Collins	Thomas C.
2345	Walker Co. Ch. Justice	
2346	Adams	F. E.
2347	Coleman	H.
2348	State Gazette Office	
2349	C. H. Randolph Asse.	
2350	Eanes	A.
2351	Raven	Ernst
2352	McLennan Co. Ch. Justice	
2353	Austin Co. Ch. Justice	
2354	Bexar Co. Ch. Justice	
2355	Anderson	M. G.
2356	McCright	Robert
2357	Decherd	J. T.
2358	Freestone Co. Ch. Justice	

Name Index to Civil Claims-Numerically

2359	Limestone Co. Ch. Justice	
2360	Shelley	N. G.
2361	Bell Co. Ch. Justice	
2362	Clements	R. H.
2363	Miller	L. K.
2364	Travis Co. Ch. Justice	
2365	Ben Henricks Asse.	
2366	McCall	John D.
2367	Haynie	George
2368	Williamson Co. Ch. Justice	
2369	Van Nostrand	J.
2370	C. H. Randolph Asse.	
2371	Abney	P. C.
2372	Bell	J. H.
2373	Smith	W. A.
2374	Johnson	J. H.
2375	Ch. Jus. Galveston Co.	
2376	Maney	H.
2377	Ch. Jus. Milam Co.	
2378	Thomas	Henry
2379	Thomas	Henry
2380	Ch. Jus. Galveston Co.	
2381	McCall	John D.
2382	Fellman	L.
2383	Fellman	L.
2384	Fellman	L.
2385	Ch. Jus. Brazos Co.	
2386	Falvel	Luke A.
2387	Ch. Jus. San Saba Co.	
2388	Gordon	J. G.
2388	Long	J. M.
2388	Minot	S.
2388	Reichel	Robert
2388	Simcox	George G.
2389	Coleman	H.
2390	Morris	James B.
2391	Morris	James B.
2392	Pittman	W. F.
2392	Rust	William
2393	Randolph	C. H.
2394	Walsh	W. C.
2394 ½	Ch. Jus. Burleson Co.	
2395	Howard	J. W.
2396	Waddill	R. S.
2397	Frazer	C. A.
2398	Bremond & Co.	
2399	Hord	E. R.
2400	Ch. Jus. Lamar Co.	
2401	Grooms	Alfred
2402	Robards	W. L.
2403	Makemson	W. K.
2404	Robards	W. L.
2405	Hotchkiss	W. S.
2406	C. H. Randolph Asse.	
2407	Bremond & Co.	
2408	Bremond & Co.	
2409	Ch. Jus. Falls Co.	
2410	Hotchkiss	W. S.
2411	De Cordova Asse. P.	
2412	Ch. Jus. Anderson Co.	
2413	Dougherty	Ed
2414	Ryan	John
2415	McFarland	W. Y.
2416	Tarver	B. E.
2417	Williams	J. H.
2417	Williams	W. H.
2418	Tarver	B. E.
2419	Ch. Jus. Hamilton Co.	
2420	State Gazette Office	
2421	Morris	James B.
2422	Ch. Jus. Chambers Co.	
2423	Brown	Frank
2424	Christian	Ed
2425	Ch. Jus. Lavaca Co.	
2426	Freeman	Charles T.
2427	Davis	R. M.
2428	Ch. Jus. El Paso Co.	
2429	Bowens	M. H.
2430	Adams	F. E.
2431	Adams	F. E.
2432	Howard	J. W.
2433	Ch. Jus. Lampasas Co.	
2434	Hotchkiss	W. S.
2435	Paul	James
2436	Dougherty	Ed
2437	Waddill	R. S.
2438	O'Gorman	Pat
2439	Loomis & Christian	
2440	Crosby	S.
2441	Coleman	H.
2442	Cook	A. H., Jr.
2443	Garrison	J. L.
2444	Howard	J. W.
2445	Robards	W. L.
2446	Hotchkiss	W. S.
2447	Bremond	John, Jr.
2448	O'Gorman	Pat
2449	Robards	W. L.

Name Index to Civil Claims-Numerically

2450	Crosby	S.
2451	Smith	W. A.
2452	Duncan	John H.
2453	Anderson	M. G.
2454	Brown	Frank
2455	Elgin	R. M.
2455	Gordon	J. G.
2455	Grooms	A.
2455	Long	James M.
2455	Minot	S.
2455	Reichel	Robert
2455	Simcox	George G.
2456	Hartley	R. K.
2457	Thacker	J. B.
2458	Randolph	C. H.
2459	Logan	A. T.
2460	Ch. Jus. Tyler Co.	
2461	Dougherty	Ed
2462	Thompson	S. C.
2463	Ch. Jus. Guadalupe Co.	
2464	Ch. Jus. Hays Co.	
2465	McGinnis	A. D.
2466	Baker	M. W.
2466	G. W. Glasscock Asse.	
2467	Cole	David
2468	Haralson	H. A.
2469	Rust	William
2470	Rust	William
2471	Paul	James
2472	Murrah	P.
2473	Ch. Jus. Liberty Co.	
2474	Ch. Jus. Caldwell Co.	
2475	State Gazette Office	
2476	Anderson	M. G.
2477	Ch. Jus. Bee Co.	
2478	State Gazette Office	
2479	State Gazette Office	
2480	Ch. Jus. Trinity Co.	
2481	Adams	F. E.
2482	Smith	H. M.
2483	Frazer	C. A.
2484	Waddill	R. S.
2485	Poteet	A. N.
2486	Hotchkiss	W. S.
2487	Priestley	Periander
2488	Ch. Jus. Johnson Co.	
2489	Moody	J. W.
2490	Ch. Jus. Tarrant Co.	
2491	Ch. Jus. Hardin Co.	
2492	Cleveland	C. L.
2493	Ch. Jus. Upshur Co.	
2494	Ch. Jus. Wharton Co.	
2495	Hendricks	S. B.
2496	True Issue Office	
2497	Andrews	W. H.
2498	Adams	F. E.
2499	State Gazette Office	
2500	McCall	John D.
2501	Tarver	B. E.
2502	Ch. Jus. Comal Co.	
2503	Ch. Jus. McCulloch Co.	
2504	Loomis & Christian	
2505	Brown	Frank
2506	Pittman	W. F.
2507	Ch. Jus. Bosque Co.	
2508	Henderson	W. H.
2509	Ch. Jus. Panola Co.	
2510	Ch. Jus. Kaufman Co.	
2511	Miller	L. K.
2512	Elgin	R. M.
2512	Gordon	J. G.
2512	Grooms	A.
2512	Long	J. M.
2512	Minot	S.
2512	Reichel	R.
2512	Simcox	G. G.
2513	Robards	W. L.
2514	Coleman	H.
2515	Randolph	C. H.
2516	O'Gorman	Pat
2517	Nix	Jonathan
2518	Garrison	J. L.
2519	Tarver	B. E.
2520	Gilleland	W. M.
2521	Paul	James
2522	Reeves	R. A.
2523	Hotchkiss	W. S.
2524	Bratton	L. R.
2525	Frazer	C. A.
2526	Brown	Frank
2527	Pittman	W. F.
2528	Hotchkiss	W. S.
2529	McFarland	W. Y.
2530	Bremond	John, Jr.
2531	Ch. Jus. Marion Co.	
2532	Garrison	J. L.
2533	Holt	J. J.
2534	Elgin	R. M.

Name Index to Civil Claims-Numerically

Number	Name	Initial
2535	Fellman	L.
2536	Ch. Jus. Victoria Co.	
2537	Ch. Jus. Shelby Co.	
2538	Ch. Jus. Starr Co.	
2539	Steiner	J. M.
2540	Vale	John
2541	Reed	J. B.
2542	Ch. Jus. Ellis Co.	
2543	Ch. Jus. Bastrop Co.	
2544	San Antonio Herald	
2545	Houston Telegraph	
2546	State Gazette Office	
2547	Ch. Jus. Burnet Co.	
2548	Raven	E.
2549	Heyer	F.
2550	Ch. Jus. Blanco Co.	
2551	Stump	John S.
2552	Ch. Jus. Calhoun Co.	
2553	Ch. Jus. Medina Co.	
2554	Duncan	John H.
2555	Johnson	J. H.
2556	Cooper	Dillard
2557	Spence	John S.
2558	Moore	George F.
2559	Sampson & Henricks	
2560	Roberts	O. M.
2561	Roberts	O. M.
2562	Reeves	R. A.
2563	Roberts	H. P., Mrs.
2564	Rossignal	Charles
2565	Noonan	G. H.
2566	Elgin	R. M.
2566	Gordon	J. G.
2566	Grooms	A.
2566	Long	J. M.
2566	Minot	S.
2566	Simcox	George G.
2567	Day	J. M.
2567	Nichols	J. W.
2568	Collins	Thomas C.
2569	Millett	C. S.
2570	Robards	W. L.
2571	O'Gorman	Pat
2572	Gilleland	W. M.
2573	Ch. Jus. Hill Co.	
2574	Thaxton	William
2575	Ch. Jus. Collin Co.	
2576	Coleman	H.
2577	Tarver	B. E.
2578	Anderson	M. G.
2579	Ch. Jus. Palo Pinto Co.	
2580	Sanger	J.
2581	Steiner	J. M.
2582	Brown	Frank
2583	Rust	William
2584	Hotchkiss	W. S.
2585	Gray	B. W.
2586	Ch. Jus. Erath Co.	
2589	Priestley	Periander
2590	Hutchins	J. H.
2591	Ch. Jus. Sabine Co.	
2592	Walker	R. S.
2593	Ch. Jus. Coryell Co.	
2594	Ch. Jus. Mason Co.	
2595	Buchanan	J. D.
2596	Randolph	C. H.
2597	Logan	A. T.
2598	Hall	Elisha
2599	Harrison	T. S.
2600	Miller	William
2600	Reavis	S. A.
2601	Morris	James B.
2602	Reichel	R.
2603	Fellman	L.
2604	Henderson	W. H.
2605	Waddill	R. S.
2606	Stephens	Joshua
2607	Adams	F. E.
2608	Buchanan	J. D.
2609	Neal	B. F.
2610	Ch. Jus. McMullin Co.	
2611	Ch. Jus. Live Oak Co.	
2612	Ch. Jus. Nueces Co.	
2613	Ch. Jus. Cooke Co.	
2614	Beech	John J.
2615	Co. Court Cooke Co.	
2616	Ch. Jus. Bandera Co.	
2617	Smith	W. A.
2618	O'Gorman	P.
2619	Simcox	G. G.
2620	Walsh	W. C.
2621	Cope	J. P.
2622	Noonan	G. H.
2623	Ch. Jus. Van Zandt Co.	
2624	Randolph	C. H.
2625	State Gazette Office	
2626	James	W. M.
2627	Bremond	John, Jr.

Name Index to Civil Claims-Numerically

2628	Elgin	R. M.
2628	Gordon	J. G.
2628	Grooms	A.
2628	Hutchins	J. H.
2628	Long	J. M.
2628	Minot	S.
2628	Simcox	G. G.
2629	O'Gorman	P.
2630	Nowlin	P. W.
2631	Robards	W. L.
2632	Hotchkiss	W. S.
2633	O'Gorman	John
2634	Randolph	C. H.
2635	Adams	F. E.
2636	Adams	F. E.
2637	Garrison	J. L.
2638	O'Gorman	J.
2639	Robards	W. C.
2640	Loomis & Christian	
2641	Frazer	C. A.
2642	Cope	J. P.
2643	Bremond	John, Jr.
2644	Priestley	Periander
2645	Tarver	B. E.
2646	McGinnis	A. D.
2647	Crosby	S.
2648	Crosby	S.
2649	Nix	Jonathan
2650	Van Nostrand	J.
2651	Marshall Republican	
2652	Stockdale	F. S.
2653	Brown	B. A.
2653	Moore	A. B.
2653	Swift	R. M.
2654	Haralson	H. A.
2655	Howard	J. W.
2656	Ferris	J. W.
2657	Mavis	J. W.
2657	Tindell	Thomas P.
2657	Wheelock	W. H.
2658	Murrah	P.
2659	Loomis & Christian	
2660	Bremond	John, Jr.
2661	Ch. Jus. Harrison Co.	
2662	Ch. Jus. Davis Co.	
2663	Fabj	F.
2664	Morris	James B.
2665	Gibson & Costa	
2666	Waddill	R. S.
2667	Andrews	W. H.
2668	Rust	William
2669	Ch. Jus. Navarro Co.	
2670	Hotchkiss	W. S.
2671	Ch. Jus. Grayson Co.	
2672	Kelly	James
2673	Ch. Jus. San Saba Co.	
2674	Phillips	J. W.
2675	Delaney	W. S.
2676	Paul	James
2677	Ch. Jus. Polk Co.	
2678	Ch. Jus. Washington Co.	
2679	Delaney	W. S.
2680	Adams	F. E.
2681	Ch. Jus. Robertson Co.	
2682	Priestley	Periander
2683	Elgin	R. M.
2683	Gordon	J. G.
2683	Grooms	A.
2683	Hutchins	J. H.
2683	Long	J. M.
2683	Minot	S.
2683	Simcox	G. G.
2684	O'Gorman	J.
2685	Randolph	C. H.
2686	O'Gorman	P.
2687	Nowlin	P. W.
2688	Adams	F. E.
2689	Tarver	B. E.
2690	State Gazette Office	
2691	Duffau	F. T.
2692	Priestley	Periander
2693	Priestley	Philander
2694	Duncan	John H.
2695	Haralson	H. A.
2696	Jurgensen	H. N.
2697	Robards	W. L.
2698	Robards	W. C.
2699	Hotchkiss	W. S.
2700	Galveston News	
2701	Smith	W. A.
2702	State Gazette Office	
2703	Cook	A. H., Jr.
2704	Walker	R. S.
2705	Buchanan	J. D.
2706	Houston Telegraph	
2707	Herrman	J. W.
2708	Noonan	G. H.
2709	Baker	J. W.

Name Index to Civil Claims-Numerically

2710	Murray	J. W.
2711	Luce	D. L.
2712	Adams	F. E.
2713	Ch. Jus. Grimes Co.	
2714	Carley	William
2715	Stockdale	F. S.
2716	Paul	James
2717	Wiggins	William
2718	Steiner	J. M.
2719	Thomas	E. F.
2720	Elgin	R. M.
2721	Randolph	C. H.
11040	Carter	J. A.
13271	Taylor	P. M.
13272	Askew	R. L.
13272	Beasley	S. W.
13272	Beebe	S. P.
13272	Black	S. E.
13272	Blythe	William T.
13272	Bradshaw	A.
13272	Broaddus	A. S.
13272	Chambers	William
13272	Clayton	J. A.
13272	Cleveland	Charles L.
13272	Devine	Thomas J.
13272	Earley	E.
13272	Feeney	John
13272	Hill	T. B. J.
13272	Hoyle	A. C.
13272	Johnson	W. H.
13272	Leseur	Charles M.
13272	Lester	I. S.
13272	Locke	M. F.
13272	Miller	William G.
13272	Moore	Thomas C.
13272	Neel	T. C.
13272	Nicholson	A. J.
13272	Obenchain	A. T.
13272	Ross	E. M.
13272	Smith	S. S.
13272	Thompson	J. G.
13272	Weir	J. P.
13272	Wilcox	J. H.
13272	Williams	Lem. H.
13272	Wilson	Jason
13272	Wright	George W.
13273	Roberts	O. M.
13274	Allen	W. A.
13274	Allen	W. A.
13274	Anderson	T. S.
13274	Anderson	J. M.
13274	Armstrong	J. R.
13274	Basby	George H.
13274	Batte	W. C.
13274	Beasley	S. W.
13274	Black	S. E.
13274	Black	S. E.
13274	Box	John
13274	Brahan	R. W.
13274	Burton	Jno. I.
13274	Campbell	Robert C.
13274	Chambers	T. J.
13274	Chambers	J. A.
13274	Charleton	N. B.
13274	Chisum	Isham
13274	Clapton	A. G.
13274	Clayton	J. A.
13274	Clayton	J. A.
13274	Coke	Richd.
13274	Cook	J. E.
13274	Cox	Noah
13274	Dancy	J. W.
13274	Davenport	Thomas G.
13274	Davidson	A. H.
13274	De Montel	Charles
13274	Dean	Calloway
13274	Devine	Thomas J.
13274	Dunham	James H.
13274	Durham	B. F.
13274	Earley	E.
13274	Flournoy	George M.
13274	Ganahl	Charles
13274	Gould	R. S.
13274	Gray	P. W.
13274	Green	J. A.
13274	Hall	M. J.
13274	Hardeman	William P.
13274	Hays	John R.
13274	Henderson	J. W.
13274	Henry	J. R.
13274	Hicks	A. W. O.
13274	Hicks	A. W. O.
13274	Hogg	Jos. L.
13274	Holland	J. L.
13274	Hopkins	C. A.
13274	Howard	Russell
13274	Hoyle	A. C.
13274	Hunt	Wilkins

Name Index to Civil Claims-Numerically

13274	Jennings	Thomas J.
13274	Johnson	J. W.
13274	Johnson	J. F.
13274	Jones	Tignal W.
13274	Leseun *	C. M.
13274	Locke	M. F.
13274	Locke	M. F.
13274	Lubbock	Thomas S.
13274	Mason	George
13274	Mattby	Henry A.
13274	McCraw	T. M.
13274	Montgomery	W. A.
13274	Moore	Lewis W.
13274	Moore	Thomas
13274	Muller	John
13274	Nash	Thomas J.
13274	Nash	William
13274	Nauendorf	Adolph
13274	Neel	T. C.
13274	Newsom	James F.
13274	Neyland	William M.
13274	Nichols	E. B.
13274	Nicholson	E. P.
13274	Nicholson	A. J.
13274	Norris	J. M.
13274	Obenchain	A. T.
13274	Palmer	R. J.
13274	Payne	William K.
13274	Payne	W. M.
13274	Perry	B. F.
13274	Pope	Alexander
13274	Portis	David Y.
13274	Prendergast	D. M.
13274	Preston	Walter F.
13274	Price	F. P.
13274	Quintero	J. A.
13274	Quintero	J. A.
13274	Rainey	A. T.
13274	Randle	Wilson
13274	Reyeley	J.
13274	Rhome	P. G.
13274	Robertson	J. B.
13274	Robertson	E. S. C.
13274	Ross	E. M.
13274	Ross	E. M.
13274	Runnels	H. R.
13274	Runnels	H. R.
13274	Russell	C. A.
13274	Schoolfield	William D.
13274	Scott	W. T.
13274	Scurry	W. R.
13274	Shepard	James E.
13274	Smith	S. S.
13274	Smith	Gideon
13274	Stell	J. D.
13274	Terry	Nat
13274	Todd	W. S.
13274	Ward	Robb H.
13274	Warren	William
13274	Wharton	J. A.
13274	Wilcox	Jno. A.
13274	Wilcox	Jno. A.
13274	Wiley	A. P.
13274	Wilson	Sam. A.
13274	Wilson	Jason
13274	Work	P. A.
13275	Scurry	W. R.
13276	Bahn	A.
13277	Johns	C. R., Jr.
13278	McCarty	C. L.
13279	Flournoy	George
13280	Stucker	F. V. D.
13281	Adams	W. S. J.
13281	Durham	B. F.
13281	Graham	M. D.
13281	Lea	Pryor
13281	Nash	T. J.
13281	Stapp	D. M.
13281	Taylor	Pleasant
13281	Warren	William
13281 ½	Schultz	Augustus
13282	Chambers	John G.
13283	Schoolfield	William D.
13284	Logan	A. T.
13285	Batte	N. W.
13286	Brownrigg	R. T.
13287	Beasley	S. W.
13288	Ford	Spencer
13289	Flournoy	George M.
13290	Heusinger	A.
13291	Bayless	W. H.
13292	Bogart	Sam
13292	Casey	L. F.
13292	Diamond	W. W.
13292	Diamond	J. J.
13292	Herbert	P. T.
13292	Hutcheson	J. W.
13292	Koester	Theodore

Name Index to Civil Claims-Numerically

13292	Marshall	Jessee
13292	Reagan	J. H.
13292	Stewart	J. G.
13292	Thompson	J. G.
13292	Throckmorton	J. W.
13292	Word	Thos. Jefferson
13293	Richardson	W.
13294	Johnson	J. W.
13295	Miller	J. T.
13296	Johnson	J. W.
13297	Richardson & Co.	W.
13298	Calhoun	L. E., Mrs.
13299	Holland	Bird
13300	Duffau	F. T.
13301	Rust	William
13302	Swenson	S. M.
13303	Swenson	S. M.
13304	Swenson	S. M.
13305	Burditt	H. N.
13306	Lightfoot	J. H.
13307	Robertson	J. C.
13307	Lofton	O.
13308	Duffau	F. T.
13309	Claibourne	J. M.
13309	Corta	J. B.
13309	Durham	George J.
13309	Harris	R. D.
13309	Hopkins	A. N.
13309	Illingworth	James O.
13309	Raglin	H. W.
13309	Rector	J. E.
13309	Rust	Edwin
13309	Simcox	George G.
13309	Winkel	H.
13310	Hooker	James
13310	Kelly	W. C.
13310	Mattox	W. A.
13310	Scarborough	E.
13310	Watkins	J. E.
13311	Arlett	F. H.
13311	Stremme	C.
13312	Christian Advocate	
13313	Rust	William
13314	Roessler	A. R.
13315	Brownrigg	R. T.
13316	Fall	J. N.
13317	Graham	B.
13318	Carter	B. F.
13319	Nelson	Allison
13320	Galloway	A. P.
13321	Armstrong	J. R.
13321	Burlage	John
13321	Chilton	George W.
13321	Cook	J. E.
13321	Lea	Pryor
13321	Lunday	R. W.
13321	Poag	W. R.
13321	Rogers	James H.
13321	Shuford	A. P.
13321	Taylor	P.
13321	Wier	J. P.
13322	Blocker	A. P.
13323	Harrison	J. M.
13324	Coke	Richd.
13325	Rogers	W. P.
13326	Preston	W. F.
13326	Price	J. T.
13326 ½	Quintero	J. A.
13327	Brown	Julius R.
13327	Brown	John Henry
13328	Johnson	W. H.
13328	Wright	George W.
13329	Brownrigg	R. T.
13330	Byrd	William
13331	Von Rosenburg	W.
13332	Brown	J. Henry
13333	Townsend	M. W.
13334	Burroughs	J. M.
13335	Waller	Edwin
13336	Rector	Claiborne
13337	Chalmers	W. L.
13338	Maxey	J. M.
13339	Armstrong	M. L.
13339	Bacon	R. S.
13339	Benevides	B.
13339	Billingsley	Jesse
13339	Blanch	E. A.
13339	Bryan	K.
13339	Buckley	C. W.
13339	Chambers	J. G.
13339	Cooke	Thomas R.
13339	Cotten	Robert
13339	Craig	E. T.
13339	Crawford	A. F.
13339	Crooks	T. J.
13339	Dale	Matt
13339	Darnell	N. H.
13339	Dickson	D. C.

Name Index to Civil Claims-Numerically

13339	Duggan	Thomas H.
13339	Duncan	J. H.
13339	Edwards	H. H.
13339	Epperson	B. H.
13339	Erath	G. B.
13339	Flewellen	R. T.
13339	Fort	Clinton
13339	Foscue	F. F.
13339	Francis	J. C.
13339	Goodrich	W. E.
13339	Grimes	Jesse
13339	Guinn	R. H.
13339	Harrison	W. H.
13339	Harrison	S. P.
13339	Harrison	J. M.
13339	Henderson	J. W.
13339	Herbert	C. C.
13339	Hyde	A. C.
13339	Lewis	Charles
13339	Lewis	J. M.
13339	Lewter	J.
13339	Lott	E. E.
13339	Luckett	L. H.
13339	Mabry	H. P.
13339	Manchaca	A.
13339	Martin	F. M.
13339	Maverick	S. A.
13339	Maxey	W. S.
13339	Middleton	W. B.
13339	Miller	S. A.
13339	Mills	R. Q.
13339	Morris	W. W.
13339	Munson	M. S.
13339	Neal	B. F.
13339	Parker	Ben
13339	Perry	A.
13339	Potter	M. M.
13339	Quinan	George
13339	Rains	Emory
13339	Raymond	N. C.
13339	Redgate	S. J.
13339	Robinson	J. W.
13339	Schleicher	G.
13339	Shannon	W. R.
13339	Shelton	E. J.
13339	Shepard	C. B.
13339	Short	D. M.
13339	Speights	J. H.
13339	Stockdale	F. P.
13339	Taylor	M. D. K.
13339	Thomas	W.
13339	Walder	Jacob
13339	Walker	A. G.
13339	Walworth	James
13339	Warfield	Charles A.
13339	Whaley	D. M.
13339	Whitfield	J. O.
13339	Whitmore	G. W.
13339	Wooldridge	J. R.
13339	Wrede	F.
13340	Rains	J. D.
13341	Stockdale	F. S.
13342	Waddill	R. S.
13341	Walworth	J.
13343	Hobby	A. M.
13344	Johns	C. R., Jr.
13345	Raymond	N. C.
13345	Wooldridge	J. R.
13346	Henry	J. Pat
13347	Hobby	A. M.
13348	Parsons	Jesse H.
13349	Clark	William
13350	Redwine	H. D.
13350	Ross	W. M.
13351	Rodriguez	J. M.
13352	Durham	B. F.
13353	Haralson	H. A.
13354	Crosby	Charles A.
13355	Buckner	E. F.
13356	Frazer	C. A.
13357	Palmer	E. A.
13358	Smith	G. W.
13359	Murphy	J. B.
13360	Palm & Bros.	
13361	Davis	E. J.
13362	Stewart	W. H.
13363	Stewart	W. H.
13364	Bryan	K.
13364	Burleson	D. C.
13364	Caddell	J. W.
13364	Clark	William
13364	Davis	J. W.
13364	Dennis	T. N.
13364	Dickson	D. C.
13364	Dulany	H. P. C.
13364	Fall	J. N.
13364	Harman	L. G.
13364	Henry	J. Pat

Name Index to Civil Claims-Numerically

13364	Houghton	W. M. S.
13364	Hubbard	R. B.
13364	Lewellen	Thomas
13364	Maxan	Nestor
13364	Mundine	T. H.
13364	Navarro	Angel
13364	Nelson	Allison
13364	Owen	W. M.
13364	Pitts	E. S.
13364	Ross	B. F.
13364	Scarborough	E. B.
13364	Smith	William
13364	Upshaw	A. M. M.
13364	Waterhouse	R.
13364	Whealock	W. H.
13364	Wier	Abert
13365	Fitzhugh	William
13366	Navarro	Angel
13367	Ormsby *	Theo. D.
13368	Baxter	E. H.
13369	McKnight	George
13370	Sampson & Henricks	
13371	Mangum	Joseph
13372	Mangum	Joseph
13373	Maltby	Henry A.
13374	Keenan	C. G.
13375	Parrish	A. H.
13376	Litten	J. M.
13377	Holt	J. J.
13378	Taylor	R. H.
13379	Palm Bros. & Co.	
13380	Heusinger	A.
13381	Marshall	J.
13382	Gilleland	W. M.
13383	Hall	J. W.
13384	Wheeler	R. T.
13385	Shepherd	Charles
13386	Abercrombie	L. A.
13386	Branch	A. M.
13387	Nicholson	E. P.
13388	Hughes	Thomas P.
13388	Terry	B. F.
13388	Thomason	E.
13389	Fry	J. H.
13389	Hardeman	Peter
13390	Gentry	A. M.
13391	McKnight	George
13392	Keenan	C. G.
13393	Byrd	William
13394	Flusser	O.
13395	Hollingsworth	J. B.
13396	Brownrigg	R. T.
13397	Bryce	W. M.
13397	Cumby	R. H.
13397	Henry	J. E.
13397	Johnson	James F.
13397	Masterson	T. W.
13397	Throckmorton	J. W.
13399	Smith	S. T.
13400	Dennison	F. L.
13401	Frost	T. C.
13402	Adair	Isaac
13402	Debray	X.
13403	Ford	J. B.
13403	Quintero	J. A.
13404	Dougherty	C. C.
13404	Simcox	G. G.
13405	Crosby	J. F.
13406	Littleton	John
13406	Smith	Thomas
13407	Luckett	P. N.
13407	Parker	W. C.
13408	Debray	X. B.
13408	McKnight	George
13409	Swenson	S. M.
13409	Terrell	A. W.
13410	Baylor	R. E. B.
13411	Petterson	John
13412	Close	H.
13413	Gregg	Alexander
13414	Clark	Ed
13415	Lindheimer	F. F.
13416	Clark	Ed
13417	Gorman	Pat O.
13418	Ochiltree	W. B.
13419	McKay	Gil
13420	Swindells	James H.
13421	Hartley	R. K.
13422	Clark	Ed
13423	Ireland	John
13424	Bell	James H.
13425	Haynie	S. G.
13426	Fitzhugh	William
13427	Brush	S. B.
13428	Adams	W. S. J.
13429	Hopkins	A. W.
13430	Stanley	J. H.
13431	Jewett	H. J.

Name Index to Civil Claims-Numerically

13432	Fitzhugh	William
13433	Rust	William
13434	Debray	X.
13434	Debray	X. B.
13435	Broaddus	A. S.
13435	Craven	W. M.
13435	Mills	A. N.
13436	S. W. Express Co.	
13437	Cook	T. S.
13438	Holeman	M. W., Mrs.
13439	Swenson	S. M.
13440	Stewart	Charles
13441	Bankey	Charles
13442	Marshall	John
13443	Harrison	James E.
13444	Johnson	Charles
13445	Finnin	Ed
13446	Debray	X. B.
13447	White	J. D.
13448	Dougherty	Ed
13449	Grayson Monitor	
13450	Cook	T. S.
13451	Minter	T. G.
13452	Quintero	J. A.
13453	Campbell	R. C.
13454	Debray	X. B.
13455	Carly	William
13456	Abney	P. C.
13457	Shipman	J. K.
13458	Moss	B. F.
13459	Cleveland	C. L.
13460	Doughty	J. M.
13461	Power	A. V.
13462	Sims	R. G.
13463	Hermann	J. W.
13464		Shumard
13465	Bastrop Advertizer	
13466	Fitzhugh	William
13467	Roberts	O. M.
13468	Decherd	J. T.
13469	Hopkins	C. A.
13470	Blocker	A. P.
13471	Green	Wilson
13472	Scholz	A.
13473	Fox	C.
13474	Close	H.
13475	Green	Thomas
13475 ½	Lindheimer	F. F.
13476	Von Rosenburg	W.
13477	Johnson	James F.
13478	Snively	H. F.
13479	Murphy	J. B.
13479	Ryan	John
13481	Reeves	R. A.
13485	Blair	John
13490	Van Nostrand	J.
13491	Schneider	Henry
13492	Burford	Nat. M.
13493	Vontress	Ed. H.
13494	Vontress	Ed. H.
13495	Roessler	A. R.
13495	Roessler	A. R.
13496	White	F. M.
13497	Clark	Ed
13498	Stremme	Conrad
13499	Durham	George J.
13499	Raglin	H. W.
13499	Rust	Edwin
13499	Simcox	George G.
13500	Johns	Clem. R.
13501	Hotchkiss	W. S.
13501	St. Clair	J. Q.
13502	Houghton	Joel A.
13503	George	Alfred
13504	O'Gorman	Pat
13505	Rector	James E.
13506	Dade	D. C.
13507	Yantis	W. O.
13508	Blocker	A. P.
13510	Loomis & Christian	
13510	Swenson	S. M.
13511	Corothers	Thomas
13511	Markham	Thomas W.
13511	Philpot	H. V.
13511	Robinson	B. W.
13511	Roe	J. L.
13511	Rogers	M. C.
13511	Walker	B. W.
13512	Evans	L. R.
13513	Byrd	William
13514	Randolph	C. H.
13515	Bewley	S. B.
13516	Harrell	J.
13517	Scruggs	Jesse T.
13518	Gilleland	W. M.
13519	Buckley	S. B.
13520	Hester	T. A.
13521	Forbes & Ballard	

Name Index to Civil Claims-Numerically

13522.......	Christian Advocate	
13523.......	St. Clair	J. Q.
13524.......	Stayton	J. W.
13525.......	Frazer	C. A.
13526.......	Davis	E. J.
13527.......	McKenney	J. F.
13528.......	Gill	R. R.
13529.......	Gill	R. R.
13530.......	Riddell	W. P.
13531.......	Henry	J. L.
13531 ½...	Battle	N. W.
13532.......	Walker	J. G.
13533.......	Whults	Jo.
13534.......	Dougherty	Ed
13535.......	Thornton	N. M.
13536.......	Mellett	C. S.
13537.......	Buchanan	J. C.
13538.......	Peck	William
13539.......	Walden	J.
13540.......	Battle	N. W.
13541.......	Illingworth	James O.
13542.......	Vontress	Ed. H.
13543.......	Southern Rights Democrats	
13544.......	Graham	Robert
13545.......	Tarver	C. B.
13546.......	Bewley	S. B.
13547.......	Johnson	J. F.
13548.......	Anderson	M. G.
13548.......	Grundy	J. H.
13549.......	Leavy	J. H.
13550.......	Asst. Clerks	
13550.......	Elgin	R. M.
13550.......	Linn	Edward
13550.......	Moore	J. W.
13550.......	Pressler	C. W.
13550.......	3 Asst. Draftsmen	
13550.......	6-2nd Asst. Draftsmen	
13551.......	Asst. Clerks	
13551.......	Linn	Edward
13551.......	Moore	F. W.
13551.......	Pressler	C. W.
13551.......	3 Asst. Draftsmen	
13551.......	6-2nd Asst. Draftsmen	
13552.......	Hancock	J. S.
13553.......	Lavanburg & Bros.	
13554.......	Satham	F. W.
13556.......	Schulz	Ary
13556.......	Walker	J. G.
13557.......	Daly	W. A.
13557.......	Frazer	George W.
13558.......	Steves	G.
13559.......	Read	J. L.
13560.......	McNeill	J. M.
13561.......	McIntosh	W.
13562.......	Hudson	L.
13563.......	Hudson	L.
13564.......	Hudson	S. E. W.
13565.......	Seale	C. C.
13566.......	Madray	James B.
13567.......	Fink, Eilers & Co.	
13568.......	Devine	Thomas J.
13569.......	Carter	Ben. F.
13570.......	Duglass	Richard
13571.......	Estep	E.
13572.......	Davis	John
13573.......	Youngblood	J.
13574.......	Hord	E. R.
13575.......	Stewart	C. W.
13576.......	Sawyer, Risher & Co.	
13609.......	Davis	R. M.
13610.......	Debray	X. B.
13611.......	Anderson	J. H.
13612.......	Field	Drury
13613.......	John Marshall & Co.	
13614.......	John Marshall & Co.	
13615.......	John Marshall & Co.	
13616.......	Roessler	A. R.
13617.......	White	J. R.
13618.......	Houghton	Joel A.
13619.......	Brown	James
13620.......	Moore	Fred. W.
13621.......	Stremme	Conrad
13621 ½...	Hotchkiss	W. S.
13621 ½...	St. Clair	J. Q.
13622.......	Davis	T. H.
13623.......	Holland	Bird
13624.......	Petterson	J.
13625.......	Baker & Smyth	
13626.......	Duffau	F. T.
13627.......	Pecht	Charles
13628.......	White	F. M.
13629.......	Stremme	Conrad
13630.......	Rust	W.
13631.......	Carter	B. F.
13631.......	Clark	Ed
13632.......	Sampson & Henricks	
13633.......	Randolph	C. H.
13634.......	Gorman	Pat O.

Name Index to Civil Claims-Numerically

13635	Costa	J. B.
13635	Durham	George J.
13635	Harris	R. D.
13635	Illingworth	James O.
13635	Raglin	H. W.
13635	Rust	Edwin
13635	Simcox	George G.
13635	Winkel	H.
13636	Fields	Joseph E.
13637	Rossignol	C.
13638	Buckner	E. F.
13639	Riddell	W. P.
13640	Adams & Goodrich	
13641	Hotchkiss	W. S.
13641	St. Clair	J. Q.
13642	Haynie	H. M., Mrs.
13643	Fisher	G. K.
13644	Bell	J. H.
13645	Cole	David
13646	Claibourne	J. M.
13647	Masterson	T. W.
13647	Walsh	W. C.
13648	Nichols	L. D.
13649	Smith	H. M.
13650	Flournoy	George
13651	Blocker	A. P.
13652	Haynie	S. G.
13653	Wells	A. M., Miss
13654	Burford	N. M.
13655	Keenan	C. G.
13656	McClarty	J.
13657	McClarty	J.
13658	Doyle	James
13659	Smith	A. J.
13660	Moore	J. F.
13661	Holland	E.
13662	Luce	M. R.
13663	Keenan	C. G.
13664	Max	George
13665	Wollter	John
13666	Murphy	J. B.
13666	Palmer	E. A.
13667	Watts	P. S.
13668	Mondragon	E.
13669	Millican	C. C.
13670	Cowan	L.
13671	Gerhard	W.
13672	Tarver	N.
13673	Patridge	J. W.
13674	Herring	C.
13675	Barbour	W. D.
13676	Bensemann	H.
13677	Salinas	J. J.
13678	Herrera	M. C.
13679	Magby	J. D.
13680	Barclay	D. M.
13681	Holtzclaw	Hy
13682	Duffau	F. T.
13683	Wade	George W.
13684	Bassett	R. H.
13685	Debray	X. B.
13686	Oldham	W. S.
13687	Chessher	A. J.
13688	Smith	George W.
13689	Debray	X. B.
13690	Long	W. T.
13691	Evans	L. R.
13692	Plasters	Thomas P.
13693	Worthington	M. W.
13694	Wheeler	R. T.
13695	Day	James M.
13696	Nichols	J. W.
13697	Crosby	J. F.
13698	Hooker	Robert
13699	Maury	B. W.
13700	Maxey	James M.
13701	Grant	J. D.
13702	Hust	J. A.
13703	Parker	C. A.
13704	Crunk	H.
13705	Nabours	Jeremiah
13706	Carpenter	J. C.
13707	Keith	W. G.
13708	Marshall	John
13709	Henry	J. L.
13710	Seawright	W. M.
13711	Lionberger	J. S.
13712	Rushton	C. H.
13713	Morton	W. J.
13714	Fitzhugh	William
13715	Yantis	E.
13716	Collier	Edward
13717	Elgin	R. M.
13718	Elgin	R. M.
13718	Linn	Edward
13718	Moore	F. W.
13718	Pressler	C. W.
13718	Randolph	C. H.

Name Index to Civil Claims-Numerically

13719	Rust	William
13720	Carter	B. F.
13721	McCormick	C.
13722	Green	Thomas
13723	Terrell	A. W.
13724	Thurmond	C. L.
13725	Evans	L. R.
13726	Morrison	J. C.
13727	Arrington	Joel
13728	Hicks	A. W. O.
13729	Hicks	A. W. O.
13730	Damron	M. W.
13731	Hutchins	C. J.
13732	Norris	Thomas
13733	Duffau	F. T.
13734	Hopkins	A. N.
13735	West	A. J.
13736	McCuistian	M. H.
13737	Vontress	E. H.
13738	King	William G.
13739	Keenan	C. G.
13740	John Marshall & Co.	
13741	Houston T. W. Telegraph	
13742	Battle	N. W.
13743	Pecht	Charles
13744	Flournoy	George
13745	Wright	L. B.
13746	Davis	Samuel
13747	Palmore	Columbus
13748	Jackson	William
13749	McKenney	J. F.
13750	Dennison	F. L.
13751	Todd	George H.
13752	Baylor	R. E. B.
13753	Fitzhugh	William
13754	Wren	William
13755	Long	R. B.
13755	Scott	Benjamin
13756	Moore	J. F.
13757	Morris	George W.
13758	Smith	S. T.
13759	Wheeler	R. T.
13760	Baylor	R. E. B.
13761	Keese	O. H. P.
13762	Thacker	J. B.
13763	Caton	W. R.
13764	Darden & Maynard	
13764 ½	Nicholson	John
13765	Bewley	S. B.
13766	Flournoy	George
13767	Todd	W. S.
13768	Bell	James H.
13769	Devine	Thomas J.
13770	Jackson	T. A.
13771	Moore	Thomas
13772	Tomlinson	J. M.
13773	Swenson	S. M.
13774	Costa	J. B.
13774	Davis	W. B.
13774	Durham	George J.
13774	Harris	R. D.
13774	Hopkins	A. N.
13774	Illingworth	James O.
13774	Perry	B. F.
13774	Raglin	H. W.
13774	Rust	Edwin
13774	Simcox	George G.
13774	Winkel	H.
13775	Barnett	Thomas
13776	White	F. M.
13777	Yarborough	G.
13778	Doyle	W. W.
13779	Claibourne	J. M.
13780	St. Clair	J. Q.
13781	Stremme	Conrad
13782	Debray	X. B.
13783	Debray	X. B.
13784	Majors	James
13785	Petterson	John
13786	Scholz	August
13787	Clark	Ed
13788	Gorman	Pat O.
13789	Hotchkiss	W. S.
13790	Blocker	A. P.
13791	Duck	G. W. M.
13792	Green	Thomas
13793	McKenney	J. F.
13794	Salinas	Manuel
13795	Buckner	E. F.
13796	Byrd	William
13797	Frazer	C. A.
13798	Holland	Bird
13799	McCall	J. L. L.
13800	Debray	X. B.
13801	Norton	A. B.
13802	Norton	A. B.
13803	Hood	P. C.
13804	Tarver	C. B.

Name Index to Civil Claims-Numerically

13805	Grim	Henry
13806	Decherd	J. T.
13807	Gray	James
13808	Elgin	R. M.
13808	Grooms	A.
13808	Grothaus	F.
13808	Linn	Edward
13808	Martin	J.
13808	Moore	F. W.
13808	Pressler	C. W.
13809	Roberts	O. M.
13810	Wheeler	W. W.
13811	Wells	A. M., Miss
13812	Swisher	J. M.
13813	Kerbey	J. C.
13814	Byrd	William
13815	Brownrigg	R. T.
13816	Stump	J. S.
13817	Durham	B. F.
13818	Jewett	H. J.
13819	Evans	L. R.
13820	Vontress	E. H.
13821	White	J. T.
13822	Barrow	Z. A.
13823	Castleman	R. M.
13824	Fitzhugh	William
13825	Carolan	J. M.
13826	Byrd	William
13827	Crosby	J. F.
13828	Webb	D. F.
13829	Anderson	M. G.
13830	De Coursey	James A.
13830	Chalmers	W. L.
13831	Norton	A. B.
13832	Booth	W. C., Dr.
13832	Thomason	E.
13833	Armstrong	J. V.
13834	Jones	J. S.
13834	McCarty	C. L.
13835	Truehart	H. M.
13836	Hardcastle	G. S.
13837	Evans	L. R.
13838	Houghton	J. A.
13839	Heath	E. M.
13840	Todd	W. S.
13841	Moore	Francis
13842	Baldwin	H. B.
13843	Donelson	J.
13844	Ballenger	Thomas
13845	Montague	D.
13846	Wood	Samuel J.
13847	McQuerry	Charles
13848	Tate	William
13849	Tate	William
13850	Dickson	W. W.
13851	Sayers	J. D.
13852	Messer	J. W.
13853	Anderson	N.
13854	Peters	H.
13855	Tarver	C. B.
13856	Coates	T. S.
13857	Thompson	H. M.
13858	Galveston News	
13859	Shaw	J.
13860	Van Nostrand	J.
13861	Carter	B. F.
13862	Civilian	
13863	Reavis	J. B.
13864	Clark	Daniel
13865	Waller	Edwin
13866	Preacher	G. A.
13867	Brewer	S.
13868	Coates	J. H.
13869	Chambers	William
13870	Merritt	D.
13871	Hopkins	C. A.
13872	Hamilton	R. M.
13873	Costa	J. B.
13873	Davis	W. B.
13873	Durham	George J.
13873	Hopkins	A. N.
13873	Illingworth	J. O.
13873	Raglin	H. W.
13873	Rust	Edwin
13873	Simcox	George G.
13873	Winkel	H.
13874	Smith	Gideon
13875	Randolph	C. H.
13876	Gorman	Pat O.
13877	Waddill	R. L.
13878	Clark	Edward
13879	Blunn & Walker	
13880	Stringer	Alexander
13881	White	F. M.
13882	Stremme	Conrad
13883	Chisholm	J. M. H.
13884	Hotchkiss	W. S.
13885	Raymond	N. C.

Name Index to Civil Claims-Numerically

No.	Surname	Given
13886	Chalmers	W. L.
13888	Claiborne	J. M.
13889	Haralson	H. A.
13890	Petterson	John
13891	Martin	George W.
13892	Byrd	William
13893	Evans	L. R.
13894	Holland	Bird
13895	Elgin	R. M.
13895	Grooms	A.
13895	Grothaus	F.
13895	Linn	Edward
13895	Martin	James
13895	Moore	F. W.
13895	Pressler	C. W.
13896	Smith	Thomas
13896	Smith	A. J.
13897	Bell	James H.
13898	Todd	G. H.
13899	Jones	Fielding
13900	Lavanburg & Bros.	
13901	Smith	S. T.
13902	Peck	R. H.
13903	Blocker	A. P.
13904	Blair	John
13905	Gregg	Alexander
13906	Criswell	A. B.
13907	Harrell	J.
13908	Johns	Clem. R.
13909	Harris	R. D.
13910	Cabaniss	J. C.
13911	Saxon	B. B.
13912	Vontress	E. H.
13913	Reagan	Morris R.
13914	Byrd	William
13915	Carothers	Thomas
13915	Markham	T. W.
13915	Robinson	B. W.
13915	Roe	J. L.
13915	Rogers	M. C.
13915	Walker	B. W.
13916	Turner	I. M. V.
13917	Byrd	William
13918	Byrd	William
13919	Flournoy	George
13920	Heath	Thomas
13921	Dennison	F. L.
13922	Richard	A. W.
13922	Wade	G. W.
13923	Foster	John
13924	Battle	N. W.
13925	Marshall	John
13926	Baker & Smyth	
13927	Sharp	W. H.
13928	Todd	G. H.
13929	Terrell	A. W.
13930	Debray	X. B.
13931	Patty	J. W.
13932	Raymond	N. C.
13933	Schulz	A.
13934	Gaines	Nat. T.
13935	McClanahan	J. H.
13936	Gaines	Nat. T.
13937	Battle	N. W.
13938	Barron & Cope	
13939	Debray	X. B.
13940	Newland	H. S.
13940	Taylor	F. M.
13941	Rossignol	C.
13942	Costa	J. B.
13942	Durham	George J.
13942	Harris	R. D.
13942	Illingworth	James O.
13942	Raglin	H. W.
13942	Rust	Edwin
13942	Simcox	George G.
13942	Winkel	H.
13943	Todd	George H.
13944	Quintero	J. A.
13945	Philpot	H. V.
13946	Randolph	C. H.
13947	Gorman	Pat O.
13948	Keenan	C. G.
13949	Keenan	C. G.
13950	Stremme	C.
13951	Houghton	J. A.
13952	Byrd	William
13953	Blocker	A. P.
13954	White	F. M.
13955	Raymond	N. C.
13956	Hotchkiss	W. S.
13957	Bell	James H.
13958	Holland	Bird
13959	Clark	Ed
13960	Jones	R. R.
13961	Bremond & Co.	
13962	Haralson	H. A.
13963	Harrell	J.

Name Index to Civil Claims-Numerically

13964	Duffau	F. T.
13965	Rust	William
13966	Duffau	F. T.
13967	Johns	Clem. R.
13968	Decherd	J. T.
13969	John Marshall & Co.	
13970	Byrd	William
13971	Tarver	C. B.
13972	Anderson	Thomas
13973	Rhodes	E. J.
13974	Banky	Charles
13975	Walker	J. H.
13976	Howard	Thomas C.
13977	Murphy	J. B.
13978	Byrd	William
13979	Shepherd	Charles
13980	Byrd	William
13981	Houghton	J. A.
13981	Vontress	Ed H.
13982	Spence	Joseph
13983	Rhodes	E. J.
13984	McKenney	J. F.
13985	Smith	G. W.
13986	Smith	S. T.
13987	Watts	P. S.
13988	Buchanan	J. C.
13989	Preacher	George A.
13990	Hardin	S. A.
13991	Richardson	I. W.
13992	Adair	Isaac
13993	Bremond & Co.	
13994	Elgin	R. M.
13994	Grooms	Alfred
13994	Grothaus	F.
13994	Linn	Edward
13994	Martin	Joseph
13994	Moore	F. W.
13994	Pressler	Charles W.
13995	Raymond	N. C.
13996	Domsehke & Heyer	
13997	Reeves	R. A.
13998	Durham	George I.
13999	Stayton	John W.
14000	Raymond	N. C.
14001	Swenson	S. M.
14002	Keenan	C. G.
14003	Moore	Fred W.
14004	Roberts	O. M.
14005	Baylor	R. E. B.
14006	Wheeler	R. T.
14007	Roberts	O. M.
14008	Anderson	Thomas
14009	Fisher	Rhoads
14010	Spence	Joseph
14011	Cushing	E. H.
14012	Smith	A. I.
14013	Swenson	S. M.
14014	Hopkins	A. N.
14015	Wheeler	R. T.
14016	Rust	William
14017	Holland	Bird
14018	White	F. M.
14019	Bell	James H.
14020	Raymond	N. C.
14021	Jones	Rufus R.
14022	Haralson	Hugh A.
14023	Todd	G. H.
14024	Costa	I. B.
14024	Harris	R. D.
14024	Haynie	H. H.
14024	Illingworth	J. O.
14024	Raglin	H. W.
14024	Rust	Edwin
14024	Simcox	George G.
14024	Winkel	H.
14025	Stremme	Conrad
14026	Haynie	S. G.
14027	Hotchkiss	W. S.
14028	Evans	L. R.
14029	Byrd	William
14030	Anderson	M. G.
14031	Terrell	A. W.
14032	St. Clair	John Q.
14033	Finnin	Ed
14034	O'Gorman	Pat
14035	Johns	C. R.
14036	Randolph	C. H.
14037	Byrd	William
14038	Palmer	E. A.
14039	Stayton	John W.
14040	Blocker	A. P.
14041	Runnels	H. R.
14042	Smither	J. H.
14043	Alexander	Lewis
14044	Dougherty	E.
14045	Flournoy	George
14046	Roberts	O. M.
14047	Dougherty	E.

Name Index to Civil Claims-Numerically

14048	Elgin	Robert M.
14048	Grooms	Alfred
14048	Grothaus	F.
14048	Linn	Edward
14048	Martin	Joseph
14048	Moore	F. W.
14048	Pressler	Charles W.
14049	Cater	Joseph
14050	Simonds	H. B.
14051	Sampson & Henricks	
14052	Jones	Fielding
14053	Reeves	R. A.
14054	Buckner	E. F.
14055	West	R.
14056	Cowen	Louis
14057	Frazer	C. A.
14058	Keenan	C. G.
14059	Tarver	C. B.
14060	Moore	Fred W.
14061	Norton	A. B.
14062	Moore	Fred W.
14063	McClarty	John
14063 ½	Houghton	J. A.
14064	Lewis	W. Charles
14065	Duffau	F. T.
14066	Clark	Edward
14067	Twaddell	A. E.
14068	Henry	I. L.
14069	Holland	Bird
14070	Logan, Sweet & Palmer	
14071	Williams	I. M.
14072	Evans	L. R.
14073	Evans	L. R.
14074	Holland	Bird
14075	Close	H.
14076	Rust	William
14077	Spence	Joseph
14078	Williams	B.
14079	Casey	L. F.
14079	Hicksfer	A. W. O.
14080	News Office	
14081	Thomas	W. H.
14082	Byrd	William
14083	Williams	Ben
14084	Vontress	E. H.
14085	Cowan	G. P.
14086	Logan, Sweet & Palmer	
14087	Harrel	Jo.
14088	Bean	M. J.
14089	Kirby	J. T.
14090	Mason	John
14091	Dechard	J. T.
14092	Long	W. T.
14093	Sharp	William H.
14094	Hammock	W. W.
14095	Green	Thomas
14096	Johnson	George M.
14097	Bassett	R. H.
14098	Terrell	A. W.
14099	Crosby	J. F.
14100	Wheeler	R. T.
14101	McKinney	J. F.
14102	Leavy	J. R.
14103	Johnson	George M.
14104	Spence	Joseph
14105	Sharp	W. H.
14106	Loomis & Christian	
14107	Lubbock	F. R.
14108	Green	Samuel
14109	Eans	Alexander
14110	Collins	Thomas C.
14112	Roberts	O. M.
14113	Twaddell	A. E.
14114	Nichols	M. P.
14115	Yerger	Orville
14116	Davie	L. J.
14117	Earp	Alexander
14118	Palm Bros. & Co.	
14119	Todd	W. S.
14120	Flournoy	George
14121	Oltorf	J. D.
14122	Steiner	Josephus M.
14123	Creuzbaur	Robert
14124	Woodman	George W.
14125	Martin	R. D.
14126	Maxey	James M.
14126 ½	Scott	Benjamin
14127	Rust	Edwin
14128	Schols	A.
14129	Delany	W. S.
14130	McCown	J. W., Jr.
14131	Steiner	Josephus M.
14132	Neyland	W. M.
14133	Dashiell	J. Y.
14134	Terry	Nat
14135	Lott	E. E.
14136	Gould	R. S.
14137	Upshaw	A. M. M.

Name Index to Civil Claims-Numerically

14138	Flournoy	George
14139	Steiner	J. M.
14140	Neyland	W. M.
14141	Frazer	G. W.
14142	Reichom	F.
14143	Bee	H. P.
14144	Sampson & Henricks	
14145	Parrish	A. H.
14146	Duffau	F. T.
14147	Palm Bros. & Co.	
14148	John Marshall & Co.	
14149	Cottrell	J. L.
14150	Clark	Edward
14151	Luckett	J. H.
14152	Palm Bros. & Co.	
14153	R. D. Carr & Co.	
14154	Palm Bros. & Co.	
14155	McMahan	William
14156	Baker & Smyth	
14157	Eanes	Alexander
14158	Millett	C. F.
14159	Loomis & Christian	
14160	Barron & Cope	
14161	Bastian	Ed
14162	Rust	William
14163	Ford	John S.
14164	Ford	John S.
14164	Stell	John D.
14165	Lubbock	F. R.
14166	Neal	James P.
14167	Hicks	A. W. O.
14168	Crockett	John M.
15190	Thielpape	G. J.
80790	Anderson	G.

Guide to Confederate Audited Military Claims

Confederate Audited Military Claims, 1861–65

This series includes vouchers, accounts, powers–of–attorney, warrants, and claim jackets. The records comprise the claims for payment for military and military–related services rendered for the defense of Texas during the Civil War, submitted to the Texas Comptroller's office for auditing and approval. They date 1861–65. The majority of the claims were submitted by the men serving in the various volunteer companies ordered out by the Governor or Committee of Safety of Texas. There were also individual claims for quartermaster or commissary supplies, for munitions, for construction of fortifications and defenses, and for monies advanced for and use by any of the Texas State Troops. In addition, payments of claims for services and supplies furnished to the Adjutant General's office were made out of military appropriations as well.

Only 2,787 claims were submitted, but this included over 11,000 persons (whose names appear in the index in the computer printout in the search room of the Texas State Archives). Frequently groups of individuals, in some case entire companies of soldiers, would file a joint claim through an agent; thus, many of the claims contain individual powers–of–attorney, authorizing an agent to receive any monies due the claimants. These powers–of–attorney usually indicate the company or regiment, rank held, and term of service, or the amount and types of supplies provided.

All claims for goods and supplies were required to be authenticated by vouchers and accounts approved by the Acting Quartermaster or Commissary of a particular regiment, battalion, or company. These vouchers usually indicate dates, types, and amounts of goods provided. Accounts and vouchers specifying amounts due for pay, clothing, forage, and subsistence for an individual, and in some instances for his servant, were often included to support claims for military or military–related services.

However, not all the claims files provide such specific information. Approximately one–fifth of the claims consist of little more than the claim jacket and one or more Ten Per–Cent Treasury Warrants. These cancelled warrants provide basic but valuable information, such as name of claimant, amount, number and title of appropriation from which payment was drawn, service provided, and rank and company if military service. Claims comprised of these cancelled warrants have been so indicated by the use of the letter "A" preceding the entry number. In a few instances no cancelled warrants accompany the claim jacket. In such cases, only general information regarding the service performed and amount paid may be obtained by searching the various appropriation and warrant registers maintained by the Comptroller's office, e.g., Special Appropriations Ledgers: Other, Frontier Defense, 1860–1865 [Volume 304-2440], microfilmed by Clayton Library Friends as *Civil War Register of Military Vouchers and Warrants, 1862–65*.

Historical Sketch

On January 4, 1862, the 9th Texas Legislature approved "An Act to provide for auditing and settling all claims against the State on account of Volunteer Companies called out by the Governor or Committee of Safety, and for the defense of the State, and providing payment for the officers and men thereof." The Comptroller of Public Accounts was authorized and required to audit and settle these claims "for and during the term of service actually rendered the State according to the rules and regulations of the Confederate States for the government of the army thereof, upon the return of the muster–roll of each company to the Comptroller, duly authenticated; and also to audit and allow all claims and accounts brought against the State by any individual for Quartermaster or Commissary supplies, for munitions of war, for the construction of fortifications and all defences, and moneys advanced for the same...provided all such claims and accounts are authenticated and approved by the Acting Quartermaster or

Guide to Confederate Audited Military Claims

Commissary of the regiment, battalion or company." This law also provided "that the Comptroller shall keep a separate register of all claims presented under this act, and properly chargeable to the Government of the Confederate States, and arrange the vouchers and accounts as directed by the laws of the said Government for presentation thereto." $300,000 was appropriated at the time, plus an additional $200,000 on March 6, 1863, "to carry out the provisions of this act."

Note that although the legislation was approved in January 1862, the claims covered would begin in 1861.

Another piece of legislation that applied to this type of claim was approved by the 8th Texas Legislature on February 14, 1860, whereby warrants unable to be redeemed immediately were allowed to draw 10 percent interest per annum until paid. Once the warrant had been re-submitted for payment, it was cancelled and a new warrant for the initial amount plus interest was then issued.

Arrangement

These records are stored numerically by claim number. The index that follows the finding aid (a copy of which is located in the search room of the Texas State Archives) matches the names of claimants with claim numbers. Because numbers were duplicated, the letter "A" precedes some voucher numbers in one group to avoid possible confusion. Entries in the index preceded by a dash (-) are missing. Entries that involved some question as to the correct spelling of a name or names are preceded by an asterisk (*). The surname, "Debesdernier," was regularized in the Index. All names with a formal "de" were rendered "De" with a space. All names with a formal "Van" or "Von" were rendered as such with a space following. Finally, there is the oddly, yet correctly numbered claim of # 80790, Anderson, G.

Preferred Citation for Claims

[Identify the Document], [Date of Document], Military Claim No. [Claim Number], Confederate Audited Military Claims, Records, Texas Comptroller's Office Archives and Information Services Division, Texas State Library and Archives Commission.

Accession Information

Accession records are too incomplete to determine when these records were transferred.

Confederate Audited Military Claims

Box	Claim Numbers	Box	Claim Numbers
2-12/852	1–20	2-12/859	141–160
2-12/853	21–40	2-12/860	161–180
2-12/854	41–60	2-12/861	181–200
2-12/855	61–80	2-12/862	201–220
2-12/856	81–100	2-12/863	221–240
2-12/857	101–120	2-12/864	241–260
2-12/858	121–140	2-12/865	261–280

Guide to Confederate Audited Military Claims

Box	Claim Numbers	Box	Claim Numbers
2-12/866	281–300	2-12/886	841–870
2-12/867	301–330	2-12/887	871–910
2-12/868	331–360	2-12/888	911–940
2-12/869	361–390	2-12/889	941–970
2-12/870	391–420	2-12/890	971–1000
2-12/871	421–460	2-12/891	1001–1030
2-12/872	461–490	2-12/892	1031–1060
2-12/873	491–520	2-12/893	1061–1090
2-12/874	521–540	2-12/894	1091–1130
2-12/875	541–560	2-12/895	1131–1160
2-12/876	561–590	2-12/896	1161–1190
2-12/877	591–620	2-12/897	1191–1220
2-12/878	621–650	2-12/898	1221–1230
2-12/879	651–660	2-12/899	1231–1260
2-12/880	661–680	2-12/900	1261–1299
2-12/881	681–720	2-12/901	1300–1330
2-12/882	721–750	2-12/902	1331–1361
2-12/883	751–780	2-12/903	1362–1399
2-12/884	781–810	2-12/904	1400–1440
2-12/885	811–840	2-12/905	1441–1481

Guide to Confederate Audited Military Claims

Box	Claim Numbers	Box	Claim Numbers
2-12/906	1482–1512	2-12/926	2081–2111
2-12/907	1513–1553	2-12/927	2112–2142
2-12/908	1554–1584	2-12/928	2143–2173
2-12/909	1585–1599	2-12/929	2174–2204
2-12/910	1600–1630	2-12/930	2205–2235
2-12/911	1631–1660	2-12/931	2236–2256
2-12/912	1661–1690	2-12/932	2257–2287
2-12/913	1691–1720	2-12/933	2288–2318
2-12/914	1721–1750	2-12/934	2319–2349
2-12/915	1751–1780	2-12/935	2350–2381
2-12/916	1781–1810	2-12/936	2382–2412
2-12/917	1811–1840	2-12/937	2413–2443
2-12/918	1841–1870	2-12/938	2444–2474
2-12/919	1871–1901	2-12/939	2475–2505
2-12/920	1902–1932	2-12/940	2506–2536
2-12/921	1933–1963	2-12/941	2537–2567
2-12/922	1964–1999	2-12/942	2568–2599
2-12/923	2000–2030	2-12/943	2600–2630
2-12/924	2031–2050	2-12/944	2631–2661
2-12/925	2051–2080	2-12/945	2662–2692

Guide to Confederate Audited Military Claims

Box	Claim Numbers	Box	Claim Numbers
2-12/946	2693–2723	2-12/948	2755–2787
2-12/947	2724–2754		

Description by Jean Young and Eddie Williams for the Texas State Archives, August 1975 from TARO (Texas Archival Resources Online).

Name Index to Military Claims—Alphabetically

Claim #	Surname	Name
973 A	A. Michael & Bros.	
1501	A. Michael & Bros.	
1511	A. Michael & Bros.	
1278	Abbe	L. C.
125	Abbott	J. B.
189	Abbott	J. B.
205	Abbott	J. B.
233	Abbott	J. B.
546	Ackerman & Matthews	
1541 A	Ackers	A. J.
1706	Ackers	R. L.
2068	Acres	Byron
190	Acuff	C.
658 A	Adams	A. M.
1331 A	Adams	A. S.
531 A	Adams	B.
421 A	Adams	Ben
2661	Adams	F. E.
2715	Adams	F. E.
1365	Adams	Fitch S.
1080	Adams	George F.
101	Adams	Henry A.
1350	Adams	J. F.
2173	Adams	J. Q.
216	Adams	J. R.
1350	Adams	James
101	Adams	Jno. M.
996 A	Adams	L. C.
1651	Adams	M. V.
1657	Adams	M. V.
1652	Adams	P. T.
802 A	Adams	R. E.
2133	Adams	R. F.
1651	Adams	W. C.
1651	Adams	W. C.
1657	Adams	W. C.
1657	Adams	W. C.
1414	Adams	W. G.
1652	Adams	W. J.
1416	Adams	Wilh G.
2545	Adaor	J. H.
767	Addington	W. H. H.
1632	Adkins	Jno. E.
257	Adkins	L. C.
1206	Aguilar	Guadalupe
715	Ahearne	P.
651	Ahearne	Patrick
752	Ahearne	Patrick
821	Ahearne	Patrick
195	Ainsworth	A. M.
611 A	Ainsworth	A. N.
350	Ainsworth	G. L.
1247 A	Ainsworth	J. H.
869 A	Ake	J. W.
273	Ake	T. J.
635	Ake	Thomas
651	Alben	Lieut. W. P.
653	Albertson	B.
730	Alderman & Ford	
556 A	Aldridge	J. C.
1637	Aldridge	M. L.
1773	Alewine	J. P.
1229 A	Alexander	Allison
806 A	Alexander	C. W.
199	Alexander	Cyrus D.
489 A	Alexander	Franklin
810	Alexander	J. M.
715	Alexander	J. T.
207	Alexander	James M.
1094	Alexander	James P.
36 ½	Alexander	James T.
752	Alexander	James T.
821	Alexander	James T.
489 A	Alexander	Joseph
1082	Alexander	M. L.
199	Alexander	Mark L.
2371	Alexander	Thomas
1202	Alexander	W. F.
1203	Alexander	W. F.
512 A	Alexander	William
1205	Alexander	William F.
1206	Alexander	William F.
377	Alexander & Allen	
1168	Alford	A. N.
189	Alford	Aaron
689	Alford	H. M.
1559	Alford	H. M.
189	Alford	R. L.
1428	Alford	T. W.
376	Allan	J. T.
1411	Allbright	William
2352	Allen	A. B.
1287	Allen	A. Y.

Name Index to Military Claims-Alphabetically

199	Allen	Elihu H.
1919	Allen	George
2035	Allen	H. C.
953	Allen	Jno. W.
196	Allen	John
1366	Allen	John C.
101	Allen	Joseph
12	Allen	P. E.
1637	Allen	P. P.
112	Allen	R. S.
27	Allen	Ross
72	Allen	Ross
1651	Allen	Rufus
2165	Allen	Rufus
1350	Allen	S. G.
936	Allen	W. B.
1494	Allen	W. B.
1494	Allen	W. B.
945	Allen	W. M.
1706	Allen	William R.
527	Alley	J. N.
924 A	Alley	Thomas
1773	Allison	Alex
1706	Allison	William M.
651	Allsbrook	Joseph
179	Alsop	A. M.
352 A	Alstain	Richard
1762	Alsup	J. J.
257	Alsup	L. H.
112	Altaway	L. L.
448	Alverson	H. B.
645	Amason	B. J.
755	Ammeram	C. R.
497	Amos	A. W.
625	Anderegg	Jno. A.
207	Anderson	A. A.
112	Anderson	A. H.
331 A	Anderson	A. J.
1100 A	Anderson	A. R.
1706	Anderson	Alex
1626	Anderson	Benjamin M.
36 ½	Anderson	David
84	Anderson	David
1798	Anderson	David
1411	Anderson	F.
204	Anderson	Gordon
215	Anderson	Gordon
1626	Anderson	H. B.
2170	Anderson	I. B.
1626	Anderson	Isaac
1562 A	Anderson	J. J.
1990 A	Anderson	J. J.
257	Anderson	M. E.
2637	Anderson	R. M.
189	Anderson	T. J.
204	Anderson	W. C.
215	Anderson	W. C.
314	Anderson	W. H.
1787	Andres	Benjamin
2354	Andrews	F. H.
1657	Andrews	Jacob
200	Andrews	James M.
244	Andrews	Jno. M.
189	Andrews	Joseph
444	Andrews	R. D.
304	Andrews	Robert
1249	Andrews	T. H.
606	Angelman & Gerson	
1094	Angelo	Annett
1798	Angelo	Arnett
72	Angers	Philip H.
39	Anges	Philipp
1455	Angus	A.
2114	Arcanta	Jesus
1706	Archer	James F.
743 A	Archer	W. M.
996 A	Ardin	D.
1205	Aredondo	Juan
1206	Aredondo	Juan
1205	Aresola	Dario
1666	Argenbright	E. H.
1683 A	Ariola	Thomas
1206	Arisola	Dario
658 A	Arispe	L.
196	Arista	Eli
1562 A	Arminont	George
1990	Armintrout	L. H.
1287	Armstong	A. J.
1082	Armstrong	A. M.
1102	Armstrong	B.
1102	Armstrong	E.
1103	Armstrong	E.
1102	Armstrong	I. R.
903	Armstrong	J.
2223	Armstrong	J. G.
2224	Armstrong	J. G.
1103	Armstrong	J. r.
1287	Armstrong	Samuel

Name Index to Military Claims-Alphabetically

1168	Armstrong	W. A. D.
5	Armstrong	W. P
351 A	Armstrout	G.
1990	Arnold	A. D.
199	Arnold	Berryman
210	Arnold	Berryman
1168	Arnold	J.
1366	Arnold	J. B.
62	Arnold	W. R.
2501	Arnold	William
116	Arrill	William J.
1746	Arrington	Joel
531 A	Arrowood	G.
2305	Arrowood	G. W.
531 A	Arrowood	H.
172	Arrowood	Wiley
19 A	Arthur	G. W.
531 A	Arwood	G.
176 A	Arwood	H.
176 A	Arwood	William
182 A	Ashbeck	M. S.
417 A	Ashblock	W. T.
1798	Ashbrook	Joseph
101	Ashcroft	William
848	Asher	Leve
1494	Ashford	E. R.
2416	Ashford	R. P.
1636	Ashlock	M.
1287	Ashton	T.
2397	Atkinson	J.
2407	Atkinson	Jethro
1753 A	Attman	Thomas
36 ½	Austin	I. P.
189	Austin	J.
36 ½	Austin	J. P.
44	Austin	J. P.
653	Austin	J. P.
1852 A	Austin	J. T.
658 A	Austin	James
55	Austin	Jno. P.
684	Avant	Lewis
1127	Avant	Louis
1742	Avant	Louis
1773	Avarel	William J.
55	Averall	William J.
2169	Avis	David
1169	Aycock	I. T.
1461 A	Aycock	Jno. L.
859	Aycock	John L.
1411	Aycock	N. M.
259	Ayers	F. H.
1455	Ayers	J. P.
1706	Ayres	George A.
1792	B. A. Shepherd & Co.	
493	B. Monroe Bros.	
202	Baby	Thomas M.
2281	Bacon	E. M.
101	Bacon	James M.
94	Bacon	R. S.
1590	Bado	Christ.
1990	Bagby	B. C.
1786	Baggatt	J. R.
1573 A	Baggett	J. J.
2352	Baggett	J. R.
178	Baggett	James
179	Baggett	James
2169	Baggett	James R.
26	Bagley	Robert W.
468	Bagley	W. M.
1117	Bagly	N. G.
423	Bahn	A.
424	Bahn	A.
425	Bahn	A.
426	Bahn	A.
845	Bahn	A.
846	Bahn	A.
1881	Bahn	A.
565	Bahum	C. L.
9 A	Bailey	A. C.
767	Bailey	A. C.
767	Bailey	Edward
2149	Bailey	George
815	Bailey	J. P.
9 A	Bailey	M. H.
2169	Bailey	O. S.
2173	Bailey	Reuben
692	Bailey	Samuel
864	Bailey	T. L.
2169	Bailey	William M.
1359	Bailey	Wilson
1288	Bailstone	J. H.
2614	Baird	G. W.
755	Baird	J. A.
36 ½	Baird	Jno.
966	Baird	Jno.
36 ½	Baird	John
1990	Baker	A. B.
290	Baker	Allen

Name Index to Military Claims-Alphabetically

327	Baker	C. W.	1706	Barcroft	Thomas L.
1721	Baker	E.	810	Barefoot	J. W.
1315	Baker	E. C.	1654	Barella	Jose
36 ½	Baker	George	465	Barfield	C. J.
148	Baker	George	1416	Barfield	C. J.
308	Baker	George	1801	Barfield	James O.
1141	Baker	George	1973	Barker	J. H.
1419	Baker	H. E.	112	Barker	Jno.
1123	Baker	Henry E.	1365	Barker	Samuel J.
1416	Baker	Henry E.	1606	Barksdale	J. O. C.
189	Baker	J. O.	819	Barksdale	W. P.
273	Baker	Jno. R.	189	Barlee	J. T.
199	Baker	John C.	1026	Barlough	Jno. H.
327	Baker	Jonathan	230 A	Barlow	William E.
189	Baker	T. H.	1379	Barnard	Charles E.
1472	Baker	W. B.	2094	Barnard	James R.
2035	Baker	W. B.	1423	Barnes	B. F.
189	Baker	W. R.	196	Barnes	Benjamin
222	Baldwin	A. H.	196	Barnes	Jno. F.
222	Baldwin	A. J.	101	Barnes	Newton S.
1365	Bales	Noah	154 A	Barnett	A. M.
36 ½	Baley	Robert W.	2253	Barnett	Calvin J.
1896	Ball	George	189	Barnett	E. G.
2377	Ball	H. W.	1010 A	Barnett	E. J.
672	Ball Hutchings & Co.		33 A	Barnett	E. L.
290	Ballard	W. R.	3	Barnett	GG. W.
251	Ballenger	Thomas	870 A	Barnett	J. B.
1878	Ballenger	Thomas	1616	Barnett	J. E.
463 A	Ballentyne	Robert	495 A	Barnett	James H.
214 A	Balli	F.	767	Barnett	T. L.
2213	Ballinger	William	1754 A	Barney	J. M.
2466	Balloski	Lewis	2469	Barnhard	Joseph
2376	Ballostri	Lewis	1706	Barnhill	W. J.
1334	Ballsive	L. L. L.	62	Barr	K. M.
118	Balnerthe	Francisco	1616	Barr	W.
1990 A	Band	Charles	826 A	Barren	William A.
1852 A	Banks	George	1411	Barrett	Thomas
112	Bann	A.	1433	Barrett	W. J.
767	Banning	L. C.	2642	Barrett	William G.
72	Bannon	Francis	290	Barron	David S.
651	Bannon	Jno. F.	290	Barron	Travis
36 ½	Bannon	John F.	2059	Barry	I. M.
340	Banta	J. R.	1557	Barry	James B.
340	Banta	William	1680	Barry	James B.
257	Barchay	C. T.	1990	Barry	S. R.
1713	Barclay	D M.	55	Barthelow	Jeff
1908 A	Barclay	Marson	57	Barthelow	Jeff
1460	Barclay	S. D.	189	Bartlett	F. M.
1461	Barclay	S. D.	2213	Bartlett	John B.

Name Index to Military Claims-Alphabetically

1742	Bartlett	Joseph
1801	Bartlett	Joseph
189	Bartlett	R. B.
2758	Bartley	A.
853	Barton	E. B.
2137	Barton	E. B.
1287	Barton	Philip
1907 A	Barton	Santis
1755 A	Barton	W. E.
2114	Basan	Bernardino
2114	Basan	Desiderio
2314	Basket	F. B.
371 A	Baskin	W.
2649	Bass	A. T.
1443	Bass	C. C.
1119	Bass	Charles C.
107	Basse	Carl
803	Basse	Charles
625	Bast	M.
1119	Bastamente	Benseslado
1416	Bastamento	B.
1443	Bastamento	Benceslado
339 A	Bateman	W. L.
2213	Bates	C. J.
1598	Bates	Jno. B.
343	Batey	Robert W.
821	Batey	Robert W.
1855	Bathune	A. R.
1428	Battam	J. T.
875	Baty	Hugh
1906 A	Bau	William A.
845 A	Bauer	J.
398 A	Bauer	Jacob
625	Bauer	Jacob
1063	Baugh	F. A.
1105 A	Baugh	John
445	Baugh	L. P.
445	Baugh	Mac
1005 A	Baum & Sanger	
383 A	Baumeirser	H.
722	Baurland	B. L.
2213	Baurland	William
864	Bautwell	Alexander
902 A	Bawcam	N. C.
2544	Baxter	R. W.
142	Baxter & Prather	
1379	Bay	Brancha
189	Baydsten	J. R.
588	Bayer	D.
388 A	Bayles	A. P.
112	Bayless	L. R.
2304	Baylor	G. W.
1105 A	Baylor	Jno. R.
1108 A	Baylor	John R.
1977 A	Bayne	Hiram
2170	Beacham	J. H.
204	Beachamp	Lewis
215	Beachamp	Louis
1512	Beacom	Robert
204	Beall	Peter R.
215	Beall	Peter R.
1562 A	Bean	E. M.
788	Bean	Jesse
1090	Bean	M.
1096	Bean	M.
489	Bean	Mark
1084	Bean	Mark
1085	Bean	Mark
1863	Bean	Mark
1864	Bean	Mark
1949	Bean	Mark
568	Bean	W. R.
1562 A	Bean	William
371 A	Bear	F. T.
12	Bear	James W.
204	Beard	J. L.
215	Beard	J. L.
920 A	Beard	J. M.
1042 A	Beard	James H.
112	Beard	Jno.
1798	Beard	Jno.
2285	Beard	Jno.
36 ½	Beard	John
798 A	Beard	T. R.
1347	Beard	Willis
1428	Beasley	J. F.
436	Beasley	L. W.
1430	Beasley	Nap. J.
1883 A	Beatie	Ewing
2080	Beatie	Ewing
1455	Beavers	Thomas J.
112	Beavers	W. M.
1563 A	Bebont	Willis N.
643	Bechem	W. C.
207	Beck	A. J.
2081	Beck	H. H.
2173	Beck	J. L.
297	Beck	Lanford

131

Name Index to Military Claims-Alphabetically

No.	Surname	Given
107	Becker	Francis
803	Becker	Franz
803	Becker	Jno.
400	Becker	John
207	Becker	W. E.
767	Beckham	William C.
947	Bedford	B. C.
1206	Bedouri	Anastacio
794 A	Bedwell	James
1163	Beeson	Argyle
625	Behrens	Henry
1657	Beidiger	Jacob
1365	Beillie	Francis J.
1205	Bela	Victorians
1206	Bela	Victorino
1774	Belcher	M. A.
2252	Belcher	M. A.
1141	Belcher	Malvin A.
26	Belcher	Melvin A.
36 ½	Belcher	Melvin A.
821	Belcher	Melvin A.
1774	Belcher	R. M.
1141	Belcher	R. W.
26	Belcher	Ransam W.
36 ½	Belcher	Ransom W.
1692 A	Bell	A. D.
2491	Bell	A. J.
1071 A	Bell	F.
1119	Bell	George W.
1352	Bell	George W.
1416	Bell	George W.
148	Bell	J. C.
1798	Bell	J. C.
1216	Bell	J. D.
1523	Bell	J. D.
257	Bell	J. M.
736	Bell	J. M.
1774	Bell	James C.
2492	Bell	James M.
1933 A	Bell	Joseph
36 ½	Bell	Joseph C.
523	Bell	Joseph C.
304	Bell	S. W.
1523	Bell	T. J.
1851 A	Bell	Thomas A.
1327	Bell	Thomas J.
1328	Bell	Thomas J.
2253	Bell	Thomas J.
945	Bell	W. A.
1327	Bell	W. H.
1523	Bell	W. H.
880 A	Bellah	William M.
2377	Bellew	A.
1897 A	Bells	Joseph
684	Beltram	J.
441	Benavides	Atelano
1206	Benavides	Atelano
1210	Benavides	Bacilio
1205	Benavides	Christaval
1205	Benavides	Christaval
1205	Benavides	Santas
2595	Benchley	H. W.
2595 ½	Benchley	H. W.
107	Bender	Conrad
803	Bender	Conrad
1359	Bender	Jacob
2596	Bendy	H. W.
112	Benge	R. P.
1428	Bennett	C. H.
12	Bennett	Clark
189	Bennett	D. P.
1234 A	Bennett	G. C.
1696	Bennett	G. H.
1696	Bennett	G. S.
2575	Bennett	J. M.
963 A	Bennett	J. W.
1396	Bennett	J. W.
1696	Bennett	J. W.
1696	Bennett	J. W.
1908 A	Bennett	Jordan W.
2169	Bennett	Levi
1696	Bennett	S. J.
222	Bennett	S. W.
36 ½	Bennett	Theodore G.
752	Bennett	Theodore G.
37	Bennett	Thomas G.
1875	Bennett	W. P.
62	Bennett	William M.
1990	Bennyfield	R.
2606	Benseman	Herman
2693	Benson	John W.
36 ½	Benson	M. L.
36 ½	Benson	Milton L.
36 ½	Benson	Milton L.
821	Benson	Milton L.
1149	Benson	Milton L.
1696	Benson	Samuel
632	Benson	William

Name Index to Military Claims-Alphabetically

1026	Bentley	James
862	Benton	B. E.
748	Benton	Benjamin E.
633	Benton	Thomas
684	Benton	Thomas
388 A	Berdine	V. E.
388 A	Berdine	V. E.
868 A	Berger	L.
306	Berger	Lewis
250 A	Berris	B. F.
606	Berry	C. W.
2253	Berry	George W.
691 A	Berry	H. W.
568	Berry	Jno.
257	Berry	Joseph
273	Berry	L. B.
810	Berry	L. W.
1706	Berry	T. G.
1228	Besser	Jno. S.
83	Bessiere	E. A.
788	Bethel	Hiram
1798	Bethune	A. R.
36 ½	Bethune	Alex R.
1696	Bettiss	H.
107	Betz	R.
556 A	Beverley	A. J.
1024 A	Beverley	A. J.
1637	Beverley	E. J.
1637	Beverley	W. A.
310	Beversdolph	August
1387 A	Bexnishit	George T.
617	Beynon	Thomas
1773	Beyon	Thomas
719	Biard	J. W.
1379	Bi-aw-no	
625	Bickenbach	Peter
625	Bickenbach	William
845 A	Bickenback	P.
2253	Bickley	George R.
2039	Bicknell	J. K.
1205	Bidauri	Aranacio
625	Bieberstein	H. R.
531 A	Biehl	J. B.
1411	Bierman	John
1074	Biffle	W. L.
1494	Bigbee	W. T.
384 A	Bigelorn	J. W.
36 ½	Bigelow	I. B.
792	Bigelow	Israel
1523	Bigelow	J. W.
1737 A	Biggers	S. W.
290	Biggs	Harvey J.
189	Biggs	J. H.
609	Bigham	B. F.
192	Bigham	B. K.
124	Bigham	J. S.
1523	Bigham	J. S.
458	Bigham	N. W.
1047	Bigham	Robert C.
47	Billard	Thomas
1142	Billig	A.
340	Billings	W. R.
196	Billingsley	Barrow
426 A	Billingsley	J. C.
18	Billingsley	J. R.
437	Billingsley	J. R.
512	Billingsley	J. R.
516 A	Billingsley	J. R.
543	Billingsley	J. R.
562	Billingsley	J. R.
650	Billingsley	J. R.
1074	Billingsley	J. W.
196	Billingsley	William
885 A	Billingsly	W. C.
1428	Billups	Robert M.
1105 A	Binding	S.
991 A	Bingham	C. C.
396 A	Bingham	J. J.
164 A	Bingham	John H.
165 A	Bingham	John H.
615 A	Bingham	John H.
1497 A	Bingham	T. B.
388 A	Bingham	T. P.
983	Binkley	C. C.
538 A	Binnion	J. B.
1097	Binnion	T. B.
342 A	Binum	Q. E.
531 A	Binum	Q. L.
755	Birch	Hiram
1102	Bird	Jacob
1103	Bird	Jacob
72	Bird	Peter
2173	Birdwell	A. M.
2173	Birdwell	M. R.
2031	Birdwell	T. G.
802 A	Birick	G. C.
649	Birk	Jacob
2213	Birmingham	James M.

Name Index to Military Claims-Alphabetically

1379	Bishi-tun	
1428	Bishop	Robert
114	Bishop	W. H.
1651	Bishop	William
1657	Bishop	William
116	Bissell	John
1387	Bixenshit	George T.
190	Black	Aaron
2516	Black	C. R.
1428	Black	James
461	Black	Jno.
112	Black	R. P.
384 A	Blackburn	M. W.
192	Blackburn	William N.
1379	Blackfoot	
204	Blackman	S. A.
215	Blackman	S. A.
1366	Blackmond	Carrol
1060	Blackwell	Isaac
527	Blackwell	W. A.
767	Blain	W. B.
568	Blaine	Jno.
1563 A	Blair	Albert S.
495 A	Blair	George M.
795 A	Blair	George W.
947 A	Blair	George W.
1563 A	Blair	Jail D.
1482	Blair	James K.
2377	Blake	J. C.
2253	Blake	John C.
2377	Blake	L. L.
568	Blake	W. A.
5	Blalock	W. B. & C.D.
1365	Blanco	Santos
954	Bland	P. T.
803	Blank	Jno.
107	Blank	John
2170	Blankenship	Levi
330	Blansit	J. C.
1637	Blanton	J. M.
192	Blanton	John H.
628 A	Bledsoe	J. R.
810	Blevins	J.
810	Blevins	M. W.
889 A	Blevis	John H.
1102	Blocker	G. W.
1102	Blocker	W. L.
1806 A	Blocker	W. L.
269	Blum & Walker	
1696	Blythe	Joseph
622	Blythe	W. T.
1428	Blythe	W. T.
1429	Blythe	W. T.
1437	Blythe	W. T.
1018	Boatright	J. D.
1766	Boatright	J. D.
1706	Boaz	David
1706	Boaz	Richard
266	Bochelle	William E.
1135 A	Bockenbach	William
1773	Bockins	J. M.
116	Bockius	I. M.
112	Boddell	E. T.
625	Bode	Robert
2012 A	Boerner	Louis
987	Bogarth	Stephen
2170	Boggess	Joel
2047	Bohag	William
74	Bohay	William
36 ½	Bohlware	M. M.
36 ½	Bohlware	Mark W.
306	Bohnert	Anthony
1734	Boil	Jno. C.
1688	Bokins	J. M.
1429	Bolds	F. M.
1411	Bollen	Timothy
1657	Bolt	M. W.
44	Bolton	H. C.
1831	Bolton	H. C.
36 ½	Bolton	Henry C.
38	Bolton	Henry C.
1800	Bolton	Joseph A.
62	Bond	I. F.
2170	Bond	Miles
1523	Bond	V. A.
1915	Bond	V. A.
767	Bond	W. M.
155	Bone	J. A.
864	Bone	Y. E.
319 A	Boniar	R. M.
209	Bonner	J. E.
213 A	Bonner	J. E.
1168	Bonner	J. H.
436	Bonner	J. R.
189	Bonner	Jno. H.
1821 A	Bonner	M. C.
689	Bonner	R. M.
192	Bonner	R. W.

Name Index to Military Claims-Alphabetically

1119	Bonneville	C. L.
1826	Bonneville	C. L.
1416	Bonville	Charles L.
204	Booker	J. L.
810	Booker	J. L.
1696	Boon	F. R.
849	Boone	George
62	Booth	Charles T.
1551 A	Booth	Jones E.
118	Booth	Joseph G.
1742	Booth	Joseph G.
1800	Booth	Joseph G.
199	Booth	Thomas J.
199	Booth	Tobias
62	Booth	W. L.
862	Boothby	Daniel
1706	Boothe	Quinton
1455	Borgstedt	J. V.
1350	Boring	James
1428	Boss	F. M.
1428	Boss	S. S.
715	Bossig	H. P.
1479 A	Bost	M.
1663	Bostick	Cloud
719	Bostick	R. F.
722	Bostick	R. F.
767	Bostick	R. F.
769	Bostick	R. F.
771	Bostick	R. F.
772	Bostick	R. F.
2155	Bostick	R. F.
112	Boswell	C. P.
1205	Botello	Antanio
1205	Botello	Canception
1206	Botello	Incarmocion
977	Botello	Incarnacion
1204	Botello	Incarnacion
1205	Botello	Marcus
1206	Botello	Marcus
1204	Botello	Victor
1205	Botello	Victor Jr.
1206	Botello	Victor Jr.
1205	Botello	Victor Sr.
1206	Botello	Victor Sr.
1205	Botello	Viviano
1206	Botello	Viviano
1317	Bothwell	Edward
148	Botton	H. C.
407 A	Bouchelle	W. E.
1978 A	Bouchelle	W. E.
1421	Bouldin	J. E.
1977 A	Bounds	F. M.
1539 A	Bounds	G. W.
388 A	Bounds	O.
767	Bourland	B. L.
2314	Bourland	G. B.
347 A	Bourland	J. S.
1967	Bourland	J. S.
721 A	Bourland	James L.
767	Bourland	W. W.
1074	Boushong	J. E.
494 A	Boutwell	J. R.
195	Boven	Tarleton
684	Bowen	James E.
1742	Bowen	James E.
2005	Bowen	Thomas H.
306	Bower	Leopold
1168	Bowers	J. E.
686	Bowers	M. H.
1296	Bowler	J. W.
29 A	Bowles	P. S.
119 A	Bowls	David G.
62	Bowls	J. C.
290	Bowman	Abner
1632	Bowman	D. W.
5	Bowman	J. D.
2253	Bowman	Teophilus
1168	Box	F. S.
1168	Box	G. W.
385 A	Box	M. P. S.
520	Box	T. W.
1990 A	Box	W.
531 A	Box	Wade
767	Boyce	P.
1321 A	Boyd	Ben
1233 A	Boyd	Benjamin
9 A	Boyd	Jno. D.
290	Boyd	Jno. W.
1706	Boyd	William L.
2169	Boydstone	James E.
2234	Boydstone	Joseph L.
290	Boyett	Green B.
1657	Boyl	J. C.
1072 A	Boyle	J.
207	Boze	T. R.
583 A	Bozhluck	John
199	Brack	Richard F.
1455	Bracken	James

Name Index to Military Claims-Alphabetically

317	Bradberry	Jno.
1624	Braden	George
1851 A	Bradenburgh	T. B.
2253	Bradfield	J. W.
1696	Bradford	James
222	Bradford	N.
1706	Bradley	David J.
1706	Bradley	Isaac H.
192	Bradley	J. H.
838 A	Bradley	J. M.
62	Bradley	J. P.
69	Bradley	Jno. P.
71	Bradley	Jno. P.
1684 A	Bradley	M.
192	Bradley	Samuel D.
192	Bradley	William
1642	Brady	Patrick
2215	Brady	W. W.
317	Brafwell	B. A.
148	Braid	J. S.
821	Braid	Jno. S.
36 ½	Braid	John S.
1852 A	Braid	John S.
2213	Braken	A. H.
1494	Braly	B. F.
257	Brame	J. W.
1523	Bramlet	S. G.
2253	Branan	Henry
2253	Branan	Jonathan
1472	Branch	Elihn
1016 A	Branch	N.
182 A	Branch	Nathaniel
625	Brandenberger	F.
1026	Brandenburg	A.
723	Brandon	J. M.
735	Brandon	J. M.
531 A	Branner	C.
53	Brannon	John
1272 A	Brannum	J. N.
1026	Branson	Thomas
110	Bratton	D. L.
372	Bratton	L. D.
1658	Bratton	Richard
107	Braubach	P.
1015	Braubach	P.
803	Braubach	Philip
809	Braubach	Philip
820	Braubach	Philip
568	Bray	W. H.
9 A	Bray	William
576	Breadlove	George W.
1598	Breece	H. H. C.
553	Breedlave	G. W.
470	Breedlore	George W.
323	Breedlove	G. W.
556	Breedlove	G. W.
468	Breedlove	George W.
1049	Breedlove	Ira M.
1152	Breeman	S. D.
632	Breithauph	Jacob
1990	Bremer	W. J.
526	Bremond	Eugene
1562	Bremond	Jno.
1563	Bremond	Jno.
1564	Bremond	Jno.
2300	Bremond	Jno.
2337	Bremond	Jno.
2361	Bremond	Jno.
2403	Bremond	Jno.
2454	Bremond	Jno.
2484	Bremond	Jno.
2505	Bremond	Jno.
2365	Bremond	Jno. Jr.
2203	Bremond	John
2230	Bremond	John
2267	Bremond	John
2554	Bremond	John
2216	Bremond	John, Jr.
2567	Bremond	John, Jr.
2586	Bremond	John, Jr.
2602	Bremond	John, Jr.
2663	Bremond	John, Jr.
1716	Bremond & Co.	
1722	Bremond & Co.	
1723	Bremond & Co.	
1805	Bremond & Co.	
1806	Bremond & Co.	
1850	Bremond & Co.	
1851	Bremond & Co.	
1852	Bremond & Co.	
1853	Bremond & Co.	
1859	Bremond & Co.	
1892	Bremond & Co.	
1893	Bremond & Co.	
1894	Bremond & Co.	
1909	Bremond & Co.	
1933	Bremond & Co.	
1976	Bremond & Co.	

Name Index to Military Claims-Alphabetically

1977	Bremond & Co.	
2255	Bremond & Co.	
2662	Bremond & Co.	
2356	Bremond	Jno., Jr.
924 A	Breter	J. M.
527	Brewer	Leo
445	Brewer	P. W.
810	Brewer	W. J.
55	Brewin	W. H.
736 A	Brian	E. O.
1797 A	Brian	Jacob
1884 A	Brian	Jacob
1494	Bridge	H. C.
2213	Bridge	Samuel T.
1366	Bridger	W. R.
273	Bridges	John
118	Bridges	P. H.
1800	Bridges	Peter H.
2253	Bridges	William
1048	Bridget	Mrs.
692	Briggs	E.
36 ½	Briggs	James W.
55	Briggs	James W.
36 ½	Briggs	Joseph W.
36 ½	Briggs	Joseph W.
821	Briggs	Joseph W.
908	Briggs & Yard	
1990	Brim	George
1531	Brinkman	Alex
299	Brisco	Jno. R.
3	Brisco	Robert
273	Britt	C. N.
2173	Britt	William
421 A	Britton	J. E.
421 A	Britton	M. A.
1995 A	Britton	M. A.
222	Broach	A. A.
222	Broach	J. B.
222	Broach	J. M.
1746	Broaddus	E. W.
204	Brock	S. P.
215	Brock	S. P.
1050	Brock	T. W.
116	Brodigan	Peter
1637	Brogan	James
1993	Brogan	James
1906 A	Bronaugh	J. M.
1633	Brooke	J. R.
1364	Brookman	John
1292	Brooks	Bernard
1315	Brooks	D.
1494	Brooks	Enoch H.
967 A	Brooks	J. R.
1234 A	Brooks	J. R.
1990	Brooks	J. T.
257	Brooks	R. L.
101	Brooks	Rufus S.
257	Brooks	W. C.
2041	Brooks	W. H.
1411	Brooks	William
1168	Broom	A. C.
1339	Brosig	H. P.
752	Brosig	Hugo P.
821	Brossig	H. P.
36 ½	Brossig	Hugo S.
1530	Brothers	Edward
569	Brough	L. D.
1392	Brough	L. D.
1027	Browder	James M.
1287	Browley	J. J.
985	Brown	A. B.
1074	Brown	A. B.
32 A	Brown	A. J.
869 A	Brown	A. J.
1197	Brown	A. L.
1562 A	Brown	A. R.
1506	Brown	A. S.
1800	Brown	B. A.
1074	Brown	C. P.
556 A	Brown	C. S.
27	Brown	Charles
36 ½	Brown	Charles
715	Brown or Kruger	Charles
1048	Brown	Charles
2420	Brown	D. B.
495 A	Brown	D. H.
189	Brown	E.
777	Brown	Frank
1189	Brown	Frank
1248	Brown	Frank
1367	Brown	Frank
1390	Brown	Frank
1391	Brown	Frank
1514	Brown	Frank
1674	Brown	Frank
1775	Brown	Frank
1867	Brown	Frank
1939	Brown	Frank

Name Index to Military Claims-Alphabetically

2010	Brown	Frank	192	Brown	Richard
2056	Brown	Frank	1800	Brown	Sylvester
2105 ½	Brown	Frank	1306	Brown	Thomas
2148	Brown	Frank	417 A	Brown	W. A.
2206	Brown	Frank	840 A	Brown	W. H.
2227	Brown	Frank	1549	Brown	W. J.
2264	Brown	Frank	27	Brown	William
2297	Brown	Frank	445	Brown	William
2336	Brown	Frank	810	Brown	William
2364	Brown	Frank	2253	Brown	William
2385	Brown	Frank	1637	Brown	Z. T.
207	Brown	G. M.	977	Browne	G. W. G.
510	Brown	George	1124	Browne	G. W. G.
74	Brown	George R.	1317	Browne	G. W. G.
62	Brown	H.	790	Browne	J. G.
880 A	Brown	H. A.	1911	Browne	J. G.
987	Brown	H. A.	36 ½	Browne	James G.
2377	Brown	H. C.	960	Browne	Jesse
290	Brown	Harry	290	Browner	Nathan
36 ½	Brown	Henry	556 A	Browning	S. M.
36 ½	Brown	Henry	1365	Brownrigg	James
102	Brown	Henry	878	Brownson	T.
148	Brown	Henry	1031	Browser	David
1366	Brown	Hiram W.	36 ½	Brozeg	Hugo P.
272	Brown	I. T.	810	Bruce	J. C.
257	Brown	J. A.	1365	Bruce	Thomas
193	Brown	J. C.	810	Bruce	W. N.
2035	Brown	J. F.	1453	Bruckman	Jno.
2049	Brown	J. G.	207	Brucks	J. G.
222	Brown	J. H.	523	Bruger	Jno.
1109 A	Brown	J. M.	715	Bruger	Jno.
2578 A	Brown	J. M.	752	Bruger	Jno.
216	Brown	J. P.	821	Bruger	Jno.
619	Brown	James	36 ½	Bruger	John
207	Brown	James F.	36 ½	Bruinn	W. H.
290	Brown	James R.	2169	Brumley	Benjamin F.
130	Brown	Jno. N.	568	Brumley	J. H.
1366	Brown	John C.	568	Brumley	L. L.
2677	Brown	John H.	2169	Brumley	Robert J.
1637	Brown	L. A.	1092	Brumley	T. B.
978	Brown	L. D.	222	Brunett	Jno.
26	Brown	Lawrence D.	1018	Brunson	Alex.
382	Brown	Leander	1018	Brunson	Sal.
1530	Brown	O. J.	1774	Brunte	William
1475	Brown	P. S.	513	Brush	L. B.
1983 A	Brown	R. C.	779	Brush	L. B.
1707	Brown	R. T.	539	Brush	S. B.
55	Brown	Richard	716	Brush	S. B.
116	Brown	Richard	721	Brush	S. B.

Name Index to Military Claims-Alphabetically

794	Brush	S. B.
795	Brush	S. B.
796	Brush	S. B.
797	Brush	S. B.
1895	Brush	S. B.
1897	Brush	S. B.
1798	Bryan	C.
663	Bryan	L. W.
72	Bryan	Lewis W.
458 ½	Bryan	R. M.
1350	Bryant	James
2617	Bryant	Solomon
257	Buchanan	John
1366	Buchannan	John
2213	Buchannon	M. F.
1683 A	Buck	J. M.
201	Bucker	James L.
2179	Buckingham	John H.
5	Buckles	E. R. A.
2086 A	Buckner	Thomas
1735 ½	Buckner	Thomas L.
576	Buege	W. B. & J. M.
112	Bullock	H. C.
1773	Bully	Belizar
1798	Bulware	M. M.
1037 A	Buman	J. S. W.
199	Bunker	J. W.
26	Bunte	William
1852 A	Buntie	William
568	Burch	B. D.
568	Burch	L. M.
821	Burchardt	Louis
1758	Burchell	B. M.
36 ½	Burckhardt	Lewis
36 ½	Burckhardt	Lewis
55	Burckhardt	Lewis
62	Burden	Joseph
351 A	Burden	O. C.
568	Burden	William
116	Burdett	William B.
1366	Burdges	Robert
53	Burditt	Willaim B,
121	Burditt	William B.
1942	Burel	Benedict
107	Burg	P.
803	Burg	Peter
1013	Burg	Peter
1479	Burgdorf	L.
2377	Burge	J. W.
1798	Burgess	A.
27	Burgess	A. B. T.
192	Burgess	Jno. W.
692	Burk	Aaron
290	Burk	Francis M.
588	Burk	Jacob
1562 A	Burk	Jacob
1624	Burk	Jacob
1366	Burk	M. J.
2645	Burke	John
2647	Burke	John
2655	Burke	John
2656	Burke	John
2773	Burke	John
2784	Burke	John
957	Burke	William
433	Burker	William
1462	Burkett	Alex
1457	Burkhardt	Lewis
1990	Burks	D. B.
1990	Burks	I. C.
1989	Burks	J. H.
1990	Burks	J. H.
1494	Burks	Nathan
2350	Burks	W. L.
6	Burks	W. S.
771	Burks	William S.
374	Burlage	John
375	Burlage	John
309	Burleson	A. B.
312	Burleson	A. B.
52 A	Burleson	D. C.
346 A	Burleson	D. C.
1920 A	Burleson	Ed.
340	Burleson	J. G.
2248	Burleson	Jacob
168	Burleson	James
1379	Burleson	Joe
1272 A	Burleson	John L.
257	Burleson	William H.
1928	Burlseon	A. B.
1562 A	Burnett	Dan
1232 A	Burnett	J.
609	Burnett	J. S.
204	Burnett	J. Samuel
215	Burnett	J. Samuel
1965	Burnett	Thomas
1113	Burnett	W. L.
1692 A	Burnett & Hoover	

Name Index to Military Claims-Alphabetically

2693	Burney	D. W. C.
918 A	Burney	G. J.
1072 A	Burney	J. M.
1304	Burney	R. H.
556 A	Burney	R. T.
1637	Burney	Robert F.
222	Burney	Taply
351 A	Burney	W. R.
1713	Burns	B. F.
1523	Burns	C. E.
1392	Burns	D.
1392	Burns	D.
568	Burns	O. H.
1319	Burns	P.
1886	Burns	P.
1018	Burns	Patrick
1279	Burns	Patrick
9 A	Burns	Robert L.
118	Burns	William
683	Burns	William
684	Burns	William
2173	Burns	William
2253	Burran	Peter F.
987	Burrell	W. G.
204	Burress	James
257	Burrier	W. C.
273	Burris	R. J.
925	Burriss	J. B.
290	Burroughs	George W.
2253	Burroughs	J. R.
1097	Burrow	P. J.
1097	Burrow	W. H.
1264	Burrow	William A.
1657	Burrows	W. A.
1168	Burton	J. J.
207	Burton	J. T.
112	Burton	S. J.
204	Busby	W. J.
215	Busby	W. J.
1168	Bush	E.
2213	Bush	William A.
1091 A	Butan	J. E.
199	Butcher	Solomon M.
127 A	Butler	A. B.
257	Butler	J. R.
1455	Butler	Jul.
53	Butler	Thomas
1773	Butler	Thomas
222	Butrill	Britt
222	Butrill	T. E.
983 A	Butt	G. N.
1536	Butt	G. N.
1366	Byars	Joseph
1562 A	Byer	D.
1624	Byer	David
1060	Byers	Joseph
1808 A	Byler	R. A.
1316	Byrd	Jennie
1617	Byrd	W. D.
163	Byrd	William
36 ½	Byrom	Cornelius
1494	Byrum	William R.
674	Cabassos	Antonio
675	Cabassos	Francisco
675	Cabassos	Philip
74	Cabot	Jno.
1379	Caddo	Jim
767	Cadel	Peter
1379	Cado	George
80 A	Cage	James H.
445	Caison	H. L.
414	Caison	J. M.
957	Calderon	Rafael
767	Caldwell	B. P.
1222	Caldwell	G. H.
1648	Caldwell	J. C.
2366	Caldwell	J. C.
1027	Caldwell	James
767	Caldwell	Jno. C.
273	Caldwell	M. M.
273	Caldwell	T. J.
276	Caldwell	T. J.
1097	Caldwell	Thomas M.
1031	Caldwell	Volney
422 A	Calfer	W. A.
62	Calhoun	R. W.
833	Callaghan	C.
1205	Callaghan	C.
752	Callaghan	Michael
62	Callahan	I. A.
1438	Callahan	James L.
715	Callahan	M.
821	Callahan	Michael
1278	Callahan	Michael
2377	Callahan	R. P.
886	Callahan	Wiley
333	Callan	J. J.
1853 A	Callis	E. M.

Name Index to Military Claims-Alphabetically

1706	Calloway	J. W.
1556 A	Cambell	William
319 A	Cameron	Charles
1165	Camp	T. L.
2144	Campbell	A. G.
2253	Campbell	E. D.
1893 A	Campbell	Ed
185	Campbell	G. W.
1886	Campbell	J.
1563 A	Campbell	J. B.
2042	Campbell	J. P.
1981	Campbell	J. S. M.
388 A	Campbell	J. W.
1018	Campbell	James
2170	Campbell	John
199	Campbell	Joseph P.
204	Campbell	S. R.
215	Campbell	S. R.
72	Campbell	Samuel H.
77	Campbell	Samuel H.
1953	Campbell	Samuel H.
199	Campbell	Samuel L.
204	Campbell	W. A.
215	Campbell	W. A.
2408	Campbell	W. M.
2726	Campbell	W. S.
509	Campbell	William
767	Campbell	William
1636	Campbell	William H.
2307	Campbell	William L.
203	Campbell	William M.
1366	Campion	Edward J.
1366	Campion	James A.
651	Campion	Jno.
752	Campion	Jno.
2004 A	Campran	W. J.
55	Can	James
1020	Canaster	W. B.
799 A	Canasto	A.
585	Cancannon	M. J.
36 ½	Canfield	Charles
653	Canfield	Charles
134	Canfield	Charles H.
116	Cannon	Jno.
578	Cannon	Jno.
2369	Cannon	Jno.
2377	Cannon	M. M.
1168	Cannon	R. T.
116	Cannon	William
1206	Cano	Incarmacion
1205	Cano	Incarnacion
1976 A	Canoto	Olice
939	Cansler	M. H.
941	Cansler	M. H.
1349	Cansler	M. H.
1350	Cansler	M. H.
1354	Cansler	M. H.
1354	Cansler	M. H.
2114	Canta	Juan
1773	Canteea	Jose
55	Cantera	Jose
223	Cantrell	Jno. A.
1119	Cantrell	Jno. W.
1486	Cantrell	Jno. W.
1484	Cantrell	Rice
1119	Cantrell	Rise
1416	Cantrell	Rise
72	Capron	James T.
1379	Carabajal	
1365	Carabajal	Louis
371 A	Caradine	W.
190	Caralton	William
741 A	Carbe	William
90	Card	John B.
531 A	Carden	Jo.
938	Cardwell	C.
1819 A	Cariness	Edmund
222	Carinton	W. H.
2303	Carleton	R. A.
2335	Carleton	R. A.
2584	Carleton	R. A.
2599	Carleton	R. A.
2625	Carleton	R. A.
2646	Carleton	R. A.
2669	Carleton	R. A.
2689	Carleton	R. A.
2767	Carleton	R. A.
2360	Carleton	R. A. A.
2520	Carleton	R. A. A.
2536	Carleton	R. A. A.
2556	Carleton	R. A. A.
2569	Carleton	R. A. A.
2702	Carleton	R. A. A.
2746	Carleton	R. A. A.
1595	Carley	William
683	Carling	Jno. T.
2061	Carlisle	W. I.
1190	Carlisle	William

Name Index to Military Claims-Alphabetically

36 ½	Carlos	Francisco
651	Carlos	Francisco
715	Carlos	Francisco
752	Carlos	Francisco
821	Carlos	Francisco
1583	Carlton	D. C.
2401	Carlton	L. K.
2269	Carlton	R. A.
2456	Carlton	R. A. A.
2483	Carlton	R. A. A.
2506 ½	Carlton	R. A. A.
1706	Carlton	W. R.
74	Carlyle	W. T.
1244	Carmack	Jno.
1246	Carmack	Jno.
69	Carmichall	William
1379	Car-nash	
962	Carnes	A. J.
179	Carnes	E. C.
1083	Carnes	Jno.
1083	Carnes	Jno.
875	Carnes	John
684	Caro	Jose
198	Caroebter	S. A.
36 ½	Carothers	Isaac
1798	Carothers	J. A.
1463	Carouth	H. J.
2637	Carpenter	Ben. F.
1128	Carpenter	G. W.
2074	Carpenter	J. A.
1287	Carpenter	P. J.
2121	Carpenter	P. K.
1459	Carpenter	R. W.
196	Carpenter	S. A.
198	Carpenter	S. A.
242	Carpenter	S. A.
1197	Carpenter	Thomas J.
116	Carr	James
290	Carr	James W.
259	Carr	R. D.
359	Carr	R. D.
697	Carr	R. D.
701	Carr	R. D.
904	Carr	R. D.
1260	Carr	William H.
1244	Carraway	Bryant
1229 A	Carraway	Wiley
1953	Carrington	H. E.
116	Carrington	James
683	Carro	Jose
118	Carro	Joseph
1742	Carro	Joseph
189	Carroll	B. F.
1366	Carroll	Thomas E.
1366	Carroll	William G.
524	Carson	J.
527	Carson	Joseph
2029	Carson	Robert
176 A	Carson	Thomas
1443	Carstens	Jno. H.
1419	Carstens	John
1416	Carstens	John H.
1119	Carsters	Jno. H.
900	Carter	C. C.
901	Carter	C. C.
1233 A	Carter	C. C.
1990 A	Carter	C. C.
327	Carter	D. J.
1562 A	Carter	D. J.
1365	Carter	Henry Q.
290	Carter	J. C.
1084	Carter	Mathew
1990	Carter	R. H.
202	Carter	Thomas M.
1990	Carter	V. J.
467 A	Carter	W. H.
1096	Carter	W. H.
1233 A	Carter	W. H.
1626	Cartright	H. B.
2169	Cartright	William P.
2169	Cartwill	John A.
108	Caruthers	Isaac A.
62	Carver	N. M.
2460	Carver	W. R.
148	Caryell	J. R.
1379	Casa Maria	
62	Case	Eli
340	Casey	B. F.
1030	Casey	George W.
190	Casey	William
112	Casgrove	J. H.
421 A	Cash	J. T.
1090	Cash	J. T.
1233 A	Cash	J. T.
273	Caskey	J. D.
1213	Casner	Hiram
632	Cassady	John
1279	Cassady	Miles

Name Index to Military Claims-Alphabetically

732	Cassels	Elias
734	Cassels	Elias
338 A	Cassidy	L. N.
169	Casta	Jno. B.
1616	Castillo	C.
1205	Castillo	Christobal
1206	Castillo	Christobal
1506	Cates	C. D.
1074	Cates	D. C.
2439	Cates	Joseph R.
364 A	Cathley	William
897 A	Catlett	H. B.
1232 A	Cavanass	J.
1232 A	Cavanass	M.
1723 A	Cavanese	J. T.
126 A	Cavender	G. R.
1563 A	Cavender	G. R.
1416	Cavender	T. J.
1348	Cavender	Thomas J.
1321 A	Caveness	Ed
1365	Cavillo	Joseph
1365	Cavillo	Pancho
1562 A	Caviness	William
1494	Cayle	R. F.
2173	Cecil	Tenville
93	Cenac	Stephen
2594 ½ A	Cervoni	Paul
1166	Cessna	W. G.
1379	Chactaw	Charley
1379	Chactaw	Tom
971 A	Chadin	A. D.
1352	Chadwick	L. D.
1416	Chadwick	L. D.
1119	Chadwick	Luke D.
1616	Chaffin	T.
1350	Chafin	Green
2006	Chafin	J. H.
810	Chafin	L. F.
1350	Chafin	W. C.
1232 A	Chaliners	M. L.
211	Chalmers	W. L.
366	Chalmers	W. L.
1234 A	Chamberlain	D. A.
10	Chamberlain	D. T.
1047	Chamberlain	D. T.
214 A	Chamberlain	Hiram
490	Chamberlin	D. T.
491	Chamberlin	D. T.
1240	Chamberlin	D. T.
1241	Chamberlin	D. T.
1542	Chamberlin	D. T.
838 A	Chambers	Andrew
1637	Chambers	E. W.
112	Chambers	I. R.
186 A	Chambers	W. T.
422 A	Chambers	W. T.
1884 A	Champion	C.
715	Champion	Fred
26	Champion	Maria
25	Champion	Peter
2170	Chance	J. C.
2170	Chance	W. L.
189	Chancelor	W. G.
189	Chandler	B. F.
1990	Chandler	B. H.
388 A	Chandler	D. P.
346	Chandler	F. W.
347	Chandler	F. W.
890	Chandler	F. W.
415	Chandler	W. W.
843	Chandler & Turner	
36 ½	Chano	Nicholas
1379	Chanto	
62	Chapman	G.
273	Chapman	G. W.
1563 A	Chapman	Jno. D.
606	Chapman	P.
199	Chapman	Robert
2114	Charles	Vicente
1205	Charo	Nicholas
1206	Charo	Nicholas
1205	Charo	Refugio
1206	Charo	Refugio
2236	Chase	W. R.
2775	Chase	W. R.
1411	Chase	William W.
290	Chasteen	Jno.
986 A	Cheatham	D. S.
1851 A	Cheatham	D. T.
1754 A	Cheneworth	B. D.
849 A	Chenowith	B. J.
1805 A	Chenoworth	B. D.
1977 A	Chenoworth	B. D.
297	Chentz	Henry
1037 A	Chenworth	J.
1482 A	Cherry	N. P.
2213	Cherry	Thomas
311 A	Cherry	W. P.

Name Index to Military Claims-Alphabetically

1520	Chessher	A. J.
1428	Chester	Jno. C.
1428	Chester	W. G.
196	Childress	A. R.
1379	Childress	Bob
692	Childress	E.
692	Childress	H. M.
1943	Childress	J. W.
2509	Childress	L. C.
736 A	Childress	S. C.
1798	Childs	Jno.
36 ½	Childs	John
84	Childs	John
1379	Chi-mi-ash	
1379	Chi-nis-che	
74	Chinn	William
170	Chipman	Hebert
1561	Chisholm	E. P.
40 A	Chism	A. O.
675	Chism	William
222	Chisum	E. M.
222	Chisum	J. M.
2033	Chisum	J. S.
202	Chitwood	John T.
1379	Chi-win-it	
1494	Choat	Ephraim
1637	Choat	G. T.
1773	Choate	Jno. C.
1229 A	Choate	John C.
192	Choate	K. E.
2090	Chrisman	I. H.
875	Chrisman	J. H.
796 A	Christian	J. C.
1337	Christian	James
1523	Christian	James
257	Christian	O. M.
204	Christman	Daniel
215	Christman	Daniel
421 A	Christman	J. H.
632	Christopher	N. C.
2478	Chum	Jesse F.
1578	Church	William H.
1706	Cifert	E. D.
2097	Citizens Bank of Louisiana.	
1439	Clabough	J. W.
355 A	Claggett	H.
1706	Clair	F. O.
2355	Clanton	J. W.
189	Clanton	S. W.
1906 A	Clare	George N.
1731 A	Clare	M. S.
112	Clark	A. N.
2636	Clark	B. F.
1350	Clark	Benjamin
1278	Clark	Daniel
126 A	Clark	H. J.
1119	Clark	Harvey
1416	Clark	Harvey
1417	Clark	Harvey
2082	Clark	I. T.
1501	Clark	J. E.
1769	Clark	J. M.
1771	Clark	J. M.
1773	Clark	J. M.
1774	Clark	J. M.
281	Clark	J. T.
111	Clark	J. W.
1494	Clark	James
719	Clark	James L.
2445	Clark	Jno. D.
290	Clark	Jno. L.
72	Clark	Jno. S.
2012 A	Clark	John
116	Clark	Jordan E.
1229 A	Clark	Jordon E.
556 A	Clark	M. R.
1637	Clark	M. R.
2170	Clark	R. F.
810	Clark	R. J.
222	Clark	Samuel
1063	Clark	Stephen
1800	Clark	Thomas
1990	Clark	W. W.
1455	Clark	William
331 A	Clark	William D.
546	Clark & Hearn	
2253	Clary	R. J.
195	Clay	T. H.
381 A	Claybrook	Thomas
259	Clayton	J. W.
62	Clayton	W. B.
1366	Cleghorn	John
1275	Clemens	Blunt
148	Clemens	E. J.
445	Clemens	Israel
195	Clemens	J. H.
1416	Clemens	J. J.
204	Clemens	J. M.

Name Index to Military Claims-Alphabetically

290	Clemens	Jesse B.
101	Clement	Harvey
1411	Clement	R. T. Jr.
810	Clement	R. W.
68	Clement	Thomas H.
237	Clement	Thomas H.
404	Clement	Thomas H.
640	Clement	Thomas H.
763	Clement	Thomas H.
775	Clement	Thomas H.
340	Clements	B. L.
464	Clements	Blount
259	Clements	J. B.
215	Clements	J. H.
1562 A	Clements	W.
924 A	Cleveland	D. B.
1946	Cleveland	D. B.
1755	Cleveland	J. T.
1737 A	Click	James
1437	Clifton	G. B.
74	Clinton	Lawrence
771	Cloud	William
2155	Cloud	William
2179	Cloud	William
1318	Cloud & Bostick	
2253	Clower	J. T.
2253	Clumech	B. T.
1229 A	Clymer	Owen
116	Clymer	Samuel
617	Clymer	Samuel
1773	Clymer	Samuel
1168	Coates	C. C.
870 A	Coates	S.
986 A	Coates	T. D.
420	Coates	T. S.
827 A	Coats	George D.
204	Cobb	C. C.
215	Cobb	C. C.
2035	Cobb	J. E.
36 ½	Cobb	James W.
36 ½	Cobb	James W.
675	Cobb	James W.
821	Cobb	James W.
1563 A	Cobb	Thomas
2119	Cochran	H. W.
2377	Cochran	O. M.
2699	Cochran	W. H.
1278	Cochrane	J.
1512	Cockburn	William
455	Cockrell	Sarah H.
1807 A	Cody	G. P.
29 A	Cody	G. T.
840 A	Cody	George P.
2253	Coffee	B. B.
2253	Coffee	Hiram
72	Coffee	James
204	Coffee	R.W.
204	Coffee	W. A.
215	Coffee	W. A.
1578	Coffer	W. A.
273	Cohen	Jno.
182 A	Coins	Seaborn
1990	Colby	J.
1350	Cole	C. E.
1037 A	Cole	G. A.
1350	Cole	J. E.
1701	Cole	Pleasant
2253	Cole	T. J.
112	Cole	W. B.
987	Cole	William
2577	Coleman	H.
2181	Coleman	Henry S.
884 A	Coleman	Hy
1179	Coleman	Jno.
72	Coleman	John
1472	Coleman	L. G.
2035	Coleman	Thomas H.
1616	Coler	G. M.
173	Collard	William
112	Collier	C. W.
1637	Collier	T. B.
102	Collings	Edward
585	Collings	R.
101	Collins	Alfred C.
148	Collins	E.
1798	Collins	E.
1018	Collins	Isaac
1319	Collins	Isaac
1886	Collins	Isaac
257	Collins	J.
2169	Collins	John M.
257	Collins	K.
2555	Collins	L. W.
2329	Collins	R. D.
617	Collins	Robert
1168	Collins	S. M.
101	Collins	Young
36 ½	Colllings	Edwin

Name Index to Military Claims-Alphabetically

577	Collom	J. W.
36 ½	Colloton	James
1798	Collotron	James
1428	Colquitt	A. J.
1411	Colter	L. N.
1074	Combes	F. H.
549 A	Combs	F. H.
1908 A	Combs	F. H.
196	Combs	William L.
1776	Compton	E. L.
189	Compton	J. E.
1428	Compton	Jno. M.
2213	Compton	John W.
2213	Compton	Smith
1715	Compton	Thomas
189	Compton	W. F.
1727	Compton	William
197	Conaby	Jno. P.
1713	Conally	Jno.
1946	Conaster	W. B.
704 A	Conaway	F. M.
506 A	Conaway	William
684	Concannon	M. J.
36 ½	Concannon	Michael J.
821	Concannon	Michael J.
36 ½	Concannon	Michel J.
257	Condray	Elijah
2083	Cone	Horace
2682	Cone	Horace
2717	Cone	Horace
1411	Conellon	M.
643	Conger	J. B.
1990	Conly	G. F.
1365	Conly	James
568	Connell	J. T.
44	Conner	David
944	Conner	David
36 ½	Conner	David19
837	Conner	J. H.
36 A	Conner	James
254 A	Conner	James
606	Conner	L. W.
290	Conner	W. W.
1798	Connor	James
36 ½	Connor	John
1430	Connor	Milton E.
1798	Connors	J.
36 ½	Connors	Jno.
2097	Conolly	James
806 A	Conrad	H.
196	Conway	Henry
196	Conway	Thomas B.
189	Coody	P. W.
2253	Cook	Alphonso
2173	Cook	Anderson
1365	Cook	Franklin
148	Cook	J. B.
1798	Cook	J. B.
1016 A	Cook	J. W.
523	Cook	Jno.
715	Cook	Jno.
1048	Cook	Jno.
195 ½	Cook	Jno. A.
1650	Cook	Jno. B.
49	Cook	Jno. W.
2213	Cook	Joel
36 ½	Cook	John B.
195 ½	Cook	Joseph
1404	Cook	L. D.
1800	Cook	Obediah
2253	Cook	R. J.
1660 A	Cook	Silas
1350	Cook	William
1502 A	Cooke	E.
1696	Cooke	E. M.
2417	Cooke	J. H.
1417	Cooke	L. D.
810	Cooksey	W. P.
1171	Cooley	A. O.
1173	Cooley	A. O.
568	Cooley	David
2169	Cooley	David
1696	Cooley	S. W.
290	Coon	David
1940	Coon	J. M.
1542	Coop	J. P.
381 A	Coop	Pat P.
319 A	Coopender	L.
1102	Cooper	C. W.
1350	Cooper	G. D. W.
2323	Cooper	George W.
1451	Cooper	Hugh
196	Cooper	James D.
1428	Cooper	James M.
327	Cooper	Jonathan
609	Cooper	L.
183 A	Coots	George
1065 A	Cop	C. L.

Name Index to Military Claims-Alphabetically

2750	Cope	J. P.
1455	Cope	James B.
2377	Copenhaver	B. F.
1278	Corbitt	William
1798	Corcoran	J.
36 ½	Corcoran	James
1852 A	Corcoran	James
735 A	Cord	Pete
299	Corder	Arthur
1365	Cordinas	Juan
1365	Cordinas	Rafael
810	Corey	J. M.
1572	Cormack	Jno.
1573	Cormack	Jno.
869 A	Corman	D. C.
857 A	Cormicas	Silas
199	Cornelius	J. W.
1205	Corona	Anastacio
1206	Corona	Anastasio
1204	Corona	Haris
1206	Corona	Ilario
1206	Corona	Paz.
1205	Corono	Ibario
1205	Corono	Pary
1136	Corryell	Joseph R.
1696	Cortinas	J. N.
1365	Cortines	Jose
36 ½	Coryell	Joseph R.
651	Coryell	Joseph R.
1350	Cosby	G. P.
1350	Cosby	J. A.
1097	Cosby	J. T.
36 ½	Cosgrove	William
195	Cotteral	I. H.
112	Cotton	Joseph
161	Cotton	M. G.
327	Cotton	W. F.
337	Cotton	W. F.
810	Couch	A. J.
1035 A	Couch	A. J.
810	Couch	J. H.
810	Couch	J. W.
1897 A	Couch	J. W.
267	Counts	G. W.
1102	Counts	Mark
1103	Counts	Mark
595	County of Galveston	
715	Court	Charles
1657	Courtney	H. P.
2190	Courtney	H. P.
2253	Courtney	Reuben
36 ½	Courts	Charles
1048	Courts	Charles
424 A	Cowan	D. C.
514	Cowan	D. C.
840 A	Cowan	D. C.
969	Cowan	D. C.
969 A	Cowan	D. C.
514	Cowan	G. P.
841 A	Cowan	G. P.
1472	Cowan	Isaac F.
884 A	Cowan	J. J. G.
514	Cowan	L. H.
2693	Cowan	Samuel F.
196	Cowen	James S.
1305	Cowen	L.
1306	Cowen	L.
1307	Cowen	L.
1309	Cowen	L.
36 ½	Cowen	Louis
36 ½	Cowen	Louis
179	Cox	B. P.
1240	Cox	Benjamin
1241	Cox	Benjamin
1241	Cox	David
222	Cox	Eli
112	Cox	H. P.
1544	Cox	H. S.
810	Cox	J.
305	Cox	J. F.
368	Cox	J. M.
192	Cox	John B.
2169	Cox	John H.
1240	Cox	Joseph
1164	Cox	L. A.
222	Cox	Obidiah
1706	Cox	T. H.
692	Cox	William
693	Cox	William
1706	Cox	William
1426 A	Cox	William L.
719	Coy	Charles P.
1990	Coyle	George W.
9 A	Crabtree	Rees
1071 A	Cracklin	Jno. A. M.
1416	Craft	James W.
257	Craft	Jesse
1428	Craig	Alex

Name Index to Military Claims-Alphabetically

1541 A	Craig	C. M.	148	Cronin	Phillip
1290	Craig	Jacob	1252	Cronley	J. D. L.
1990	Craig	John	101	Crook	M. L.
192	Craig	R. M.	1990	Crooks	W. A.
1241	Craighead	Allen	1168	Crooms	J. W.
767	Crain	J. A.	651	Crosby	L.
550 A	Crain	J. S.	691	Crosby	L.
116	Crain	William	844	Crosby	L.
651	Crain	William	934	Crosby	L.
1696	Cramer	Charles	1110	Crosby	L.
306	Cramer	Ernst	1339	Crosby	L.
625	Cramm	I. C.	1340	Crosby	L.
1097	Crane	Joel	1760	Crosby	L.
36 ½	Crane	William	2329	Crosby	L.
36 ½	Crane	William	2478	Crosby	L.
126 A	Cravey	G. W.	2510	Crosby	L.
684	Cravey	G. W.	2535	Crosby	L.
1742	Cravey	George W.	896	Crosby	S.
359 A	Craw	Eli	897	Crosby	S.
676	Crawford	Ann	1128	Crosby	S.
2035	Crawford	J. F.	2497	Crosby	S.
2061	Crawford	J. F.	2179	Crosno	H. C.
290	Crawford	Jno.	1055 A	Cross	A.
812	Crawford	L. F.	1492	Cross	E. D.
1712	Crawford	Lybte	462 A	Cross	J. H.
1946	Crawford	Simpson	179	Cross	J. M.
1706	Creed	A. R.	1562 A	Cross	J. N.
1706	Creed	G. W.	1706	Cross	William N.
2253	Cress	Alfred	53	Crossman	Goetl.
632	Creventer	J. Y. E.	36 ½	Crossman	Gottlieb
1290	Crews	G. B.	1281	Crouch	W. F.
1836 A	Crews	G. B. Y.	1800	Crouch	William
2670	Crigler	R. J.	961	Crow	Edward
36 ½	Crill	Joseph	62	Crow	W.
36 ½	Crill	Joseph	1366	Crowder	A. D.
38	Crill	Joseph	1428	Crowder	G. H.
290	Criswell	Davis	986 A	Crownover	B.
290	Criswell	William	1115	Crozier	A. R.
1990	Crittenden	R. S.	2779	Crozier	A. R.
2213	Croan	L. A.	1459	Crozier	Jno.
196	Crockett	Jno. B.	531 A	Crozier	O.
875	Croeman	Jackson	95	Crozier	R. B.
875	Croeman	Thomas	1904	Crozier	R. B.
1404	Croft	James W.	705 A	Crozier	W. J.
78	Croghan	Michael	1168	Cruce	S. J.
116	Crogman	Michael	1811	Cruise	Jose
1773	Crohean	Michael	2357	Cruise	Jose
1798	Cronin	PH.	2380	Cruise	Jose
253 A	Cronin	Philip	13	Crum	H. P.

Name Index to Military Claims-Alphabetically

842 A	Crump	J. S.
718	Cruse	J. A.
1506	Crutchfield	J. V.
97	Cruveilhier	Leary
38	Cude	A. J.
683	Cude	A. J.
684	Cude	A. J.
1800	Cude	A. J.
118	Cude	Alfred S.
1281	Cude	Tobias
1281	Cude	William
1205	Cueller	Santiago
1206	Cueller	Santiago
2398	Culberson	D. B.
2453	Culberson	D. B.
2557	Culberson	D. B.
2623	Culberson	D. B.
2638	Culberson	D. B.
799 A	Cullen	T. J.
1234 A	Cullen	T. J.
810	Cullup	Jno.
1001	Culton	N.
1799	Culver	M. S.
2169	Cumins	Hugh
2034	Cummings	I. W.
712	Cummings	James
829	Cummins	J. M.
2213	Cunico	W. B.
179	Cunningham	Aaron
1119	Cunningham	C. E.
179	Cunningham	D. C.
175	Cunningham	David
1414	Cunningham	E. C.
1416	Cunningham	E. C.
1419	Cunningham	E. C.
723 A	Cunningham	E. L.
148	Cunningham	J.
1798	Cunningham	J.
1494	Cunningham	J. H.
1876	Cunningham	J. J.
178	Cunningham	James
179	Cunningham	James
22 A	Cunningham	Robert
1692 A	Cunnngham	W. P.
36 ½	Cunnngham	James J.
192	Cureton	Thomas
1798	Curley	Joseph
74	Curren	James
72	Curren	Patn.
1706	Curry	J. J.
36 ½	Curry	James
675	Curry	Jno.
1346	Curry	Jno.
1416	Curry	John
2253	Curry	L. G.
112	Curtis	J. C.
683	Curtis	L. V.
684	Curtis	L. V.
118	Curtis	L. W.
112	Cusenberry	H. M.
384 A	Cutberth	D. E.
89	Daddridge, Jacobs & Cox	
36 ½	Daggett	E. M.
821	Daggett	Eph. B.
26	Daggett	Ephraim B.
1141	Daggett	Ephraim B.
36 ½	Daggett	Ephraim B.
1278	Dailey	J. D.
36 ½	Dailey	John
102	Dailey	John
1649	Dakan	Perry
84	Dale	Hugh
116	Dale	Hugh
840 A	Dallas	James
273	Dalrymple	James
406 A	Dalrymple	W. C.
1426 A	Dalrymple	William C.
617	Dalton	O. B.
556 A	Dameron	Pat
1754 A	Dameron	Patterson
257	Dancer	J. H.
625	Danheim	H.
1027	Daniel	E. A.
1455	Daniel	Joe W.
62	Daniel	L. B.
62	Daniel	N. B.
166	Daniels	Charles
1430	Daniels	Jno.
965	Daran	G. H.
108	Daran	William P.
788	Darchester	Jno.
1046 A	Darnale	N. A.
2169	Darnell	A. J.
164	Darnell	N. H.
165	Darnell	N. H.
352 A	Darnell	N. H.
2444	Darnell	N. H.
762	Darnett	Jno.

Name Index to Military Claims-Alphabetically

120 A	Darter	John H.
1983 A	Dartu	James
20 A	Dary	Selson
241	Dashiell	G. R.
1420	Dashiell	G. R.
891	Dashiell	George
402	Dashiell	George R.
640	Dashiell	George R.
912	Dashiell	George R.
1225	Dashiell	George R.
65	Dashiell	J. V.
1380	Dashiell	J. Y
105	Dashiell	J. Y.
219	Dashiell	J. Y.
397	Dashiell	J. Y.
503	Dashiell	J. Y.
554	Dashiell	J. Y.
557	Dashiell	J. Y.
605	Dashiell	J. Y.
638	Dashiell	J. Y.
733	Dashiell	J. Y.
785	Dashiell	J. Y.
786	Dashiell	J. Y.
787	Dashiell	J. Y.
910	Dashiell	J. Y.
1075	Dashiell	J. Y.
1137	Dashiell	J. Y.
1224	Dashiell	J. Y.
1237	Dashiell	J. Y.
1254	Dashiell	J. Y.
1265	Dashiell	J. Y.
1269	Dashiell	J. Y.
1303	Dashiell	J. Y.
1325	Dashiell	J. Y.
1335	Dashiell	J. Y.
1345	Dashiell	J. Y.
1355	Dashiell	J. Y.
1371	Dashiell	J. Y.
1375	Dashiell	J. Y.
1376	Dashiell	J. Y.
1466	Dashiell	J. Y.
1485	Dashiell	J. Y.
1491	Dashiell	J. Y.
1510	Dashiell	J. Y.
1515	Dashiell	J. Y.
1528	Dashiell	J. Y.
1534	Dashiell	J. Y.
1545	Dashiell	J. Y.
1566	Dashiell	J. Y.
1576	Dashiell	J. Y.
1584	Dashiell	J. Y.
1605	Dashiell	J. Y.
1640	Dashiell	J. Y.
1646	Dashiell	J. Y.
1669	Dashiell	J. Y.
1682	Dashiell	J. Y.
1695	Dashiell	J. Y.
1702	Dashiell	J. Y.
1735	Dashiell	J. Y.
1781	Dashiell	J. Y.
1820	Dashiell	J. Y.
1849	Dashiell	J. Y.
1868	Dashiell	J. Y.
1890	Dashiell	J. Y.
1934	Dashiell	J. Y.
1950	Dashiell	J. Y.
1961	Dashiell	J. Y.
1964	Dashiell	J. Y.
1980	Dashiell	J. Y.
1996	Dashiell	J. Y.
2051	Dashiell	J. Y.
2098	Dashiell	J. Y.
2101	Dashiell	J. Y.
2106	Dashiell	J. Y.
2143	Dashiell	J. Y.
2196	Dashiell	J. Y.
2201	Dashiell	J. Y.
2209	Dashiell	J. Y.
2212	Dashiell	J. Y.
2219	Dashiell	J. Y.
2228	Dashiell	J. Y.
2265	Dashiell	J. Y.
2299	Dashiell	J. Y.
2332	Dashiell	J. Y.
2341	Dashiell	J. Y.
2358	Dashiell	J. Y.
2388	Dashiell	J. Y.
2390	Dashiell	J. Y.
2263	Daugherty	Edward
1102	Daugherty	F. M.
1103	Daugherty	F. M.
207	Daugherty	J. R.
675	Daugherty	Jno.
715	Daugherty	Jno.
821	Daugherty	Jno.
752	Daugherty	John
290	Daugherty	William
929	Daughertz	G. W.

Name Index to Military Claims-Alphabetically

929	Daughertz	George W.
929	Daughertz	J. P.
929	Daughertz	L. H.
929	Daughertz	W. C.
361	Daughney	A. J.
36 ½	Daughtery	John
1759	Daughty	J. M.
1116 A	Daughty	J. Q.
664 A	Davenport	J. R.
2155	Davenport	James B.
1162	Davenport	T. E.
1696	David	Donald
684	Davidson	B.
1990	Davidson	D. G.
1298	Davidson	T. L.
1798	Davidson	W.
1411	Davidson	W. R.
523	Davidson	Whitfield
1537	Davidson	Whitfield
907	Davie	J. P.
199	Davil	Daniel
1344 A	Davis	A. F.
1344 A	Davis	A. N.
278	Davis	A. S.
384 A	Davis	A. W.
1523	Davis	A. W.
1990	Davis	B. F.
606	Davis	C. W.
196	Davis	Colonel P.
1798	Davis	D.
1312	Davis	D. F.
1314	Davis	D. F.
2034	Davis	Daniel
2165	Davis	Daniel
36 ½	Davis	David
148	Davis	David
2253	Davis	G. H.
392	Davis	George M.
2 A	Davis	Henry C.
74	Davis	Isaac S.
665	Davis	Isaac S.
1416	Davis	Isam
1404	Davis	Isham
1451	Davis	J. F.
1990	Davis	J. J.
1706	Davis	J. P.
2253	Davis	J. P.
810	Davis	J. W.
36 ½	Davis	James
176 A	Davis	James
1321 A	Davis	James
1598	Davis	James
1614	Davis	James
2420	Davis	James B.
2766	Davis	Jinkins
1657	Davis	Jno. C.
1734	Davis	Jno. C.
606	Davis	Joel
512 A	Davis	John
2774	Davis	John B.
810	Davis	L.
491	Davis	L. A.
116	Davis	L. B.
1338	Davis	L. J.
1102	Davis	L. M. C.
2237	Davis	Lawrey
55	Davis	Leo B.
1773	Davis	Leo B.
810	Davis	M.
1481	Davis	N. Clay
720 A	Davis	N. G.
2653 A	Davis	N. W.
204	Davis	R. C.
215	Davis	R. C.
36 A	Davis	R. W.
1696	Davis	S.
2253	Davis	Sam A.
222	Davis	T. J.
177	Davis	W. B.
189	Davis	W. C.
2352	Davis	W. C.
1455	Davis	W. H.
143	Davis	W. H. H.
365 A	Davis	W. J.
810	Davis	W. J.
193	Davis	W. M.
48	Davis	William
77	Davis	William
118	Davis	William
684	Davis	William
290	Davis	William D.
1073 A	Davis	William J.
77	Davison	Benj.
2253	Davison	James
98	Dawd	Peter
1428	Dawson	A. M.
199	Dawson	Henry
421 A	Dawson	J. H.

Name Index to Military Claims-Alphabetically

1657	Dawson	James
106	Dawson	James M.
802 A	Dawson	T.
869 A	Dawson	T. H.
1564 A	Dawson	Wilburn
1428	Dawson	William W.
2613	Day	G. W.
810	Day	J. M.
1575	Day	Jno.
1430	Day	L. D.
189	Day	W. C. W.
2616	De Berry	Henry D.
870 A	De Concy	J. A.
153	De Cordova	P.
154	De Cordova	P.
344	De Cordova	P.
741	De Cordova	P.
741	De Cordova	P.
1055	De Cordova	P.
1057	De Cordova	P.
1059	De Cordova	P.
1122	De Cordova	P.
1289	De Cordova	P.
1289	De Cordova	P.
1810	De Cordova	P.
1810	De Cordova	P.
1983	De Cordova	P.
2538	De Cordova	P.
2578	De Cordova	P.
2579	De Cordova	P.
2580	De Cordova	P.
1823	De Graffemead	R.
810	De Graffenried	T. H.
196	De Ianette	William T.
273	De La Falcon	Francisco
982	De Leon	Lazario
1809	De Leon	Lazario
116	De Leon	Moses A.
675	De Los Santos	Caesoris
1359	De Mantel	Charles
2086	De Mantel	Charles
170	De Montel	Charles
196	De Spain	Alonzo L.
2632	Deadman	D. M.
632	Dealy	Pat
1990	Dean	G. B.
1454	Dean	Jesse A.
1428	Dean	Jno. T.
1706	Dean	R. L.
1168	Dean	R. W.
1051	Dean Randall & Co.	
830	Dean Randel & Co.	
222	Deans	N.
1773	Deas	G. W.
617	Deass	G. W.
330	Deaton	Thomas
1392	Deaver	John B.
1366	Debard	George W.
1366	Debard	James
1366	Debard	Jesse H.
36 ½	Debesdernier	L. F.
651	Debesdernier	L. F.
752	Debesdernier	L. F.
774	Debesdernier	L. F.
683	Decker	Jno.
87	Decker	John
723 A	Decouncey	J. A.
385 A	Decourcy	James A.
840 A	Dedrich	J.
36 ½	Deffner	G.
1105 A	Definsey	J. A.
868 A	Degener	H.
1411	Delaney	Ed.
821	Delaney	R.
715	Delaney	Rd.
36 ½	Delaney	Richard
752	Delaney	Richard
753	Delaney	Richard
875	Delany	N.
1520 A	Delaut	W. T.
1494	Delk	J. D.
1800	Demiret	Jno.
273	Denison	A. B.
273	Denison	G. H.
101	Dennis	George W.
987	Dennis	Hugh
1234 A	Dennis	J. J.
1800	Denny	C. A.
1598	Denran	Jno. B.
40 A	Denson	Henry
8	Denson	Jesse
101	Denson	Jonathan F.
62	Denson	M. M.
179	Denton	Elia S.
1350	Denton	T. C.
1168	Derden	S. M.
1909 A	Derick	Vincent
36 ½	Dermody	Patrick

Name Index to Military Claims-Alphabetically

36 ½	Dermody	Patrick
102	Dermody	Patrick
1946	Derosette	G. W.
1091 A	Derrick	H. V.
1091 A	Derrick	William V.
1344	Derryberry	G. H.
1459	Derryberry	H. A.
389	Derryberry	N. C.
1948	Derryberry	N. C.
1616	Deshane	O. M.
290	Despain	Jno.
222	Devens	A. N.
1952	Devine	T. J.
1722 A	Dewey	Wash.
556 A	Dews	S. H.
134	Dffau	F. F.
767	Diamond	G. B.
771	Diamond	G. B.
2427	Diamond	G. B.
1298	Diamond	J. J.
1298	Diamond	J. L.
2579 A	Diamond	J. R.
2428	Diamond	Jno. R.
1350	Diars	M. W.
2114	Dias	Albino
1489 A	Dickerman	William
77	Dickerson	A. G.
72	Dickerson	A. J.
676	Dickerson	Achilles G.
810	Dickerson	J. F.
2173	Dickerson	John
233	Dickerson	Jonathan
767	Dickson	A. T.
1798	Dickson	J.
2169	Dickson	John
1884 A	Dickson	John T.
2169	Dickson	William
2507	Dickson	William H.
2213	Dider	Sebastian
29 A	Dignan	D. T. W.
2173	Dill	Aug.
1976 A	Dillard	A. B.
189	Dillard	F. G.
189	Dillard	James C.
195	Dillard	S. H.
1990	Dillard	W.
207	Dillinger	J. B.
371 A	Diltz	J.
678 A	Dinap	Otto
1278	Dipkiwiter	I.
697 A	Diviney	Thomas
192	Dixon	James
36 ½	Dixon	Jno.
772	Doak	Dud.
1888	Doak	J. D.
1990	Doak	John
1990	Doak	W. H.
112	Dobbins	S.
196	Dobbs	James
810	Dobbs	L.
1494	Dobbs	W. D.
1280	Dockerey	Alfred
2253	Dodson	John R.
945	Dodson	N. P.
945	Dodson	Nicholas
996 A	Doggett	W. D.
2213	Dohoney	E. L.
1279	Dolan	Patrick
36 ½	Dolan	Thomas
715	Dolan	William
2067	Dolch	Louis
2253	Doller	John G.
1954	Dominguez	Manuel
354 A	Donaho	M.
154 A	Donahoe	E. P.
513 A	Donahoe	E. P.
652 A	Donahoe	E. P.
1168	Donahoe	J. M.
1018	Donald	A. J.
1607	Donaldson	Daniel
1497	Donalson	Daniel
1498	Donalson	Daniel
1501	Donalson	Daniel
845 A	Donap	O.
398 A	Donap	Otto
1990	Donelly	I. C.
1874	Donelson	J.
1876	Donelson	J.
287	Donelson	Jno.
320	Donelson	Jno.
1875	Donelson	John
273	Donnell	Wiley J.
653	Donnelly	B.
1537	Donnelly	B.
724	Donnelly	Bartholomew
36 ½	Donnelly	J. B.
625	Donop	Otto
330	Dooley	J. L.

Name Index to Military Claims-Alphabetically

327	Dooley	Jno.
1366	Doolin	Isaac
36 ½	Doran	G. H.
36 ½	Doran	G. H.
38	Doran	J. H.
72	Doran	J. H.
76	Doran	J. H.
148	Doran	W. P.
1798	Doran	W. P.
36 ½	Doran	William P.
521	Dorbandt	C.
964	Dorn	C. H.
36 ½	Dorn	Christ H.
26	Dorn	Christ N.
838 A	Dorris	James
1684 A	Dorris	James
1168	Dorsett	F. E.
2377	Dorsett	F. J.
2377	Dorsett	W. H.
588	Dorsey	C. W.
845 A	Dorsey	C. W.
1624	Dorsey	C. W.
1168	Dorsey	W. T.
1103	Dosier	James B.
2155	Doss	S. E.
2024	Doss	Samuel E.
819	Dossey	G. B.
819	Dossey	William
1102	Dossier	James B.
1616	Dotson	G. W.
1706	Dotson	J. N.
1706	Dotson	J. P.
396 A	Dougherty	J. R.
2024	Dougherty	T. M.
355 A	Doughney	A. J.
1049	Dowell	F.
1494	Dowling	Jno. W.
1287	Downey	Edward
1354	Downing	C. T.
936	Downing	George
1350	Downing	T. B.
1904	Downs	D. T.
36 ½	Downs	Daniel T.
1798	Downs	Daniel T.
2015	Downs	E. L.
426 A	Downs	F. C.
1843 A	Downs	T. L.
719	Doyle	David T.
1490	Doyle	W. W.
1428	Drake	Nicholas
1428	Drake	T. B.
1449	Drennan	S. D.
273	Dresser	Thomas
1612	Driefs	August
1517	Driess	A.
195 ½	Driskell	Jno. J.
189	Driver	W. B.
2213	Driver	W. J.
1278	Drown	William D.
1366	Drugan	Thomas H.
36 ½	Druitt	Leo
523	Druitt	Leo
715	Druitt	Leo
752	Druitt	Leo
821	Druitt	Leo
222	Drury	H. A.
408 A	Druson	J. A.
240	Du Val	Burr G.
640	Du Val	Burr G.
1226	Du Val	Burr G.
1119	Dubose	James H.
1773	Duce	Henry
1773	Duce	Julius
1774	Ducksworth	W. T.
26	Duckworth	William T.
36 ½	Duckworth	William T.
821	Duckworth	William T.
1141	Duckworth	William T.
1852 A	Duckworth	William T.
107	Duecker	Aug.
803	Duecker	Aug.
1015	Duecker	Aug.
895	Duee	Henry
895	Duee	Julius
279	Duerson	W. K.
280	Duerson	W. K.
116	Duew	Henry
716	Duff	F. P.
36 ½	Duff	Frederick P.
36 ½	Duff	Frederick P.
36 ½	Duff	Frederick P.
821	Duff	Frederick P.
2253	Duff	H. H.
1798	Duff	H. P.
2253	Duff	J. W.
383	Duff	James
441	Duff	James
442	Duff	James

Name Index to Military Claims-Alphabetically

1575	Duff	James
1280	Duff	Marion
121	Duffan	F. T.
840 A	Duffan	F. T.
108	Duffau	F. T.
158	Duffau	F. T.
381	Duffau	F. T.
384	Duffau	F. T.
548	Duffau	F. T.
599	Duffau	F. T.
707	Duffau	F. T.
708	Duffau	F. T.
840	Duffau	F. T.
841	Duffau	F. T.
842	Duffau	F. T.
847	Duffau	F. T.
865	Duffau	F. T.
884	Duffau	F. T.
885	Duffau	F. T.
909	Duffau	F. T.
914	Duffau	F. T.
915	Duffau	F. T.
917	Duffau	F. T.
966	Duffau	F. T.
1035	Duffau	F. T.
1036	Duffau	F. T.
1221	Duffau	F. T.
2062	Duffau	F. T.
2210	Duffau	F. T.
2324	Duffau	F. T.
2451	Duffau	F. T.
2739	Duffau	F. T.
2748	Duffau	F. T.
1959	Duffaw	F. T.
36 ½	Duggan	James A.
1415	Duggan	William
112	Duke	John
1168	Duke	N. B.
1990	Duke	R. M.
12	Dukes	James E.
1428	Dulaney	W. R.
581 A	Duley	James D.
1499	Dumas	J.
224	Dumas	James P.
1363	Dumas	James P.
2514	Dumas	James P.
1643	Dunbar	Thomas
929	Duncan	A. D.
1632	Duncan	B. A.
1365	Duncan	Francis M.
1550 A	Duncan	J. F.
1072 A	Duncan	J. H.
351 A	Duncan	J. R.
1290	Duncan	R. G.
1920 A	Duncan	R. M.
1232 A	Duncan	S. H.
2007 A	Duncan	Samuel H.
735 A	Duncan	W. E.
36 ½	Duncan	William
36 ½	Duncan	William
1798	Duncan	William
735 A	Dunklin	F. M.
698 A	Dunlap	W.
1245	Dunlap	W. W.
1236	Dunlevie	J.
753	Dunlevie	Jno.
519	Dunlevie	John
653	Dunn	Christopher
106	Dunn	Hiram D.
1350	Dunn	J. E.
1706	Dunn	J. S.
319 A	Dunn	James
2509	Dunn	James
1800	Dunn	Jno.
767	Dunn	M. M.
1098 A	Dunn	Nichols
548	Dunn	Peter
835	Dunn	Peter
1365	Dunson	Erastus
323 A	Dupey	William
311 A	Dupree	D. B.
304	Dupree	F. L.
1668 A	Dupuy	Riggs
1737 A	Dupuy	Riggs
1685 A	Dupuy	William
1365	Durand	Naclito
1365	Durand	William
715	Durant	F.
752	Durant	Fred
36 ½	Durant	Frederick
821	Durant	Frederick
1796	Durham	G. J.
1041	Durham	James M.
1525	Durham	R.
72	Durnett	Jno.
290	Durrett	Thomas
290	Durrett	William
2313	Durriet	L. B.

Name Index to Military Claims-Alphabetically

No.	Surname	Given
625	Durst	F. G.
625	Durst	I.
1379	Dutchman	
1272 A	Duty	M. J.
2007 A	Duty	M. J.
66	Duval	B. D.
66 ½	Duval	B. D.
403	DuVal	Burr G.
913	Duval	Burr G.
1369	Duval	Burr G.
1407	Duval	Burr G.
2249	Duval	Sam
957	Dwyer	Jno.
1453	Dwyer	Jno.
298	Dyche	A. J.
1800	Dye	B. F.
1365	Dye	Benson A.
1556 A	Dye	George
1908 A	Dye	George
568	Dyer	Charles
1706	Dyer	F. M.
2218	Dyer	J. B.
531 A	Dyer	Jno. L.
1113	Dyer	R. H.
190	Dykes	W. B.
834	E. B. Nichols & Co.	
55	Eads	B. F.
1642	Eagan	Patrick
1429	Eagan	William
1232 A	Eaker	W. A.
17	Eanes	Thomas
75	Eanes	Thomas
339 A	Earle	J. H.
1492	Earley	L. Y.
1492	Earley	M. J. B.
1350	Early	N. F.
799	Earnest	E. M.
804	Earnest	E. M.
896 A	Earnest	J. R.
1105 A	Earnest	J. R.
1290	Earps	J. B.
1990 A	Earss	B. T.
2253	Easley	W. C.
196	Easterwood	Joseph A.
196	Easterwood	William H.
196	Eastham	James B.
196	Eastham	Jno. E.
776	Eastland	W. M.
869 A	Eastlip	E. R.
794 A	Eastman	B. F.
869 A	Eastman	B. T.
88	Eavens	James S.
36 ½	Eby	Isaac
1136	Eby	Isaac
821	Eby	Isac
1706	Eckardt	A. E.
684	Eckford	Jno.
53	Eckford	John
1523	Edderington	H. C.
290	Eddleman	Jno. A.
898 A	Eden	J.
2697	Edgar	H. T.
2353	Edgar	William
1676	Edmerson	R. C.
1154	Edmiston	F. G.
2500	Edmiston	M. J.
692	Edmondson	William
956	Edmonson	Latimore
471	Edmonson	M. D.
1031	Edmonson	W. T.
471 A	Edmundson	M. D.
1807 A	Edrington	H. C.
1411	Edwards	I. C.
568	Edwards	James
290	Edwards	James C.
1281	Edwards	Jno.
675	Edwards	Jno. T.
1141	Edwards	Jno. T.
1774	Edwards	Jno. T.
26	Edwards	John T.
36 ½	Edwards	John T.
36 ½	Edwards	John T.
1616	Edwards	M. H.
1683 A	Edwards	P. J.
290	Edwards	Thomas
81	Edwards	William
303	Edwards	William
653	Edwards	William
965	Edwards	William
1089	Edwards	William
1629	Edwards	William N.
675	Effman	Charles
715	Effman	Charles
752	Effman	Charles
821	Effman	Charles
257	Eggleston	Z. P.
64	Eichels	John
257	Eiker	Henry

Name Index to Military Claims-Alphabetically

36	Eilers	August
36	Eilers	August
1020	Eldredge	N.
1455	Eldridge	A. J.
1908 A	Eldridge	John T.
2580 A	Elgin	John B.
2580 A	Elgin	John B.
112	Elgin	T. A.
1497 A	Eliot	Jacob
2114	Elisando	Doronteo
255 A	Elkin	H. D.
468	Elkin	S. A.
314 A	Elkins	Harmon D.
921	Elkins	Jno.
2432	Elkins	R. L.
199	Elkins	Richard S.
2213	Ellidge	B. F.
685	Elliott	J.
767	Elliott	J. P.
159	Elliott	J. W.
685 A	Elliott	James
1047	Elliott	James C.
101	Elliott	Johnson M.
6	Elliott	M. A.
2032	Elliott	M. A.
2497	Elliott	M. A.
2179	Elliott	Stephen
273	Elliott	T. W.
2671 A	Ellis	Frederick
1706	Ellis	G. F.
1734	Ellis	J. C.
810	Ellis	J. L.
192	Ellis	J. P.
543 A	Ellis	Jesse
512 A	Ellison	J. W.
2073	Elliston	Mark
1229 A	Ellisworth	John
55	Ellsworth	J.
1773	Ellsworth	Jno.
36 ½	Ellsworth	John
1607	Elson	J. C.
53	Elwine	Jno. T.
36 ½	Ely	Isaac
116	Ely	Isaac
1111	Emanuel	J.
1247	Emanuel	J.
10 A	Embree	A. J.
265	Embree	A. J.
204	Embry	L. B.
215	Embry	L. B.
1562 A	Embry	W. G.
354 A	Embry	W. G..
2225	Emerson	T. B.
1366	Emmanacker	Joseph
2253	Emmett	T. J.
1908 A	Emmons	H. A.
212 A	Emmons	Henry A.
36 ½	Emmons	James D.
148	Emmons	James D.
1141	Emmons	James D.
1428	Emmons	L. F.
675	Emons	James D.
821	Emons	James D.
1349	Ende	F.
684	Enderly	Lewis
715	Enfernier	A.
523	Enfernier	Achille
752	Enfernier	Achille
821	Enfernier	Achille
36 ½	Enfernier	Archille
306	Engenhutt	Thomas
1874	English	James W.
1455	English	T. W.
1990	English	W. O.
683	English	William
684	English	William
1742	English	William
1800	English	William
1811	Enijos	Jose
2357	Enojos	Jose
2380	Enojos	Jose
2306	Enojos	Juan
2295	Ensor	William T.
1746	Epperson	R. M.
244	Epps	D. J.
299	Erby	Daniel P.
1557	Ercanbrack	T. J.
805	Erhard	E.
747	Erhardt	C.
751	Erhardt	C.
1350	Erhardt	J. F.
720	Ernest	E. M.
26	Errey	Charles H.
319 A	Erskine	A. N.
36 ½	Ervey	Charles H.
1141	Ervey	Charles H.
1791	Erwin	Daniel
2698	Erwin	G. W.

Name Index to Military Claims-Alphabetically

Claim #	Surname	Given
2760	Erwin	G. W.
1298	Erwin	Henry
1350	Erwin	T. C.
1205	Escalante	Juan Garcia
1206	Escalante	Juan Garcia
1205	Escamilla	Angel
1206	Escamilla	Angel
1094	Escamilla	Ignes
1206	Escamilla	Ignes
865	Escamillo	Pablo
1206	Escamillo	Pablo
1205	Escobal	Felix
1206	Escobal	Felix
968	Espie	T. H.
683	Espinosa	F.
36 ½	Espinosa	Florentine
1065	Estep	E.
1066	Estep	E.
1637	Estes	B. T.
290	Estes	Benjamin
196	Estes	Cornelius
257	Estes	J. L.
1706	Estill	J. S.
802 A	Estip	E.
580	Estrange	F. L.
1232 A	Etherage	L. H.
1616	Etherley	T. C.
1787	Etter	Jacob
1350	Etter	L. R.
2427	Eubanks	Alf
1087	Eubanks	Alfred
301	Eule	Ernest
2061	Evans	A. I.
632	Evans	Edward
1683 A	Evans	Edward D.
290	Evans	Henry
1816	Evans	J. C.
1817	Evans	J. C.
290	Evans	James R.
597	Evans	James S.
2165	Evans	S. M.
1494	Evans	T. F.
1220	Evans	Thomas M.
299	Everett	F.
1560 A	Everett	Samuel B.
987	Everett	Thomas
13	Everett & Howell	
1204	Evins	Thomas M.
1206	Evins	Thomas M.
101	Ewing	Henry L.
101	Ewing	Thadeus C.
1430	Ewing	W. M.
1431	Ewing	W. M.
1168	Ezell	W. H.
106	Ezell	William J.
196	Ezell	William L.
112	Fain	J. M.
1314	Fairborn	J. N. M.
986 A	Fairler	W. M.
868 A	Faltin	August
62	Fancher	A. J.
1270	Fancher	E. S.
1350	Fanning	A. J.
1414	Fanning	George R.
1350	Fanning	Jno.
2114	Faras	Lescadio
1318	Fareman	W. W.
1530	Fareman	W. W.
987	Faris	A. J.
1053 A	Farland	S. J. M.
643	Farley	W. H.
15 A	Farmer	J. C.
2253	Farmsworth	W. A.
195	Farney	E. S.
840 A	Farquhar	W.
1100 A	Farquhar	W.
1831	Farr	Semuel
204	Farrar	A. L.
215	Farrar	A. L.
388 A	Farrar	A. L.
204	Farrar	D. S.
215	Farrar	D. S.
204	Farrar	George W.
206	Farrar	George W.
351 A	Farrar	H. G.
902 A	Farrar	H. G.
204	Farrar	Jno. A.
215	Farrar	John A.
1897 A	Farrar	L.
292	Farrar	L. J.
293	Farrar	L. J.
1983 A	Farrar	O. L.
388 A	Farrar	O. S.
204	Farrar	R. W.
215	Farrar	R. W.
116	Farrell	Leroy B.
585	Farrell	P.
617	Farrell	Peter

Name Index to Military Claims-Alphabetically

1773	Farrell	Peter
2114	Farris	Leon
374 A	Farrow	J. D.
74	Farrow	L. B.
1142	Farrow	Leroy
1366	Fatheree	Joseph
1366	Fatheree	L. Berry
139	Fathery	H. H.
1693	Faulcher	H. C.
257	Faulkner	J. T.
1243	Faulkner	W. L.
421 A	Faunt Le Roy	F. W.
257	Faust	Freeman S.
204	Fears	B. F.
215	Fears	B. F.
1350	Featherston	C. H.
1354	Featherston	C. H.
62	Feazell	D. C.
959 A	Feazell	F. J.
1012 A	Feazell	W. F.
1011 A	Feazelle	W.
189	Feilder	C. S.
189	Feilder	S. D.
803	Feller	William
2743	Fellman	L.
2418	Fellon	R. A.
527	Felps	B.
527	Felps	Benjamin
527	Felps	T. C.
527	Felps	W. D.
107	Felter	William
207	Fender	W. M.
107	Fenge	C.
1015	Fenge	Christ
803	Fenge	Christian
810	Fenter	Bradley
821	Fergurson	William J.
148	Ferguson	I. I.
207	Ferguson	J. D.
102	Ferguson	J. J.
36 ½	Ferguson	James J.
91	Ferguson	John
36 ½	Ferguson	Joseph J.
26	Ferguson	William J.
36 ½	Ferguson	William J.
1141	Ferguson	William J.
1875	Ferrell	William
987	Ferris	B. C.
1798	Ferris	E. A.
36 ½	Ferris	Edward A.
1852 A	Ferris	Edward A.
1616	Ferris	W.
204	Ferris	W. D.
215	Ferris	W. D.
1696	Fidler	S. G.
1455	Field	Charles
658 A	Field	J. H.
2550	Field	John
353 A	Field	W. R.
1411	Fields	Adam
1105 A	Fields	D. C.
1049	Fields	I.
1563 A	Fields	W. R.
1990	Fields	W. S.
1123	Fields	William B.
1338	Fields	William B.
62	Files	G. W.
62	Files	T. G. Sr.
62	Files	Thomas G. Jr.
2179	Finch	W. A. J.
996 A	Fingland	William
487	Fink	R.
2169	Finley	F. M.
1983 A	Finley	J. C.
2409	Finn	W. H.
321	Finnen	Edward
1825	Finnin	Ed
2288	Finnin	Ed
128	Finnin	Ed.
639	Finnin	Ed.
703	Finnin	Ed.
731	Finnin	Ed.
749	Finnin	Ed.
911	Finnin	Ed.
994	Finnin	Ed.
1076	Finnin	Ed.
1336	Finnin	Ed.
1342	Finnin	Ed.
1368	Finnin	Ed.
1378	Finnin	Ed.
1410	Finnin	Ed.
1667	Finnin	Ed.
1678	Finnin	Ed.
1782	Finnin	Ed.
1861	Finnin	Ed.
1935	Finnin	Ed.
1997	Finnin	Ed.
2052	Finnin	Ed.

Name Index to Military Claims-Alphabetically

2078	Finnin	Ed.	470	Fitzhugh	Robert
2090	Finnin	Ed.	553 A	Fitzhugh	Robert
2102	Finnin	Ed.	2040	Fitzhugh	Robert
2113	Finnin	Ed.	383 A	Fitzhugh	W.
2140	Finnin	Ed.	338 A	Fitzhugh	William
60	Finnin	Edward	385 A	Fitzhugh	William
182	Finnin	Edward	556 A	Fitzhugh	William
183	Finnin	Edward	874 A	Fitzhugh	William
236	Finnin	Edward	888 A	Fitzhugh	William
274	Finnin	Edward	1645	Fitzhugh	William
351	Finnin	Edward	1685 A	Fitzhugh	William
361	Finnin	Edward	1753 A	Fitzhugh	William
390	Finnin	Edward	2013 A	Fitzhugh	William
401	Finnin	Edward	112	Fitzpatrick	S. G.
417	Finnin	Edward	849 A	Fitzwaters	E.
418	Finnin	Edward	2253	Flack	G. W.
457	Finnin	Edward	764	Flanagan	Jno.
1425	Finnin	Edward	207	Fleetwood	E. D.
1465	Finnin	Edward	1773	Fleming	Benjamin
1516	Finnin	Edward	412	Fleming	J. B.
1524	Finnin	Edward	1657	Fleming	L.
1533	Finnin	Edward	1657	Fleming	M.
1609	Finnin	Edward	1063	Fleming	M. V.
1670	Finnin	Edward	2627	Fleming	W. H.
1728	Finnin	Edward	252 A	Flemming	Anmdrew J.
1767	Finnin	Edward	617	Flemming	Benjamin
1870	Finnin	Edward	196	Flemming	David D.
1696	Fisher	James	1241	Flemming	Martin V.
556 A	Fisher	N. B.	199	Flemming	Thomas C.
1706	Fisher	R. W.	199	Flemming	William B.
846 A	Fisher	W. H.	1578	Flemmings	B.
1416	Fisher	W. N.	844	Fletcher	Solomon
2169	Fisher	William	981	Flint	J. T.
1706	Fisher	William H.	222	Flint	L. F.
810	Fitch	J. R.	606	Flipper	T. A.
1071 A	Fitch	Jno. W.	192	Flippin	William
52 A	Fitch	M. L.	675	Flores	Fecundo
974 A	Fitch	Thomas	1206	Flores	Nicholas
632	Fitze	Gustave	1365	Flores	Pedro
676	Fitzgerald	Thomas H.	1365	Flores	Salvador
1852 A	Fitzgerald	Thomas H.	621	Flournoy	S. M.
72	Fitzgerald	Thomas W.	255 A	Flowers	A. F.
986 A	Fitzhugh	G. J.	2779 A	Flowers	A. F.
556 A	Fitzhugh	G. L.	1455	Flowers	B. C.
385 A	Fitzhugh	G. S.	2213	Floyd	Edward
556 A	Fitzhugh	G. S.	5	Floyd	Jno. B.
1637	Fitzhugh	G. S.	550 A	Foak	James
556 A	Fitzhugh	J. D.	207	Fogelman	M.
1637	Fitzhugh	J. D.	540 A	Foler	S. G.

Name Index to Military Claims-Alphabetically

Number	Surname	Given
36 ½	Foley	Thomas
1798	Foley	Thomas
1852 A	Foley	Thomas
1568	Follis	W. J.
1074	Follis	William J.
817 A	Folmer	John
986 A	Fondrive	L.
192	Fontaine	W. F.
807	Foote	G. A.
2377	Foots	T. D.
1713	Forbes	James A.
652	Forbis	James
1284	Ford	A. W.
1990	Ford	D. O.
291	Ford	David
1428	Ford	H. M.
1797 A	Ford	Jno. M.
81	Ford	Jno. P
72	Ford	Jno. P.
74	Ford	Jno. P.
77	Ford	Jno. P.
84	Ford	Jno. P.
100	Ford	Jno. P.
675	Ford	Jno. P.
1481	Ford	Jno. P.
70	Ford	Jno. S.
1908 A	Ford	John S.
173	Ford	Manuel
1616	Ford	R. S.
810	Ford	T. L.
812	Ford	T. S.
1074	Foreman	A. J.
1329 A	Foreman	A. J.
3	Foreman	James C.
62	Foreman	R. W.
889 A	Foreman	W.
768	Foreman	W. W.
1663	Foreman	W. W.
2024	Foreman	W. W.
2155	Foreman	W. W.
297	Foreman	William
1024 A	Forest	J. P.
2170	Forester	H. T.
2170	Forester	L. S.
2012 A	Forkner	G. T.
2377	Forman	Hugh
392	Forrest	Car
392	Forrest	S. R.
716	Forrest	Thomas
692	Forsythe	Thornton
202	Fortson	James F.
987	Fossett	Henry
998	Fossett	Henry
987	Fossett	Samuel
988	Fossett	Samuel
989	Fossett	Samuel
1692	Foster	A.
1693	Foster	A.
2393	Foster	A.
388 A	Foster	A. A.
606	Foster	A. A.
204	Foster	C. F.
215	Foster	C. F.
148	Foster	Charles
116	Foster	De Witt C.
2169	Foster	E.
186 A	Foster	E. F.
34	Foster	Robert
2620	Foster	T. J.
864	Foucher	W. T.
813	Fountain	H. C.
819	Fountain	H. C.
824	Fountain	H. C.
29 A	Fowler	A.
199	Fowler	George P.
351 A	Fowler	J. A.
207	Fowler	J. J.
2170	Fowler	J. J.
101	Fowler	James F.
2213	Fowler	John L.
2437	Fowler	L. M. B.
1570 A	Fowler	L. W.
207	Fox	B. F.
468	Fox	Charles T.
1102	Fox	J. F.
1350	Fox	J. L.
290	Fox	Jno.
1350	Fox	M. J.
702	Fox	P.
1350	Fox	Z. J.
1428	France	Perry
1428	France	Warrick
998	Francis	E.
1042	Frank	Eml.
1616	Franklin	G.
2771	Franklin	J. R.
1430	Franklin	William H.
371 A	Franks	Eli

Name Index to Military Claims-Alphabetically

421 A	Franks	Eli
802 A	Franks	J. M.
819	Franks	Jno. B.
1151	Frantsen	Erasmus
1411	Frantz	Christ.
1151 A	Frautsen	E.
36 ½	Frazee	W. E.
2748 A	Frazelle	W.
1875	Frazer	G. W.
196	Frazier	James I.
1150	Frazier	Jno.
62	Frazier	Richard
207	Frazier	W. C.
2732	Frazier	W. D.
2325	Frazier	W. T.
1852 A	Frazier	William E.
1411	Frechtling	C.
13	Freeman	C.
2135	Freeman	C. T.
2151	Freeman	C. T.
2152	Freeman	C. T.
2160	Freeman	C. T.
2163	Freeman	C. T.
2166	Freeman	C. T.
2174	Freeman	C. T.
2182	Freeman	C. T.
2184	Freeman	C. T.
2185	Freeman	C. T.
2188	Freeman	C. T.
2189	Freeman	C. T.
2192	Freeman	C. T.
2195	Freeman	C. T.
2275	Freeman	C. T.
2308	Freeman	C. T.
2424	Freeman	C. T.
2429	Freeman	C. T.
2431	Freeman	C. T.
2472	Freeman	C. T.
2529	Freeman	C. T.
2157	Freeman	Charles T.
2158	Freeman	Charles T.
2422	Freeman	Charles T.
2532	Freeman	Charles T.
951	Freeman	E. G.
802 A	Freeman	F. M.
1233 A	Freeman	F. W.
802 A	Freeman	J. B.
36 ½	Freeman	L. F.
675	Freeman	Levy
36 ½	Freeman	Levy F.
1949 A	Freeman	W. F. M.
2395	Freeman	W. M.
1683 A	French	J. B.
199	French	James O.
1968	Frey	John A.
371 A	Friend	G. L.
802 A	Friend	G. L.
1706	Friend	J. C.
189	Friend	J. W.
421 A	Friend	J. W.
840 A	Friend	J. W.
176 A	Friend	Samuel
1388 A	Frishmeyer	Francis
1706	Frogge	James M.
5	Frost	Benjamin
2329	Frost	E. R.
3	Frost	Elisabeth T.
62	Frost	J. J.
1086	Frost	J. M.
1916	Frost	J. M.
1128	Frost	J. W.
2253	Frost	M. V.
1081	Frost	Thomas C.
2436	Frost	Y. H.
1029 A	Fry	James H.
1908 A	Fry	James H.
1350	Fry	M. T.
222	Fry	W. T.
1350	Fry	Wilbourn
1354	Fry	Wilbourn
1349	Fry & Allen	
1168	Frynier	T. F.
102	Fugett	Francis M.
36 ½	Fuggitt	Francis M.
36 ½	Fuggitt	Francis M.
821	Fugitt	Francis M.
11	Fulcher	F. T.
692	Fulkeson	James
148	Fuller	A.
1574	Fuller	A.
36 ½	Fuller	Alfred
38	Fuller	Almond
819	Fuller	B. F.
1557	Fuller	B. F.
840 A	Fuller	D.
2237	Fuller	Elijah D.
327	Fuller	Henry
819	Fuller	J. L.

Name Index to Military Claims-Alphabetically

1494	Fuller	J. W.
1197	Fuller	James
1198	Fuller	James
819	Fuller	Jno.
850	Fuller	R. A.
1312	Fuller	R. A.
1314	Fuller	R. A.
1494	Fuller	T. Y.
1312	Fuller	William
199	Fullerton	Henry
290	Fulton	T. J.
606	Fulton	Wilson
1804	Fulton	Wm.
945	Funderberg	Jno.
1020	Funderberg	Jno.
1774	Furbarn	Wash.
36 ½	Furbern	Wash.
36 ½	Furburn	Wash
527	Furgeson	B. G.
2210	Fusselman	Samuel
189	Futch	G. W.
353 A	Futch	Thomas
2169	Gabriel	William
44	Gaffney	William
523	Gaffney	William
1798	Gaffney	William
204	Gage	Jerry
2169	Gage	John D.
1428	Gage	William
192	Gago	John L.
9 A	Gahagan	Thomas W.
1008 A	Gaines	Reuben
112	Gaither	G. W.
821	Galbraith	Teophilus
36 ½	Galbraith	Theopilus
36 ½	Galbreah	Theophelus
12 ½	Gallagher	E. P.
62	Gallagher	J. G.
36 ½	Gallagher	William
148	Gallagher	William
821	Gallagher	William
1616	Gallaher	R. W.
802 A	Gallarin	M.
1047	Gallatin	Samuel J.
72	Gallavan	Patrick
207	Gallaway	Thomas
1097	Galligher	Thomas
1523	Galliton	M.
1523	Galliton	S. G.
2173	Gallop	John
214 A	Galvan	J.
214 A	Galvan	S.
1285	Galveston News	
2761	Galveston News	
2764	Galveston News	
1341	Galveston News Office	
656	Galveston Wharf Co.	
726	Galveston, City of	
729	Galveston, City of	
661	Galveston, The City of	
108	Galvin	Patrick
1205	Gambar	Antonio
1206	Gambar	Antonio
1206	Gambar	Laustenos
1205	Gambar	Prudencio
1206	Gambar	Prudencio
1205	Gambar	Ramon
1206	Gambar	Ramon
1205	Gambar	Sanstenos
36 ½	Gammon	Benjamin
36 ½	Gammon	Benjamin
976	Gammon	Benjamin
1852 A	Ganagher	William
831	Ganahl	Charles
987	Gandy	F. M.
1144	Gandy	F. M.
1147	Gandy	F. M.
1780	Gannon	William
796 A	Ganny	Jno.
273	Gano	Morris
1706	Gant	A. B.
1428	Gant	J. J.
148	Ganzel	Henry
2114	Garca	Lev.
1210	Garcia	Bartolo
791	Garcia	Eugenio
1204	Garcia	Eugenio
1206	Garcia	Eugenio
1234 A	Garcia	F.
1206	Garcia	Ijinio
1205	Garcia	Ijonio
1205	Garcia	Incarnacion
1206	Garcia	Jose Maria
1209	Garcia	Jose Maria
1206	Garcia	Julian
1209	Garcia	Julian
1205	Garcia	Leonarda
1206	Garcia	Leonardo

Name Index to Military Claims-Alphabetically

Number	Surname	Given
1205	Garcia	Lucas
1206	Garcia	Lucas
1205	Garcia	Marcello
1206	Garcia	Marcello
2218	Garcia	Rafael
207	Gardener	E. J.
192	Gardner	F. A.
1807	Gardner	William
1808	Gardner	William
492	Garey	Jno. E.
738	Garland	Thomas L.
1350	Garlock	W.
1365	Garloff	Andrew
2045	Garner	Alf.
1298	Garner	Alfred
273	Garner	J. H.
2045	Garner	James
1497 A	Garner	T. P.
273	Garner	W. W.
231 A	Garnett	S. B.
957	Garra	Juan
173	Garrard	Thomas
176	Garrard	Thomas
371	Garrard	Thomas
380	Garrard	Thomas
421	Garrard	Thomas
189	Garrell	H. H.
2226	Garrett	John
1713	Garrett	Robert J.
899 A	Garrett	William M.
1428	Garrison	William
199	Garvin	Thomas
1206	Garza	Anastaslado
1206	Garza	Eldefonso
1365	Garza	Entaban
1205	Garza	Estanaslado
2114	Garza	Francisco
1205	Garza	Ildefanso
1365	Garza	Jesus
2114	Garza	Juan
1205	Garza	Nepomocino
1206	Garza	Nepomocino
1205	Garza	Perfecto
1206	Garza	Perfecto
1205	Garza	Rafael
1206	Garza	Rafael
2114	Garza	Ramon
2115	Garza	Ramon
9 A	Gaston	H. M.
767	Gaston	H. M.
819	Gates	A. F.
527	Gates	A. V.
1130	Gathey	James
1130	Gathings	J. J.
62	Gathings	James
512 A	Gatlin	J. G.
1562 A	Gatlin	J. G.
1819	Gauny	J. N.
353 A	Gay	J. M.
1097	Gearin	Thomas
1114 A	Gebbard	S. H.
422 A	Gebhard	L. H.
62	Gee	R. A.
112	Geer	G. L.
1613	Geer	Gordon
1559 A	Geiger	John
1722 A	Genity	John
1232 A	Gentry	A.
222	Gentry	E. M.
388 A	Gentry	M. W.
1039 A	Gentry	M. W.
1232 A	Gentry	R.
1616	Gentry	W.
222	Gentry	William
588	Georg	G.
2782 A	George	G.
1018	George	G. D.
1886	George	G. D.
788	George	H. B.
1744	George	J. F.
1908 A	George	Jacob F.
204	George	Jno. C.
215	George	Jno. C.
2375	George	Robert
1503 A	George	W. A.
2013 A	George	W. A.
1397	Gerdes	Henry
1563 A	Gerhard	M.
2030 A	Gerhard	M.
2025	Gerhard	Matthew
1503	Gerhard	W.
1504	Gerhard	W.
1884	Gerhard	W.
1624	Gerk	George
204	Germany	T. H.
950	Geron	L. C.
72	Gerwin	W. H.
192	Getzendanner	W. H.

Name Index to Military Claims-Alphabetically

278	Getzendanner	W. H.
192	Getzendanner	William H.
193	Getzendanner	William H.
202	Getzendanner	William H.
915 A	Gholson	B. F.
1981 A	Gholson	B. F.
148	Gholson	James
1774	Gholson	James
531 A	Gholson	S.
80 A	Gibbens	Robert
31 A	Gibbins	J. D.
1024 A	Gibbins	J. D.
1024 A	Gibbins	J. M.
2099	Gibbins	James
2213	Gibbon	J. C.
970 A	Gibbons	E.
1853 A	Gibbons	I. M.
2169	Gibbons	James
651	Gibbs	Henry
2016	Gibbs	S. J.
632	Gibbs	Samuel
62	Gibson	James D.
2693	Gibson	Robert
340	Gibson	S.
2700	Gibson	Samuel
189	Gibson	T. A.
2253	Gibson	W W.
1990	Giddion	G. W.
632	Gifford	John
1205	Gil	Luis
1206	Gil	Luis
148	Gilbert	E. F.
713	Gilbert	Edward F.
148	Gilbert	Hugh
199	Gilbert	John A.
210	Gilbert	John A.
24 A	Gilbert	Russell
2169	Gilbert	Wilson
210	Gilkey	George T.
1026	Gill	E.
1512	Gill	Patrick
1411	Gill	W. C. Jr.
1411	Gill	William C., Sr.
2376	Gilleland	Jno. T.
2466	Gilleland	Jno. T.
1350	Gillespie	J. T.
715	Gillett	A.
651	Gillett	August
821	Gillett	August
36 ½	Gillett	Augustus
752	Gillett	Augustus
802 A	Gillett	James L.
679 A	Gillett	James S.
2576 A	Gillett	James S.
802 A	Gilliam	William
887	Gilliam	William
1995 A	Gilliam	William
72	Gilliland	James
1548	Gilliland	James
290	Gilliland	Joseph C.
1428	Gilliland	L. W.
290	Gilliland	William
1411	Gillmore	William
1494	Gilmer	George A.
1494	Gilmer	Thomas S.
1494	Gilmer	W. M.
1353	Gilmore	G. R.
1416	Gilmore	G. R.
199	Gilmore	James A.
1660 A	Gilmore	Leaborn
2478	Gist	J. N.
525 A	Githeen	L. P.
2035	Givatting	F. M.
2213	Givens	C. C.
767	Givens	C. W.
1623	Givens	Daniel B.
1908 A	Givens	Daniel B.
606	Givens	G. W.
606	Givens	J. W.
199	Glanden	Stephen R.
210	Glandon	Stephen R.
568	Glanville	C. C.
495 A	Glass	A. M.
2248	Glass	D. H.
2173	Glass	G. W.
2253	Glass	J. E.
2169	Glass	Luther C.
1190	Glass	W. L.
1984	Glass	W. S.
1986	Glass	W. S.
195 ½	Glasscock	Benjamin F.
2071	Glasscock	Thomas A.
531 A	Glearson	W.
2253	Gleissner	Anton L.
527	Glenn	G. B.
340	Glenn	J. J.
386	Glenn	Jno. W.
842 A	Glenn	John

Name Index to Military Claims-Alphabetically

No.	Surname	Given
917 A	Glenn	John
1169	Glenn	Mark
340	Glenn	W. G.
340	Glenn	W. J.
1094	Glidden	GG. R.
1416	Gliddon	G. R.
1118	Gliddon	George R.
1119	Gliddon	George R.
1773	Gliddon	George R.
1206	Glores	Francisco
1430	Glover	G. W.
127	Glover	H. B.
1430	Glover	L. W.
767	Goble	Jno. G.
898 A	Goble	John G.
215	Gochar	Jno. W.
204	Gocher	John W.
1494	Goetney	G. W.
222	Goff	Marion
1278	Going	Nicholas
107	Gold	Peter
803	Gold	Peter
1015	Gold	Peter
715	Golledge	James W.
752	Gollege	James W.
1094	Gonsales	Martin
1205	Gonsales	Polonio
1071 A	Gonzales	A.
791	Gonzales	Dario
1206	Gonzales	Dario
2114	Gonzales	Eug.
2114	Gonzales	Lino
982	Gonzales	Loreto
1206	Gonzales	Martin
1206	Gonzales	Polonio
1206	Gonzales	Ricardo
1205	Gonzalez	Ricardo
1830	Gooch	Jno. C.
2156	Gooch	John C.
2027	Good	John J.
1791	Good	Robert
222	Good	Robert C. H.
2091	Good	W. S.
2092	Good	W. S.
840 A	Goode	J. D.
101	Gooding	George
1585	Gooding	Samuel
923	Goodlet	J. A.
924	Goodlet	J. A.
924 A	Goodlet	J. A.
80 A	Goodlett	J. A.
2217	Goodlett	J. A.
2218	Goodlett	J. A.
192	Goodloe	B. H.
851	Goodman	J. C.
851	Goodman	J. R.
1061	Goodrich	L. H.
1946	Goodright	Charles
568	Goodson	G. W.
568	Goodson	J. B.
74	Goodwin	Charles
901 A	Goodwin	J. M.
2170	Goran	Joshua
1472	Gordon	Carral
1023 A	Gordon	F.
1990	Gordon	J. L.
2169	Gordon	John A.
658 A	Gormas	F.
199	Goslin	Newton J.
1800	Gossett	M.
147	Gossler	Bridget
5	Gossom	H. H.
1707	Gott	A. M.
588	Gott	H.
1562 A	Gott	H.
802 A	Gott	Henry
1624	Gott	Henry
468	Gough	A. B.
2427	Gould	C. B.
199	Gowen	Samuel N.
1278	Grace	H.
107	Graf	Charles
803	Graff	Charles
986 A	Graham	A. H.
1071 A	Graham	A. H.
339 A	Graham	F. N.
384 A	Graham	J. W.
1523	Graham	J. W.
753	Graham	Jno.
1797 A	Graham	Jno.
1004	Graham	R. H.
874 A	Graham	T. H.
874 A	Grain	J. S.
163 A	Granbury	H. B.
410 A	Granbury	H. B.
1798	Grant	C. H.
36 ½	Grant	Charles H.
1094	Grant	Charles H.

Name Index to Military Claims-Alphabetically

1428	Grant	J. A.	474	Green	H.
1719	Grant	J. D.	1754	Green	H.
1990	Grant	Nathan	199	Green	Ira
2637	Graves	A. G.	244	Green	Ira
215	Graves	David	292	Green	J. M.
47	Graves	G. W.	1755 A	Green	James
1700	Graves	H.	1753	Green	M.
295	Graves	H. S.	1798	Green	N. O.
1562 A	Graves	H. S.	1801	Green	N. O.
223	Graves	Isaac F.	1990	Green	N. O.
657 A	Graves	J. G.	2060	Green	Samuel
2637	Graves	L. H.	1492	Green	T. L.
79 A	Graves	M. W.	1502	Green	T. L.
1168	Graves	P. L.	1965	Green	T. L.
1170	Graves	P. L.	62	Green	William
204	Graves	R. R.	1800	Green	William
215	Graves	R. R.	1168	Green	Y. H.
277	Graves	R. R.	1902 A	Greenaway	Harry
1472	Graves	Robert B.	195	Greenaway	J. B.
1350	Graves	Stephen	388 A	Greener	Jno.
204	Graves	W. J.	990	Greener	Jno.
215	Graves	W. J.	186 A	Greener	John
112	Gravitt	I. M.	1706	Greenup	P. C.
1990	Gray	A. P.	1706	Greenup	William
550 A	Gray	C. R.	388 A	Greenway	Jno. B.
2170	Gray	D. M.	327	Greenwood	Jno.
148	Gray	I. H.	546	Greer	D. D.
207	Gray	J. H.	1946	Greer	George
683	Gray	J. H.	1125	Greer	Jno. L.
684	Gray	J. H.	1428	Gregg	I. G.
1209	Gray	J. H.	1175 A	Gregg	John
1800	Gray	J. M.	2487	Gregg	Josiah
2498	Gray	Jno. J.	1232 A	Gregg	M.
207	Gray	P. W.	2037	Gregg	S. S.
516 A	Gray	R. W.	566	Gregg	W. R.
606	Gray	T. L.	271 A	Gregg	William
257	Gray	W. P.	72	Greve	Lewis
1706	Gray	W. S.	1990	Grey	George
1718	Greathouse	H. P.	1657	Grey	J. C.
72	Green	C. W.	2173	Grider	Thomas
74	Green	Charles	192	Griffin	A. B.
81	Green	Charles	222	Griffin	C. C.
1127	Green	Charles	692	Griffin	Henry
77	Green	Charles W.	1195 A	Griffin	Henry
956	Green	Columbus C.	2170	Griffin	Henry
987	Green	G. D.	189	Griffin	J. T.
62	Green	George	872 A	Griffin	John W.
51	Green	H.	2253	Griffin	Owen D.
473	Green	H.	2170	Griffin	Richard

Name Index to Military Claims-Alphabetically

Claim	Surname	Given
2170	Griffin	Spencer
2257	Griffin	T. C.
36 ½	Griffin	Thomas
1306	Griffin	Thomas
1798	Griffin	Thomas
192	Griffin	W. J.
36 ½	Griffin	William
148	Griffin	William
821	Griffin	William F.
36 ½	Griffin	William M.
1428	Griffith	R.
2213	Griffith	S. G.
201	Griffith	William T.
192	Griggs	F. M.
388 A	Griggs	Thomas
821	Grill	Joseph
1637	Grimes	G. W
1706	Grimes	Jno.
758 A	Grindell	Albert
1453	Grindle	Albert
1974	Griner	H. W.
1350	Grissum	J. A.
1908 A	Gross	James
1908 A	Gross	James
2526	Ground	Emanuel
199	Ground	Thomas J.
1030	Grounds	Robert
189	Grover	F. H.
196	Grover	Jesse R.
297	Groves	Jno.
192	Groves	Nelson
222	Groves	T. P.
371 A	Grozier	Oliver
101	Grubbs	Benjamin
2170	Grunde	Felix
351 A	Guadalupe	G.
675	Guera	Philip
1696	Guerro	M.
1990	Guest	Isaac
1802	Guest	W. M.
1018	Guinn	C. T.
1319	Guinn	C. T.
1886	Guinn	C. T.
1018	Guinn	J. P.
1278	Gumbes	Jno. D.
643	Gunter	A. Y. & W. W.
1562 A	Gunter	Jno.
351 A	Gunter	John
1476	Gurrero	Felippe
133	Gusett & Moessner	
1206	Gusman	Alejandro
1205	Gusman	Alexandro
1206	Gusman	Beninio
1205	Gusman	Benino
1205	Gusman	Juan
1206	Gusman	Juan
131	Gussett & Woessner	
548	Gussett & Woessner	
1206	Guteres	Guirino
1204	Guterres	Onofre
1205	Guterres	Onofre
1206	Guterres	Onofre
1205	Guterres	Quirim
2512	Guttrey	J. P.
826 A	Gwens	W. M.
2003 A	Gwynn	W. R.
2164	Gwynne	Eli D.
1988	H. G. Bostick & Co.	
207	Haas	J. E.
207	Haas	W. M.
1411	Hackey	Patrick
330	Hackworth	N. L.
632	Hadden	James B.
273	Hagan	A. M.
36 ½	Hagan	Charles
651	Hagan	Charles
715	Hagan	Charles
752	Hagan	Charles
821	Hagan	Charles
36 ½	Hagan	Francis
116	Hagan	Francis
753	Hagan	Francis
1773	Hagan	Francis
36 ½	Hagan	Francis G.
753	Hagan	Frank G.
192	Hagan	John
291	Haggler	George W.
80 A	Hagler	G. W.
2169	Hagler	Jasper F.
445	Hague	William
215	Haines	H. L.
290	Haines	Pinkney L.
338 A	Halbert	H. S.
1752 A	Halbert	H. S.
1290	Halcombe	Caleb
838 A	Hale	A. C.
101	Hale	Creed
1091 A	Hale	D. C.

Name Index to Military Claims-Alphabetically

74	Hale	George
2539	Hale	J. C.
1990	Hale	J. D.
2170	Hale	S. S.
1990	Hale	W. G.
101	Hale	William F.
421 A	Haley	D. C.
421 A	Haley	G. W.
290	Haley	James
1990	Haley	James
1539 A	Haley	John W.
1990	Haley	M. W.
242	Haley	Thomas
176 A	Haley	William
371 A	Haley	William
1091 A	Haley	William
123	Halford	A. J.
252 A	Haljian	Joseph
2064	Hall	A. I.
506	Hall	C. B.
819	Hall	Frank
623 A	Hall	G. J. M.
196	Hall	George S.
2076	Hall	H. W.
1278	Hall	Henry
1016 A	Hall	Isac
52 A	Hall	J. M. W.
623	Hall	James M.
1798	Hall	Jno.
1637	Hall	Jno. W.
2379	Hall	L. L.
421 A	Hall	N. J.
36 ½	Hall	Owen
715	Hall	Owen
752	Hall	Owen
821	Hall	Owen
1094	Hall	Owen
340	Hall	Richard
1637	Hall	Thomas J.
1637	Hall	William H.
36 ½	Hall	William J. C.
36 ½	Hall	William J. C.
102	Hall	William J. C.
715	Hall	William O.
1772	Haller	Fred
1233 A	Halley	Jackson
196	Halley	John
10 A	Halley	R. B.
1523	Halley	R. B.
1090	Hally	Jackson
252 A	Halpain	Joseph
556 A	Halter	D. S.
1696	Ham	R. P.
2253	Hambrie	Thomas H.
148	Hamby	J. H.
1798	Hamby	J. H.
36 ½	Hamby	Jno. H.
102	Hamby	John H.
1065 A	Hamet	T. P. C.
2253	Hamilton	A. J.
1168	Hamilton	C. P.
1127	Hamilton	G. G.
118	Hamilton	George
585	Hamilton	George
683	Hamilton	George
684	Hamilton	George
1511 A	Hamilton	J.
527	Hamilton	J. W.
1141	Hamilton	R. I.
675	Hamilton	R. J.
821	Hamilton	R. J.
36 ½	Hamilton	Richard J.
1497 A	Hamilton	S.
1747	Hamilton	W. A.
376 A	Hamilton	W. B.
1385	Hamilton	Wiley B.
876	Hamilton	William
1296	Hamilton	William
112	Hamlet	F. M.
531 A	Hammack	Jno.
1034 A	Hammett	Washington
1411	Hammock	T. J.
875	Hammock	W. H.
531	Hammock	W. W.
1082	Hammock	W. W.
1091	Hammock	W. W.
1440	Hammond	M.
222	Hammond	W. R.
189	Hammonds	J. C.
1065 A	Hammrock	J. P. C.
289	Hamner	H. A.
290	Hamner	H. A.
291	Hamner	H. A.
1008 A	Hamner	H. A.
212 A	Hampton	G. A.
270 A	Hampton	G. J.
1316 A	Hampton	G. J.
1909 A	Hampton	M. W.

Name Index to Military Claims-Alphabetically

384 A	Hampton	R. H.
33 A	Hamrick	D. T. C.
2665	Hamrick	T. P. C.
1350	Hamrick	William
1063	Hamsley	James M.
2012 A	Hancett	F. G.
186 A	Hancock	B. M.
388 A	Hancock	B. M.
101	Hancock	Rufus E.
199	Hancock	Simeon C.
254	Hancock	William L.
1290	Haney	B. B.
1571 A	Haney	J. B.
385 A	Haney	K. N.
1290	Haney	N. B.
2035	Haniel	G. I.
1379	Hanisto	
810	Hanks	F. M.
1366	Hanks	Richard
36 ½	Hanley	Thomas
36 ½	Hanley	Thomas
998	Hanna	A. W.
998	Hanna	J. L.
1030	Hanna	Jno.
148	Hanna	R. H.
1712	Hanna	R. H.
1904	Hanna	R. H.
36 ½	Hanna	Robert H.
132	Hanna	Robert H.
1068	Hanna & Cummins	
490	Hannah	Allison W.
1300 A	Hannah	D. J.
1892 A	Hannah	J.
1066 A	Hannah	Joseph
1066 A	Hannah	Miltan
643	Hanning	Aaron
2169	Hanning	Aaron
290	Hansford	Benjamin T.
1278	Hanson	Carnelius
36 ½	Hanson	Charles
715	Hanson	Charles
752	Hanson	Jno.
821	Hanson	Jno.
36 ½	Hape	Chris. C.
1574	Harabson	H. A.
1800	Haralson	Charles
2658	Haralson	H. A.
2678	Haralson	H. A.
288	Haralson	Hugh A.
1100 A	Haralson	J. C.
1101 A	Haralson	James C.
31	Haran	John
2175	Haran	John
1304	Harbour	W. T.
1314	Harcrow	F.
1027	Hard	W. H.
1168	Hardaway	G. W.
2253	Hardaway	J. P.
750	Hardcastle	G. L.
468	Hardeman	J. M.
324	Hardeman	L. L.
1168	Hardeman	P.
1169	Hardeman	P.
2352	Harden	H. R.
1804	Hardesty	C. F.
190	Hardin	T. J.
1990	Hardin	W. D.
1278	Harding	Henry
986 A	Harding	J. R.
72	Harding	Jno.
77	Harding	Jno.
676	Harding	Jno.
290	Harding	Robert H.
1616	Harding	W.
186 A	Hardman	James
2253	Hardy	E. P.
1428	Hargrove	E. G.
36 ½	Hargroves	Robert
55	Hargroves	Robert
821	Hargroves	Robert
351 A	Harkey	L. J.
1391 A	Harkey	L. J.
1065 A	Harkey	M.
1321 A	Harkey	M.
351 A	Harkey	Matthew
1562 A	Harkey	R.
351 A	Harkey	Riley
1321 A	Harkey	W. I.
541	Harkness	W. B.
1129	Harlin	S. F.
1428	Harman	L. G.
351 A	Harmon	John
533 A	Harmon	John
2218	Harmonson	W. P.
2370	Harms	Julius
2591	Harms	Julius
752	Harney	Edward
1027	Harpe	T. C.

Name Index to Military Claims-Alphabetically

Claim #	Surname	Given
880 A	Harper	A. J.
2133	Harper	B. A.
885 A	Harper	D.
885 A	Harper	G. W.
885 A	Harper	J. D.
1657	Harper	M. M.
2133	Harper	M. M.
2693	Harper	R. A.
207	Harper	W.
2169	Harper	William M.
1742	Harralson	C.
860	Harrel	W. H.
719	Harrell	Booker B.
1701	Harrell	G. L.
419	Harrell	J.
1232	Harrell	J.
1233 A	Harrell	J.
1234	Harrell	J.
1235	Harrell	J.
1238	Harrell	J.
1426	Harrell	J.
1427	Harrell	J.
1821	Harrell	J.
860 A	Harrell	J. B.
1924	Harrell	James
1960	Harrell	James
594	Harrell	M.
860 A	Harrell	N. H.
273	Harrell	William
1421	Harrington	A.
173	Harrington	A. J.
1990	Harrington	J. B.
1421	Harrington	L.
101	Harrington	William
810	Harris	A. J.
1472	Harris	Andrew
1400	Harris	D. A.
1777	Harris	Elijah
55	Harris	F. E.
1773	Harris	F. E.
1232 A	Harris	G. W.
2045	Harris	J. B.
347 A	Harris	J. N.
825 A	Harris	J. N.
1990	Harris	J. V.
1018	Harris	James
1766	Harris	James
1886	Harris	James
1156	Harris	James B.
1366	Harris	James E.
437	Harris	James H.
101	Harris	James M.
1168	Harris	Jerome B.
290	Harris	Jno. C.
880	Harris	John
1109 A	Harris	Joseph
767	Harris	Joseph B.
445	Harris	L.
1527	Harris	L. D.
1990	Harris	M. C.
112	Harris	M. I.
719	Harris	Marion D.
1773	Harris	P.
53	Harris	Pant.
204	Harris	R. D.
215	Harris	R. D.
51 A	Harris	R. S.
840 A	Harris	R. S.
196	Harris	Samuel N.
1990	Harris	T. A.
189	Harris	W. H.
283	Harrison	A. J.
2035	Harrison	A. J.
116	Harrison	Albert
55	Harrison	Albt.
257	Harrison	F. M.
72	Harrison	H. H.
77	Harrison	H. H.
77	Harrison	I. A.
684	Harrison	Ira A.
683	Harrison	Ira J.
819	Harrison	J. C.
1556 A	Harrison	J. C.
62	Harrison	J. R.
683	Harrison	James
684	Harrison	James
1800	Harrison	James
1304	Harrison	Jonas
26	Harrison	Joseph E.
1141	Harrison	Joseph E.
1185	Harrison	L. L.
1706	Harrison	R. W.
503 A	Harrison	Thomas
539 A	Harrison	Thomas
1562 A	Harrison	Thomas
1046 A	Hart	A. H.
112	Hart	A. J.
290	Hart	Aaron

Name Index to Military Claims-Alphabetically

804 A	Hart	Abe T.
1168	Hart	Chas. W.
1773	Hart	G. W.
290	Hart	Gabriel
1229 A	Hart	George W.
2063	Hart	J. C.
1990	Hart	J. M.
26	Hart	James C.
36 ½	Hart	James C.
36 ½	Hart	James C.
38	Hart	James C.
821	Hart	James C.
1141	Hart	James C.
1774	Hart	James C.
1637	Hart	Jno.
1800	Hart	Jno.
715	Hart	M.
36 ½	Hart	Michael
1048	Hart	Michael
523	Hartley	R. K.
544	Hartley	R. K.
563	Hartley	R. K.
590	Hartley	R. K.
595	Hartley	R. K.
705	Hartley	R. K.
726	Hartley	R. K.
1287	Hartley	R. K.
1831	Hartley	R. K.
2576	Hartley	R. K.
1411	Hartong	H.
1102	Hartsfield	Jno.
1103	Hartsfield	Jno.
1123	Hartshorn	Jno. B.
148	Hartson	J. H.
1798	Hartson	J. H.
1603	Hartson	Jno. B.
36 ½	Hartson	Jno. M.
55	Hartson	Jno. M.
1416	Hartson	John B.
1903 A	Hartson	T. P. J.
112	Hartstill	W.
632	Hartz	Louis
681 A	Harvey	E.
715	Harvey	Edward
2527	Harvick	N.
112	Harwell	A. W.
1000	Harwell	J. E.
617	Hasdurff	William G.
409	Haskins	P.
625	Hasse	H.
36 ½	Hasslauer	Victor
1798	Hastings	L. W.
36 ½	Hastings	Lewis W.
318	Hatch	Henry E.
2213	Hatcher	D. C.
1168	Hatchett	W. W.
72	Hathaway	Charles D.
676	Hathaway	Charles D.
1852 A	Hathaway	Charles D.
1562 A	Hatley	Jno. W.
653	Hatton	A. E.
1428	Haughton	J. D.
196	Hause	George W.
2721	Hausford	J. L.
9 A	Haweth	F. A.
568	Haweth	F. A.
468	Haweth	William
568	Hawkins	David
199	Hawkins	George W.
206	Hawkins	J. E.
199	Hawkins	James F.
1366	Hawkins	John B.
325	Hawkins	M. H.
1494	Hawley	Hiram
112	Hawley	L. C.
1494	Hawley	Thomas
2380	Hawthorn	A. G.
1831	Haxey	A.
970 A	Hay	George
684	Haycock	William
273	Hayle	J. F.
606	Haynes	Burney
2653	Haynes	D. C.
204	Haynes	H. L.
351 A	Haynes	J. L.
257	Haynes	James R.
14	Haynie	H. H.
303	Haynie	H. H.
1028	Haynie	H. H.
1029	Haynie	H. H.
1641	Haynie	H. H.
1727	Haynie	H. H.
1776	Haynie	H. H.
33 A	Haynie	H. J.
1657	Haynie	T. H.
1652	Haynie	Thomas H.
1562 A	Haynie	Thomas J.
2108	Hays	I. M.

Name Index to Military Claims-Alphabetically

678	Hays	J. M.
2253	Hays	J. M.
189	Hays	J. T.
1732	Hays	Joseph G.
1706	Hayworth	Richard
735 A	Head	J. E.
222	Head	J. R.
1990	Head	J. W.
1990	Head	M.
1696	Head	R. M.
700	Headen	William
186 A	Hearn	John
222	Hearon	J. M.
62	Heath	George
299	Heath	Jno. O.
196	Heath	Oliver S.
62	Heath	Thomas
62	Heath	W. S.
189	Heatley	R.
36 ½	Heberd	Luther
483	Hector	James P.
1798	Hedrick	G. A.
807	Hedricks	J. W.
290	Heffigton	James C.
1350	Heffner	W. L.
1354	Heffner	William
880 A	Hefley	W. J.
511	Heilbrormer	G.
1563 A	Heise	August I.
1539 A	Helms	J. S.
2415	Hembrey	A. N.
2294	Hemphill	A. B.
2324 ½	Hemphill	A. B.
1831	Hemphill	L. A.
1411	Hemsworth	Thomas
1990	Henderson	A. J.
1232 A	Henderson	I. A.
340	Henderson	J. A.
340	Henderson	J. B.
204	Henderson	J. R.
215	Henderson	J. R.
340	Henderson	J. W.
1773	Henderson	James
1244	Henderson	Jno. B.
1990	Henderson	John G.
112	Henderson	L. A.
617	Henderson	Robert
1773	Henderson	Robert
72	Henderson	Samuel G.
1352	Henderson	Samuel G.
85	Hendrick	J.
36 ½	Hendricks	G. A.
36 ½	Hendricks	G. A.
44	Hendricks	G. A.
61	Hendricks	G. A.
1831	Hendricks	G. A.
257	Hendricks	G. W.
36 ½	Hendricks	George A.
1983 A	Hendricks	W. J.
1103	Hendrix	Reuben
1497 A	Henner	W. F.
368	Henricks	A.
410	Henricks	A. B.
411	Henricks	A. B.
2000	Henricks	Ben
2142	Henricks	Ben
2147	Henricks	Ben
2150	Henricks	Ben
2167	Henricks	Ben
2177	Henricks	Ben
2202	Henricks	Ben
2207	Henricks	Ben
2214	Henricks	Ben
2229	Henricks	Ben
2262	Henricks	Ben
2266	Henricks	Ben
2274	Henricks	Ben
2278	Henricks	Ben
2298	Henricks	Ben
2333	Henricks	Ben
2359	Henricks	Ben
2399	Henricks	Ben
2452	Henricks	Ben
2482	Henricks	Ben
2486	Henricks	Ben
2504	Henricks	Ben
2523	Henricks	Ben
2542	Henricks	Ben
2543	Henricks	Ben
2560	Henricks	Ben
2561	Henricks	Ben
2570	Henricks	Ben
2589	Henricks	Ben
2601	Henricks	Ben
2640	Henricks	Ben
2735	Henricks	Ben
2736	Henricks	Ben
2737	Henricks	Ben

Name Index to Military Claims-Alphabetically

2738	Henricks	Ben
1784	Henricks	Ben.
2054	Henricks	Ben.
2104	Henricks	Ben.
2141	Henricks	Ben.
2565	Henricks	Ben.
2566	Henricks	Ben.
2587	Henricks	Ben.
2605	Henricks	Ben.
2607	Henricks	Ben.
2608	Henricks	Ben.
2611	Henricks	Ben.
2615	Henricks	Ben.
2624	Henricks	Ben.
2643	Henricks	Ben.
2674	Henricks	Ben.
1673	Henricks	Benjamin
1871	Henricks	Benjamin
1937	Henricks	Benjamin
2231	Henricks	Benjamin
1512	Henry	George
2220	Henry	H. R.
1701	Henry	J. R.
55	Henry	James
653	Henry	Lieut. R.
838 A	Henry	P. G.
77	Henry	R.
965	Henry	R.
36 ½	Henry	R. C.
81	Henry	Richard
72	Henry	Richard J.
53	Henry	Samuel
1773	Henry	Samuel
1637	Henry	Thomas B.
1906 A	Henry	W. R.
2755	Henry	Wade
2220	Henry	William Sen.
1277	Henseley	George W.
1275	Hensely	George W.
1275	Hensely	Jno.
242	Henslee	Enoch
196	Hensler	Enoch
1904	Hensley	W. H.
36 ½	Hensley	William H.
116	Henson	Herbert G.
1229 A	Henson	Herbert G.
543 A	Henson	L.
2169	Hepleman	T. A.
632	Herald	George
579	Herbert	P. T.
118	Herener	John
1976 A	Herman	D.
1578	Herman	Jno. M.
1207	Hermann	J. W.
1365	Hernandez	Jose Maria
443	Hernandez	Mariano
1365	Hernandez	Mauricio
468	Herndon	George
27	Herndon	Samuel T.
148	Herndon	Samuel T.
1094	Herndon	Samuel T.
1127	Herner	Jno.
1205	Herrera	Elisio
1205	Herrera	Estavan
1206	Herrera	Estevan
1206	Herrera	Ilijio
1205	Herrera	Jesus
1206	Herrera	Jesus
1205	Herrera	Natavedad
1206	Herrera	Natividad
1205	Herrera	Pedro
1206	Herrera	Pedro
865	Herrera	Prudencio
1204	Herrera	Prudencio
1206	Herrera	Prudencio
998	Herrick	N.
1616	Herrin	J. L.
20 A	Herring	Curtis
245	Herring	Curtis
246	Herring	Curtis
247	Herring	Curtis
684	Herring	Curtis
2169	Herring	John A.
26	Herring	William H.
36 ½	Herring	William H.
675	Herring	William H.
1141	Herring	William H.
1774	Herring	William H.
927	Herrington	Jno.
190	Herrod	J. A.
374 A	Herron	A. C.
376 A	Herron	Andrew
1278	Hersig	George
204	Hesser	J. A.
215	Hesser	J. A.
2253	Hester	David
215	Hester	L. F.
1197	Hester	R. F.

Name Index to Military Claims-Alphabetically

204	Hester	S. F.	62	Hight	T. J.
189	Hester	William S.	1706	Hightower	A. M.
1168	Heth	I. W.	290	Hightower	Thomas
683	Hevner	Jno.	1579	Hild	H.
684	Hevner	Jno.	127 A	Hill	A. C.
127 A	Hewitt	A. M.	568	Hill	A. M.
246	Hewitt	A. M.	1350	Hill	B. F.
684	Hewitt	A. M.	2253	Hill	Frederick
26	Hibberd	Luther	141	Hill	G. A.
821	Hibberd	Luther	290	Hill	George W.
1141	Hibberd	Luther	847 A	Hill	H. C.
1182	Hibberd	Luther	1804	Hill	J. H.
2553	Hibbert	Charles	2253	Hill	J. P.
625	Hick	H.	1522	Hill	Jesse
62	Hickey	M. L.	1687 A	Hill	Jesse
2499	Hickey	W. W.	813	Hill	Jno.
2757	Hickey	W. W.	1512	Hill	Jno.
388 A	Hickland	Young	950	hill	L. M.
1897 A	Hickland	Young	1452	Hill	L. M.
223	Hickman	C. G.	1798	Hill	R.
1479 A	Hicks	H.	148	Hill	Robert
1541 A	Hicks	Henry	663	Hill	Robert
2720 A	Hicks	J. A.	1875	Hill	Samuel
36 ½	Hicks	J. B.	1437	Hill	T. R.
55	Hicks	J. B.	1743	Hill	W. L.
134	Hicks	J. B.	388 A	Hill	W. R.
965	Hicks	J. B.	290	Hill	William
55	Hicks	James M.	222	Hillier	E.
2510	Hicks	John W.	810	Hills	H. T.
2377	Hicks	L. J.	292	Hillyer	Simon
196	Hicks	William E.	2253	Hilt	F. M
2326	Higby	E.	1818	Hilt	William
1902 A	Higgenson	C. H.	614	Hinderson	James
74	Higgins	Charles	1494	Hindman	J. K.
651	Higgins	Charles	819	Hinds	G. F.
898	Higgins	J. C.	112	Hinds	J. D.
1102	Higgins	Jno.	606	Hinds	J. M.
1103	Higgins	Jno.	306	Hinen	Peter
62	Higgins	L. F.	64 A	Hines	Silas M.
196	Higgins	Simeon A.	392	Hines	Thomas
112	Higgins	T. V.	36 ½	Hines	Thomas H.
606	Higgs	W.	821	Hines	Thomas H.
116	Highland	Michael H.	1317	Hinfey	William
121	Highland	Michel A.	2114	Hinojosa	Julio
257	Highsmith	H. A.	2114	Hinojosa	Lino
234	Highsmith	M. B.	692	Hinsley	A.
256	Highsmith	M. B.	2779 A	Hinsley	J. W.
257	Highsmith	M. B.	196	Hiram	Hobaugh
1581	Highsmith	W. A.	406	Hirshfeld	H.

Name Index to Military Claims-Alphabetically

407	Hirshfeld	H.
408	Hirshfeld	H.
407 A	Hirshfield	W. L.
1008 A	Hisan	B. F. A.
1379	Hish-tibe	
810	Hitchcock	E. J.
2499	Hix	George
1494	Hobbs	E. M.
1773	Hobbs	George
643	Hobbs	Harrison
207	Hobbs	Hiram
727	Hobbs	Isaac M.
1350	Hobbs	J. C.
573	Hobbs	J. M.
1592	Hobbs	M. M.
1773	Hobbs	William
578	Hobby	A. M.
680	Hobby	A. M.
179	Hock	William
568	Hodge	A. M.
384 A	Hodge	Milton
1685 A	Hodges	E. M.
189	Hodges	J. H.
1392	Hodges	Michael
767	Hodges	William
875	Hodgpeth	James W.
625	Hoester	F.
845 A	Hoester	F.
625	Hoester	W.
412	Hofeckert	Philip
2170	Hoff	Richard
3	Hoffheines	George
752	Hoffman	Anna
192	Hoffman	F. M.
1273 A	Hoffman	J.
2524	Hoffman	Jno.
1421	Hoffman	John
36 ½	Hoffman	M.
148	Hoffman	M.
1118	Hoffman	Michael
1119	Hoffman	Michael
1123	Hoffman	Michael
864	Hoffman	S.
957	Hogan	Edward
1455	Hogan	Frank V.
313	Hogan	J. D.
1365	Hogan	Joseph L.
474 A	Hogan	L. A.
1455	Hogan	S. A.
2213	Hoge	James D.
2352	Hoge	Z. A.
290	Hoggard	Granville
2253	Hogue	T. J.
107	Hohman	V.
1015	Hohman	Val.
803	Hohman	Valt
894	Holbein	Reuben
895	Holbein	Reuben
1920 A	Holbein	Reuben
2253	Holbert	J. T.
2253	Holbert	R. M.
62	Holcom	J. J.
923 A	Holcomb	C.
2169	Holcomb	Dascon
1437	Holcomb	E.
111	Holcomb	J. F.
849 A	Holdaway	J. D.
189	Holder	D. L.
2420	Holder	Hart
2170	Holder	J. S.
2175	Holder	J. S.
642	Holder	N. S.
205	Holder	W. F.
191	Holder	W. L.
1499	Holder	W. L.
2005	Holder	W. L.
1706	Holeman	H. L.
1983 A	Holeman	J.
1562 A	Holerman	John
767	Holford	Jno.
767	Holford	W. A.
847 A	Holland	J. M.
719	Hollaway	Charles W.
257	Holligen	Jonathan
311	Hollingsworth	B. P.
838	Hollingsworth	B. P.
1749	Holman	F. M.
2404	Holman	F. M.
104	Holmes	G. T.
937 A	Holt	Frank
1006	Holt	J. J.
810	Holt	W. C.
1624	Holtzer	H.
588	Holzer	H.
388 A	Home	William G.
36 ½	Honnicut	James M.
2004 A	Hood	W. H.
651	Hooker	Frederick

Name Index to Military Claims-Alphabetically

199	Hooker	Robert B.
116	Hooper	James
578	Hooper	James
617	Hooper	Jno.
1435	Hooten	James
987	Hoover	William
880 A	Hoover	William M.
36 ½	Hope	C. C.
36 ½	Hope	C. C.
716	Hope	C. C.
1798	Hope	C. C.
21	Hopkins	A. N.
684	Hopkins	Lambeth
811	Hopkins	Lambeth
1742	Hopkins	Lambeth
409 A	Hopkins	P.
231 A	Hopper	W. A.
1908 A	Hord	Edmond R.
2405	Hord	W. H.
556 A	Horn	J. C.
1637	Horn	J. C.
189	Horn	J. L.
568	Hornbuckle	C. C.
1026	Horne	Samuel A.
1705	Horning	Louis
1063	Hornsley	James M.
1882	Horton	G. W.
1883	Horton	G. W.
1848	Horton	T. J.
327	Horton	T. P. I.
290	Hoskins	William
1637	Hoskins	William A.
2171	Hotchkiss	W. L.
304	Hotchkiss	W. S.
345	Hotchkiss	W. S.
566	Hotchkiss	W. S.
1033	Hotchkiss	W. S.
1112	Hotchkiss	W. S.
2786	Hotckiss	W. L.
1951	Houghtan	W. L.
1897 A	House	Edeline
1637	Houseright	Louis
1637	Houseright	William
339 A	Houston	A. M.
2254	Houston	Archibald
2331	Houston	F. J.
2528	Houston	Forbes J.
2256	Houston	Isaac
257	Houston	J. A.
26	Houston	Oled W.
2194	Houston Telegraph	
2571	Houston Telegraph	
2582	Houston Telegraph	
2694	Houston Telegraph	
1563 A	Howan	W. D.
1000 A	Howard	A.
1234 A	Howard	A.
2711	Howard	A.
1476	Howard	Annesley
36 ½	Howard	Charles A.
36 ½	Howard	Charles A.
1178	Howard	D. C. H.
498 A	Howard	G. T.
1681 A	Howard	George T.
499 A	Howard	H. P.
148	Howard	J. C.
2583	Howard	James W.
2583 A	Howard	James W.
2508	Howard	Jno.
74	Howard	Joseph V.
1763	Howard	K. L.
148	Howard	R. S.
36 ½	Howard	Robert S.
1351	Howard	Valentine
212 A	Howard	W. D.
1556 A	Howard	W. D.
1808 A	Howard	W. D.
368	Howard	W. R.
42 A	Howard	William B.
767	Howard	Z.
1523	Howard & Leigh	
568	Howell	J. H.
586	Howell	J. T.
586 A	Howell	J. T.
2780 A	Howell	J. V.
196	Howell	James M.
810	Howell	Jno.
1030	Howell	Jno.
290	Howell	Joseph V.
13	Howell	T. A.
1616	Howell	T. C. S.
868 A	Howell	W.
719	Howeth	Jno. C.
1530	Howeth	John
537	Hoy	J. R.
196	Hubbard	Michael
212 A	Hubbard	William
982	Hubbs	George

Name Index to Military Claims-Alphabetically

982	Hubbs	William
1483	Hubert	H. C.
74	Hubert	Henry J.
651	Hubner	E. B.
2285	Hucker	Rufus
1706	Hudgins	J. P.
1706	Hudgins	J. P.
2253	Hudgins	Shelby
1411	Hudgis	J. L.
1428	Hudson	A. B.
1454	Hudson	Ama
788	Hudson	J. E. M.
2215	Hudson	James J.
535 A	Hudson	R. W.
2047	Hudson	R. W.
55	Hudson	Russell
116	Hudson	Russell
617	Hudson	Russell
1773	Hudson	Russell
112	Hudson	T. J.
36 ½	Huebner	Edmond
931	Huell	Alfred M.
1290	Huff	Nathan
1990 A	Huff	Nathan
1063	Huffman	Eli R.
1063	Huffman	Eli R.
802 A	Huffman	J.
588	Huffman	Jacob
556 A	Hufte	John
388 A	Hughes	A. J.
1541 A	Hughes	A. J.
116	Hughes	Bernard
36 ½	Hughes	Ellen
26	Hughes	Francis J.
36 ½	Hughes	Francis J.
821	Hughes	Francis J.
1141	Hughes	Francis J.
1774	Hughes	Francis J.
1852 A	Hughes	Francis J.
257	Hughes	George W.
802 A	Hughes	H.
112	Hughes	I. W.
204	Hughes	J. B.
215	Hughes	J. B.
327	Hughes	J. B.
821	Hughes	James L.
36 ½	Hughes	James S.
1774	Hughes	James S.
1852 A	Hughes	James S.
1350	Hughes	Jesse
62	Hughes	Jesse C.
1774	Hughes	Jno.
1141	Hughes	Jno. H.
226 A	Hughes	John
788	Hughes	John
26	Hughes	John H,
36 ½	Hughes	John H,
257	Hughes	M. S.
802 A	Hughes	Moses
1722 A	Hughes	Moses
568	Hughey	William
653	Hull	Jno.
675	Hull	Jno.
1965	Hulsey	J. C.
1965	Hulsey	W. H.
1776	Hulsey	Wiley
845 A	Human	C.
1497 A	Humble	Jacob
1897 A	Humble	Jacob
1366	Hume	William
112	Hummel	G. H.
1708	Humphins	J. W.
1990	Humphreys	P. W.
1946	Humphreys	T. B.
821	Hunnicut	James M.
753	Hunsaker	O. F.
1350	Hunt	D. G.
1706	Hunt	Robert R.
1637	Hunt	William
1607	Hunter	B. F.
1615	Hunter	J. M.
2725	Hunter	J. M.
1063	Hunter	James P.
1105 A	Hunter	Jno.
788	Hunter	Jno. W.
543 A	Hunter	John
874 A	Hunter	John
1497 A	Hunter	John
1168	Hunter	M. K.
556 A	Hunter	Pete
195	Hunter	T. R.
204	Hunter	W. A.
215	Hunter	W. A.
840 A	Hunter	W. H.
1168	Hunter	W. W.
1167	Huntsman	A.
2533	Huntsville Item	
1630	Hurley	C. H.

178

Name Index to Military Claims-Alphabetically

2239	Hurley	R. F.
840 A	Hurley	William
1658	Hurst	J. A.
1659	Hurst	J. A.
1660	Hurst	J. A.
207	Hurst	J. D.
1084	Hurst	J. H.
106	Husbands	James A.
845 A	Husso	H.
2317	Hust	J. A.
1023 A	Hustead	J. L.
2290	Hutches	B. F.
1773	Hutchinson	A.
617	Hutchinson	Alfred
617	Hutchinson	G. W.
617	Hutchinson	Hugh
19 A	Hutchinson	W. M.
879	Hutchinson	W. M.
879 A	Hutchinson	W. M.
1365	Hutchison	William C.
2253	Hutson	Gilbert
1706	Hutton	J. W.
2540	Hutton	V. J.
1942	Huzeler	Martin
290	Hyatt	William J. R.
112	Hyde	J. R.
77	Hyde	James
199	Hyde	James
244	Hyde	James
1852 A	Hyde	James
72	Hyde	James H.
199	Hyde	Richard
1161	Hyde	W. F.
2282	Hynes	D. L.
2069	I. Tips & Co.	
1811	Iavo	Jno.
1637	Ice	B. F.
1764	Ichard	M.
1731	Iftner	Jno.
846 A	Iles	Thomas
250	Illingworth	J. O.
71	Ince	F. M.
71	Ince	J. M.
1117 A	Inge	J. J.
1531	Ingenhutt	P.
1298	Ingram	A. C.
49	Ingram	George W.
788	Ingram	James
1683 A	Ingram	Jasper
126 A	Ingram	Jno. M.
62	Ingram	John B.
52 A	Ingram	John M.
64 A	Ingram	John M.
1696	Interbido	F.
319	Ireland	Jno.
1098	Ireland	Jno.
186 A	Irvin	J. D.
352 A	Irving	M. L.
825 A	Irwin	D. E.
585	Irwin	H. G.
36 ½	Irwin	Henry G.
36 ½	Irwin	Henry G.
388 A	Irwin	I. D.
207	Irwin	J. L.
1992	Irwin	John G.
1063	Isaacs	George
1616	Isaacs	J.
1002 A	Isbell	George
179	Isham	C. H.
2035	Isham	Claib
1233 A	Ivy	A. J.
1110 A	Ivy	Thomas
824	Izyard	M. W.
2024	J. D. Newsom & Co.	
58	J. Kleiber & Co.	
1505	J. Kleiber & Co.	
338	J. M. Swisher & Co.	
339	J. M. Swisher & Co.	
790	J. M. Swisher & Co.	
793	J. M. Swisher & Co.	
1278	J. M. Swisher & Co.	
1279	J. M. Swisher & Co.	
1453	J. M. Swisher & Co.	
1454	J. M. Swisher & Co.	
1455	J. M. Swisher & Co.	
1462	J. M. Swisher & Co.	
1512	J. M. Swisher & Co.	
1578	J. M. Swisher & Co.	
1579	J. M. Swisher & Co.	
1701	J. M. Swisher & Co.	
2011	J. M. Swisher & Co.	
2012	J. M. Swisher & Co.	
2013	J. M. Swisher & Co.	
1865	J. Marshall & Co.	
872	J. Tips & Co.	
948	J. Tips & Co.	
1249	J. Tips & Co.	
1779	J. Tips & Co.	

Name Index to Military Claims-Alphabetically

2088	J. Tips & Co.	
2110	J. Tips & Co.	
2167 ½	J. Tips & Co.	
918 A	Jack	A. G.
562 A	Jackson	C. R.
204	Jackson	D. L.
810	Jackson	G. W.
826 A	Jackson	Isac
869 A	Jackson	J.
1973	Jackson	J.
680 A	Jackson	J. M.
2588	Jackson	J. R.
810	Jackson	J. R. P.
196	Jackson	James A.
62	Jackson	James M.
1564 A	Jackson	James M.
1113	Jackson	Jeremiah
243	Jackson	Jno.
1598	Jackson	Jno. F.
767	Jackson	Jno. W.
62	Jackson	Joel
1832	Jackson	Joseph
767	Jackson	L. C.
1908 A	Jackson	O. M.
2368	Jackson	R. H.
429	Jackson	R. J.
430	Jackson	R. J.
1168	Jackson	R. M.
1973	Jackson	R. M.
1350	Jackson	R. S.
868 A	Jackson	Silas
1090	Jackson	Silas
1233 A	Jackson	Silas
194	Jackson	T. A.
253	Jackson	T. A.
810	Jackson	T. B.
1100	Jackson	T. C.
1101	Jackson	T. C.
1492	Jackson	T. J.
215	Jackson	V. L.
1637	Jackson	W. J.
1059 A	Jackson	W. T.
1112 A	Jackson	W. T.
1453	Jackson	Z. P.
299	Jacobs	E.
668 A	Jacobs	J. G.
511	Jacobs	J. S.
979	Jacobs	Jno. G.
1366	Jacobs	John
1622	Jacobs Dodridge Co.	
107	Jacoby	P.
2306	Jago	Jno.
2380	Jago	Jno.
2357	Jago	John
668	James	Benjamin
1100 A	James	C. E.
607	James	H. S.
26	James	Henry S.
36 ½	James	Henry S.
821	James	Henry S.
1774	James	Henry S.
36 ½	James	James J.
821	James	James J.
966	James	James J.
36 ½	James	James L.
942	James	Jno.
943	James	Jno.
970	James	Jno.
1087	James	Jno.
1637	James	Jno. T.
207	James	John
2155	James	John
1100 A	James	M. L.
810	James	R. C.
667	Jameson	Rufus
1428	Jamison	L.
1222	Jaques	Nathan C.
189	Jardon	Andrew J.
112	Jarrott	G. W.
112	Jarrott	J. R.
1411	Jarvis	John G.
2253	Jasper	Aaron
2377	Jasper	W. H.
1990	Jefferson	C.
1927	Jeffreys	W. J.
192	Jeffries	James H.
1018	Jeffries	William
1234 A	Jenkins	E.
2253	Jenkins	Pleasantan
1366	Jenning	L. S.
883	Jennings	H.
224	Jennings	Jno.
2213	Jennings	M. H.
1324	Jennings	W. E.
788	Jennings & Wantland	
1278	Jennison	R.
683	Jeron	Jno.
684	Jeron	Jno.

Name Index to Military Claims-Alphabetically

244	Jetton	G.
199	Jettou	Granville
199	Jettou	Samuel B.
791	Jimenes	Angel
1206	Jimenes	Angel
1205	Jimines	Angel
180	Jno. Marshall & Co.	
522	Jno. Marshall & Co.	
1831	John	E. D., Jr.
192	John	Robert
551	Johns	C. R.
12	Johns	N. D.
1379	Johnson	
2619	Johnson	A. G.
62	Johnson	A. J.
2060	Johnson	Allen
29 A	Johnson	Ansel
339 A	Johnson	B. F.
1991 A	Johnson	B. H.
1350	Johnson	C. L.
1365	Johnson	Charles J.
1365	Johnson	Charles L.
692	Johnson	Dudley
207	Johnson	E.
819	Johnson	Eli
1270	Johnson	G. W.
290	Johnson	George W.
987	Johnson	Hampton
793	Johnson	Henry
1428	Johnson	J. A.
924 A	Johnson	J. J.
2253	Johnson	J. L.
340	Johnson	J. N.
2072	Johnson	James
1962	Johnson	James A.
967	Johnson	James F.
1132	Johnson	James F.
692	Johnson	Jesse
1003 A	Johnson	John
1798	Johnson	L.
560	Johnson	L. A.
810	Johnson	L. A.
36 ½	Johnson	Lawrence
36 ½	Johnson	Lawrence
1038 A	Johnson	M. J.
1991	Johnson	M. T.
112	Johnson	M. W.
189	Johnson	N. G.
987	Johnson	O. J.
2705	Johnson	O. J.
2706	Johnson	Otto
189	Johnson	R. B.
1641	Johnson	R. M.
189	Johnson	S. D.
2221	Johnson	Sam H.
821	Johnson	Samuel H.
1774	Johnson	Samuel H.
406 A	Johnson	T. J.
866 A	Johnson	T. J.
1794	Johnson	Thomas
340	Johnson	W.
1411	Johnson	W.
1798	Johnson	W.
1965	Johnson	W. B.
1270	Johnson	W. H.
186 A	Johnson	W. J.
388 A	Johnson	W. J.
215	Johnson	W. M.
2435	Johnson	W. M.
971	Johnson	W. R.
556 A	Johnson	W. T.
36 ½	Johnson	William
1136	Johnson	William
1287	Johnson	William
204	Johnson	William M.
36 ½	Johnson	Zachariah B.
36 ½	Johnson	Zachariah G.
821	Johnson	Zachary G.
802 A	Johnston	Abe
407 A	Johnston	Alex
322	Johnston	E.
2749	Johnston	J. W.
1455	Johnston	Jno.
1494	Johnston	W. G.
1769	Johnston	William
1657	Joiner	F. M.
1379	Jones	
148	Jones	A. H
822	Jones	A. H.
1798	Jones	A. H.
438	Jones	A. W.
260	Jones	Alexander
44	Jones	Aug.
36 ½	Jones	Austin
715	Jones	Austin
821	Jones	Austin
1048	Jones	Austin
1814	Jones	Benjamin

Name Index to Military Claims-Alphabetically

1233 A	Jones	C. E.
1862	Jones	C. E.
1366	Jones	Camillius
196	Jones	Cornelius C.
996 A	Jones	D.
2253	Jones	David
339 A	Jones	E. M.
271	Jones	F. K.
1366	Jones	Francisco
189	Jones	G. W.
568	Jones	G. W.
2018	Jones	H. B.
112	Jones	H. H.
767	Jones	H. R.
222	Jones	J. A. C.
810	Jones	J. B.
568	Jones	J. C.
2170	Jones	J. C.
189	Jones	J. D.
1393	Jones	J. E.
189	Jones	J. L.
773	Jones	J. L.
2251	Jones	J. M.
568	Jones	J. P.
1278	Jones	J. W.
1414	Jones	Jackson
1087	Jones	James F.
1318	Jones	James F.
1648 A	Jones	James T.
1168	Jones	Jesse R.
118	Jones	John
1323 A	Jones	John
870 A	Jones	John A.
802 A	Jones	L.
1118	Jones	Leaborn W.
1119	Jones	Leaborn W.
1416	Jones	Leburn L.
512 A	Jones	M. H.
227 A	Jones	M. L.
482	Jones	M. L.
1233 A	Jones	M. L.
1733	Jones	M. L.
339 A	Jones	M. N.
719	Jones	M. R.
2061	Jones	Nathan
1990	Jones	O. M.
195	Jones	R. A.
900 A	Jones	R. M.
1859 A	Jones	R. M.
706	Jones	R. R.
101	Jones	Robert S.
1039 A	Jones	S. F.
1417	Jones	S. W.
1431	Jones	Thomas
2685	Jones	Thomas H.
1100 A	Jones	W.
568	Jones	W. C.
1233 A	Jones	W. C.
1722 A	Jones	W. C.
1366	Jones	W. E.
2087	Jones	W. I., Sr.
568	Jones	W. J.
1350	Jones	W. S.
2117	Jones	W. W.
1706	Jones	Walker L.
2427	Jones	Wiley
719	Jones	Wiley A.
196	Jones	Wiley S.
1233 A	Jones	William
556 A	Jones	William P.
1090	Jones	Williamson
671	Jones & Dunaway	
1659 A	Jopling	S. S.
2253	Jordan	Cabeb
625	Jordan	Ernst.
624	Jordan	Thomas J.
845 A	Jordon	E.
1273 A	Jordon	E.
1494	Jordon	Ebert
189	Jordon	Gid L.
1020	Jowell	G. R.
360	Jowell & Simpson	
101	Joy	Jesse C.
36 ½	Joyce	I. T.
36 ½	Joyce	J. T.
653	Joyce	J. T.
369	Joyce	Jno. T.
36 ½	Joyce	John T.
2038	Joyce	John T.
1188	Joyce	W. J.
1206	Juares	Ilefanso
1205	Juarres	Ildefonso
803	Juenke	William
1273 A	Jung	F.
107	Junke	William
568	Justice	J. F.
2213	Justice	John W.
2253	Justiss	James O.

Name Index to Military Claims-Alphabetically

928	J. W. Wells & Bros.	
1742	Kaiser	W.
1800	Kaiser	William
116	Kanous	William W.
55	Kanouse	W. W.
1429	Kanouse	W. W.
1416	Karnes	James
1055 A	Kathman	D.
1990	Kaufman	A. J.
101	Kaufman	Edward
1366	Kaufman	Lewis
655	Kaufman & Kleaner	
1556 A	Kay	Jesse
1618	Keeler	C. W.
112	Keenen	L. I.
53	Kehr	Charles J.
116	Kehr	Charles J.
1773	Kehr	Chas. J.
1512	Keift	Jno. D.
1800	Keiley	William
1600	Keiser	R.
106	Keiser	Valentine
1350	Keith	G. W.
2499	Keith	Gabriel
1538	Keith	J. J.
939 A	Keith	J. M.
165 A	Keith	Martin F.
165 A	Keith	Martin L.
2499	Keith	Nicodemus
1946	Keith	W. G.
2499	Keith	William
2712	Keith	William
2499	Keith	William B.
36 ½	Keithen	J.C.
12	Keller	Henry
1278	Keller	Thomas
1696	Keller	W. H.
301	Kelley	C. C.
2173	Kelley	I. W.
2169	Kelley	J. T.
36 ½	Kelley	James R.
1773	Kelley	Jno.
204	Kelley	Joseph
215	Kelley	Joseph
1331	Kelley	L.
1840	Kelley	L.
2317 A	Kelliher	Thomas
1657	Kellogg	Samuel H.
730	Kellough	Mary D.
1262	Kellum	J. P.
1562 A	Kelly	E. A.
1990	Kelly	J. P.
55	Kelly	James R.
61	Kelly	James R.
116	Kelly	John
617	Kelly	John
819	Kelly	M. C.
257	Kelly	P. A.
30 A	Kelly	Patrick
739	Kelly	William B.
675	Kelsey	Jno. P.
1451	Kemp	C. S.
387	Kemp	L. J.
62	Kemp	Nathan
1696	Kemper	E.
2291	Kenard	Jno. G.
199	Kendall	Thomas J.
629	Kenedy	M.
2169	Keney	A. B.
1523	Kennedey	F. G.
257	Kennedy	Aaron
1990	Kennedy	J. D.
214 A	Kennedy	M.
934	Kennedy	M.
112	Kennedy	S. I.
918 A	Kennedy	Thomas
1236	Kennelly	C. C.
1639 A	Kenner	W. F.
193	Kenner	W. N.
1773	Kennon	R.
1917	Kennon	Richard
1995	Kent	T. H.
35	Kent	Thomas H.
294	Kerbey	J. C.
297	Kerbey	J. C.
106	Kerbey & McCord	
986 A	Kerby	J. C.
1852 A	Kerby	William
194 A	Kerby & McCord	
526 A	Kerby & McCord	
802 A	Kerby & McCord	
972 A	Kerby & McCord	
975 A	Kerby & McCord	
986 A	Kerby & McCord	
1024 A	Kerby & McCord	
1105 A	Kerby & McCord	
1232 A	Kerby & McCord	
1692 A	Kerby & McCord	

Name Index to Military Claims-Alphabetically

2781 A	Kerby & McCord	
2169	Kerr	R. J.
1287	Kerr	Samuel
103 A	Kevin	C. W.
1234 A	Kevin	C. W.
1753 A	Kevin	Charles
290	Key	Reuben W.
138	Keyes & McKnight	
1490	Keys & McKnight	
207	Keyser	P. S.
192	Kezzia	R. S.
192	Kezzia	W. K.
1379	Kickapo	William
1946	Kidd	Simpson
1411	Kierman	John
1379	Kie-woon	
559	Kilburn	G. A.
1074	Kilgore	M. S.
933	Kilgore	Meredith
842 A	Killiher	Thomas
196	Killough	James H.
196	Killough	Samuel B.
525 A	Kim	C. W.
290	Kincade	John
434 A	Kincheloe	W. J.
341	King	Adolph
342	King	Adolph
550	King	Adolph
552	King	Adolph
196	King	Alonzo W.
607	King	B. F.
608	King	B. F.
1497 A	King	Bardin
148	King	Benjamin F.
190	King	C. W.
259	King	C. W.
1706	King	E. M.
1168	King	J. C.
261	King	J. E.,
900 A	King	J. P.
388 A	King	J. R.
610	King	J. T
186 A	King	J. T.
1798	King	James
1123	King	James C.
1416	King	James C.
1555	King	James C.
239	King	James L.
1706	King	James P.
1706	King	Jno. N.
752	King	Lawrence
821	King	Lawrence
2285	King	Lawrence
1278	King	Philipp
1045	King	R.
606	King	R. D.
196	King	Richard
212 A	King	Richard
1706	King	Samuel D.
1168	King	W. A.
2741	Kinney	D. P.
2744	Kinney	D. P.
1941	Kinney	Somers
531 A	Kinsey	E.
658 A	Kinsey	J. T.
1541 A	Kinsey	Jno. T.
393	Kinsey	Thomas
1831	Kirbey	W.
36 ½	Kirbey	William
148	Kirby	William
1798	Kirby	William
36 ½	Kirby	Worrel
604	Kirchberg	James
1704	Kirchberg	James
1780	Kirchberg	James
107	Kirchner	Henry
803	Kirchner	Henry
1015	Kirchner	Henry
1952 A	Kirchner	Richard
1494	Kirck	George W.
1494	Kirk	J. J.
1168	Kirk	Jno. C.
388 A	Kirkling	R. M. J.
186 A	Kirkling	R. T. M.
802 A	Kirkpatrick	F. M.
802 A	Kirkpatrick	J.
1232 A	Kirkpatrick	J.
1232 A	Kirkpatrick	J. G.
508 A	Kirkpatrick	J. G. W.
204	Kirkpatrick	J. P.
215	Kirkpatrick	J. P.
1253	Kirkpatrick	Jno.
196	Kirkpatrick	John H.
869 A	Kirkpatrick	R.
257	Kirnrey	J. L.
199	Kirtley	Templeman S.
199	Kisby	W. H.
116	Kiser	James

Name Index to Military Claims-Alphabetically

25	Kleiber	Joseph
107	Klier	William
803	Klier	William
2314	Knapp	D. R.
1478	Kneeze	Jno.
1027	Knight	O. W.
273	Knight	R. F.
72	Knight	Thomas H.
352 A	Knopfli	Henry
531 A	Knowles	B.
380	Knowles	B. H.
421 A	Knowles	Jacob
173	Knowles	James M.
1366	Kockler	Joseph A.
1278	Koerps	Philipp
711	Koomce	Amando
1773	Koonce	Amando
617	Koonce	C. C.
1773	Koonce	Chris C.
588	Korn	Louis
1624	Korn	Louis
1455	Kosse	M. W. C.
1135 A	Kothan	D.
625	Kothman	D.
625	Kothman	F.
821	Kruger	Charles
1048	Kruger	Charles
715	Kruger or Brown	Charles
1365	Kufus	Edward
358	Kuhn	J. C.
817 A	Kumick	John
273	Kuykendal	B.
1240	Kuykendall	Abner
1327	Kuykendall	George
491	Kuykendall	M. J.
1523	Kuykendall	M. J.
384 A	Kuykendall	Samuel
1523	Kuykendall	Samuel
478	Kuykendall	W. A.
2374	Kyes	H.
1020	Kyle	W. B.
99	L. G. Cole & Co.	
946	L'Estrange	F.
1114	L'Estrange	F.
1809	L'Estrange	F.
2007	L'Estrange	F.
1176	Labadie	Joseph
1831	Labusan	A. L.
1595	Lacey	Thomas H.
1365	Lackey	James W.
1922	Lackey	W. E.
196	Ladd	Lin. D.
38	Laddan	Jno.
26	Laddan	John
821	Laddan	John
1141	Ladden	Jno
1292	Ladthoff	Focke
290	Lafferty	John A.
767	Lageser	G. W.
1428	Lagsdon	Dan
196	Laid	Payton I.
189	Laing	M. D. L.
556 A	Lair	J. H.
1451	Lakey	J. M.
1002	Lakser	M.
1005	Lakser	M.
2377	Lallar	J. W.
196	Lamar	John R.
2173	Lamascus	William
62	Lamb	A. H.
222	Lamb	Franklin
479	Lamb	Martin
862	Lamb	Martin V.
1701	Lamb	W. S.
72	Lambdin	R. B.
653	Lambdin	R. B.
965	Lambdin	R. B.
1546	Lambdin	R. B.
2720 A	Lambdin	R. P.
1365	Lamberd	J. R.
2522	Lambert	Will
2559	Lambert	William
885 A	Lammert	A.
1578	Lamotte	Frank
451	Lancaster	Ellis W.
1773	Lancaster	F.
895	Lancaster	Francis
192	Lancaster	J. M.
199	Lancaster	John M.
62	Land	Thomas B.
790	Lander	Louis
1350	Landers	Jonathan
2253	Landers	W. H. H.
207	Landry	John
36 ½	Landsford	James
379	Lane	E. D.
596	Lane	E. D.
744	Lane	E. D.

Name Index to Military Claims-Alphabetically

745	Lane	E. D.
746	Lane	E. D.
757	Lane	E. D.
765	Lane	E. D.
781	Lane	E. D.
800	Lane	E. D.
828	Lane	E. D.
949	Lane	E. D.
1077	Lane	E. D.
1088	Lane	E. D.
1255	Lane	E. D.
1310	Lane	E. D.
1356	Lane	E. D.
1398	Lane	E. D.
1480	Lane	E. D.
1543	Lane	E. D.
1677	Lane	E. D.
1067	Lane	J. F.
993 A	Lane	J. S.
10 A	Lane	J. T.
1441	Lane	Samuel
1529	Lane	Samuel
1563 A	Lane	Samuel T.
1365	Lane	Wesley C.
1706	Laney	Robert
36 ½	Lang	Ewald
588	Lang	Henry
588	Lang	Peter
588	Lang	Philip
1624	Lang	Phillip
362	Lange	Ewald
327	Langford	Asa
1365	Langley	Marion J.
189	Langster	M. T.
855	Langston	A. M.
1168	Langston	J.
2173	Langston	W. H.
421 A	Lanham	B.
1995 A	Lanham	B.
1706	Lanham	Robert
1411	Lapolian	Lewis
1042 A	Lapton	A. H.
1042 A	Lapton	G. W.
982	Lapulver	Jesus
1894 A	Larens	H.
1042 A	Lareton	W.
1977 A	Large	Isham L.
2312	Larieu	J. A.
1205	Larma	Victoriano
1273 A	Larry	H.
290	Lascar	Morris
340	Lasey	J. H.
767	Latham	William
864	Latham	William
1411	Lathrop	A.
1366	Lattimer	Daniel D.
1121	Lauderdale	Ellis
196	Lauderdale	John F.
1015	Lauer	Fritz
112	Laufley	J. C.
1616	Laugham	A. J.
606	Laughlin	J. P.
1141	Laugley	Sydney
1494	Laukford	Stephen
1562 A	Launders	Jno. R.
199	Laurens	William N.
1366	Lauter	W. P.
802	Lavanberg Bros.	
868	Lavanburg Bros.	
869	Lavanburg Bros.	
870	Lavanburg Bros.	
463	Lavanburg & Bros	
196	Lavare	John F.
204	Lave	A. J.
556 A	Lavelady	W. A.
462	Lavenberg & Bros	
549	Lavenskiold	Charles
555	Lavenskiold	Charles
568	Laving	William
568	Law	J. W.
986 A	Lawford	H. C.
2693	Lawhorn	John
1562 A	Lawler	J. J.
290	Lawler	James W.
1305 A	Lawler	R. J.
1304	Lawrance	D. B.
116	Lawrance	John
290	Lawrance	Robert
1859 A	Lawrence	Henry
112	Lawrence	I. M.
222	Lawrence	J. E.
222	Lawrence	J. T.
388 A	Lawrence	James H.
1773	Lawrence	Jno.
149	Lawrence	John
1908 A	Lawrence	John
2635	Lawrence	M. J.
2220	Lawrence	William

Name Index to Military Claims-Alphabetically

2187	Lawson	E.
9 A	Lawson	Jonathan
782	Lawson	Jonathan B.
204	Lawson	W. M.
215	Lawson	W. M.
101	Lawson	W. R.
44	Lawton	Manley C.
55	Lawton	Manley C.
836	Lawton	Manley C.
1874	Lawyer	James H.
1523	Laxton	G. W.
1523	Laxton	W.
2173	Layton	W. D.
1472	Lazy	J. W.
1536	Lea	J. H.
1737 A	Lea	M. A.
698	Lea	Pryor
297	Lea	Robert T.
1471 A	Lea	T. F.
5	Leak	Samuel
1706	Leak	William N.
1365	Leal	Alfonzo
869 A	Lean	J. R.
993 A	Lears	Jno.
382 A	Leary	I. R.
1990	Leath	J. N.
196	Leath	Robert L.
1221	Leath	Thomas
2461	Leavette	A. V.
33 A	Leavy	J. R.
351 A	Leavy	J. R.
1230 A	Leavy	J. R.
1232 A	Leavy	J. R.
1562 A	Leavy	J. R.
1227	Leckie	Thomas
1370	Leckie	Thomas
1518	Leckie	Thomas
1672	Leckie	Thomas
1785	Leckie	Thomas
1872	Leckie	Thomas
1938	Leckie	Thomas
1998	Leckie	Thomas
2053	Leckie	Thomas
2103	Leckie	Thomas
2145	Leckie	Thomas
2204	Leckie	Thomas
2233	Leckie	Thomas
2268	Leckie	Thomas
2301	Leckie	Thomas
2334	Leckie	Thomas
2362	Leckie	Thomas
2400	Leckie	Thomas
2455	Leckie	Thomas
2485	Leckie	Thomas
2506	Leckie	Thomas
2519	Leckie	Thomas
2537	Leckie	Thomas
2558	Leckie	Thomas
2568	Leckie	Thomas
2585	Leckie	Thomas
2600	Leckie	Thomas
2651	Leckie	Thomas
2668	Leckie	Thomas
2687	Leckie	Thomas
2703	Leckie	Thomas
2745	Leckie	Thomas
2769	Leckie	Thomas
1416	Lecombe	Ernest
1395	Lecombe	Ernst.
36 ½	Ledden	John
568	Leddington	Thomas
2170	Ledkie	Frank
1180	Lee	A.
1366	Lee	B. F.
193	Lee	C. Murray
2314	Lee	G. W.
2017	Lee	H. C.
987	Lee	J. H.
1417	Lee	J. L.
1350	Lee	J. W.
2253	Lee	J. W.
1416	Lee	James L.
1270	Lee	Jno.
1632	Lee	Jno. C.
2314	Lee	Jno. E.
257	Lee	Richard
1990	Lee	W.
2314	Lee	W. M.
845 A	Leefeste	A.
1273 A	Leefeste	F.
630	Leggett	W. D.
840 A	Lehman	M.
257	Lehman	William
398 A	Lehmberg	C.
625	Lehmberg	C.
625	Lehmberg	F.
625	Leifeste	A.
625	Leifeste	F.

Name Index to Military Claims-Alphabetically

1978	Leigh	G. H.
1016	Leigh	W. B.
1416	Leisering	C. F. A.
1374	Leisering	Charles F. N.
1123	Leisernig	Charles F. A.
199	Lemmon	Jackson
741 A	Lennen	D. M.
1563 A	Leonan	John S.
1658	Leonard	A. F.
192	Leonard	George C.
1097	Leonard	J. L.
617	Leonard	Jno.
1773	Leonard	Jno.
116	Leonard	John
1706	Leonard	Levi
456	Leonard	Mary
1494	Lepard	George
918 A	Leperd	E. M.
1206	Lerma	Victariano
120 A	Lester	A. Y.
1205	Level	David M.
658 A	Level	N. H.
1411	Level	P.
284	Leverett	Joseph M.
1232 A	Levett	H.
192	Levier	Charles
2170	Levingston	N.
2170	Levingston	S. H.
207	Levy	Henry
259	Levy	Henry
192	Levy	J. E.
752	Lewell	Edward
1657	Lewis	A. J.
2173	Lewis	Anderson
1734	Lewis	Andrew J.
1655	Lewis	Charles
2020	Lewis	Charles
754	Lewis	D.
1157	Lewis	D. W.
1706	Lewis	F. M.
1616	Lewis	J.
222	Lewis	J. A.
1995 A	Lewis	J. J.
556 A	Lewis	James
1651	Lewis	Jesse J.
1656 A	Lewis	Jesse J.
1657	Lewis	Jesse J.
148	Lewis	Joseph
1287	Lewis	Joseph
1616	Lewis	L. W.
1874	Lewis	R.
1520 A	Lewis	R. F.
2004 A	Lewis	R. F.
2722	Lewis	R. F.
1411	Lewis	Robert
148	Lewis	S. L.
1637	Lewis	S. T.
36 ½	Lewis	Stephen L.
36 ½	Lewis	Stephen S.
1366	Lewis	Thomas J.
1090	Lewis	William
1233 A	Lewis	William
189	Lewter	W. F.
107	Leyendecker	J.
1100 A	Lhea	L.
1472	Liddea	George W.
306	Lieck	A.
196	Liggon	Anderson W.
222	Lightsey	S. E.
222	Lightsey	S. J.
1494	Lile	N.
1119	Liles	Charles
1416	Liles	Charles
1443	Liles	Charles
715	Lilly	F.
222	Linch	David
568	Linch	J. D.
527	Lindeman	A.
527	Lindeman	E. D.
527	Lindeman	H. C.
1037 A	Lindsay	A.
1097	Lindsay	A. L.
1097	Lindsay	A. L.
1099	Lindsay	A. L.
9	Lindsay	J. M.
290	Lindsay	Jno. C.
1074	Lindsay	Thomas J.
692	Lindsey	James
508 A	Liner	W. T.
1722 A	Linkenhoyer	John W.
2095	Linney	P.
257	Lintez	G. M.
1552	Lionberger	J. L.
1553	Lionberger	J. L.
1021	Lipkins	Jno. M.
1774	Lipkins	Jno. M.
26	Lipkins	John M.
36 ½	Lipkins	John M.

Name Index to Military Claims-Alphabetically

821	Lipkins	John M.
1300 A	Lipps	L.
2253	Liptwich	L. B.
1637	Lisenbee	Thomas
1541 A	Lisk	H. L.
186 A	Lisk	Thomas D.
1557	Little	H. L.
1474	Littleton	Jno.
1414	Littleton	John
1416	Littleton	John
1908 A	Littleton	John
2023 A	Littleton	John
2132	Littleton	John
257	Litton	J. T.
5	Lively	J. C.
118	Livesay	J. R.
683	Livesay	J. R.
1742	Livesay	J. R.
38	Livesay	Jno. R.
77	Livesay	Jno. R.
767	Livingston	A. H.
767	Livingston	J. L.
767	Livingston	W.
2213	Lloyd	B.
327	Lloyd	S.
1455	Lloyd	William H.
878 A	Lobin	N. G.
340	Lock	Jackson
1366	Lockett	D. A.
19 A	Lockett	R. F.
571	Lockhardt	William
715	Lockwood	B. F.
752	Lockwood	B. F.
821	Lockwood	B. F.
303	Lockwood	Benjamin F.
1187	Lockwood	Thomas
1926	Lodd & Armory	
36 ½	Loflin	W. B.
36 ½	Loflin	William B.
36 ½	Loflin	William B.
821	Loflin	William B.
36 ½	Loftin	William B.
1136	Loftin	William B.
1159	Logan	A. C.
222	Logan	H. H.
1116	Logan	J. B.
531 A	Logan	J. H.
1158	Logan	J. L.
531 A	Logan	J. N.
531 A	Logan	R. S.
371 A	Logan	W. L.
1923	Logan, Sweet, & Palmer	
2511	Logan, Sweet, & Palmer	
2515	Logan, Sweet, & Palmer	
2612	Logan, Sweet, & Palmer	
1428	Logsdon	H. J.
1279	Lohrberg	F. H.
501	London	C. M. H.
1851 A	Long	Benjamin
2193	Long	Benjamin D.
1160	Long	G. H.
972 A	Long	G. T.
1097	Long	G. W.
273	Long	J. E.
171	Long	J. M.
1807 A	Long	James H.
2253	Long	John H.
20 A	Long	M. M.
235	Long	M. M.
357	Long	M. M.
1683 A	Long	Robert G.
1243 A	Long	T. A.
222	Long	W. T.
273	Long	William H.
1294	Longaria	Miguel
112	Longhery	R. W., Jr.
2114	Longoria	Cinolio
2114	Longoria	Juan Soles
2114	Longoria	Santos
1696	Loomis	W. H.
767	Looney	J. N.
788	Looney	Jesse
112	Loot	L. L.
753	Lopes	Fernando
2114	Lopez	Angap.
1218	Lopez	Everisto
116	Lopez	Fernando
2114	Lopez	Lasar
2114	Lopez	Rafael G.
2114	Lopez	Seferino
2114	Lopez	Tesento
1205	Lopez	Viviano
1206	Lopez	Viviano
1912	Lorance	T. D.
1913	Lorance	T. D.
625	Lorens	Frederick
588	Lorens	Henry
588	Lorens	Peter

Name Index to Military Claims-Alphabetically

1624	Lorenz	H.
1624	Lorenz	Pet.
1279	Lorillard	William
2708	Losse	Henry
36 ½	Lots	William
1625	Lott	A.
189	Lott	James F.
189	Lott	John T.
821	Lotts	William
1141	Lotts	William
2013 A	Louis	J. C.
858	Louis	Joseph
2097	Louisiana State Bank	
215	Love	A. J.
1102	Love	F. M.
1103	Love	F. M.
214 A	Love	J. E.
653	Love	J. E.
659	Love	J. E.
561	Love	P. R.
1091 A	Love	W. C.
371 A	Love	W. E.
2377	Lovejoy	Jno. L.
2404	Lovejoy	Jno. L.
340	Lovel	Charles
5	Lovelace	J. Y.
62	Lovelace	M. W.
3	Lovelace	William
1637	Lovelady	T. H. B.
2004 A	Lovelady	W. A.
1811	Loveland	B. W.
2357	Loveland	B. W.
2396	Loveland	B. W.
1290	Lovell	Frank
542	Lovenskiold	Charles
1946	Loving	R. C.
682	Lowe	B. B.
388 A	Lowe	G. A.
2253	Lowe	G. H.
1105 A	Lowe	J. C.
1563 A	Lowe	J. D.
199	Lowe	Peter W.
929	Lowell	H. H.
13	Lowery	James T.
204	Lowery	M.
215	Lowery	M.
222	Lowery	M. S. P.
232	Lowery	M. S. P.
222	Lowrey	W. M.
204	Loyd	A. J.
215	Loyd	A. J.
204	Loyd	Jno. W.
2238	Lubbecke	A. F.
2377	Lubbett	L. P.
385	Lubbock	F. R.
615	Lubbock	F. R.
888	Lubbock	F. R.
1681	Lubbock	F. R.
1683	Lubbock	F. R.
2097	Lubbock	F. R.
2139	Lubbock	F. R.
1379	Lucas	
74	Lucas	Fred J.
1026	Lucas	Thomas
481	Luce	M. L.
1550	Luce	M. R.
1551	Luce	M. R.
1613	Luck	A. G.
1642	Luck	A. G.
1643	Luck	A. G.
1700	Luck	A. G.
1729	Luck	A. G.
1791	Luck	A. G.
1811	Luck	A. G.
1866	Luck	A. G.
2306	Luck	A. G.
2357	Luck	A. G.
2380	Luck	A. G.
2396	Luck	A. G.
568	Luck	A. H.
2353	Luck	Fred
1683 A	Luck	Fred L.
19 A	Luckett	F. R.
19	Luckett	R. F.
1365	Luckie	Samuel D.
2414	Lugenbihl	George
1429	Lugsdon	H.
273	Lumpkin	R. S.
1379	Luny	John
920 A	Lusk	H. F.
186 A	Lusk	H. V.
199	Luton	George W.
1953	Lyell	William M.
803	Lyendecker	Joseph
3	Lyles	A. M.
5	Lyles	H. P.
2389	Lynch	Francis
810	Lynch	J. B.

Name Index to Military Claims-Alphabetically

840 A	Lynch	J. C.
719	Lynch	Warren L.
1946	Lynn	J. W.
1416	Lyon	N. L.
1856	Lyon	N. L.
2191	Lyons	David
843	Lyons	J. H.
1217	Lyons	J. H.
1419	Lyons	L.
1908 A	Lyons	N. L.
1738	M. Kenedy & Co.	
1760	M. Kenedy & Co.	
934	M. Kennedy & Co.	
940	Mabray	Joshua
2253	Mabry	D.
204	Mabry	D. H.
215	Mabry	D. H.
204	Mabry	G. R.
215	Mabry	G. R.
215	Mabry	J. L.
204	Mabry	J. L.
1350	Mabry	J. M.
1665 A	Mabry	M. W.
2723	Mabry	R. E.
154 A	Mabry	S. W.
332 A	MacKay	A. J.
2169	Mackay	Thomas
262 -	Mackey	C. M.
2169	Mackey	John
1567 A	MacRay	E. T.
317	Madden	A. C.
553 A	Maddon	W. H.
191	Maddox	A. M.
1990	Maddox	G. F.
1616	Maddox	J. N.
1742	Maddox	W.
556 A	Maddox	W. H.
1800	Maddox	William
1696	Madison	William
2093	Magaffin	J. W.
643	Mager	Richard
1816 A	Magill	E. J.
33 A	Magill	James
1032	Magill	James P.
2549	Magill	James P.
1834	Magill	William
1023 A	Magrath	J. T.
1990	Mahaffy	A.
1616	Mahan	A. B.
1616	Mahan	A. J.
196	Mahan	Franklin
1486	Mahan	Peter F.
1751	Mahan	Peter F.
1472	Mahon	Charles
1119	Mahon	P. F.
116	Mahon	W.
384 A	Mahoney	E.
1523	Mahoney	E.
900 A	Mahuffry	J. G.
1290	Maim	James
1684 A	Mains	J. F.
2169	Mains	Roller M.
532 A	Mains	S. F.
1563 A	Mains	S. F.
1881 A	Mains	S. F.
1882 A	Mains	S. F.
383 A	Mains	S. T.
2169	Mains	Samuel F.
26	Maitland	James T.
1168	Mallard	M. M.
223	Mallaw	M.
1307	Mallett	J.
1366	Mallock	L. P.
2314	Malloroy	H. P.
5	Malloy	Duncan
1664	Malona	H. P.
186 A	Malone	Solomon
388 A	Malone	Solomon
290	Malone	W. H.
207	Malone	W. R.
259	Malone	W. R.
838 A	Maloney	J. P.
1684 A	Maloney	J. P.
2046	Maloney	W. P.
684	Mamess	W.
2170	Manasco	D. G.
1365	Manchaca	Bernaret
44	Manchaca	Jose Maria
374 A	Manelino	P.
684	Manios	L.
1063	Mankins	Evan
1790	Mankins	Henry
1426 A	Mankins	J.
1063	Mankins	Samuel
171 A	Mann	J. W.
1696	Mann	J. W.
767	Mann	Joel L.
771	Mann	Joel L.

Name Index to Military Claims-Alphabetically

1990	Mann	R. T.
126 A	Mann	W. H.
767	Mann	W. W.
1414	Mann	William
1417	Mann	William
1416	Mann	William H.
1742	Manness	W.
1455	Manney	J.
1766	Manning	Aaron
330	Manning	E.
689	Manning	H.
616 A	Manninig	S. W.
273	Manson	S.
2253	Manuel	W. H.
802 A	Manwell	J. R.
1983 A	Mapes	J. M.
384 A	Maples	M. H.
1696	Marbeck	L.
192	Marchbanks	B. F.
196	Marchbanks	Jasper B.
192	Marchbanks	N. B.
606	Marchbanks	T. H.
1168	Margraves	J. M.
1379	Mark	Jim Pock
1713	Markham	N.
1990 A	Markin	George W.
2173	Marlett	C.
634	Marlin	W. N. P.
636	Marlin	W. N. P.
1168	Marlow	W. F.
2170	Marquis	Sidney
112	Marris	A.
370	Marrs	T. M.
192	Marsh	A.
222	Marsh	J. W.
1267	Marshal	J. C.
677 A	Marshall	A. B.
1947	Marshall	A. B.
692	Marshall	B. T.
1279	Marshall	David
1455	Marshall	E. O.
436	Marshall	F. M.
1990	Marshall	J. H.
2253	Marshall	J. L.
1507	Marshall	James C.
1840	Marshall	Jesse
1475	Marshall	Jno.
178	Marshall	R. W.
1488 A	Marshall	Robert
86	Marsten	R.
1411	Martel	F.
222	Martin	A. P.
229 A	Martin	August
683	Martin	E.
684	Martin	E.
2169	Martin	E. J.
38	Martin	Emanuel
77	Martin	Emanuel
118	Martin	Emanuel
229 A	Martin	Ernest
464 A	Martin	Ernest
1383	Martin	George M.
2421	Martin	George M.
181	Martin	H. R.
2377	Martin	I. H.
1983 A	Martin	J. C.
505	Martin	James
1102	Martin	Jno. L.
1103	Martin	Jno. L.
1366	Martin	John Q.
1637	Martin	L. M.
1800	Martin	Manuel
297	Martin	Neal
62	Martin	P. H.
1201	Martin	R.
1210	Martin	R.
1366	Martin	W. J.
568	Martin	W. P.
1443	Martin	W. W.
1953	Martin	W. W.
36 ½	Martin	William
116	Martin	William W.
62	Martin	Woodf. M.
319 A	Martindale	D. M.
1205	Martinez	Cisto
1206	Martinez	Cisto
1365	Martinez	Jesus
536	Martsdorff	Robert
2377	Masey	James C.
434	Mason	C. C.
435	Mason	C. C.
2028	Mason	D. N.
1706	Mason	David
1054	Mason	GG. S.
148	Mason	H. S.
1769	Mason	H. S.
1798	Mason	H. S.
36 ½	Mason	Henry S.

Name Index to Military Claims-Alphabetically

44	Mason	Henry S.
408 A	Mason	W. R.
500	Massey	George S.
810	Massey	H. Y.
195	Massie	J. W.
1352	Masters	Henry A.
1403	Mata	Manuel
36 ½	Mateland	James T.
1055 A	Mater	J. N.
462 A	Mather	Samuel
1313	Mather	Samuel
568	Mathews	Jasper
1428	Mathews	R. H
1556 A	Mathews	W. A.
972 A	Matlock	C.
972 A	Matlock	C. B.
1097	Matlock	J. L.
1097	Matlock	Jno.
1504 A	Matt	D. D.
658 A	Matta	Andres
1651	Mattheson	W. H. H.
2740	Matthews	E. S.
1428	Matthews	J. W.
1472	Matthews	S. B.
345 A	Matthews	W. D.
2004	Matthews	W. G.
1298	Matthews	William
290	Maulding	William P.
1773	Maurer	Jno.
1017	Maverick	S. A.
196	Maxey	Greenberry H.
196	Maxey	Rice Jr.
556 A	Maxwell	J. H.
199	Maxwell	James A.
1428	Maxwell	R. M.
199	Maxwell	William M.
261	May	William P.
62	Mayfield	E. C.
62	Mayfield	Henry
199	Mayfield	Samuel
1008 A	Mayfield	Stephen
1319	Mayfield	Williamson
1018	Mayfiled	William
290	Mayhar	Henry T.
1168	Maynott	H. I.
1097	Mayo	J. G.
1687	Mayors	James
807	Mayrand	J. N.
807	Mayrand	W. N.
810	Mayrant	C. K.
1422	Mayrant	J.
1315	Mayrant	J. W.
2110	Mayrant	J. W.
810	Mayrant	William N.
1299	Mayrant	William N.
802 A	Mays	C.
1232 A	Mays	C.
2273	Mays	C.
1426 A	Mays	Curtis
692	Mays	Jno.
480	Mays	John
873	Mays	L. M.
873 A	Mays	L. M.
1596	Mays	Mathew
468	Mays	R. B.
1621	Mays	R. E.
1027	Mays	W. B.
215	Mays	W. G.
2404	Mays	W. H.
2510	Maza	William
810	McAdoo	D. M.
767	McAlister	James
2327	McAlister	L. W.
2396	McAlister	L. W.
1900	McAlister	S. W.
299	McAllen	Henry
632	McAllen	William
62	McArnner	John
1631	McBride	Casp.
1350	McBride	Daniel
192	McBride	John
1350	McBride	Pleasant
1354	McBride	William
1586	McBride	William
523	McCabe	Jno. W.
715	McCabe	Jno. W.
752	McCabe	Jno. W.
821	McCabe	John W.
1707	McCabe	John Y.
1411	McCabe	Peter
228	McCain	A. K.
445	McCain	A. K.
112	McCain	R. A.
111	McCain	William J.
568	McCalaster	Jno.
257	McCall	A. J.
2237	McCall	J. Smith
1696	McCall	James

Name Index to Military Claims-Alphabetically

1972	McCall	T. P.	1140	McConnell	Henry F.
2198	McCall	T. P.	1027	McConnell & Co.	
2349	McCall	T. P.	1616	McCool	J. E.
2693	McCall	T. P.	1616	McCool	J. E.
2169	McCallan	Abner	2170	McCool	James
101	McCamant	Jno. D.	1024 A	McCord	G. W.
2169	McCamel	Elisah W.	230 A	McCord	J. E.
2253	McCamish	Jim	383 A	McCord	J. E.
1149	McCampbell	L.	1234 A	McCord	J. E.
1074	McCanless	James	1427 A	McCord	J. E.
1287	McCarma	James	1755 A	McCord	J. E.
1494	McCart	William	80 A	McCord	James E.
617	McCarthey	J.	297	McCord	James E.
1773	McCartney	J.	747 A	McCord	James E.
204	McCartney	R. K.	1322 A	McCord	James E.
215	McCartney	R. K.	1409 A	McCord	James E.
388 A	McCartney	R. K.	678 A	McCord	Ruby
715	McCarty		222	McCorkle	Samuel
606	McCarty	A. C.	784	McCormick	J. M.
396 A	McCarty	A. J.	2475	McCormick	J. M.
1512	McCarty	James	1661	McCormick	Jno. M.
523	McCarty	Jno.	600	McCowan	J. M.
752	McCarty	Jno.	568	McCowan	R.
821	McCarty	John	568	McCowan	S. M.
531 A	McCarty	Thomas	599 A	McCown	J. A.
1494	McCasson	T. S.	1330	McCoy	G. W.
74	McCauley	Henry	41	McCoy	J. C.
1462	McCelvey	Alex	4	McCoy	Jno. C
9 A	McChristian	Thomas	993 A	McCoy	Thomas
9 A	McChristian	William	1773	McCrabb	J.
1270	McClane	B. F.	1476	McCracken	Jno.
1365	McCleland	Joseph P.	1476	McCracken	William
2096	McClendan	A. I.	767	McCraw	Jno. T.
1714	McClendell	Henry	606	McCray	A.
257	McClure	F. M.	1055 A	McCrea	James
1168	McClure	R.	1897 A	McCreary	W. M.
1637	McClure	W. J.	388 A	McCreary	William M.
82	McCluskey & Mitchell		1145	McCreight	James
116	McCluskey & Mitchell		2155	McCrow	J. E.
102	McClusky	James B.	2035	McCrow	W. E.
118	McClusky & Mitchell		101	McCuistion	Bedford L.
2377	McCombs	C. W.	767	McCuistion	Thomas
2377	McCombs	I. M.	767	McCuistion	William
2377	McCraw	George W.	1215	McCulloch	Ben
2377	McCombs	J. N.	1231	McCulloch	Ben
164 A	McCommas	W. M.	1983 A	McCulloch	J. M.
165 A	McCommas	W. M.	1701	McCulloch	L. C.
26	McConnell	Henry F.	1696	McCulloch	W. R.
821	McConnell	Henry F.	290	McCurley	E. A.

Name Index to Military Claims-Alphabetically

987	McCurry	W. H.
987	McCurry	W. J.
1663	McCusker	Philip
371 A	McCutcheon	W. R.
642	McDade	W. A.
36 ½	McDade	William A.
44	McDado	William M.
222	McDaniel	A. H.
216	McDaniel	A. M.
2169	McDaniel	Charles
568	McDaniel	D. J.
902 A	McDaniel	J. C.
222	McDaniel	J. L.
115	McDaniel	James
392	McDaniel	James
1523	McDaniel	James
1706	McDaniel	M. M.
1706	McDaniel	W. D.
251 A	McDaniel	William L.
116	McDanold	Douglas
381 A	McDarry	Pat W.
257	McDavid	J. T.
257	McDavid	T. B.
42 A	McDawall	John
1798	McDerit	Thomas
986 A	McDermitt	W.
2440	McDermott	A.
1730	McDermott	Hugh
1027	McDermott	L. L.
2441	McDermott	L. L.
1027	McDermott	W. A.
523	McDivit	Thomas
36 ½	McDivitt	Thomas
1800	McDonald	A.
1886	McDonald	A. I.
2169	McDonald	Cash
36 ½	McDonald	D.
1774	McDonald	D.
148	McDonald	D. J.
77	McDonald	E.
36 ½	McDonald	Edward
72	McDonald	Edward
507	McDonald	Edward
676	McDonald	Edward
340	McDonald	Ely
112	McDonald	I. W.
802 A	McDonald	J. C.
546	McDonald	J. G.
340	McDonald	J. M.
2017	McDonald	James
2169	McDonald	Jarold
1321 A	McDonald	Jno.
340	McDonald	Martin
174	McDonald	N. B.
59	McDonald	Peter
2169	McDonald	S. H.
340	McDonald	Thomas
206	McDonald	W. B.
215	McDonald	W. B.
204	McDonald	William B.
421 A	McDonalds	J.
1578	McDougal	Henry
986 A	McDowell	F. M.
42 A	McDowell	John
299	McEachern	B. W.
568	McElhannan	William
207	McElmurry	J. C.
2253	McElreath	D. H.
199	McElroy	George C.
1350	McElroy	J. D.
327	McElroy	J. L.
199	McElroy	Joseph A.
199	McElroy	William D.
273	McEntyre	W. C.
839	McFadden	David
891 A	McFaddin	E. A.
552 A	McFaddin	J. P.
1181 A	McFairland	F. F.
1428	McFall	A. M.
192	McFall	Hugh
257	McFall	William
606	McFarlain	B. P.
148	McFarland	A.
1798	McFarland	A.
36 ½	McFarland	Archibald
1780	McFarland	B.
1018	McFarland	F. F.
1319	McFarland	F. F.
1766	McFarland	F. F.
1886	McFarland	F. F.
55	McFarland	Isaac
148	McFarland	Isaac
1798	McFarland	J.
2169	McFarland	James M.
1018	McFarland	Thomas
1886	McFarland	Thomas
1062A	McFarland	William
1004 A	McGarrah	J. G. S.

Name Index to Military Claims-Alphabetically

Claim	Surname	Given
1290	McGarrah	L. G. L.
116	McGarry	Michael B.
1455	McGarvey	James H.
72	McGary	Patrick
578	McGeary	M. B.
1018	McGee	Jno.
1319	McGee	Jno.
1766	McGee	Jno.
1886	McGee	John
446	McGee	Riley
810	McGehee	James
810	McGehee	Sampson
363	McGehee	W. B.
364	McGehee	W. B.
365	McGehee	W. B.
421 A	McGhee	L.
2170	McGill	W. B.
1556 A	McGill	W. R.
101	McGlasson	George M.
118	McGlauchlin	John
1703 A	McGlone	James
1020	McGothlein	B. F.
1020	McGothlein	W. A.
1971	McGough	William
1589	McGowan	Jno. R.
101	McGowan	William I.
148	McGrain	D.
1798	McGrain	D.
1574	McGrane	D.
36 ½	McGrane	David
1852 A	McGrane	David
6	McGraw	J. E.
2220	McGregor	J. H.
2344	McGregor	Jno.
2344	McGregor	William L.
1696	McGuinnes	James
1298	McGuire	E.
819	McGuire	GG.
1298	McGuire	H.
1018	McGuire	J. D.
1319	McGuire	J. D.
273	McGuire	T. W.
2005	McHenry	L. H.
1168	McHenry	T. D.
1168	McHenry	W. P.
2637	McHugh	John
173	McIlheney	A. H.
173	McIlheney	W. J. G.
12	McIntosh	William
657 A	McIntyre	G. W.
36 ½	McIntyre	John M.
1696	McKanna	P.
1138	McKay	W. H.
1798	McKay	W. H.
870 A	McKay	William
36 ½	McKay	William H.
1127	McKay	William H.
196	McKee	Oscar J.
32 A	McKee	R. W.
686 A	McKee	R. W.
1427 A	McKee	R. W.
1155	McKellar	J.
1027	McKenzie	E. C.
222	McKernley	C. W.
905	McKethan	J. C.
965	McKethan	J. C.
1139	McKethan	J. C.
1350	McKey	J. L.
1350	McKey	L. B.
1990	McKinley	F. M.
1798	McKinnan	R. J.
2127	McKinney	Alex
1773	McKinney	I.
53	McKinney	Jno.
62	McKinney	R. J.
257	McKinney	R. J.
2079	McKinney	T. J.
1652	McKinney	T. N.
112	McKinney	W. M.
116	McKinney	William
1229 A	McKinney	William
1773	McKinney	William
852	McKissack	William
222	McKissick	A. F.
36 ½	McKithen	I. C.
388 A	McKnight	E. F.
222	McKnight	J. H.
603	McKnight	Thomas
273	McKown	J. O.
1229 A	McKuinn	John
2377	McKuskey	A. H.
1651	McLamore	James B.
1657	McLamore	James B.
1800	McLane	M. M.
431	McLane	William A.
715	McLauchlin	J. H.
36 ½	McLaughlin	J. H.
821	McLaughlin	J. H.

Name Index to Military Claims-Alphabetically

1048	McLaughlin	J. H.
38	McLaughlin	Jno.
72	McLaughlin	Jno.
2213	McLeod	M.
36 ½	McLoughlin	John
1946	McLure	C. H.
116	McMahan	I.
1102	McMahan	J. L.
1103	McMahan	J. L.
2393 A	McMahan	J. L.
215	McMahan	J. P.
1103	McMahan	J. T.
1102	McMahan	James
1103	McMahan	James
1287	McMahan	Jno.
1041	McMahan	Jno. M.
1102	McMahan	Jno. T.
163 A	McMahan	William
819	McMains	Jno.
653	McMann	E.
1796 A	McMann	Elmo
617	McManus	William J.
62	McMillan	C.
183 A	McMillan	N. D.
340	McMinn	Robert
422 A	McMinn	T.
195	McMinn	Thaddeus
388 A	McMinn	Thodius
1642	McMullen	Levi
72	McMunn	Jno.
2167 ½ A	McMurray	J. C.
1116 A	McMurray	J. T.
384 A	McMurry	A. J.
1099	McNahan	J. T.
2009	McNealy	James
1523	McNeil	A.
1769	McNeil	Hector
523	McNeil	Jno.
2317 A	McNeil	R. B.
84	McNeil	Robert B.
715	McNeill	
1244	McNeill	James A.
752	McNeill	Jno.
36 ½	McNeill	John
1773	McNeill	Peter
116	McNeill	Robert B.
2253	McPherson	I. L.
1556 A	McRae	C. D.
81	McRay	Colin D.
1560 A	McRay	E. T.
1321 A	McRay	J. M.
683	McRea	C. D.
1094	McRea	Colin D.
684	McRea	L. D.
445	McReynolds	E. B.
427	McReynolds	G. W.
1976 A	McReynolds	G. W.
1798	McRhea	C. W.
1800	McRhea	Jno. D.
15 A	McSpadden	C. H.
192	McSpadden	James T.
192	McTynn	William C.
416	McTyre	William
1350	McWharter	G. A.
1637	McWhorter	William
1657	McWilliams	Charles
495 A	Meader	Charles
1563 A	Meader	Charles
1102	Meaks	G. W.
1103	Meaks	J. W.
2213	Means	B. F.
1637	Means	C. F.
117	Mechling	W. T.
107	Meckel	B.
160	Medlan	A. B.
2253	Meek	John B.
1719	Meeks	J. W.
1232 A	Meeks	W.
1244	Mefford	William
1074	Meissner	Gustavas
1119	Meisters	H. A.
1123	Meisters	H. A.
1414	Meisters	Henry A.
1416	Meisters	Henry A.
2170	Menasco	Thomas
1811	Mendes	Jose
2357	Mendes	Jose
2380	Mendes	Jose
2306	Mendes	Juan
1204	Mendiola	Bernardo
1205	Mendiola	Bernardo
1206	Mendiola	Bernardo
1206	Mendiola	Ierbacio
1205	Mendiola	Juan
1206	Mendiola	Juan
1205	Mendiola	Jubacio
1205	Mendiola	Julian
1206	Mendiola	Julian

Name Index to Military Claims-Alphabetically

1914	Menifee	W. O.
196	Meniffee	William O.
1329	Mercer	Jesse
1063	Mercer	Jno.
889 A	Mercer	W.
189	Mercer	W. J.
1063	Mercer	William
920	Meredith	J. B.
1468	Meredith	J. B.
1471	Meredith	J. B.
1298	Mergerson	J. T.
606	Meridith	J. B.
2704 A	Merill	B. H.
838 A	Merrick	George W.
1684 A	Merrick	George W.
1598	Merrick	M. W.
1599	Merrick	W.
1377	Merrifee	William O.
2170	Merritt	John
971 A	Merriweather	D. T.
862	Merriweather	David F.
1990 A	Mershaw	W. H.
1842	Messer	J. W.
1696	Messersmith	A.
1840	Messick	O. M.
1946	Metcalf	J. J.
1946	Metcalf	William
760 A	Meurer	Peter
12	Meuret	Joseph
1990	Meyer	George
257	Meyer	John
973	Michael	A. Bro.
715	Michel	G.
752	Michel	Gustan
821	Michel	Gustav
37	Michel	Gustave
204`	Michie	C.
215	Michie	C. M.
2253	Michie	J. W.
803	Mickel	B.
692	Middleton	W. R.
19 A	Milam	B. R.
2169	Milam	N. B.
1990	Miles	B. F.
149	Miles	George
1798	Miles	George
484	Military Board	
485	Military Board	
564	Military Board	
598	Military Board	
673	Military Board	
856	Military Board	
1007	Military Board	
1172	Military Board	
1263	Military Board	
1295	Military Board	
1295	Military Board	
1311	Military Board	
1326	Military Board	
1332	Military Board	
1362	Military Board	
1386	Military Board	
1389	Military Board	
1394	Military Board	
1405	Military Board	
1418	Military Board	
1444	Military Board	
1446	Military Board	
1493	Military Board	
1509	Military Board	
1521	Military Board	
1558	Military Board	
1569	Military Board	
1577	Military Board	
1580	Military Board	
1594	Military Board	
1602	Military Board	
1608	Military Board	
1610	Military Board	
1611	Military Board	
1627	Military Board	
1634	Military Board	
1689	Military Board	
1690	Military Board	
1711	Military Board	
1716	Military Board	
1717	Military Board	
1720	Military Board	
1740	Military Board	
1748	Military Board	
1788	Military Board	
1789	Military Board	
1803	Military Board	
1815	Military Board	
1822	Military Board	
1835	Military Board	
1837	Military Board	
1838	Military Board	

Name Index to Military Claims-Alphabetically

2562	Military Board	
1242	Military Board	
1282	Military Board	
1283	Military Board	
1286	Military Board	
1411	Millaby	Michael
802 A	Miller	A. C.
884 A	Miller	C.
1278	Miller	C.
1097	Miller	C. G.
257	Miller	C. J.
1632	Miller	D. C.
259	Miller	E. B.
1990	Miller	Elias
36 ½	Miller	Francis
821	Miller	Francis
1048	Miller	Francis
1134	Miller	Francis
1544	Miller	G. E.
904 A	Miller	George
653	Miller	H.
2213	Miller	H. H.
152	Miller	Henry
2169	Miller	Henry
1712	Miller	J. T.
2213	Miller	Jac. R.
1557	Miller	James H.
26	Miller	James M.
36 ½	Miller	James M.
821	Miller	James M.
1132	Miller	James M.
1774	Miller	James M.
1986 A	Miller	John T.
2270	Miller	L. K.
2302	Miller	L. K.
2338	Miller	L. K.
2363	Miller	L. K.
2215	Miller	M. A.
2387	Miller	Mark
2392	Miller	Mark
1756	Miller	R.
778	Miller	Samuel H.
753	Miller	Samuel R.
421 A	Miller	T. G.
170	Miller	T. L.
1597	Miller	T. L.
1657	Miller	T. L.
2237	Miller	Thomas M.
36 ½	Miller	W. A.
1798	Miller	W. A.
658 A	Miller	W. O.
1755 A	Miller	W. O.
2215	Miller	W. R.
767	Miller	William
1613	Miller	William
36 ½	Miller	William A.
1683 A	Miller	William M.
1455	Millet	T. H.
2173	Millholand	J. B.
1168	Millican	Ira
53	Millican	J. H.
653	Millican	J. H.
1797 A	Millican	J. H.
1809	Millican	J. H.
2220	Millican	W. J.
2253	Milligan	P. T.
257	Milligand	William L.
715	Mills	A.
36 ½	Mills	Ambrose
523	Mills	Ambrose
752	Mills	Ambrose
821	Mills	Ambrose
5	Mills	E. C.
1472	Mills	Gideon
1637	Mills	J. L.
421 A	Mills	Jacob
906	Mills	R. D. G.
380	Mills	Samuel
196	Mills	William A.
767	Milsop	J. V.
2169	Milton	Andrew F.
1725	Mimico	Theodore
1616	Ming	A.
2377	Minor	Joseph
384 A	Mires	J.
192	Misenhamer	W. L.
780	Mitchell	Asa
189	Mitchell	B. F.
548	Mitchell	J. B.
36 ½	Mitchell	James C.
36 ½	Mitchell	James C.
55	Mitchell	James C.
821	Mitchell	James C.
1508	Mitchell	Jno. E.
326	Mitchell	N. A.
1990	Mitchell	W.
986 A	Mitsher	G. W.
1455	Moerez	F.

Name Index to Military Claims-Alphabetically

121	Moesner	Frank
36 ½	Moffat	A.
36 ½	Moffat	Adam
1904	Moffat	Adam
854	Moffatt	Adam
116	Moffett	Adam
458	Moffett	H. J.
1455	Moffit	Robert
709	Mogford	William
710	Mogford	William
1388	Mogford	William
1205	Molina	Antonio
1206	Molino	Antonio
248	Moncure	John J.
249	Moncure	John J.
2513	Monday	E.
2173	Monday	W. F.
715	Money	Jno. A.
793	Monroe	John
814	Montague	Charles
767	Montague	D. R.
9 A	Montague	Daniel
1063	Montgomery	Addison
1990	Montgomery	H. K.
1443	Montgomery	Henry
1065 A	Montgomery	J. C.
74	Montgomery	J. J.
137	Montgomery	J. J.
651	Montgomery	J. J.
653	Montgomery	J. J.
1582	Montgomery	J. J.
840 A	Montgomery	J. N.
1637	Montgomery	James S.
36 ½	Montgomery	John J.
353 A	Montgomery	L.
273	Montgomery	W. J.
863	Moodie	John
1858	Moodie	John
2253	Moody	John G.
36 ½	Moog	Frank
1976 A	Moog	Frank
855	Mooney	Dennis
36 ½	Mooney	Jno. A.
1048	Mooney	Jno. A.
821	Mooney	John A.
986 A	Moor	G. W.
273	Moore	A. W.
767	Moore	B. C.
1448	Moore	B. F.
1464	Moore	C. R.
1657	Moore	C. R.
186	Moore	E. H.
186 A	Moore	E. H.
187	Moore	E. H.
388 A	Moore	E. H.
422	Moore	E. H.
606	Moore	E. H.
609	Moore	E. H.
611	Moore	E. H.
189	Moore	F. M.
227	Moore	F. W.
229	Moore	F. W.
715	Moore	H.
222	Moore	H. A.
204	Moore	H. N.
215	Moore	H. N.
528	Moore	Haywood
26	Moore	Henry
36 ½	Moore	Henry
36 ½	Moore	Henry
116	Moore	Henry
1637	Moore	Henry S.
794 A	Moore	J. E.
192	Moore	J. M.
618	Moore	J. M.
1449	Moore	J. M.
1350	Moore	J. R.
1706	Moore	James E.
273	Moore	James P.
297	Moore	James W.
77	Moore	Jno.
392	Moore	Jno.
683	Moore	Jno.
684	Moore	Jno.
1032	Moore	Jno.
1453	Moore	Jno.
101	Moore	Jno. L. F.
585	Moore	Jno. W.
1119	Moore	Jno. W.
2413	Moore	Jno. W.
118	Moore	John
1414	Moore	John W.
1416	Moore	John W.
259	Moore	Jonathan
297	Moore	Jonathan E.
388 A	Moore	Josiah
589	Moore	Lewellin
593	Moore	Lewellin

Name Index to Military Claims-Alphabetically

80 A	Moore	Milton	677	Morris	A. R.
1707	Moore	Robert	329	Morris	Andrew
805 A	Moore	S. C.	1096	Morris	Andrew
1637	Moore	Samuel J.	2169	Morris	Austin
176 A	Moore	T. J.	273	Morris	E. D.
868 A	Moore	T. J.	1234 A	Morris	E. W.
33	Moore	Thomas	459	Morris	Eugene
71	Moore	Thomas	2045	Morris	G. D.
991	Moore	Thomas	262 -	Morris	G. G.
992	Moore	Thomas	568	Morris	G. G.
1032	Moore	Thomas	1836	Morris	G. M.
1280	Moore	William	297	Morris	G. W.
1315	Moore	William	2013 A	Morris	G. W.
699	Moore	William J.	2329	Morris	George
2535	Mooris	Washington	1976 A	Morris	George W.
1943	Moos	J.	1100 A	Morris	J.
2170	Moos	J. G.	1779	Morris	J.
339 A	Morales	L.	2237	Morris	J. F.
359 A	More	Haywood	1290	Morris	J. S.
1985	Morehead	J. L.	1096	Morris	Jno.
1027	Morehead	James T.	273	Morris	Jno. F.
301	Morehouse	Edward	1797 A	Morris	Jno. H.
1205	Moreno	Bartolo	1233 A	Morris	John
1206	Moreno	Bartolo	1315	Morris	Jonathan
585	Moreno	George	1455	Morris	Jonathan
1205	Moreno	Jose Maria	284	Morris	Joseph M.
1206	Moreno	Jose Maria	1523	Morris	L. L.
1416	Moresey	Barnard	1523	Morris	O.
1911	Morgan	Barclay	1542	Morris	O.
1119	Morgan	Henry	568	Morris	R.
653	Morgan	J N.	257	Morris	S.
788	Morgan	James D.	1097	Morris	Thomas A.
1428	Morgan	James K.	2610	Morris	W. A.
946	Morgan	James N.	840 A	Morris	W. C.
199	Morgan	John	36 ½	Morrisay	Horris
1350	Morgan	John	1119	Morrisey	Bernard
199	Morgan	John W.	966	Morrisey	Morris
692	Morgan	R. C.	1141	Morrisey	Morris
199	Morgan	William J.	2253	Morrison	A. J.
210	Morgan	William J.	101	Morrison	Absolam W.
26	Morisey	Morris	1710	Morrison	Alex
701 A	Morral	J. R.	1722 A	Morrison	Bryon
1966	Morrell	A.	62	Morrison	Jno. W.
116	Morrell	H.	2253	Morrison	John
121	Morrell	H.	1801	Morrison	L. B.
116	Morrell	Joseph	189	Morrison	W. S.
121	Morrell	Joseph	1350	Morrow	Benton
148	Morrell	Thomas	1428	Morrow	George
270	Morris	A. R.	273	Morrow	J. C. S.

Name Index to Military Claims-Alphabetically

1350	Morrow	Jesse
1620	Morrow	Jno.
825 A	Morrum	John
290	Morton	Henry J.
1430	Morton	Jno. B.
107	Mosel	P.
2213	Moseley	T. G.
803	Mosell	Peter
121	Moses	A. D.
675	Moses	Alfred
1139	Moses	Elkin
548	Moses	J. Williamson
1772	Moses	Williamson
112	Moshier	H. H.
216	Moss	A. F.
233	Moss	A. F.
767	Moss	Henry
1350	Moss	J. D.
1350	Moss	J. L.
1350	Moss	T. B.
204	Motes	W. B.
215	Motes	W. B.
1244	Motheral	William E.
1798	Motherway	D.
1831	Motherway	D.
36 ½	Motherway	David
1852 A	Motherway	David
1428	Mounts	W. C.
2213	Mowrey	J. T.
2213	Mowrey	R. A.
1411	Muldoon	T.
664 A	Mulkey	James D.
1852 A	Mullan	John J.
26	Mullane	John J.
36 ½	Mullane	John J.
1141	Mullen	Jno.
1829	Mullen	Peter
948	Muller	O.
348	Muller	Ottoman
1706	Mullies	J. W.
275	Mullins	Jno. W.
276	Mullins	Jno. W.
316	Mullins	Jno. W.
317	Mullins	Jno. W.
1798	Mullins	P.
36 ½	Mullins	Pat
1852 A	Mullins	Patrick
1946	Mullins	T. P.
1946	Mullins	W. B.
12	Mulray	John
290	Mundy	W. W.
1428	Murchison	J. B.
2279	Murchison	Jno.
875	Murdock	James
651	Murphy	J. W.
715	Murphy	J. W.
36 ½	Murphy	James W.
752	Murphy	James W.
821	Murphy	James W.
1365	Murphy	James W.
72	Murphy	Jno.
77	Murphy	Jno.
290	Murphy	Jno.
1747	Murphy	Patrick
1795	Murphy	Patrick
675	Murphy	W. B.
2525	Murrah	P.
2644	Murrah	P.
2676	Murrah	P.
2690	Murrah	P.
2754	Murrah	P.
2756	Murrah	P.
2777	Murrah	P.
2778	Murrah	P.
2785	Murrah	P.
2787	Murrah	P.
2652	Murrah	Pend.
2657	Murrah	Pend.
1350	Murray	George
1300	Murray	J. L.
196	Murray	Jerry
154 A	Murray	M. W.
715	Murray	T. H.
36 ½	Murray	Thomas H.
108	Murray	Thomas H.
752	Murray	Thomas H.
821	Murray	Thomas H.
1579	Murray	William
767	Murrell	J. N.
36 ½	Murrell	Thomas
1222	Murrell	Thomas
2035	Murrell	W. E.
341 A	Murry	Dan
1990	Murry	J.
1990	Murry	M. L.
813	Musgrave	B. M.
824	Musgrave	Wallen
1016 A	Musgrove	B.

Name Index to Military Claims-Alphabetically

Claim #	Surname	Given
1016 A	Musgrove	C.
1016 A	Musgrove	D.
1523	Musk	W. M.
1278	Musselman	A.
653	Myer	Lucien
1449	Myers	A.
987	Myers	Abraham
1598	Myers	Andrew J.
556 A	Myers	E. G.
26	Myers	Henry
36 ½	Myers	Henry
821	Myers	Henry
2293	Myers	Henry
1236	Myers	Jno.
116	Myers	John
722	Myers	W. L.
1663	Myers	W. R.
1268	Mylius	William
1232 A	Myrick	E. R.
1520 A	Myrick	E. R.
1685 A	Myrick	E. R.
388 A	Myrick	H. W. K.
1044 A	Myrick	H. W. K.
592 ½	N. Lidstone & Co.	
351 A	Nabers	A. W.
1942	Naegelin	Charles
2210	Naessel	George
301	Nagel	William
1264	Nagelin	Joseph
2391	Naghil	D. F.
644	Nail	J. M. Junior
924 A	Nail	M. J.
192	Nance	D. C.
296	Nance	E.
725	Nance	O. B.
458	Nance	William J.
1312	Nanny	C. W.
1990	Nash	R. C.
222	Nathans	G.
1205	Navarro	Alejandro
1206	Navarro	Alejandro
1365	Navarro	Sextan
2377	Nawlin	Henry
2377	Nawlin	J. L.
802 A	Neal	A. H.
1586	Neal	B. F.
1501	Neal	J. G.
1769	Neal	J. M.
1773	Neal	J. M.
1560	Neal	J. P.
730	Neal	James P.
181	Neal	Jno.
1428	Neal	Richard
956	Neal	Robert
1114 A	Neal	W. G.
242	Neal	W. J.
1754 A	Nedelett	L. L.
1754 A	Nedleth	L. S.
63 A	Nedlett	S. S.
870 A	Nedlett	S. L.
388 A	Neel	T. C.
338 A	Neeley	G. M.
1430	Neeley	Randolph R.
987	Neely	D. H.
1908 A	Neely	G. M.
490	Neely	J.
2383	Neely	Marion
1357 A	Neetz	John
183 A	Neighbor	S.
351 A	Neighbors	A.
182 A	Neighbors	Allen W.
1109 A	Neighbors	J.
182 A	Neighbors	S. M.
1562 A	Neighbors	Simpson
1467	Neighbors	Thomas J.
1866	Neighbour	J.
1379	Neighbours	
802 A	Neil	A. M.
1229 A	Neil	James
1416	Neil	Joseph C.
306	Neill	Francis T.
517	Neill	J. H.
653	Neill	J. H.
965	Neill	J. H.
1683 A	Neill	Robert E.
802 A	Nelson	A.
340	Nelson	Allen B.
388 A	Nelson	David
388 A	Nelson	Davis
1593	Nelson	G. W.
340	Nelson	H.
340	Nelson	H. L.
1918	Nelson	J. D.
273	Nelson	J. E.
938 A	Nelson	J. W.
1119	Nelson	Jno. W.
999 A	Nelson	John R.
1416	Nelson	John W.

Name Index to Military Claims-Alphabetically

1074	Nelson	M. V.
1637	Nelson	Richard
2592	Nelson	Thomas C.
26	Nenrath	John R.
1379	Ne-on	
1665	Netherland	S.
1357	Neutze	John
1358	Neutze	John
715	Neville	William
821	Neville	William
192	New	J. H.
192	New	W. J.
1494	Newberry	A. J.
1494	Newberry	M. H.
101	Newby	John W.
1365	Newcomb	J. G.
1696	Newcomb	J. G.
1773	Newcomer	I.
918 A	Newley	W. D.
548	Newman	O.
1409	Newman	Theodore
36 ½	Newrath	J. R.
36 ½	Newrath	John R.
821	Newrath	John R.
189	Newsom	Joel
1366	Newsom	William N.
290	Newsome	Daniel P.
1897 A	Newton	E. C.
199	Newton	John
1706	Newton	Lorenzo
988 A	Newton	R.
16	Ney	Joseph
196	Nichell	John R.
556 A	Nichols	C. P.
363 A	Nichols	G. R.
361	Nichols	J. N.
1719	Nichols	Jerry
512 A	Nichols	Jno.
1321 A	Nichols	Jno.
355 A	Nichols	John
467	Nichols	L. D.
1565	Nichols	L. D.
1567	Nichols	L. D.
1455	Nichols	L. H.
580 A	Nichols	R.
1366	Nichols	R. B.
192	Nichols	S.
257	Nichols	W. A.
892	Nicholson	A. J.
893	Nicholson	A. J.
935	Nicholson	A. J.
936	Nicholson	A. J.
937	Nicholson	A. J.
81	Nicholson	J. D.
683	Nicholson	J. D.
385 A	Nicholson	J. M.
556 A	Nicholson	J. M.
1696	Nicholson	L.
1637	Nicholson	M. H.
1119	Nickles	P. H.
1424	Niggle	Ferdinand
1591	Niggle	Fred
1360 A	Night	L. L.
2170	Night	T. M.
1350	Nillims	J. J.
1798	Nimmo	J. W.
36 ½	Nimmo	James W.
1307	Nimmo	Joseph W.
148	Nimms	J. W.
2253	Nipper	W. P.
74	Nitoche	William
1190	Nitschke	Willliam
196	Nivisan	Thomas J.
692	Nix	H.
1481	Nix	James I.
116	Nix	Jim
1556 A	Noble	Frank
207	Noble	J. M.
965	Noble	L. F.
653	Noble	S. F
72	Noble	S. F.
651	Noble	S. F.
207	Noel	G. A.
508 A	Noel	G. W.
1798	Noel	T.
36 ½	Noel	Theop.
36 ½	Noel	Theop.
1428	Noeley	H. L.
955	Nolan	E. F.
612	Nolan	Mathew
613	Nolan	Mathew
617	Nolan	Mathew
1637	Noland	Robert A.
1365	Noland	Thomas
1100 A	Norfleet	J. H.
1637	Norfleet	Thomas
473 A	Norfleets	E. L.
62	Norman	C. N.

Name Index to Military Claims-Alphabetically

244	Norman	G. L.
199	Norman	Granville L.
767	Norris	C. J.
802 A	Norris	I. O.
67	Norris	J. M.
112	Norris	Joe H.
2213	Norris	S. P.
1477	North	J. E.
40	Northington	M. W.
42	Northington	M. W.
2547	Northington	M. W.
1850 A	Norton	D. C.
963	Norton	E. R.
918 A	Norvell	J. S.
2770	Norwood	O. A.
2772	Norwood	O. A.
72	Null	J. H.
1683 A	Null	Robert E.
1006 A	Numer	J. W.
1168	Numson	G. F.
44	Nuner	I. W.
1798	Nuner	J. W.
36 ½	Nuner	Joseph W.
1205	Nunes	Jose Maria
1206	Nunez	Jose Maria
687	Nunn	William M.
1426 A	O'Brian	H. D.
2637	O'Brien	D. W.
36 ½	O'Brien	Daniel
148	O'Brien	Daniel
1982	O'Brien	Daniel
27	O'Brien	David
36 ½	O'Brien	David
36 ½	O'Brien	David
116	O'Brien	David
821	O'Brien	David
148	O'Brien	Dennis
1141	O'Brien	H. D.
26	O'Brien	Henry D.
36 ½	O'Brien	Henry D.
1774	O'Brien	Henry D.
36 ½	O'Brien	I.
55	O'Brien	Jeremiah
36 ½	O'Brien	Jerm.
74	O'Brien	Martin
651	O'Brien	Martin
36 ½	O'Brien	Michael
36 ½	O'Brien	Michael
1977 A	O'Brien	W. G.
1653	O'Bryant	J. W.
2710	O'Callaghan	T. H.
2675	O'Callaghan	Thomas H.
683	O'Conner	Charles
1845 A	O'Conner	Robert
118	O'Connor	Charles
684	O'Connor	Charles
1119	O'Donnell	Jno.
1486	O'Donnell	Jno.
1416	O'Donnell	John
145	O'Gorman	P.
2641	O'Gorman	Pat.
1187 A	O'Hair	J. J.
33 A	O'Hair	William
36 ½	O'Hall	William
752	O'Hall	William
821	O'Hall	William
561 A	O'Hare	John S.
502	O'Keife	Hugh
2499	O'Neal	Cornelius
2499	O'Neal	George R.
2499	O'Neal	Robert N.
1454	O'Neill	James R.
2704	O'Reilly	James
208	O'Vanpool	
72	Oates	George
77	Oates	George
1983 A	Oats	B. X.
1290	Oats	J. A.
1983 A	Oats	J. A.
1290	Oats	Samuel
1290	Oats	W. S.
1983 A	Oats	W. S.
1205	Ochoa	Francisco
1206	Ochoa	Francisco
1350	Odell	A. B.
1350	Odell	J.
2004 A	Odell	J. T.
1350	Odell	Simon
846 A	Oden	V.
384 A	Odle	A. C.
1056	Odle	Jeremiah D.
1455	Odlum	E. J.
116	Odom	Justus S.
199	Odom	M.
121	Odum	Justus S.
568	Oferil	Barney
62	Offield	John P.
499 A	Ogden	Howard J.

205

Name Index to Military Claims-Alphabetically

257	Ogden	J. W.
1365	Ogden	John
173	Ogelsbey	William
173	Ogelsbey	Willis
548	Ohler	L.
683	Old	H.
684	Old	H.
246	Old	Hollowell
204	Oldham	J. Lane
215	Oldham	J. Lane
1706	Oldham	Leigh
606	Oldham	N.
609	Oldham	W. T.
658 A	Oldright	Jno.
1205	Olivarez	Rafael
1206	Olivarez	Rafael
1365	Olivario	Pablo
896 A	Oliver	A. J.
1727	Oliver	R. C.
651	Faulker	Oliver P.
2114	Olmas	Lenardo
1683 A	Olmas	Vicente
1442	Olmos	Bicente
972	Oltorf	J. D.
975	Oltorf	J. D.
842 A	Oman	J.
36 ½	Orain	Henry C.
1141	Oram	H. C.
26	Oram	Henry C.
36 ½	Oram	Henry C.
821	Oram	Henry C.
1350	Orr	Elijah
1350	Orr	Elisha
199`	Orr	Henry G.
199	Orr	James M.
1059 A	Orr	M. L.
199	Orr	Robert E.
1205	Ortis	Juan Jose
1206	Ortis	Juan Jose
196	Osborne	Sam
545	Osburn	S.
1366	Osgood	George D.
1366	Osgood	P. O.
588	Ostrich	F.
1624	Ostrich	F.
759	Ottenhouse	H.
759 A	Otterhouse	H.
987	Ouistad	Even
810	Outhouse	I.
1071 A	Outlair	L. B.
1071 A	Outlaw	E. R.
606	Overstreet	C. C.
2629	Overton	John F.
1472	Owen	Alfred
189	Owen	Bedin
1115 A	Owen	James
1122 A	Owen	James
1018	Owen	Singletary
802 A	Owen	Thomas
349	Owen	W. E.
222	Owens	G. W.
2410	Owens	J. M.
2169	Oxer	James S.
585	Oxer	William
617	Oxer	William
1773	Oxer	William
1428	Oxford	J. M.
945	Oxford	L. A.
1020	Oxford	L. A.
1046	Oxford	S. A.
1946	Oxford	S. A.
568	Ozment	P. L.
568	Ozment	William
1490	Pabst	O.
62	Pace	A. A.
1563 A	Pace	Ashly L.
1221	Pace	Ed.
1523	Pace	Edward
62	Pace	Elijah
169 A	Pace	G. G.
1119	Pace	H. A.
1443	Pace	H. A.
1908 A	Pace	J. M.
199	Pace	James L.
36 ½	Pack	James L.
36 ½	Pack	Jno. L.
38	Pack	Jno. L.
148	Pack	John L.
1057 A	Packard	A. S.
1027	Paek	Jefferson
843	Pafford	Randolph
1031	Page	Berry
617	Page	Francis
1773	Page	Francis
170	Pagenot	August
26	Paige	Charles H.
36 ½	Paige	Charles H.
821	Paige	Charles H.

206

Name Index to Military Claims-Alphabetically

1141	Paige	Charles H.
1138	Paige	Harace
26	Paige	Horace
1774	Paige	Horace
1298	Paits	L. B.
1119	Palacio	Leandro
1443	Palacio	Leandro
1229	Palm	Aug.
1230	Palm	Aug.
881	Palm	August
1556	Palm	Swante
1797	Palm	Swante
1958	Palm Brothers & Co.	
1027	Palmer	Amos B.
1453	Palmer	Fred
1898	Palmer	I. R.
527	Palmer	J. M.
53	Palmer	J. R.
57	Palmer	J. R.
790	Palmer	J. R.
257	Pance	Nicholas
1324	Pankey	E. S.
641	Pankratz	John
987	Pannell	H. R.
36 ½	Pantan	Andrew J.
2253	Panther	L. D.
1190	Panton	Andrew J.
1798	Pantone	A. J.
2253	Parchman	W. C.
2598	Parish	A. H.
2222	Parish	Irvin
810	Parish	J. B.
1232 A	Parish	J. D.
1706	Parish	J. M.
1635	Parish	M. R.
1636	Parish	M. R.
1637	Parish	M. R.
62	Park	A.
192	Parker	A. H.
934	Parker	F. J.
190	Parker	G. W.
1487	Parker	J. P.
55	Parker	Nelson
1773	Parker	Nelson
646	Parker	R.
572	Parker	S. M.
72	Parker	Thomas
523	Parker	Thomas
2013 A	Parker	Thomas
1127	Parker	Thomas S.
2352	Parker	W. A.
1488	Parker	W. C.
1455	Parkinson	Joseph
606	Parks	Felix
199	Parks	John M.
1340	Parr	C. E.
1340	Parr	C. W.
1074	Parrish	J. L.
1074	Parrish	Marcus W.
207	Parrish	N. H.
767	Parsons	E. O.
299	Parsons	J. D.
767	Parsons	Jno. R.
767	Parsons	W. W.
688	Parsons	William H.
192	Parsons	William P.
1428	Partain	M. H.
1090	Partis	Josiah
494	Pascal	George W.
495	Pascal	George W.
26	Pascal	William E.
1494	Paschal	G. W.
126 A	Paschal	Jno. H.
212 A	Paschal	Jno. H.
1443	Paschal	Jno. H.
52 A	Paschal	John H.
1930	Paschal	John H.
1931	Paschal	John H.
2170	Paschal	N. P.
823	Paston	R. J.
189	Pate	J. M.
2169	Paton	J. O. H. P.
1350	Patrick	E. R.
1366	Patrick	George L.
2637	Patrick	Thomas J.
1314	Patrick	W. W.
1500	Patriot	Sherman
385 A	Patterson	A. G.
470	Patterson	A. G.
556 A	Patterson	A. G.
1637	Patterson	A. G.
2580 A	Patterson	A. G.
1656 A	Patterson	J. C.
1637	Patterson	James
1090	Patterson	Jno.
1233 A	Patterson	John
1567 A	Patterson	John
2634	Patterson	John M.

Name Index to Military Claims-Alphabetically

1652	Patterson	N. M. C.
1656	Patterson	N. M. C.
1662	Patterson	N. M. C.
1497 A	Patterson	T. H.
199	Patterson	Tillman
244	Patterson	Tilman
840 A	Patterson	W.
118	Patterson	William
683	Patterson	William
1090	Patterson	Wilson
1233 A	Patterson	Wilson
756 A	Patton	B. F.
2085	Patton	B. F.
483 A	Patton	J. M.
626	Patton	J. M.
626 A	Patton	J. M.
101	Patton	John R.
192	Patton	S. E.
1706	Patton	Thomas W.
1553 A	Patton	W. H.
189	Patton	W. T.
1897 A	Patton	W. T.
1100 A	Patty	J. W.
1529	Paul	A. J.
1895 A	Paul	F. M.
817	Paul	James
1264	Paul	James
1292	Paul	James
1787	Paul	James
1833	Paul	James
1942	Paul	James
2034	Paul	James
2165	Paul	James
2211	Paul	James
2384	Paul	James
2253	Paul	V. A.
2253	Payne	C. C.
1696	Payne	J. W.
932	Payne	R. N.
2377	Payne	Samuel
196	Payne	Thomas J.
2253	Payne	W. B.
2186	Payne	W. P.
1411	Payne	William N.
200	Payne	William P.
1411	Payne	William T.
1773	Peace	J. M.
53	Peace	James M.
273	Peace	W. J.
275	Peace	W. J.
276	Peace	W. J.
284	Peace	W. J.
1726	Peacock	James
26	Peacock	William
36 ½	Peacock	William
1141	Peacock	William
1774	Peacock	William
1071 A	Peak	E. M.
1290	Peak	Jno. C.
986 A	Peak	W. W.
889	Pearce	A. C.
1601	Pearce	A. C.
767	Pearl	Napoleon
1374	Peden	James A.
1416	Peden	James A.
1205	Pederes	Jesus
1206	Pederes	Jesus
1205	Pederes	Manuel
1206	Pederes	Manuel
214 A	Pee	Laurent
1045	Pee	Laurenz
263	Peep	Adam
2155	Peery	I. M.
1087	Peery	J. M.
1587	Peery	J. M.
101	Peevey	Leroy M.
1014	Pehil	Matth
1443	Pell	Fred
1119	Pell	Frederick
1416	Pell	Frederick
1637	Pemberton	Alfred
1879	Pemberton	T. G.
1206	Pena	Lenobia
1205	Pena	Zenobia
26	Pendegrast	John T.
821	Pendergast	John T.
1139	Pendergrast	Jno. T.
1774	Pendergrast	Jno. T.
1616	Penell	B. M.
1026	Penn	Joseph R.
1027	Penn	Robert G.
1290	Pennington	G. B.
1706	Pennington	L. H.
62	Pennington	R.
1312	Penrod	G. W.
2466	Penter	Eli
1990	Penter	P. H.
1366	Penton	Alexander

Name Index to Military Claims-Alphabetically

1366	Penton	Joel
2213	Peoples	E. B.
257	Percell	George B.
257	Perciville	A. J.
1454	Perez	Alyas E.
1696	Perez	Anthony
1813	Perez	D.
1414	Perez	Vivian
36 ½	Perine	Benjamin
1821 A	Peris	Petro
1773	Perkins	J.
257	Perkins	J. W.
2213	Perkins	James P.
1769	Perkins	Jordan
1411	Perkins	Thomas A.
2213	Perkins	Thomas A.
273	Perkins	William
101	Perkins	William M.
1990	Perminter	J. B.
2215	Peron	Charles
2253	Perrean	W. A.
1023 A	Perrius	R. A.
257	Perry	J. M.
257	Perry	James W.
273	Perry	Jno. S.
767	Perry	Thomas
112	Perry	W. C.
1153	Perry	W. H.
2004 A	Perry	W. J.
1365	Perryman	W. W.
2169	Perryman	William H.
1257	Person	J. P.
2215	Pesterfield	H. L.
2215	Pesterfield	J. H.
1015	Peterman	Frans
107	Peterman	Franz
803	Peterman	Franz
802 A	Peters	A.
1090	Peters	Andrew
1233 A	Peters	Andrew
46	Peters	H.
1736	Peters	H.
1737	Peters	H.
26	Peters	Henry
36 ½	Peters	Henry
1774	Peters	Henry
2720 A	Peters	Henry
1946	Peters	J. W.
2012 A	Peters	J. W.
1560 A	Peters	Samuel B.
1455	Petillo	George F.
1074	Petitt	Cornelius P.
204	Petre	F. L.
215	Petri	F. L.
2548	Pettey	Zr.
1270	Pettit	C. P.
1455	Pettit	W. A.
1589	Pettmeckey	F. W.
810	Pettus	R. W.
319 A	Petty	D. C.
1064	Petty	Jno.
884 A	Pettyjohn	J.
222	Pevehous	A.
440	Pevehouse	J. W.
1544	Peveler	F. M.
2218	Peveler	James M.
2218	Peveler	John M.
1544	Peveler	W. R.
2173	Pevellerd	Lewis
1119	Pfeifer	Joseph
1414	Pfeifer	Joseph
1416	Pfeifer	Joseph
1245 A	Pfeiiffer	George
982	Pfeuffer	George
984	Pfeuffer	George P.
1696	Phelan	James
842 A	Phelps	E. J.
53	Pheme	John T.
53	Pheme	Oley
306	Phifer	Adolph
2215	Philips	H. L.
568	Philips	J. A.
1657	Philips	J. M.
1866	Philips	Owen
189	Philips	T. W.
290	Phillips	Charles
2681	Phillips	George P.
1706	Phillips	J. J.
2384	Philups	J. M.
319 A	Phipp	W. A.
941	Phoenix	James R.
101	Pickard	George N.
1244	Pickard	Jno. R.
290	Pickard	Thomas
207	Pickering	Levy
5	Picket	A. T.
606	Picket Brothers	
2507	Pickett	A. D.

Name Index to Military Claims-Alphabetically

1287	Pickett	Michael
339 A	Pierce	A. J.
650 A	Pierce	A. J.
1951	Pierce	J. A.
2253	Pierce	J. T.
222	Pierce	Lewis
802 A	Pierce	W. P.
1249	Pierce	William
1897 A	Pierce	William
2354	Pierce	William
1706	Piercey	Addison
1706	Piersell	G. C.
987	Pierson	P.
998	Pierson	P.
1754 A	Pike	James
1469 A	Pike	W. A.
72	Pile	H. R.
1800	Pile	H. R.
1743	Piles	William
1657	Pingenot	Aug.
2036	Pingenot	Aug.
2377	Pinkley	W. H.
189	Pinson	George
2376	Pinter	Eli
1745	Pitman	Isham
867	Pitt	Thomas J.
1616	Pittman	J. D.
556 A	Pitts	M.
1379	Placido	
1205	Plaza	Vicente
1206	Plaza	Vincente
1755 A	Podge	W. C.
810	Pogue	James
867 A	Pogue	W. C.
1604	Pogue	W. C.
184	Pogue	William C.
2213	Poindexter	J. P.
2377	Poindexter	James
2014	Poindexter	James H.
1706	Pointer	George
1773	Polk	J. A., Jr.
585	Polk	Jno. A.
1221	Polk	Jno. A.
261	Polk	Jno. H.
116	Polk	John A. Jr.
1232 A	Pollack	D. D.
945	Pollard	Jno. B
176 A	Pollard	R. A.
1046 A	Pollard	R. W.
1030	Pollard	T. J.
222	Ponder	J. F.
148	Pontone	A. J.
664	Pope	J. H.
679	Pope	J. H.
704	Pope	J. H.
1034	Pope	J. H.
351 A	Pope	James
207	Pope	Jesse
2253	Porter	Charles
1990	Porter	D. D.
2253	Porter	G. W.
2253	Porter	I. A.
1876	Porter	L. D.
684	Porter	Samuel
2002	Porterfield	S. H.
1233 A	Portise	Josiah
2179	Posey	A.
1428	Posey	L. P.
2253	Poston	J. F.
192	Potterfield	James T.
192	Potterfield	R. L.
810	Potts	L. B.
2005	Potts	M. M.
9 A	Potts	P. A.
425 A	Potts	Thomas G.
1232 A	Potts	W. H.
74	Pounden	James
112	Pounds	Thomas
1810 A	Powell	Floyd
1908 A	Powell	Floyd
1990	Powell	J. M.
875	Powell	T. D.
339 A	Powell	W. L.
330	Power	A. V.
36 ½	Powers	F. H.
742	Powers	F. P.
1087	Powers	Jno. D.
297	Powers	Jno. H.
1526	Powers	N. J.
1293	Powers	Stephen
297	Powers	Tazwell W.
2253	Prather	Newman
1556 A	Pree	Arthur
2169	Preest	William
1737 A	Prelana	James
215	Prewitt	J. B.
215	Prewitt	J. L.
215	Prewitt	J. W.

Name Index to Military Claims-Alphabetically

273	Price	Daniel
290	Price	Francis M.
1350	Price	J. N.
1069	Price	J. W.
997	Price	James H.
2213	Price	Joseph M.
1976 A	Price	Leon
1983 A	Price	Leon
1366	Price	Thomas
1127	Price	Thomas R.
257	Priest	Aaron
257	Priest	E. T.
1366	Priestly	E. L.
1097	Prince	A. A.
606	Prince	J. E.
1041	Prince	J. H.
1929	Prince	J. H.
1761	Prince	Jno. H.
606	Prince	William
1097	Prindle	J. A.
1097	Pringle	Peachy
196	Pritchard	Jackson G.
290	Pritchet	Harvey
1453	Pritle	Dr.
1320	Pritle	F. G.
2291	Proctar	James A.
1141	Proker	Oscar
2114	Pronado	Casildo
648	Proudfoot	I. R.
72	Proudfoot	J. R.
653	Proudfoot	J. R.
965	Proudfoot	T. R.
173	Prowse	William
204	Pruett	J. B.
204	Pruett	J. L.
204	Pruett	J. W.
1168	Pruitt	George P.
26	Pruker	Oscar
523	Pruker	Oscar
1206	Prunada	Manuel
808	Pryor	Lea
1291	Pryor	T. J.
1114 A	Pucket	J.
683	Pucket	W. T.
684	Pucket	W. T.
196	Puckett	Andrew J.
196	Puckett	Jackson
1208	Puckett	Jackson
2057	Puckett	L. D.
118	Puckett	W. T.
1808 A	Pue	Arthur
192	Pullen	W. H.
825 A	Pullett	D. L.
1366	Pulliam	John R.
1321 A	Pullock	D. D.
36 ½	Purcell	Thomas
148	Purcell	Thomas
523	Purcell	Thomas
1706	Purcell	Thomas
915 A	Purdy	F. J.
1018	Purley	Limbric
810	Purrines	J. B.
568	Puryear	J. B.
574	Puryear	Jno. B.
101	Puryear	John J.
1990	Putnell	C. A. R.
1411	Putney	George
1066 A	Pyatt	A. M.
794 A	Pyatt	J. B.
2173	Pyatt	M.
204	Quait	S. A.
215	Quait	S. A.
217	Quait	S. A.
797 A	Quait	S. A.
1588	Quale	William
1168	Quarles	C. M.
869 A	Quarts	J. A.
1706	Quayle	William
526 A	Queen	C. J.
868 A	Queen	E. G.
999	Quillian	J. B.
2169	Quillin	Charles C.
2169	Quillin	William H.
1852 A	Quinibau	George A.
1304	Quinlan	C. C.
1798	Quinlan	G. A.
36 ½	Quinlan	G. G. A.
524 A	Quinn	Edmund
993 A	Quinn	W. W.
934	R. J. Lawler & Co.	
112	Rabb	W. P.
388 A	Rabourn	Jno.
512 A	Rabourn	Jno.
2057	Rachor	L.
1123	Rachor	Nicholas
1416	Rachor	Nicholas
1476	Rader	Jeremiah D.
2173	Ragan	John

Name Index to Military Claims-Alphabetically

810	Ragsdale	B. H.
1660 A	Ragsdale	B. H.
111	Ragsdale	F. B.
226	Ragsdale	P. C.
882	Ragsdale	P. C.
183 A	Ragsdale	R. A.
351 A	Ragsdale	R. A.
363 A	Ragsdale	R. A.
1562 A	Ragsdale	R. H.
432	Ragsdale	Thompson
2377	Raibourn	L. T.
154 A	Raichardson	J.
1831	Railey	J. A.
1105 A	Rain	D. W. C.
1857	Rain	D. W. C.
926	Rainboult	William
802 A	Rainer	W. G.
1168	Raines	J. P.
1990	Raines	R.
2077	Rainey	I. W.
1990	Rainey	R.
74	Rains	Charles
922 A	Rains	P. P.
939 A	Rains	P. P.
675	Ramidos	Manuel
675	Ramidos	Philip
384 A	Ramier	E. J.
2114	Ramires	Ynocento
1455	Ramley	C.
290	Ramsaw	Joseph
273	Ramsey	A. M.
192	Ramsey	Charles
441	Ramsey	Henry
112	Ramsey	J. W.
192	Ramsey	James
192	Ramsey	Jno.
1494	Ramsey	Jno. H.
1020	Ramsey	William
103	Randolph	C. H.
120	Randolph	C. H.
231	Randolph	C. H.
743	Randolph	C. H.
1843	Randolph	C. H.
2023	Randolph	C. H.
2043	Randolph	C. H.
2671	Randolph	C. H.
2733	Randolph	C. H.
2780	Randolph	C. H.
2781	Randolph	C. H.
2782	Randolph	C. H.
355 A	Randolph	J. P.
412	Randolph	J. P.
1840	Randolph	T. W.
1841	Randolph	T. W.
1490	Raney	Wyatt
1523	Ranier	E. J.
388 A	Rankin	A. M.
81	Rankin	J. Y.
681 A	Rankin	J. Y.
965	Rankin	J. Y.
36 ½	Ransom	A. J.
36 ½	Ransom	A. J.
38	Ransom	A. J.
1141	Ransom	A. J.
821	Ransom	Andrew J.
2353	Ransom	James M.
1168	Rasco	G.
1541 A	Raste	M.
53	Ratcliff	Elijah
556 A	Rattan	W. A.
1743	Rattan	W. H.
606	Rausberger	S. H.
2235	Raven	E.
332 A	Rawland	James
257	Ray	F. M.
36 ½	Ray	Frank
36 ½	Ray	Frank
36 ½	Ray	Frank
675	Ray	Frank
1616	Ray	J. W.
196	Ray	James P.
164 A	Ray	Robert
165 A	Ray	Robert
1039 A	Ray	Robert
196	Ray	Stephen H.
2439	Ray	William
196	Raybourn	Howell A.
196	Raybourn	Milton V.
633	Raymond	J. H.
791	Raymond	James H.
957	Raymond	James H.
1291	Raymond	James H.
1519	Raymond	Jn. C.
2688	Raymond	N.
50	Raymond	N. C.
1671	Raymond	N. C.
1783	Raymond	N. C.
1873	Raymond	N. C.

Name Index to Military Claims-Alphabetically

1936	Raymond	N. C.
1999	Raymond	N. C.
2044	Raymond	N. C.
2507	Raymond	N. C.
2701	Raymond	N. C.
2747	Raymond	N. C.
2768	Raymond	N. C.
2783	Raymond	N. C.
568	Read	J. L.
1651	Read	James H.
1657	Read	James H.
2213	Read	Telford M.
1798	Read	Thomas
2120	Read	Thomas
1696	Reagan	Francis
651	Reagan	J. W.
102	Reagan	M. G.
36 ½	Reagan	Merriweather G.
821	Reagan	Merryweather
1637	Reagan	T. J.
606	Reager	J. F.
606	Reager	Jacob
388 A	Reager	John
2321	Reager	W. C.
108	Reagle	Charles
388 A	Reagor	John
62	Rece	Thomas
1706	Record	Sylvester
2253	Redding	D. F.
496	Redding	M. C.
632	Reder	Peter
108	Redfelt	William A.
5	Redington	Edward
388 A	Redington	O.
9 A	Redman	I. S. M.
1990	Redman	W.
2060	Redmon	J. M.
2125	Redmon	J. W.
1204	Redmond	H.
1205	Redmond	H.
1206	Redmond	H.
1209	Redmond	H.
1210	Redmond	H.
1200	Redmond	Henry
148	Redmond	R.
1141	Redmond	R.
821	Redmond	Robert
36 ½	Redmont	Robert
570	Redus	George
297	Redwine	H. D. E.
356	Redwood	William H.
2314	Reed	E.
421 A	Reed	F. M.
1097	Reed	J. C.
2237	Reed	John S.
36 ½	Reed	Thomas
1494	Reed	W. P.
381 A	Reeder	A. Y.
2311	Reeder	A. Y.
987	Reeder	H. M.
2169	Reel	J. W.
1529	Rees	A.
1304	Rees	L. B.
1529	Rees	S. B.
715	Reese	C.
752	Reese	Clement
523	Reese	Clements
257	Reese	J. W.
264	Reese	J. W.
112	Reese	Jno. B.
1990	Reese	John
1798	Reese	R. J.
36 ½	Reese	Robert J.
102	Reese	Robert J.
388 A	Reese	Thomas
561 A	Reese	William R.
1132	Reeves	Benjamin L.
821	Reeves	Berry L.
412	Reeves	C. J.
735 A	Reeves	C. J.
1455	Reeves	E. B.
755	Reeves	G. R.
788	Reeves	G. R.
807	Reeves	G. R.
807	Reeves	G. R.
810	Reeves	G. R.
812	Reeves	G. R.
1773	Reeves	H. C.
1416	Reeves	Malachi
1443	Reeves	Malachi
755	Reeves	R. O.
101	Reeves	Sherwood A.
810	Reeves	T. B.
1575	Reeves	T. D.
96	Reeves	T. L.
1563 A	Reeves	W.
755	Reeves	W. L.
2168	Reeves	William

Name Index to Military Claims-Alphabetically

72	Regel	Charles	1211	Reynolds	W. W.
1833	Reichherzer	F.	1212	Reynolds	W. W.
1833	Reichherzer	Th.	1223	Reynolds	W. W.
1541 A	Reichinaro	A.	1266	Reynolds	W. W.
1624	Reichnow	A. A.	1276	Reynolds	W. W.
257	Reid	B. S.	1333	Reynolds	W. W.
284	Reid	James	1381	Reynolds	W. W.
273	Reid	O. D.	1384	Reynolds	W. W.
257	Reid	S. D.	1413	Reynolds	W. W.
36 ½	Reiley	Edward	1445	Reynolds	W. W.
2169	Reiley	L.	1628	Reynolds	W. W.
1504 A	Reinhardt	Jacob	1675	Reynolds	W. W.
1365	Reitzer	Joseph	1757	Reynolds	W. W.
26	Renfro	Isaac	1846	Reynolds	W. W.
36 ½	Renfro	Isaac	1847	Reynolds	W. W.
1774	Renfro	Isaac	1877	Reynolds	W. W.
140	Renfroe	E. S.	1885	Reynolds	W. W.
1701	Renick	William	1887	Reynolds	W. W.
715	Resler	N.	1963	Reynolds	W. W.
2155	Retchie	James	1979	Reynolds	W. W.
1869	Reves	Frederico	1994	Reynolds	W. W.
1309	Reyes	Peter	2107	Reynolds	W. W.
1975	Reynold	W. W.	2109	Reynolds	W. W.
2292	Reynolds	Capt. W. W.	2128	Reynolds	W. W.
2309	Reynolds	Capt. W. W.	2129	Reynolds	W. W.
2245	Reynolds	Captain W. W.	2130	Reynolds	W. W.
2246	Reynolds	Captain W. W.	2131	Reynolds	W. W.
1428	Reynolds	D.	2134	Reynolds	W. W.
1976 A	Reynolds	G. W.	2136	Reynolds	W. W.
568	Reynolds	H. M.	2138	Reynolds	W. W.
1451	Reynolds	J. L. B.	2153	Reynolds	W. W.
1797 A	Reynolds	J. M.	2154	Reynolds	W. W.
2175	Reynolds	Joseph M.	2159	Reynolds	W. W.
1350	Reynolds	N. C.	2161	Reynolds	W. W.
1119	Reynolds	Patrick	2162	Reynolds	W. W.
1308	Reynolds	Patrick	2178	Reynolds	W. W.
1416	Reynolds	Patrick	2197	Reynolds	W. W.
1486	Reynolds	Patrick	2199	Reynolds	W. W.
112	Reynolds	S. H.	2240	Reynolds	W. W.
1990	Reynolds	W. M.	2250	Reynolds	W. W.
258	Reynolds	W. W.	2261	Reynolds	W. W.
378	Reynolds	W. W.	2276	Reynolds	W. W.
766	Reynolds	W. W.	2283	Reynolds	W. W.
871	Reynolds	W. W.	2289	Reynolds	W. W.
995	Reynolds	W. W.	2296	Reynolds	W. W.
1078	Reynolds	W. W.	2316	Reynolds	W. W.
1093	Reynolds	W. W.	2318	Reynolds	W. W.
1095	Reynolds	W. W.	2319	Reynolds	W. W.
1146	Reynolds	W. W.	2322	Reynolds	W. W.

Name Index to Military Claims-Alphabetically

Claim #	Surname	Given
2330	Reynolds	W. W.
2348	Reynolds	W. W.
2351	Reynolds	W. W.
2372	Reynolds	W. W.
2423	Reynolds	W. W.
2426	Reynolds	W. W.
2426 ½	Reynolds	W. W.
2430	Reynolds	W. W.
2434	Reynolds	W. W.
2446	Reynolds	W. W.
2447	Reynolds	W. W.
2448	Reynolds	W. W.
2449	Reynolds	W. W.
2458	Reynolds	W. W.
2463	Reynolds	W. W.
2464	Reynolds	W. W.
2467	Reynolds	W. W.
2468	Reynolds	W. W.
2470	Reynolds	W. W.
2471	Reynolds	W. W.
2473	Reynolds	W. W.
2474	Reynolds	W. W.
2479	Reynolds	W. W.
2480	Reynolds	W. W.
2488	Reynolds	W. W.
2490	Reynolds	W. W.
2495	Reynolds	W. W.
2496	Reynolds	W. W.
2502	Reynolds	W. W.
2503	Reynolds	W. W.
2517	Reynolds	W. W.
2518	Reynolds	W. W.
2530	Reynolds	W. W.
2531	Reynolds	W. W.
2564	Reynolds	W. W.
2581	Reynolds	W. W.
2590	Reynolds	W. W.
2664	Reynolds	W. W.
2666	Reynolds	W. W.
73	Reynolds	William W.
238	Reynolds	William W.
1416	Reys	Peter
44	Rhea	C. W.
670	Rhea	C. W.
36 ½	Rhea	Chris. W.
1773	Rhew	William
576	Rhine	A.
556 A	Rhine	H.
2718	Rhoades	A. J.
916	Rhodes	Fred L.
9 A	Rhone	Thomas J.
575	Riardon	Thomas
330	Rice	James M.
336	Rice	James M.
736 A	Rice & Childress	
2075	Richard King & Co.	
924 A	Richards	M. C.
162	Richards	W. C.
187 A	Richards	W. C.
417 A	Richards	W. C.
189	Richards	W. E.
810	Richards	White
2005	Richards Bros.	
511	Richards Brothers	
1193	Richardson	D.
1194	Richardson	D.
1195	Richardson	D.
2450	Richardson	D.
2457	Richardson	D.
2476	Richardson	D.
199	Richardson	De Witt B.
1706	Richardson	E. P.
2373	Richardson	Harriett
244	Richardson	Jno. J.
199	Richardson	John J.
1632	Richardson	L. J.
109	Richardson	Samuel J.
111	Richardson	Samuel J.
112	Richardson	Samuel J.
244	Richardson	T. B.
606	Richardson	W. B.
588	Richeman	A.
101	Richie	Jno. W.
1428	Richmond	D. L.
1651	Richter	Jno.
1657	Richter	Jno.
1148	Ricketts	William
1052	Rickhow	Halberson
26	Rickhow	Haralson
36 ½	Rickhow	Harbason
821	Rickhow	Harbason
126 A	Ricks	Stephen
1414	Ricks	Stephen
2169	Riddells	Lorance D.
2169	Riddels	Chester
2696	Riddle	J. J.
993 A	Riddle	Jno. J.
2253	Riddle	W. S.

Name Index to Military Claims-Alphabetically

282	Ridge	F. M.
284	Ridge	William
1270	Ridgill	D. P.
1350	Ridzell	Jesse
1097	Rigg	R. A.
2213	Riggs	W. R.
74	Riks	Jno.
1706	Riley	B. O.
202	Riley	E. R.
1798	Riley	Ed.
36 ½	Riley	Edward
112	Riley	Frank
1350	Riley	J. R.
760	Riley	James
36 ½	Riley	Jno.
523	Riley	Jno.
715	Riley	Jno.
752	Riley	Jno.
195	Riley	Jno. W.
588	Riley	R. W.
802 A	Riley	R. W.
1624	Riley	R. W.
1416	Rimes	W. J.
1824	Rine	C. C.
466	Rines	Willis J.
1119	Rines	Willis J.
947 A	Rippley	George
14 A	Risler	Nathan
36 ½	Risler	Nathan
752	Risler	Nathan
821	Risler	Nathan
1365	Rivas	Andalaseo
2114	Rivas	Rafael G.
148	Rivers	Thomas
653	Rlvew	William
617	Roach	F. L.
1706	Roach	George
715	Roach	Jno.
1637	Roark	C. H.
290	Roark	James M.
1312	Roark	Jasper
882 A	Robar	L. A.
2763	Robards	C. L.
1523	Robbins	G. W.
257	Robbins	J. M.
273	Robbins	R. R.
1229 A	Robenson	David J.
1020	Roberson	Squire
62	Roberts	A.
1970	Roberts	A.
2692	Roberts	A. S.
1460 A	Roberts	Abner
1983 A	Roberts	Benjamin
1562 A	Roberts	Burrell
1240	Roberts	C. B.
1241	Roberts	C. B., Jr.
1241	Roberts	C. B., Sr.
319 A	Roberts	F. G.
62	Roberts	George A.
1102	Roberts	H. J.
1103	Roberts	H. J.
189	Roberts	H. S.
643	Roberts	J. C.
988 A	Roberts	J. L.
1976 A	Roberts	J. N.
222	Roberts	J. R.
1103	Roberts	J. R.
1241	Roberts	J. T.
2173	Roberts	James
1102	Roberts	James R.
445	Roberts	Levi
196	Roberts	Martin V.
116	Roberts	Mat. G.
1236	Roberts	Mat. G.
2169	Roberts	Thomas
1523	Roberts	W.
556 A	Roberts	W. W.
1246 A	Roberts	William
56	Roberts	William G.
1470	Robertson	Austin
1365	Robertson	Frank G.
802 A	Robertson	J. M.
568	Robertson	James T.
2001	Robertson	R.
1494	Robinett	J. F.
885 A	Robins	G. M.
1875	Robinson	A.
1036 A	Robinson	A. J.
802 A	Robinson	A. P.
148	Robinson	Amos H.
1094	Robinson	Amos H.
196	Robinson	Andrew J.
290	Robinson	Ashley E.
1798	Robinson	C.
1541 A	Robinson	C. M.
36 ½	Robinson	Charles
38	Robinson	Charles
1616	Robinson	D. C.

216

Name Index to Military Claims-Alphabetically

1773	Robinson	D. T.
825 A	Robinson	J.
741 A	Robinson	J. A.
1496	Robinson	J. H.
2213	Robinson	J. T.
1024 A	Robinson	J. W.
1494	Robinson	J. W.
1753 A	Robinson	J. W.
1562 A	Robinson	James
2499	Robinson	James F.
719	Robinson	Jesse A.
715	Robinson	Jno.
752	Robinson	Jno.
1127	Robinson	Jno.
331 A	Robinson	Jno. C.
1562 A	Robinson	John H.
2742	Robinson	Louisa
1696	Robinson	M. D.
1616	Robinson	M. L.
534 A	Robinson	P. Waller
821	Robinson	Pinckney H.
987	Robinson	S. H.
190	Robinson	William
1365	Robinson	William
1706	Robinson	William M.
783	Roby	R. J.
767	Rochell	Jno. P.
1933 A	Rockett	John
1897 A	Rockett	L. A.
351 A	Roda	L. H.
72	Rodafelt	William
77	Rodefile	W.
2213	Rodgers	Henry J.
36 ½	Rodgers	James
36 ½	Rodgers	James
72	Rodgers	James
102	Rodgers	James
62	Rodman	H. M.
881 A	Rodrigues	B.
756	Rodrigues	T. A.
2114	Rodriguez	Benito
1204	Rodriguez	Cesario
1205	Rodriguez	Cesario
1206	Rodriguez	Cesario
1205	Rodriguez	Jesus
1206	Rodriguez	Jesus
1365	Rodriguez	Miguel
1205	Rodriguez	Rogue
1206	Rodriguez	Rogue
189	Roebuck	W. E.
767	Roff	A. B.
2179	Roff	C. L.
221	Rogers	Clayton
1430	Rogers	David
285	Rogers	E. W.
422 A	Rogers	E. W.
606	Rogers	E. W.
543 A	Rogers	H. B.
562 A	Rogers	Herman
460	Rogers	J. B.
1304	Rogers	J. W.
1453	Rogers	J. W.
116	Rogers	James
1197	Rogers	James C.
2494	Rogers	James H.
201	Rogers	James M.
1563 A	Rogers	Jno. L.
1800	Rogers	Jno. W.
439	Rogers	Joseph
1186	Rogers	M. W.
1706	Rogers	R. B.
257	Rogers	R. C.
2173	Rogers	S. D.
204	Rogers	T. W.
215	Rogers	T. W.
1800	Rogers	V. W.
1563 A	Rogers	W. D.
2253	Rogers	W. E.
1698	Rogers	W. F.
222	Rogers	W. S.
1778	Rogers	W. T.
101	Rogers	Wiley P.
504	Roling	J. M.
511	Roling	J. M.
1009 A	Rollins	T. B.
1638 A	Rolston	James
934	Roman	J. Lan
965	Roman	Lou
770	Rone	Thomas J.
771	Rone	Thomas J.
148	Rook	C.
1798	Rook	C.
761	Rooke	Thomas
1298	Root	I.
1839	Roots	J. T.
1535	Roper	Ben E.
62	Rose	James M.
1168	Rose	W. B.

Name Index to Military Claims-Alphabetically

72	Rosenberg	Jacob A.
753	Rosenberg	Jacob R.
1531	Rosenthal	AD.
190	Ross	H. H.
870 A	Ross	L. L.
338 A	Ross	L. S.
825 A	Ross	L. S.
826 A	Ross	L. S.
827 A	Ross	L. S.
339 A	Ross	P. F.
1878 A	Ross	P. F.
1807 A	Ross	T. F.
1291	Rossman	M.
1455	Rougee	Charles H.
1908 A	Roundtree	Valtare
2253	Rountree	S. J.
2604	Routh	Jacob
5	Routh	John
1030	Row	W. B.
1812	Rowan	L. W.
1874	Rowe	Jesse B.
2024	Rowland	I. L.
1193 A	Rowland	J. I.
1691	Rowland	J. T.
719	Rowland	Jno. T.
1031	Rowland	R. W.
1119	Rowland	W. B.
1416	Rowland	W. B.
154 A	Royal	A. J.
1541 A	Royal	A. J.
257	Royall	Jesse
903 A	Rubarth	L. I.
1206	Rubio	Saloma
1205	Rubio	Salomo
192	Rucker	A.
2021	Rucker	I. H.
1302	Ruff	William
874 A	Ruis	Nicholes
2631	Runkley	W. H.
186 A	Ruse	Thomas
2673	Rush	William
617	Rush	William H.
1490	Rushing	Mark
1908 A	Ruslage	R. A.
681	Russel	Charles
1272 A	Russel	W. L.
2176	Russell	A. G.
810	Russell	Bennett
146	Russell	Charles
2720	Russell	Charles
2630	Russell	Charles A.
62	Russell	D. F.
538 A	Russell	Decatur
866 A	Russell	J. H.
62	Russell	John
1430	Russell	Macum
2170	Russell	P. Q.
1706	Russell	R. B.
423 A	Russell	W. L.
1072 A	Russell	W. L.
767	Russell	W. R.
2211	Russell	W. R.
862	Russell	William
230	Rust	Edward
1945	Rust	W.
129	Rust	William
694	Rust	William
695	Rust	William
696	Rust	William
1258	Rust	William
1259	Rust	William
1261	Rust	William
1955	Rust	William
1956	Rust	William
2112	Rust	William
2123	Rust	William
2258	Rust	William
2259	Rust	William
2260	Rust	William
2342	Rust	William
2343	Rust	William
2345	Rust	William
2459	Rust	William
2462	Rust	William
2534	Rust	William
2574	Rust	William
2618	Rust	William
101	Rutherford	Griffith
1120	Rutherford	H. F.
62	Rutherford	J. G.
1008	Rutherford	R. A.
1009	Rutherford	R. A.
1010	Rutherford	R. A.
1071	Rutherford	R. A.
1072	Rutherford	R. A.
1073	Rutherford	R. A.
1119	Rutledge	Jno. L.
1513	Ryan	Michael

Name Index to Military Claims-Alphabetically

821	Saba	L. P.
643	Sacra	Ed.
222	Saddler	Henry
1494	Saddler	L. F.
810	Saddler	T. R.
9 A	Sageser	George W.
2170	Sagister	J. H.
2213	Saikes	Robert
1379	Sa-kichi-dah	
36 ½	Sala	Pedra
2114	Salinas	Augustino
1205	Salinas	Jacobo
1206	Salinas	Jacobo
441	Salinas	Marino
1206	Salinas	Monico
101	Saline	Melvin L.
2114	Salmas	Juan
1379	Sam	
941	Sampson	Louis H.
1406	San Antonio Herald	
2572	San Antonio News	
1205	San Miguel	Domingo
1205	Sanches	Antonio
1206	Sanches	Antonio
1206	Sanches	Ijinio
977	Sanches	Ijnio
580 A	Sanches	J.
38	Sanchez	Florentio
1414	Sanchez	Pedro
353 A	Sanders	George
36 ½	Sanders	J. B.
1431	Sanders	J. J.
1024 A	Sanders	J. R.
947 A	Sanders	J. W.
1103	Sanders	James
55	Sanders	Jesse B.
92	Sanders	M.
1481	Sanders	M.
556 A	Sanders	Pete
112	Sandford	W. D.
653	Sands	Jack
189	Sansom	J. M.
301	Sansom	J. P.
301	Sansom	J. W.
286	Sansom	Richard
301	Sansom	William G.
1379	Santiago	
1312	Sapp	J. F.
286	Sapp	W. S.
342 A	Sauders	Jno. A.
107	Sauer	Fred.
803	Sauer	Fritz
643	Saunders	J. R.
1102	Saunders	James
684	Saunders	M.
1494	Saunders	S. W.
2686	Saunders	T. B.
176 A	Saunders	T. P.
199	Saunders	Thomas J.
1196	Saunders	W. E.
306	Saur	G.
802 A	Saur	G.
1616	Savage	E. L.
1018	Savage	J. N.
1244	Savage	Jno.
1766	Savage	P. N.
1319	Savage	T. N.
1886	Savage	T. N.
196	Sawyer	Frank C.
62	Sawyers	R. H.
675	Sayres	Gabrial
299	Scales	A. C.
192	Scales	J. A.
1786	Scanland	Jno.
199	Scarborough	John
101	Scetoche	Padro
752	Schane	Francis
1014	Scheildnecht	Ad.
620	Schellinger	J. C.
803	Scherr	William
107	Schieldknecht	Ad.
803	Schieldknecht	Aug.
107	Schilaknecht	Aug.
12	Schlessinger	Charles
1657	Schleyer	E.
1624	Schmidt	A.
588	Schmidt	AD.
107	Schmidt	Jacob
803	Schmidt	Jacob
1512	Schmidt	Jno.
107	Schmidt	L.
107	Schmidt	Lorenz
803	Schmidt	Lorenz
1015	Schmidt	Lorenz
803	Schmidt	Ludwig
107	Schmidt	N.
803	Schmidt	Nicholas
654	Schooner Royal Yacht	

Name Index to Military Claims-Alphabetically

1643	Schnabel	Aug.		108	Scott	Patrick
1278	Schnabel	August		752	Scott	Patrick
588	Schneider	C.		821	Scott	Patrick
1624	Schneider	Christ.		2155	Scott	R. F.
588	Schneider	L.		2003	Scott	Samuel T.
1562 A	Schneider	L.		204	Scott	T. J.
1624	Schneider	L.		215	Scott	T. J.
588	Schneider	W.		176 A	Scott	Thomas
1562 A	Schneider	William		380	Scott	Thomas
1624	Schneider	William		53	Scott	Thomas P.
107	Schnerr	W.		207	Scott	W. C.
1411	Schnicker	F.		257	Scott	W. P.
36 ½	Schoen	Francis		2213	Scott	William
306	Schreiner	Charles		1141	Scott	William H.
339 A	Schreiner	Charles		1951	Scott	Z. J.
548	Schubert	Richard		1290	Scroggins	A. J.
653	Schubert	Richard		1290	Scroggins	Balem
2446	Schuetze	L.		1990 A	Scroggins	Belaw
2637	Schule	P. J.		1468 A	Scrogin	Y. L.
440 A	Schuler	E. M.		101	Scruggs	John P.
2253	Schuler	W. G.		875	Scuddy	W.
1706	Schultz	E. A.		112	Seaberry	M. R.
803	Schutze	J.		1411	Seaborn	H.
1014	Schutze	J.		2169	Seago	Elias M.
107	Schutze	Julius		2220	Seale	C. C.
134	Schuyler	Samuel		2173	Seargean	I. P.
301	Schwartz	Francis		381 A	Sears	A. W. G.
868 A	Schwedhelm	H.		1637	Seaton	R. V.
1657	Schwitzer	Charles L.		1637	Secres	Daniel
684	Schyler	L.		1256	Sedberry	J. W.
1693	Scofield	Jno. S.		821	Seelhorse	August
1696	Scofield	P.		36 ½	Seelhorst	Auguste
1932	Scoggin	Y. L.		715	Seelhorste	
2111	Scoggin	Y. L.		752	Seethorse	Auguste
452	Scoggins	D. G.		1831	Segui	J. F.
1428	Scoggins	J. T.		1366	Seiley	Thomas H.
1090	Scott	Abner		929	Seitz	L. M.
1233 A	Scott	Abner		62	Seiver	John
1560 A	Scott	Abner		1494	Self	D. F.
728	Scott	George		327	Self	J. F.
222	Scott	Henry		327	Self	J. W.
1523	Scott	J. D.		568	Self	Jno. B.
179	Scott	J. M.		2012 A	Self	John R.
112	Scott	J. W.		186 A	Self	T. C.
176 A	Scott	James R.		388 A	Self	T. C.
2253	Scott	Jannett		327	Self	T. M.
2580 A	Scott	M.		1991 A	Self	W. B.
715	Scott	P.		1598	Semarah	Jesus
36 ½	Scott	Patrick		1428	Settle	J. M.

Name Index to Military Claims-Alphabetically

192	Sevier	Frank
715	Sewell	E.
651	Sewell	Edward
1773	Sewell	R. T.
810	Sexton	M.
617	Sexton	Wiley
1773	Sexton	Wiley
189	Shacklett	B. D.
45	Shaffer	T. L.
1350	Shakleford	H. B.
1350	Shakleford	T. C.
735 A	Shan	W. C.
714	Shane	Francis
715	Shane	Francis
1168	Shanks	C. A.
1168	Shanks	J. A.
632	Shannon	Bartlett
1411	Shannon	J. T.
1800	Shannon	Jno. T.
224	Shannon	T. J.
1278	Shardin	Philipp
588	Sharer	Henry
1624	Sharer	Henry
666	Shark	Shn.
9 A	Sharon	A. J.
2026	Sharp	N. H.
54	Sharp	W. H.
192	Sharp	William
1233 A	Shatey	C. D.
2253	Shaw	Amos
1864 A	Shaw	Enoch
627	Shaw	F. G.
190	Shaw	J. R.
1706	Shaw	J. R.
196	Shaw	James
1995 A	Shaw	James A.
1455	Shaw	James R.
207	Shaw	R. B.
802 A	Shaw	W. C.
1562 A	Shaw	W. C.
183 A	Shaw	William
1863 A	Shaw	William G.
1379	Shawnee	Jack
1379	Shawnee	Sam
72	Shea	Henry C.
192	Sheaks	W. C.
591	Shearer	Henry
2253	Shearer	S. H.
2213	Shearon	A. J.
2213	Shearon	S. R.
1278	Sheche	Bryan
2155	Sheegog	I. E.
1523	Sheeton	T. B.
1747	Sheets	Jacob
1290	Sheets	W. T.
568	Sheezog	Edward
1290	Sheffield	W. M.
920 A	Sheffield	William M.
2340	Sheidley	B. A.
2691	Sheidley	B. A.
1455	Shekell	James O.
669	Shelby	N. G.
2493	Shelby	N. G.
532	Shelley	N. G.
533	Shelley	N. G.
616	Shelley	N. G.
1969	Shelley	N. G.
2609	Shelley	N. G.
581	Shelly	N. G.
582	Shelly	N. G.
583	Shelly	N. G.
692	Shelly	N. G.
1360	Shelly	N. G.
1537	Shelly	N. G.
1595	Shelton	L. B.
1382	Shelton	Samuel
112	Shepperd	J. W.
819	Sherman	Jno.
2084	Sherman Journal	
810	Sherrard	George
821	Sherrell	Arthur
1632	Sherrod	C. W.
53	Shervit	Phil.
1030	Sherwood	Thomas
1874	Sherwood	Thomas
1637	Shields	Jno.
101	Shields	Lewis O.
36 ½	Shilling	Marties
102	Shilling	Marties
821	Shilling	Marties
26	Shilling	Mathias
1807 A	Ship	White
1990	Shipley	B. F.
1239	Shipman	J. K.
531 A	Shipman	K.
802 A	Shipp	E. S.
1637	Shirley	A. J.
1102	Shirley	G. W.

Name Index to Military Claims-Alphabetically

1103	Shirley	G. W.	1102	Sillivent	Jno.
1102	Shirley	Henry	1102	Sillivent	W. J.
1103	Shirley	Henry	202	Silton	Thomas F.
2110	Shirley	John	189	Silwell	J. B.
2247	Shirley	John	1706	Simmons	J. H.
468	Shirley	Marion	212 A	Simmons	James W.
36 ½	Shirrell	Arthur	632	Simmons	Thomas
36 ½	Shirrell	Arthur	55	Simmons	W. H.
55	Shirrell	Arthur	1774	Simmons	W. H.
2169	Shivers	Isaac	987	Simmons	W. S.
306	Shlader	F.	1270	Simmons	William
893 A	Shoal	Gabriel	2213	Simmons	William
2173	Shoemaker	W. H.	26	Simmons	William H.
1494	Shook	J. A.	1379	Simon	
380	Shook	J. D.	625	Simon	C.
1541 A	Shook	William M.	3	Simons	Alex
1372	Shores	Thomas G.	1430	Simpson	Ambrose S.
307	Short	C. L.	1431	Simpson	J. B.
315	Short	C. L.	1366	Simpson	J. D.
307	Short	J. J.	101	Simpson	James W.
315	Short	J. J.	2377	Simpson	Lionel
2377	Short	Joel	1168	Simpson	T. L.
1085	Short	Marcus	1729	Simpson	William
802 A	Short	S.	2215	Simpson	William E.
870 A	Short	S.	556 A	Sims	James
2339	Shott	Jno.	392	Sims	Jno. D.
196	Shropshire	Green	974	Sims	M. W.
196	Shropshire	James	1987	Sims	W. B.
196	Shropshire	John W.	192	Sims	W. D.
1071 A	Shuler	G. W.	306	Sinahelm	Henry
1563 A	Shuler	Glenn W.	1319	Singellary	Owen
29 A	Shumate	W. M.	1766	Singeltary	Owen
1194 A	Shuner	Thomas	1886	Singletary	Owen
683	Shyler	Samuel	196	Singleton	Jasper A.
606	Siddons	J. A.	956	Singleton	Jefferson
890 A	Sier	J. N.	47	Sisco	John
1365	Sierra	Juan	388 A	Sisk	Thomas D.
996 A	Sifter	W. H.	127 A	Sittleton	John
1018	Sigall	A. J.	199	Skeen	Burrell S.
218	Sigler	W. L.	1798	Skelley	M.
1769	Sikes	Jno. W.	1094	Skelly	Michael
529	Silliman	R.	1636	Skidmore	S. B.
1102	Sillivent	Carroll	2593	Skidmore	S. B.
1103	Sillivent	Carroll	2637	Skidmore	T. F.
1102	Sillivent	D. O.	101	Skidmore	William M.
1103	Sillivent	D. O.	1455	Skinner	J. A.
1102	Sillivent	G. W.	2253	Skinner	J. L.
1103	Sillivent	G. W.	2155	Skinner	W. B. F.
1104	Sillivent	H. P.	2168	Skinner	W. B. F.

Name Index to Military Claims-Alphabetically

36 ½	Skipper	Isaac C.
821	Skipper	Isaac C.
1070	Skipper	Isaac C.
1319	Slack	James
3	Slack	W. H.
1040	Slack	William H.
1097	Slacks	J. M.
1416	Slass	David H.
819	Slaughter	B.
1020	Slaughter	C. C.
2411	Slaughter	J. M.
819	Slaughter	Jno.
1028 A	Slaughter	Thomas
1598	Slessinger	E.
1589	Slessinger	Edward
1168	Sloan	A. J.
1616	Sloan	F. M.
1616	Sloan	G. W.
796 A	Sloan	J. C.
1102	Slover	H. L.
1102	Slover	J. M.
1103	Slover	J. M.
1102	Slover	J. S.
1103	Slover	J. S.
192	Slover	William C.
2170	Small	J. E.
1365	Small	Lycurgus
101	Smart	Lemuel G.
1773	Smart	P. I.
1769	Smart	Peter J.
112	Smisson	J. A.
29	Smith	A.
1278	Smith	A. G.
2169	Smith	A. H.
2367	Smith	C. P.
2707	Smith	C. P.
1278	Smith	C. T.
118	Smith	C. W.
148	Smith	C. W.
2347	Smith	Charles P.
381 A	Smith	E. A.
189	Smith	E. W.
413	Smith	Edward
1990	Smith	Eli
1798	Smith	F.
189	Smith	F. A.
47	Smith	F. M.
199	Smith	Frank M.
1365	Smith	Franklin
36 ½	Smith	Fred
36 ½	Smith	Fred
1696	Smith	G. S.
606	Smith	G. W.
62	Smith	H. B.
606	Smith	H. W.
1127	Smith	Henry
2215	Smith	Herand
290	Smith	Isaac
1232 A	Smith	J.
204	Smith	J. C.
892 A	Smith	J. C.
2179	Smith	J. H. B.
204	Smith	J. L.
215	Smith	J. L.
165 A	Smith	J. M.
354	Smith	J. M.
354 A	Smith	J. M.
354 A	Smith	J. M.
355	Smith	J. M.
381 A	Smith	J. M.
395	Smith	J. M.
562 A	Smith	J. M.
1736 A	Smith	J. M.
1754 A	Smith	J. M.
1798	Smith	J. M.
1428	Smith	J. N.
802 A	Smith	J. P.
996 A	Smith	J. P.
2013 A	Smith	J. P.
819	Smith	J. R.
531 A	Smith	J. S.
825 A	Smith	J. S.
189	Smith	J. T.
801	Smith	J. W.
2213	Smith	J. W.
2466	Smith	J. W.
1946	Smith	Jackson
1240	Smith	Jalomick
106	Smith	James M.
199	Smith	James R.
2253	Smith	James T.
2439	Smith	Jerome
1754 A	Smith	Jill
36 ½	Smith	Jno.
1661	Smith	Jno.
1798	Smith	Jno.
1030	Smith	Jno. P.
36 ½	Smith	John

223

Name Index to Military Claims-Alphabetically

2213	Smith	John
2253	Smith	John T.
1033 A	Smith	L.
1713	Smith	Lazarus
862	Smith	Louis
1741	Smith	Louis
112	Smith	N. A.
338 A	Smith	P. F.
338 A	Smith	P. T.
676	Smith	Patrick
1030	Smith	Peter T.
1090	Smith	Philip
72	Smith	Prevast
716	Smith	Provast
1451	Smith	R. A.
874 A	Smith	R. B.
1854	Smith	R. H.
1451	Smith	R. M.
751 A	Smith	Robert
190	Smith	T. H.
1030	Smith	Thomas
2213	Smith	Thomas B.
1229 A	Smith	Thomas W.
568	Smith	W.
1990	Smith	W. C.
257	Smith	W. J.
1494	Smith	W. M.
1770	Smith	W. P.
186 A	Smith	W. R.
388 A	Smith	W. R.
192	Smith	William W.
606	Smith & Parks	
15 A	Smithhardt	J. W.
72	Smyth	Patrick
101	Snavely	Eli F.
62	Sneed	Israel
327	Sneed	Peter
167	Sneed	R. A.
794 A	Sneed	William
1126	Snell	M. K.
22	Snell	William
22 A	Snell	William
28	Snell	William
28 A	Snell	William
1228 A	Snell	William
1845	Sniveley	H. F.
2169	Snodgrass	H. I.
1637	Snyder	Charles
222	Snyder	F. M.
222	Snyder	J. M.
2173	Snyder	William
1379	Soldier	
1206	Soles	Eugenio
2114	Solis	Ant.
1205	Solis	Eugenio
633	Somerhalter	Valentine
683	Somerhalter	Valentine
684	Somerhalter	Valentine
684	Somers	W.
683	Somers	William
148	Somerville	H.
36 ½	Somerville	Michael W.
653	Somerville	Michael W.
2277	Sommers	L. H.
1798	Sommerville	H.
1852 A	Sommerville	H. W.
1798	Sommerville	M. W.
1755 A	Sommerville	W. M.
189	Somner	A. E.
1209	Soto	Juan Garcia
1428	South	William M.
1539 A	Southward	Elijah
208	Sowell	H. H.
257	Sowell	James M.
101	Spain	U. L. W.
1637	Spalding	G. M.
716	Spann	C. R.
587	Spann	Charles
715	Spann	Charles
752	Spann	Charles
821	Spann	Charles
36 ½	Spann	Charles R.
752	Spann	Charles R.
821	Spann	Charles R.
715	Spann	R. C.
1197	Sparkman	James
204	Spaulding	B. F.
215	Spaulding	B. F.
534	Spaulding	C.
902	Spaulding	C.
2461	Spaulding	C.
257	Spaulding	Charles
1236	Spaulding	E. H.
257	Spaulding	George
257	Spaulding	John
810	Spay	Q. H.
945	Spear	David
207	Spear	W. M.

Name Index to Military Claims-Alphabetically

684	Speed	L. G.
683	Speed	S. G.
1800	Speed	S. G.
118	Speed	Stephen
77	Speed	Stephen G.
1135	Spence	Jno. S.
26	Spencer	George W.
36 ½	Spencer	George W.
1374	Spencer	George W.
1774	Spencer	George W.
244	Spencer	Henry
199	Spencer	Henry I.
868 A	Spencer	J. P.
1484	Spencer	R. W.
1416	Spencer	Randolph W.
568	Spencer	Thomas C.
870 A	Spencer	W. A.
1416	Spencer	W. A.
1486	Spencer	William
1123	Spencer	William A.
207	Spikes	G. W.
204	Spiller	W. M.
215	Spiller	W. M.
2425	Spillman	J. P.
199	Spillman	James T.
1168	Spivey	J. W.
987	Splawn	T. C.
767	Spoon	William
767	Spoonts	W. W.
1752	Springer	Kate
1278	Spurr	Jno.
1428	St. Clair	J. A.
1428	St. Clair	N. B.
1206	St. Miguel	Domingo
1206	St. Miguel	Phelipe
1063	Stacy	Gabl.
257	Stacy	Henry
1455	Stafford	J. C.
1019	Stafford	Jno.
338 A	Stagner	W. H.
920	Stakes	W. H.
788	Staley	G. W.
45 A	Stallcey	E.
30	Stancel	Jesse
327	Standifer	H. C.
26	Standish	Charles L.
1637	Stanger	Lewis
118	Stanhope	H.
1090	Stanley	Ben.
1233 A	Stanley	Benjamin
1233 A	Stanley	C.
36 ½	Stanley	David
148	Stanley	David
1090	Stanley	Elias
1071 A	Stanley	G. W.
1071 A	Stanley	J. A.
1990	Stanley	J. K. P.
1090	Stanley	J. T.
1233 A	Stanley	J. T.
1560 A	Stanley	J. T.
1990	Stanley	S. H.
1637	Stanley	William
756 A	Stannard	William
1455	Stansbury	George T.
273	Stanton	D. A.
936	Stapp	Sinclair
2253	Starey	Thomas
1027	Stark	M. H.
192	Starkey	C. J.
192	Starkey	N. B.
112	Starkey	W. C.
2378	State Gazette	
2734	State Gazette	
2765	State Gazette	
2573	State Gazette Office	
2594	State Gazette Office	
2648	State Gazette Office	
2679	State Gazette Office	
1696	Stauterland	O.
2169	Steaham	John E.
327	Stedham	F.
328	Stedham	James J.
196	Stedman	John C.
384 A	Steedham	Henry
527	Steele	Charles
1562 A	Steele	F. R.
527	Steele	Hardin
62	Steele	J. G.
62	Steele	N.
715	Steelhorste	
875	Steelman	James G.
481 A	Steen	George N.
1428	Steen	R. B.
196	Steene	John
1886	Stegall	A. J.
1043	Steiner	J. M.
1044	Steiner	J. M.
1130	Steiner	J. M.

Name Index to Military Claims-Alphabetically

1272	Steiner	J. M.		259	Sterritt	William
1273	Steiner	J. M.		52	Steussey	F.
1274	Steiner	J. M.		32	Steussy	F.
1321	Steiner	J. M.		558	Steussy	F.
1322	Steiner	J. M.		1250	Steussy	F.
1323	Steiner	J. M.		1251	Steussy	F.
1539	Steiner	J. M.		1241	Stevens	Anderson H.
1541	Steiner	J. M.		2066	Stevens	G. F.
1638	Steiner	J. M.		2215	Stevens	H. E.
1639	Steiner	J. M.		810	Stevens	J. R.
1902	Steiner	J. M.		74	Stevens	James
1903	Steiner	J. M.		1290	Stevens	L. M.
1920	Steiner	J. M.		212 A	Stevens	M.
1921	Steiner	J. M.		1209	Stevens	M.
651	Steinhurst	August		1443	Stevens	M. M.
651	Steinhurst	Laurence		1290	Stevens	Neal
36 ½	Steinhurst	Lawrence		617	Stevenson	G. W.
752	Steinhurst	Lawrence		1312	Stevenson	Henry H.
1366	Stell	B. T.		2213	Stevenson	K. C.
126	Stell	J. W.		222	Stevenson	R. F.
2169	Stennet	Daniel		2477	Steves	G.
1365	Stephanes	H. F.		1531	Steves	Gustav
2253	Stephens	A. B.		1541 A	Stewart	Andrew J.
196	Stephens	Absolam		1684	Stewart	C. W.
1494	Stephens	E. P.		1685	Stewart	C. W.
36 ½	Stephens	Ferdinand		1686	Stewart	C. W.
651	Stephens	Ferdinand		2287	Stewart	H. F.
1641	Stephens	G. F.		1097	Stewart	H. M.
2253	Stephens	I. A. S.		474 A	Stewart	J. A.
1676	Stephens	J. G.		2637	Stewart	J. B.
1990 A	Stephens	J. G.		1492	Stewart	J. M.
1003	Stephens	Jno. M.		1372	Stewart	J. N.
1473	Stephens	Jno. M.		104	Stewart	J. S.
1473 A	Stephens	Jno. M.		1676	Stewart	James A.
2253	Stephens	John L.		1414	Stewart	M. W.
846 A	Stephens	M. M.		1416	Stewart	M. W.
1119	Stephens	M. M.		1119	Stewart	Mathew W.
1232 A	Stephens	N.		952	Stewart	S. L.
1408 A	Stephens	R.		2114	Stewart	Samuel J.
1983 A	Stephens	S. U.		2116	Stewart	Samuel J.
1494	Stephens	Thomas E.		474 A	Stewart	William
1573 A	Stephens	William T.		946	Stewart	William A.
1706	Stephenson	A. L.		107	Stickler	Joseph
257	Stephenson	A. R.		36 ½	Stickles	Peter H.
222	Stephenson	W. H.		148	Stickles	Peter H.
1101 A	Stepp	William H.		767	Stiers	Isaac
1018	Sterman	W. W.		223	Stiff	David
1319	Sterman	W. W.		2048	Stiff	J. B.
207	Sterritt	William		1766	Stigall	A. J.

Name Index to Military Claims-Alphabetically

1990	Stiles	J. G.
1990	Stiles	L. R.
1984 A	Stillwell	Charles
214 A	Stilman	Charles
1973	Stinnett	J. F.
1102	Stinnett	James
1103	Stinnett	James
1102	Stinson	David
1103	Stinson	David
1853 A	Stinson	David
2406	Stivers	Baily
1173 A	Stockman	H. F.
340	Stockman	T. H.
1131	Stockran	Thomas A.
1428	Stockton	George W.
1373	Stokes	H.
1350	Stokes	J. J.
206	Stokes	W. J.
973 A	Stokes	W. J.
257	Stone	F. A.
779 A	Stone	G. T.
779 A	Stone	R. A.
1990	Stone	W. A.
577	Stone	W. E.
810	Story	E.
669	Story	J. W.
1191	Story	W. R.
1214	Story	W. R.
1	Story	W.R.
1616	Stout	J.
2546	Stout	W. B.
1990	Stout	W. B. T.
53	Stowell	George H.
1197	Strackner	W. H.
212 A	Straghorn	N. T.
1090	Straley	C. D.
1562 A	Straley	C. D.
1090	Straley	J. L.
126 A	Strannard	William
1272 A	Strayhorn	N. S.
1696	Street	H. K.
189	Streety	R. B.
1168	Stribbling	T. B.
632	Strickland	G. W.
568	Strickland	J. T.
284	Strickland	William B.
36 ½	Stringfield	Littleton
684	Stringfield	S.
340	Strong	Jno.
2122	Strong	L. P.
2443	Strong	L. P.
2621	Strong	L. P.
2759	Strong	L. P.
767	Stroope	F. B.
585	Strother	D. C.
977	Strother	David C.
950	Strother	T. J.
101	Strother	William D.
1374	Strothers	David C.
1416	Strothers	David C.
148	Strothers	David E.
1910	Stroud	G. W.
1366	Stroud	J. E.
669	Stroud	S. M.
470	Stroughan	J. O.
2057	Struez	John
222	Strumler	S. A.
38	Strusz	Carl
72	Strusz	Charles
72	Strusz	John
1467	Stuart	A. J.
1541 A	Stubblefield	A.
866	Stubblefield	J. J.
550 A	Stucke	C.
23	Stucken	F. V. D.
340	Stucken	F. V. D.
398	Stucken	F. V. D.
399	Stucken	F. V. D.
475	Stucken	F. V. D.
948	Stucken	F. V. D.
1422	Stucken	F. V. D.
1779	Stucken	F. V. D.
1251 A	Stuckew	F. V. D.
399 A	Stuckew	S. V. D.
632	Studer	Joseph
986 A	Stugg	J.
1287	Stultz	Samuel M.
1018	Stump	Francis
1319	Stump	Francis
1766	Stump	Francis
1886	Stump	Francis
2282 A	Stump	J. R.
1018	Stump	R. B.
1886	Stump	R. B.
1018	Stumps	Joseph
207	Styles	L. B.
80 A	Sublett	D. L.
426 A	Sublett	D. L.

Name Index to Military Claims-Alphabetically

1753 A	Sublett	D. L.
1909 A	Sublett	D. L.
842 A	Sublett	W. C.
290	Suddith	Jno.
1232 A	Suitar	A. T.
1562 A	Suitar	A. T.
538	Suitor	A. T.
637	Suitor	A. T.
2253	Sullens	C. P.
715	Sullivan	
631	Sullivan	Adam
568	Sullivan	C.
523	Sullivan	Daniel
752	Sullivan	Daniel
192	Sullivan	J. M.
74	Sullivan	Patrick
2169	Sullivan	W. R.
351 A	Sulton	J. M.
2650	Summerrow	M. P.
810	Summy	M.
122	Sumpter	Hiram
1205	Suniga	Alejandro
1232 A	Suter	A. T.
838 A	Sutherland	George
1842 A	Sutherland	George
2419	Sutherland	James
993 A	Sutherland	W. H.
1990	Sutton	C. B.
171 A	Sutton	J. W.
1707	Sutton	James M.
1124 A	Swallon	Jno. W. s.
568	Swan	J. D.
394	Swann	Jno. S.
44	Swearinger	R. W.
606	Sweat & Turner	
215	Sweatt	E. V. B.
215	Sweatt	G. B.
1469	Sweatt	Q. A.
148	Sweeney	Thomas
821	Sweeney	Thomas
36 ½	Sweeny	Thomas
204	Sweet	E. W. B.
987	Swenson	A. B.
2310	Swenson	D. B.
1759	Swenson	James W.
653	Swenson	L. M.
1094	Swenson	L. M.
498	Swenson	S. M.
499	Swenson	S. M.
508	Swenson	S. M.
585	Swenson	S. M.
648	Swenson	S. M.
663	Swenson	S. M.
798	Swenson	S. M.
1127	Swenson	S. M.
1136	Swenson	S. M.
1138	Swenson	S. M.
1139	Swenson	S. M.
1141	Swenson	S. M.
1142	Swenson	S. M.
1183	Swenson	S. M.
1374	Swenson	S. M.
2017	Swenson	S. M.
207	Sweringen	Ben
204	Swett	G. B.
1990	Swim	D. F.
1990	Swim	L. E.
449	Swindells & Lane	
450	Swindells & Lane	
1562 A	Swine	Duncan E.
1027	Swing	M. L.
2286	Swing	M. L.
1026	Swing & Thomas	
1462	Swinson	Thomas
1338	Swisher	Green F.
1416	Swisher	Green F.
79	Swisher	J. M.
255	Swisher	J. M.
352	Swisher	J. M.
353	Swisher	J. M.
632	Swisher	J. M.
1476	Swisher	J. M.
585	Swoope	Jno. S.
36 ½	Swope	Jno. S.
36 ½	Swope	Jno. S.
2654	Sylvester	J. W.
662	T. B. Stubbs & Co.	
2213	Tabar	A. G.
1540	Tabar	Jno.
192	Tabent	J.
1547	Tabor	Jno.
1554	Tabor	Jno.
1562 A	Tabor	Robert
1097	Tackatt	G. W. C.
1097	Tackett	J. G.
1102	Tackett	J. H.
1103	Tackett	J. H.
1097	Tackett	L. L.

Name Index to Military Claims-Alphabetically

1099	Tackett	M. D.
1102	Tackett	M. D.
1103	Tackett	M. D.
421 A	Tackitt	J. H.
2577 A	Taff	N. F.
1379	Talko	
396 A	Talley	J. R.
1501	Talley	James
527	Tally	T. C.
74	Tamlinson	A. A.
1706	Tandy	W. L.
2597	Tankerley	John W.
1301	Tankersley	J. H.
1706	Tannehill	William J.
2213	Tanner	E. H.
62	Tanner	George W.
2013 A	Tanner	Isaac
2762	Tanner	N. B.
1027	Tarberville	William
2328	Tarkington	Edward
222	Tarver	B. L.
225	Tate	J. H.
929	Tate	J. H.
682 A	Tate	J. L.
796 A	Tate	J. L.
207	Tate	Jno. H.
1366	Tate	Joseph
207	Tate	M. V.
107	Tatsch	Michael
1015	Tatsch	Michael
107	Tatsch	Peter
803	Tatsch	Peter
2213	Tatum	John R.
1903 A	Tatum	Thomas
531 A	Tatum	W.
818	Tatum	Walter
327	Tatum	William
1411	Taylor	A.
1023 A	Taylor	A. J.
2375	Taylor	Andrew
1168	Taylor	C. J.
617	Taylor	Edward
2344	Taylor	F. L.
411 A	Taylor	Fechtig
1562 A	Taylor	G. M.
1773	Taylor	G. W.
2173	Taylor	G. W.
1562 A	Taylor	George M.
116	Taylor	George W.
405	Taylor	George W.
148	Taylor	J. C.
340	Taylor	James
683	Taylor	Jno.
684	Taylor	Jno.
38	Taylor	Jno. C.
71	Taylor	Jno. M.
1416	Taylor	John C.
825	Taylor	Josiah
826	Taylor	Josiah
827	Taylor	Josiah
1902 A	Taylor	Lewis H.
1168	Taylor	M.
340	Taylor	M. M.
326 A	Taylor	N. A.
1637	Taylor	R. W.
1350	Taylor	Robert
62	Taylor	S. P.
945	Taylor	S. S.
340	Taylor	Thurman
584	Taylor	W. G.
2552	Taylor	Ward
351 A	Taylor	William
617	Taylor	William
767	Taylor	William
1773	Taylor	William
1219	Teabault	George
2215	Teague	E. A.
2377	Teague	W. R.
1850 A	Teary	Baily
112	Teasfer	J. M.
36 ½	Tebault	George
36 ½	Tebault	George
36 ½	Tebault	George
81	Tebault	George
684	Tebault	George
821	Tebault	George
683	Tebeault	GG.
1399	Teel	B. N.
1696	Teel	B. V.
1696	Teel	R. J.
1694	Teel	T. T.
1459	Teel	W.
2346	Telegraph Office	
2357	Telegraph Office	
2465	Telegraph Office	
1204	Telles	Juan
1205	Telles	Juan
1206	Telles	Juan

Name Index to Military Claims-Alphabetically

340	Temple	P. S.
290	Templeton	Frank
855	Tennis	Bazal
339 A	Tero	F.
2377	Terrey	T. J.
36 ½	Terrey	William
207	Terrill	R. A.
2100	Terrill	R. A.
1706	Terrill	Woodson
189	Terry	Elisha
899	Terry	J. D.
2065	Terry	L. L.
810	Terry	N. W.
36 ½	Terry	William
36 ½	Terry	William
55	Terry	William
290	Teters	Moses S.
2008	Texas Almanac Office	
2070	Texas Enquirer	
1184	Texas Pioneer	
2751	Texas Ranger	
1908 A	Thacheimer	D.
1904	Thalheimer	D.
1683 A	Thamm	Arthur
959	Thaxton	William
1011	Thaxton	William
1012	Thaxton	William
196	Thayer	Shelton
301	Theif	Jacob
715	Thomas	
62	Thomas	A. G.
715	Thomas	B. C.
36 ½	Thomas	Benjamin C.
1048	Thomas	Benjamin C.
2315	Thomas	Benjamin C.
523	Thomas	Edward
752	Thomas	Edward
821	Thomas	Edward
33 A	Thomas	Elisha F.
717	Thomas	F. E.
2126	Thomas	I. W.
339 A	Thomas	J.
1706	Thomas	J. C.
222	Thomas	J. J.
987	Thomas	J. L.
1097	Thomas	J. M.
1436	Thomas	J. R.
3	Thomas	James
1494	Thomas	James
1430	Thomas	James R.
204	Thomas	L. B.
215	Thomas	L. B.
2406 ½	Thomas	M. H.
1768	Thomas	S. H.
1616	Thomas	W. A.
1030	Thomas	W. H.
1031	Thomas	W. H.
1990	Thomas	William A.
1797 A	Thomas	William D.
1027	Thomas & Cochran	
986	Thomas & Swing	
1023	Thomas & Swing	
1024	Thomas & Swing	
1025	Thomas & Swing	
1037	Thomas & Swing	
1038	Thomas & Swing	
1039	Thomas & Swing	
486	Thomason	E.
222	Thomason	J. P.
1411	Thompser	B.
556 A	Thompson	A.
1097	Thompson	A. J.
199	Thompson	Aloy J.
1097	Thompson	B. M.
2179	Thompson	B. W.
1416	Thompson	Ben F.
1486	Thompson	Benjamin F.
1724 A	Thompson	Charles
1366	Thompson	E. S.
26	Thompson	Edgar W.
144	Thompson	Edgar W.
821	Thompson	Edgar W.
1141	Thompson	Edgar W.
779 A	Thompson	G. W.
1773	Thompson	George
1097	Thompson	H. J.
1697	Thompson	J. D.
222	Thompson	J. E.
1637	Thompson	J. F.
190	Thompson	J. H.
297	Thompson	Jno. M.
257	Thompson	Jno. T.
101	Thompson	John W.
1097	Thompson	L. G.
606	Thompson	R. C.
2727	Thompson	S. G.
1419	Thompson	W. B.
1908 A	Thompson	W. B.

Name Index to Military Claims-Alphabetically

222	Thompson	W. M.
112	Thompson	W. S.
257	Thompson	William
826 A	Thompson	William
2776	Thompson	William
2350	Thompson	William M.
1619	Thorn	B. F.
1063	Thorp	George J.
1637	Throckmorton	J. W.
2394	Throckmorton	J. W.
2637	Throckmorton	J. W.
2639	Throckmorton	J. W.
1737 A	Throures	John
222	Thurman	W. W.
222	Thurmon	J. W.
692	Thyne	Thomas
1177	Tibbitts	A. P.
1314	Tidwell	D.
2433	Tidwell	F. L.
222	Tidwell	H. N.
148	Tighe	John
112	Tillery	M. I.
617	Tilley	A. W.
806	Tillman	Edward
1494	Tillman	W. W.
1773	Tilly	A. W.
868 A	Tillyman	William
454	Timan	Hugh
145 A	Timon	H.
36 ½	Tindall	Roderick V.
821	Tindall	Roderick V.
55	Tindell	Roderick B.
36 ½	Tindle	Roderick T.
116	Tinney	Samuel
1706	Tinsley	Jno. L.
1990	Tipping	W. H.
1422	Tipps & Co.	
1536	Tipps & Co.	
535	Tips	I.
1976 A	Tiptan	B.
531 A	Tiptan	B. W.
371 A	Tipton	A.
840 A	Tipton	H. C.
196	Tipton	Henry C.
196	Tipton	John E.
1455	Tison	William B.
1598	Titterington	Jno.
9 A	Titus	Robert B.
767	Titus	Turner H.
1379	Ti-wni-tut	
462 A	Tobin	W. G.
799 A	Todd	G. H.
1562 A	Todd	G. H.
113	Todd	G. M.
1412	Toggle	R.
1544	Toler	T. W.
1372	Toliver	B.
80 A	Toliver	J. O.
1706	Tolle	N. W.
1432	Tolson	P.
1379	Tom	
2013 A	Tom	G. N.
653	Tomlinson	A. A.
671	Tomlinson	A. A.
965	Tomlinson	A. A.
1683 A	Tomlinson	A. J.
1408	Tomlinson	J. M.
1453	Tomlinson	Jno. J.
1683 A	Tomlinson	Jo
1683 A	Tomlinson	Peter
1706	Tompkins	J. S.
1683 A	Tone	George W.
767	Tool	Jno.
1278	Toomey	Dennis
1725	Torres	Thomas
163 A	Torris	C.
1379	To-sit	
2170	Totty	J. E.
116	Touhey	William
2035	Towell	S. C.
2563	Tower	W. H.
2170	Towers	Berry
970 A	Towle	George F.
2213	Towns	N. W.
36 ½	Townsend	Daniel E.
2047	Townsend	Daniel E.
257	Townsend	James
327	Townsend	L. J.
1084	Townsend	O. H. P.
62	Traftan	B. E.
62	Traftan	M.
832	Trahin	James C.
1416	Trahin	James C.
1141	Trahin	James E.
1143	Trahin	James E.
26	Trahin	Joseph E.
114	Trainer	D. J.
802 A	Trainer	S. F.

Name Index to Military Claims-Alphabetically

114	Trainer	W. N.
114	Trainer	W. N.
530	Traner	David
1416	Trask	Henry I.
1402	Trask	James H.
2248	Trask	James H.
2114	Travinio	George
2114	Travinio	Julian
2253	Traylor	G. W.
2253	Traylor	James
1451	Traylor	S. A.
199	Treadwell	Huistan
1506	Treece	Thomas
36 ½	Trehin	Joseph E.
72	Tressum	Jno.
881 A	Trevino	J.
1106	Trevino	Jose
1206	Trevino	Jose
1365	Trevino	Lorenzo
1205	Trevino	Polanio
1206	Trevino	Polinario
1199	Trevino	Tomas
2489	Tri Weekly Telegraph	
1713	Tribble	B. F.
1706	Trice	William R.
36 ½	Trigloan	J. H.
36 ½	Trigloun	James H.
62	Trim	John
1365	Trimble	Frederick W.
1990	Trimble	J. H.
136	Trimble	Thomas L.
252 A	Trimmer	Thomas J.
2719	Triplett	L.
2253	Tripp	C. J.
1957	Triweekley Telegraph	
1637	Tross	James P.
706 A	Troughbar	W. R.
1494	Trout	L. M.
299	Trowell	V. F.
2173	Truce	Thomas
2683	True Issue Office	
2168	Trueblood	A. H.
2169	Trueblood	A. H.
2170	Trueblood	A. H.
2172	Trueblood	A. H.
2173	Trueblood	A. H.
119	Truehart	H. M.
252	Truehart	H. M.
2180	Truelove	J. A.
1946	Truelove	J. B.
2180	Truelove	J. R.
643	Truelove	Jno. A.
257	Truss	J. W.
72	Tryan	William
1800	Tubbs	J. B.
36 ½	Tubbs	John C.
36 ½	Tubbs	John C.
102	Tubbs	John C.
821	Tubbs	John C.
576	Tucker	A. I.
1637	Tucker	D. F.
1168	Tucker	J. W.
453	Tucker	L. T.
190	Tucker	W. H.
889 A	Tudle	M.
1908 A	Tue	Arthur
643	Tully	Jno. E.
212 A	Tumlinson	A. T.
153 A	Tumlinson	Peter
212 A	Tumlinson	Peter
212 A	Tumlinson	William
1755 A	Tunrell	W. C.
1366	Turk	William H.
135	Turman	Thomas J.
53	Turmon	A. W.
1392	Turnbough	B. F.
643	Turnbough	M. C.
993	Turner	C.
996	Turner	C.
824	Turner	C. S.
257	Turner	C. W.
207	Turner	E.
331	Turner	E. B.
332	Turner	E. B.
794 A	Turner	E. P.
992 A	Turner	E. P.
207	Turner	E. R.
1366	Turner	Fred
257	Turner	George
257	Turner	H. H.
257	Turner	J. B.
257	Turner	J. S.
1990	Turner	J. W.
1706	Turner	James E.
196	Turner	James F.
2427	Turner	Jno.
74	Turner	M. A.
27	Turner	Martin A.

Name Index to Military Claims-Alphabetically

1365	Turner	Oliver J.
2013 A	Turner	Samuel
196	Turpin	Joseph F.
1366	Turtle	Archibald
2173	Tutor	G. W.
2350	Tuttle	J. H.
15 A	Twaddle	J.
62	Twilliger	G. E.
1683 A	Twindells	J. H.
1990	Twinian	J. W.
568	Twittey	William C.
569	Twittey	William C.
2172	Twitty	H. C.
112	Twitty	Thomas
2213	Tyler	E.
53	Tyler	John
118	Tyler	John
2237	Tyler	L. D.
192	Tyrrell	R.
595	Ufford	E. L.
199	Uhl	Samuel
244	Uhl	Samuel
1773	Underwood	J. L.
1229 A	Underwood	James L.
112	Underwood	L. A.
2035	Underwood	W.
495 A	Underwood	W. B.
884 A	Underwood	William B.
2183	Upton	E. P.
1544	Upton	Giles
196	Upton	John W.
651	Upton	W. R.
715	Upton	W. R.
752	Upton	William R.
821	Upton	William R.
1700	Usener	Jno. D.
207	Ussery	M. S.
930	Ussery	M. S.
1379	U-wa-nee	
1769	Vaden	F. S.
36 ½	Vaden	French S.
752	Vaden	French S.
821	Vaden	French S.
810	Vaden	J. W.
101	Vaden	Leonidas
1499	Vaden	S. B.
715	Vadin	F. S.
179	Valendine	Wilson
683	Valverde	Francisco
36 ½	Van Allen	G. G. W.
36 ½	Van Allen	G. G. W.
148	Van Allen	G. W.
1798	Van Allen	G. W.
1508	Van Allen	George W.
1831	Van Buren	H.
1827	Van Cleave	Courteous
1828	Van Cleave	Courteous
290	Van Cleave	Mathew
418 A	Van Cleave	Matthew
80 A	Van Cleave	William
585	Van Cleve	C.
617	Van Derveer	H. F.
617	Van Derveer	H. F.
1875	Van Meter	W. C.
207	Van Pelt	A. J.
1657	Van Pelt	D. A.
1734	Van Pelt	D. A.
802 A	Van Pelt	G. G.
1589	Van Pelt	G. G.
1657	Van Pelt	G. G.
1589	Van Pelt	W. B.
1657	Van Pelt	W. B.
148	Van Pelt	William
36 ½	Van Pelt	William F.
222	Vanalstine	George
290	Vance	William
79 A	Vance Bros.	
488	Vance Bros.	
1773	Vandaver	M. T.
643	Vanderburg	G. W.
112	Vanderhuff	W.
885 A	Vanpoll	D. A.
1637	Vansickle	William
2284	Vansyckle	T. J.
2374 A	Vantine	T.
2114	Vara	Santo Y.
199	Vardell	William G.
62	Varnon	Thomas
1624	Vasterling	H., Jr.
1624	Vasterling	H., Sr.
588	Vasterling	Henry, Jr.
588	Vasterling	Henry, Sr.
112	Vaughn	I. M.
527	Vaughn	J. L.
2058	Vaughn	Jerre
914 A	Vaughn	R.
1707	Vaughn	Tacitus H.
2050	Vaughn	Thomas

Name Index to Military Claims-Alphabetically

1563 A	Vaughn	W. M.
195	Vauter	F. M.
222	Veal	A. L. W.
199	Veal	W. G.
200	Veal	W. G.
210	Veal	W. G.
244	Veal	W. G.
305	Veal	W. G.
202	Veale	Jackson
2114	Vela	Cecilio
2114	Vela	Santos
1563 A	Venable	William J.
1889	Venters	Eli
36 ½	Vermillion	R. A.
36 ½	Vermillion	Robert A.
1136	Vermillion	Robert A.
2594 ½ A	Veseron	Oscar
951	Vestal	William B.
1562 A	Vesterberg	H.
1455	Viemeyer	J.
2114	Villareal	Ant.
1205	Villareal	Cicilio
2114	Villareal	Greg.
1205	Villareal	Indelisio
1481	Villareal	Ynez
1206	Villareall	Cecilio
1206	Villareall	Indelasio
26	Vincent	James C.
36 ½	Vincent	James C.
651	Vincent	James C.
821	Vincent	James C.
1774	Vincent	James C.
988 A	Vine	William
112	Vines	Jno. M.
1168	Vinson	H. H.
1616	Vistilow	Fred
1350	Voils	William
1729	Voris	William H.
715	Voss	W.
36 ½	Voss	William
1048	Voss	William
2720 A	Voss	William
1411	Vought	D. O.
1453	Vought	Leroy M.
767	Vowel	H. V.
9 A	Vowell	Harrison
1030	W. A. Gould & Co.	
259	W. Ahrenbeck Bros.	
2097	W. H. Letchford & Co.	
1026	W. H. Witt & Co.	
690	W. M. Harper & Co.	
592	W. M. Rice & Co.	
758	W. P. Hughes & Co.	
1027	W. W. Peak & Co.	
101	Waddell	Abel W.
857	Waddell	D. F.
2541	Waddell	J. B.
284	Wade	J. W.
1319	Wade	T. S.
1886	Wade	T. S.
257	Wade	Thomas J.
643	Wade	Thomas S.
2057	Wadsworth	I. W.
2146	Wadsworth	I. W.
684	Wadsworth	J. W.
2055	Wadsworth	J. W.
2232	Wadsworth	J. W.
2242	Wadsworth	J. W.
1361	Wadsworth	James C.
1416	Wadsworth	James C.
1419	Wadsworth	James C.
2105	Wadsworth	James W.
740	Wadsworth	Jno. W.
2205	Wadsworth	John
1416	Wadsworth	John W.
2603	Wadsworth	John W.
2626	Wadsworth	John W.
2724	Wadsworth	John W.
2633	Wadworth	John W.
222	Wageman	Henry
1494	Wagener	W. L.
1586	Wagener	W. P.
715	Wagner	A. L.
752	Wagner	A. Louis
1278	Wagner	Martin
81	Wagner	William
653	Wagner	William
821	Wagnier	A. Louis
36 ½	Wagnier	Anie Luis
523	Wagniere	Louis
1062	Wahrenberger	Jno.
657	Wahrenberger	John
658	Wahrenberger	John
803	Wahrmund	Charles
1015	Wahrmund	Charles
107	Wahrmund	Chs.
107	Wahrmund	E.
803	Wahrmund	Emil

234

Name Index to Military Claims-Alphabetically

No.	Surname	Given
1015	Wahrmund	L.
947 A	Waits	J. W.
2377	Wakefield	Elisha
2253	Wakefield	J. A.
1990	Wakeley	W. W.
936	Walcott	B. S.
371 A	Walde	C. H.
1343	Walde	C. H.
204	Walden	Jno. W.
215	Walden	Jno. W.
1314	Walding	Jno.
284	Wales	J. T.
1366	Walfard	P. L.
715	Walker	
44	Walker	A. B.
148	Walker	A. B.
1798	Walker	A. B.
286	Walker	A. S.
189	Walker	A. W.
36 ½	Walker	Alexander B.
74	Walker	Allen
1508	Walker	Allen
1366	Walker	C. W.
1197	Walker	Charles H.
988 A	Walker	D.
989 A	Walker	D.
1107	Walker	Deptha F.
998	Walker	Dixon
1668 A	Walker	Dixon
810	Walker	G. W.
945	Walker	H.
647	Walker	H. P.
1497 A	Walker	H. P.
1232 A	Walker	J.
257	Walker	J. G.
195	Walker	J. P.
1018	Walker	Jackson
1766	Walker	Jackson
268	Walker	James
1113	Walker	James
1366	Walker	James
1908 A	Walker	James
2220	Walker	James
653	Walker	James A.
257	Walker	James C.
116	Walker	James H.
658 A	Walker	Jno.
651	Walker	Jno. No. 1
752	Walker	Jno. No. 1
1048	Walker	Jno. No. 2
1339	Walker	Jno., II
880 A	Walker	John L.
821	Walker	John No. 1
821	Walker	John No. 2
196	Walker	John W.
1686 A	Walker	Johnson
20	Walker	Joseph
463 A	Walker	Joseph
580 A	Walker	Joseph
1426 A	Walker	Joseph
1097	Walker	L. H.
189	Walker	L. P.
1800	Walker	L. W.
1990	Walker	M. V. B.
2237	Walker	Madison
1149	Walker	O. B.
2173	Walker	Preston
1290	Walker	R. M.
870 A	Walker	S. W.
1281	Walker	Smith
1113	Walker	W. C.
1990	Walker	W. W.
36 ½	Walker	William J.
1852 A	Walker	William J.
802 A	Wall	D. D.
1494	Wall	J. H.
2170	Wall	Johnson
2170	Wall	Mat.
1494	Wall	T. M.
112	Wallace	B. A.
490	Wallace	Clifton J.
388 A	Wallace	E. D.
116	Wallace	Elias
1532	Wallace	Elias
207	Wallace	J. W.
290	Wallace	Jno. A.
62	Wallace	John B.
2220	Wallace	John B.
244	Wallace	M. C.
199	Wallace	Milton C.
1350	Wallace	Nat.
1657	Wallace	Peter
1637	Wallace	Samuel
1853 A	Wallace	W. H.
176 A	Wallace	William
290	Wallace	William E.
1428	Waller	A. W.
1428	Waller	H. S. W.

Name Index to Military Claims-Alphabetically

1055 A	Waller	J.
650 A	Waller	J. R.
1909 A	Waller	J. R.
1366	Waller	John
1428	Walling	C. T.
2013 A	Wallis	J. H.
74	Walsh	Andrew
1637	Walsh	James W.
2659	Walsh	W. C.
2660	Walsh	W. C.
2667	Walsh	W. C.
2672	Walsh	W. C.
2680	Walsh	W. C.
2695	Walsh	W. C.
2716	Walsh	W. C.
2728	Walsh	W. C.
2729	Walsh	W. C.
2730	Walsh	W. C.
2731	Walsh	W. C.
2752	Walsh	W. C.
2753	Walsh	W. C.
1657	Walton	J. A.
2012 A	Walton	N. M.
819	Walton	W. J.
302	Walton	William M.
5	Waltoon	Anthony
36 ½	Waltring	Francis
1045	Walworth	James
568	Ward	Charles
472	Ward	E. P.
2213	Ward	Grecian
2291	Ward	H.
2622	Ward	H.
1133	Ward	H. W.
2124	Ward	Henry
1428	Ward	J. L.
767	Ward	Joseph C.
2045	Ward	Joseph C.
2035	Ward	L. B.
486 A	Ward	O.
148	Ward	Patrick E.
1854 A	Ward	S. S.
1278	Ward	W. G.
2253	Ward	W. S.
556 A	Wardan	J.
987	Warden	J. F.
1773	Wardrope	P.
617	Wardrope	Peter
1119	Wardsworth	Jno. W.
1119	Wardsworth	Joseph C.
1616	Ware	J. L.
1087	Ware	James
1944	Warfield	Cal. C.
515	Warfield	T. P.
9 A	Warley	A.
9 A	Warmack	Andrew T.
196	Warner	George
1119	Warner	George W.
1416	Warner	George W.
767	Warnock	A. J.
1530	Warrall	I. R.
1253	Warrall	J. R.
1318	Warrall	J. R.
1319	Warrall	J. R.
2180	Warrall	J. R.
802 A	Warren	B.
810	Warren	E. J.
2170	Warren	F. C.
190	Warren	Frank
396 A	Warren	G. W.
1047	Warren	G. W.
1486	Warren	George W.
183 A	Warren	Henry C.
518	Warren	Jno. G.
1990	Warren	M. C.
1908 A	Warthy	William
112	Warwick	R. M.
1539 A	Wash.	D. C. S.
186 A	Washington	B. F.
388 A	Washington	B. F.
2253	Wasson	Jasiah
2253	Wasson	W. H.
734 A	Waterhouse	Jack
74	Watkins	B. F.
74	Watkins	M. P.
375 A	Watkins	W. M.
1616	Watkins	W. R.
556 A	Watkins	W. W.
527	Watson	B.
392	Watson	B. W.
112	Watson	G. W.
114	Watson	I. M.
810	Watson	J. T.
1175 A	Watson	R.
428	Watson	Robert
2684	Watson	Robert
112	Watson	Samuel
257	Watson	W. H.

Name Index to Military Claims-Alphabetically

1350	Watson	W. W.
179	Watson	William
290	Watson	William J.
874	Watt	James
692	Watts	A. S.
1990	Watts	J. J.
388 A	Watts	W. J.
388 A	Watts	W. J.
112	Watts	William
64 A	Waugh	W. A.
2060	Waybourn	I. W.
2060	Waybourn	W. T.
2060	Waybourn	W. W.
2169	Waybourn	Wesley W.
2169	Waybourn	William T.
1151 A	Wayrick	M.
2170	Wease	Mark
1350	Weatherbey	T. S.
2381	Weatherford	B. B.
2375	Weatherford	Jeff
2551	Weatherford	Jeff
1025 A	Weatherford	T. H. B.
2382	Weatherford	Thomas
62	Weatherley	Wardin
278	Weathers	W. B.
476	Weatherspoon	A. D.
199	Weatherspoon	Alexander
204	Weatherspoon	F. E.
215	Weatherspoon	F. E.
204	Weatherspoon	J. M.
215	Weatherspoon	J. M.
2208	Weatherspoon	Peter
189	Weaver	A. G.
257	Weaver	J. G.
189	Weaver	J. L.
189	Weaver	John
62	Weaver	John W.
1434	Weaver	Rogers
112	Weaver	T. O.
951	Webb	M.
986 A	Webb	A. W.
986 A	Webb	A. W.
212 A	Webb	James
756 A	Webb	James
104	Webb	Milton
958	Webb	Milton
36 ½	Webber	Henry
36 ½	Webber	Henry
1798	Webber	Henry
1703	Weber	George
1701	Webster	Albert
62	Webster	George T.
7	Webster	Marcus L.
447	Wedbee	L. C.
1350	Weeden	Ed.
715	Weeks	
36 ½	Weeks	Andrew
821	Weeks	Andrew
1048	Weeks	Andrew
846 A	Weeks	W. T.
1287	Weidenhauer	Charles
1765	Weigel	Ernest
1787	Weigel	Ernest
753	Weiks	Andrew
1906 A	Weilman	L.
2069 A	Weilman	L.
2167 ½ A	Weilman	L.
148	Weilman	V.
107	Weinheimer	A.
803	Weinheimer	Anton
107	Weinheimer	G.
803	Weinheimer	George
107	Weinheimer	Jno.
1014	Weinheimer	Jno.
1459	Weir	J. P.
43	Weir	James P.
43 ½	Weir	James P.
127 A	Weir	W. W.
1296 A	Weir	W. W.
868 A	Weis	M.
306	Weiss	Moritz
1298	Welbourn	D. A.
1905 A	Welbourn	J. P.
222	Welch	Charles
2035	Welch	Edward
2521	Welch	J. C.
523	Welch	James
821	Welch	James
1048	Welch	James
2628	Welch	James
1990	Wellborn	B. M.
1990	Wellborne	George
2022 A	Wellbourn	J. J.
1058	Wells	D. F.
202	Wells	Eli E.
844	Wells	Glover
1946	Wells	Henry
1494	Wells	J. A.

237

Name Index to Military Claims-Alphabetically

2253	Wells	J. A.	1523	Westbrook	M. C.
715	Wells	Jno.	74	Westerman	Henry
1048	Wells	Jno.	1451	Westervelt	George
1774	Wells	Jno.	1699	Westfall	E. D.
26	Wells	John	2035	Wethersby	D.
148	Wells	John	1450	Weydick	E.
1647	Wells	Sol. G.	1151 A	Weymer	F.
715	Welsh		1652	Weymuller	Jno.
1168	Welsh	W. L.	1366	Whaler	William H.
957	Weraz	Isace	568	Whaley	A. H.
36 ½	Werbiski	A.	2172	Whaley	H. A.
36 ½	Werbiski	A.	2427	Whaley	H. A.
1797 A	Werbiski	A.	5	Whaley	Hercules
1901	Werbiski	A.	567	Whaley	Hercules
1904	Werbiski	A.	568	Whaley	M. H.
1905	Werbiski	A.	1657	Wharton	Jno. D.
1906	Werbiski	A.	2383	Wharton	Jno. D.
1907	Werbiski	A.	1529	Wharton	W. G.
1907 A	Werbiski	A.	189	Whatley	J. L.
1908	Werbiski	A.	1063	Whatley	William
1911	Werbiski	A.	1891	Wheat	G. W.
2047	Werbiski	A.	1350	Wheeler	A. J.
625	Werner	Jno.	1562 A	Wheeler	J. W.
367	Wernett	J. B.	2155	Wheeler	John E.
568	Wesson	A.	9 A	Wheeler	Thomas
31 A	West	Benjamin	1709	Wheeler	W. C.
540	West	C. S.	582 A	Wheeler	W. E.
1271	West	C. S.	297	Whetstone	A.
1451	West	C. S.	824	Whistler	L. G.
1447	West	Charles S.	1016 A	Whistler	L. S.
317	West	David	1016 A	Whistler	R. R.
1798	West	H.	819	Whistler	William
36 ½	West	Henry	1298	White	A. B.
651	West	Henry	1706	White	A. F.
1904	West	Henry	1696	White	A. W.
1808 A	West	Hiram	2169	White	Anderson
1990	West	J. C.	62	White	C. M.
1168	West	J. T.	2005	White	C. R.
317	West	J. W.	1773	White	G. L.
1683 A	West	James	63	White	George W.
2779 A	West	R.	1428	White	H.
1097	West	W. A.	987	White	H. A.
163 A	West	W. J.	2213	White	H. K.
190	West	W. J.	1494	White	J. D.
195	West	W. J.	1570	White	J. D.
195 ½	West	W. J.	1571	White	J. D.
1990	West	W. R.	2237	White	J. D.
2427	West	William	1626	White	J. H.
10 A	Westbrook	M. C.	1298	White	J. K.

Name Index to Military Claims-Alphabetically

568	White	J. L.
1428	White	J. P.
2022	White	J. T.
74	White	James
1087	White	James
2253	White	James
2045	White	James K.
2377	White	Jno.
104	White	Jno. L.
388 A	White	Jno. M.
2180	White	John L.
186 A	White	John M.
62	White	L. C.
1637	White	R. C.
252 A	White	R. H.
392	White	R. M.
580 A	White	R. M.
1253	White	Samuel
207	White	Thomas
956	White	Thomas B.
1298	White	W. A.
1578	White	W. P.
1535 A	White	W. R.
2169	White	W. S.
1746	White	W. T.
381 A	White	William A.
1563 A	White	Wilson H.
1379	White Wolf	
257	Whitehead	H. H.
2461	Whitehead	W. J.
396	Whites	C. W.
2200	Whiteside	R. M.
2713	Whiteside	R. M.
2714	Whiteside	R. M.
5	Whitfield	G. W.
189	Whitfield	Jonathan
244	Whitfield	Jonathan
101	Whiting	James H.
2709	Whitley	Josiah
1544	Whitley	W. C.
945	Whitmore	T. S.
1750	Whitsett	James
568	Whitten	A. H.
2170	Whitten	F. M.
2170	Whitten	N. G.
80 A	Whitten	R. C.
284	Whittenberg	T. D. S.
1773	Wigenisad	Jno.
1127	Wigenroad	Jno.
1030	Wigginton	F. M.
810	Wiggs	R. C.
1791	Wighman	Jno.
1529	Wilburn	A. L.
692	Wilburn	C.
692	Wilburn	F. M.
692	Wilburn	W. P. B.
62	Wilby	James
1494	Wilcher	J. C.
1636	Wilcox	James M.
15	Wildcahn	Isaac
663	Wildman	Valentine
2671 A	Wiles	H.
1350	Wilhelms	James
692	Wilkerson	J.
810	Wilkerson	William
2253	Wilkins	Jasper
1657	Wilkins	M. D.
1651	Wilkins	Mathew D.
202	Wilkins	R. H.
632	Wilkinson	Conrad
62	Wilkinson	James E.
30 A	Willams	Jno. H.
1637	Willhight	J. H.
1379	William	
1925	William Hendley & Co.	
2169	Williams	Alf.
72	Williams	Allen
1737 A	Williams	Charles
101	Williams	Charles A.
437	Williams	Edward
1692 A	Williams	F. M.
945	Williams	G. W.
381 A	Williams	George W.
684	Williams	H. J.
1742	Williams	Ham J.
2118	Williams	I. N. B.
2213	Williams	J. F.
257	Williams	J. H.
338 A	Williams	J. H.
156	Williams	J. J.
2045	Williams	J. J.
988 A	Williams	J. L.
1990	Williams	J. M.
1192	Williams	J. N. B.
1350	Williams	J. R.
222	Williams	J. W.
1350	Williams	J. W.
207	Williams	James

Name Index to Military Claims-Alphabetically

1562 A	Williams	James
207	Williams	James Sr.
74	Williams	Jno.
683	Williams	Jno.
684	Williams	Jno.
802 A	Williams	Jno.
819	Williams	Jno.
1174	Williams	Jno.
1175	Williams	Jno.
1508	Williams	Jno.
1074	Williams	Jno. S.
118	Williams	John
1174 A	Williams	John
1175 A	Williams	John
33 A	Williams	John T.
648	Williams	Joseph L.
821	Williams	Joseph L.
26	Williams	Joseph S.
643	Williams	Lewis
62	Williams	M.
2377	Williams	P.
683	Williams	R.
684	Williams	R.
1844	Williams	R.
794 A	Williams	R. C.
2211	Williams	R. H.
112	Williams	R. W.
38	Williams	Robert
55	Williams	Robert
148	Williams	Robert
1495	Williams	T. R.
74	Williams	Thomas
1428	Williams	Thomas
684	Williams	W.
1489	Williams	W.
207	Williams	W. A.
929	Williams	W. A.
1562 A	Williams	W. D.
1494	Williams	W. H.
2213	Williams	W. M.
112	Williams	W. P.
77	Williams	Wiley
118	Williams	Wiley
692	Williams	William A.
1458	Williams	William F.
1042 A	Williamson	Eli
148	Williamson	J.
371 A	Williamson	J.
1798	Williamson	J.
189	Williamson	J. G.
753	Williamson	Jno.
44	Williamson	Jno. W.
36 ½	Williamson	John
112	Williamson	W. W.
657 A	Willie	F.
195	Willingham	E. A.
297	Willingham	E. A.
9 A	Willingham	Jno.
2169	Willingham	John J.
719	Willingham	W. C.
2320	Willingham	W. R.
9 A	Willingham	William C.
290	Willis	Andrew J.
290	Willis	Floyd J.
101	Willis	Jacob C.
1090	Willis	Jasper
1233 A	Willis	Jasper
1085	Willis	Jesse
1090	Willis	Jesse
877	Willis	John
1090	Willis	John
1562 A	Willis	John
1366	Willis	M.
1090	Willis	R. G.
1722 A	Willis	R. G.
477	Willis	T. G. A.
467 A	Willis	William
1233 A	Willis	William
55	Willman	George
1747	Willoughby	A.
2215	Willoughby	W. S.
909 A	Wills	B. N.
919	Wills	B. N.
1074	Wills	James E.
1079	Wills	James E.
1233 A	Wills	John
1233 A	Wills	R. J.
810	Willyard	Thomas
385 A	Wilmith	W. G.
1026	Wilmot	Benjamin
1481	Wilmot	George
1696	Wilmot	Richard
556 A	Wilsmith	W. C.
208	Wilson	A. T.
1350	Wilson	B. J.
643	Wilson	B. R.
750 A	Wilson	Charles
1494	Wilson	Charles H.

Name Index to Military Claims-Alphabetically

1946	Wilson	Charles L.
767	Wilson	H. C.
1713	Wilson	Hiram
1637	Wilson	J. A.
1990	Wilson	J. A.
192	Wilson	J. H.
1053	Wilson	J. H.
1644	Wilson	J. H.
556 A	Wilson	J. W.
36 ½	Wilson	James
55	Wilson	James
148	Wilson	James
319 A	Wilson	James
1431	Wilson	James
1696	Wilson	James
106	Wilson	James A.
660	Wilson	Jason
1455	Wilson	Jno.
606	Wilson	L.
210	Wilson	Malcan
199	Wilson	Malcom
1455	Wilson	R. B.
1562 A	Wilson	Sol
2442	Wilson	Stephen
1696	Wilson	T. L.
810	Wilson	T. N.
1565 A	Wilson	Thomas C.
1027	Wilson	Thomas G.
1860	Wilson	Thomas S.
2215	Wilson	W. E.
1350	Wilson	W. J.
632	Wilson	William
2213	Wilson	William
2438	Wilson	William
1287	Wilson	William H.
36 ½	Wilton	Richard
36 ½	Wilton	Richard
821	Wilton	Richard
2377	Wiman	Jno.
755	Wimberley	G.
474 A	Wimberly	G. C.
1090	Windham	Henry
1233 A	Windham	Henry
1560 A	Windham	Henry
327	Windham	Joseph
1090	Windham	William
1233 A	Windham	William
1090	Windham	Willis
1233 A	Windham	Willis
421 A	Windhouse	Willy
568	Wininger	William
625	Winkel	C.
845 A	Winkel	F.
3	Winkel	H.
24	Winkel	H.
188	Winkel	H.
420 A	Winkle	Henry
154 A	Winn	Jno. A.
220	Winn	Jno. A.
204	Winn	M. V.
215	Winn	M. V.
474 A	Winn	Thomas J.
222	Winson	J. M.
1416	Winterheimer	N.
1119	Winterhimer	Nicholas
1875	Winters	Joseph
568	Wisdom	W. J.
1430	Wiser	Jno.
327	Witcher	A. T.
334	Witcher	A. T.
337	Witcher	A. T.
327	Witcher	J. W.
335	Witcher	J. W.
337	Witcher	J. W.
1168	Witherspoon	N. G.
384 A	Witt	J. C.
112	Witt	L. R.
1026	Witt	W. H.
1350	Wittie	W. D.
259	Wofford	M. N.
373	Wolf	Asa
602	Wolf	Jacob
1428	Wolf	M. L.
1187 A	Wolf	Rowland
1995 A	Wolf	Rowland
547	Wolf	T. H.
257	Wolfinberger	William
1453	Wolrath	L.
148	Wolworth	James
149	Wolworth	James
212	Wolworth	James
214	Wolworth	James
2019	Womble	S. S.
2035	Wood	C. L.
1241	Wood	C. P.
2045	Wood	Charles
1512	Wood	George W.
802 A	Wood	Henry

Name Index to Military Claims-Alphabetically

No.	Surname	Given
388 A	Wood	I. S.
2088 ½	Wood	J. M.
195	Wood	J. S.
920 A	Wood	J. S.
1232 A	Wood	J. S.
290	Wood	James H.
1022	Wood	Jno. M.
1071 A	Wood	Jno. M.
2173	Wood	John
1390 A	Wood	John M.
1241	Wood	Joseph P.
1541 A	Wood	Samuel D.
290	Wood	Spruce M.
311 A	Wood	Thomas W.
1617 A	Wood	Thomas W.
1105 A	Wood	W. M.
1232 A	Wood	W. R.
36 A	Wood	William M.
1983 A	Wood	William M.
36 ½	Wood	Wilson
148	Wood	Wilson
1149	Wood	Wilson
1339	Woodall	M. B.
1065 A	Woodard	L. B.
150	Woodhouse	H. C.
1401	Woodhouse	H. E.
72	Woodlief	M.
77	Woodlief	M.
1494	Woods	A. S.
1719	Woods	F. M.
802 A	Woods	G. W.
62	Woods	W. C.
257	Woods	W. D.
188 A	Woods	W. M.
802 A	Woods	W. R.
2169	Woods	William
222	Woodward	L. E.
508 A	Woodward	P.
188 A	Woodward	Thomas
186 A	Woodworth	C. H.
1097	Woody	Brice
1097	Woody	Jno.
580 A	Woody	John
657 A	Woolridge	C. N.
767	Woolsey	J. R.
767	Woolsey	T. J.
2169	Woolsey	Zephanian
422 A	Woolworth	E. H.
1234 A	Wooten	J. A.
606	Works	B. M.
767	Worley	A.
222	Worley	Richard
1725	Worrall	I. R.
1766	Worrall	I. R.
1786	Worrall	I. R.
1886	Worrall	I. R.
1899	Worrall	I. R.
2045	Worrall	I. R.
101	Worrall	J. R.
104	Worrall	J. R.
643	Worrall	J. R.
643	Worrall	J. R.
855	Worrall	J. R.
864	Worrall	J. R.
1018	Worrall	J. R.
1087	Worrall	J. R.
1108	Worrall	J. R.
1109	Worrall	J. R.
1113	Worrall	J. R.
1181	Worrall	J. R.
1661	Worrall	J. R.
1663	Worrall	J. R.
1668	Worrall	J. R.
2241	Worrall	J. R.
2244	Worrall	J. R.
628	Worrall	M.
1105	Worrall	W. R.
80	Worratt	J. R.
116	Worth	William A.
1071 A	Worthy	William
391	Wrather	William B.
196	Wren	Thomas L.
1990	Wright	Addison
469	Wright	Arwin
1902 A	Wright	Benjamin T.
148	Wright	Charles E.
922	Wright	F.
351 A	Wright	George
116	Wright	George F.
946	Wright	George F.
116	Wright	Henry
342 A	Wright	J. M.
1426 A	Wright	J. M.
1707	Wright	J. M.
1428	Wright	J. O.
101	Wright	James E.
196	Wright	James G.
181	Wright	Jno. A.

Name Index to Military Claims-Alphabetically

200	Wright	Jno. W.
244	Wright	Jno. W.
1990 A	Wright	L. V.
1349	Wright	M. H.
3	Wright	Pryor
1880	Wright	Reuben
181	Wright	Thomas
20 A	Wright	W. R.
801 A	Wright	William
101	Wright	William R.
1739	Wurz	W.
1679	Wydick	Emal.
1793	Wylie	J. P.
998	Wylie	J. S.
199	Wyman	Joseph
210	Wyman	Joseph
1456	Wynn	H. H.
47	Wynn	M. V.
585	Ximenes	Jesus
1459	Yantis	Enoch
36 ½	Yarbarro	Doro
1453	Yarborough	D. M.
189	Yarborough	R. T.
189	Yarborough	W. B.
2213	Yates	William T.
2535	Yearwood	L. R.
1379	Yellow Wolf	
1392	Yerion	J. R.
2170	Yerran	N. Y.
1817 A	Yinke	William
984	Ynojosa	Jesus
984	Ynojosa	Juan
984	Ynojosa	Martin
116	Ynoyosa	Jesus
936	Yoakum	A. S.
1494	Yoakum	J. M.
1289 A	York	George
527	York	L.
1454	Young	Charles
1278	Young	Dorsey
2280	Young	George W.
1710	Young	H. F
1315	Young	H. F.
1298	Young	H. G.
1798	Young	J.
1710	Young	J. H.
112	Young	J. W.
62	Young	J.C.
771	Young	James D.
2377	Young	Jasiah
1309	Young	Jno.
767	Young	Jno. G.
192	Young	John
192	Young	John W.
290	Young	Langdon A.
290	Young	Robert C.
257	Young	Thomas H.
789	Young	W. C.
2386	Young	William
1455	Young	William C.
601	Young	William P.
1626	Youngblood	J.
861	Yturria	F.
151	Yturria	Francis
157	Yturria	Francis
36 ½	Yznaga	Anthony
737	Zachary	Jno.
980	Zallicoffer	E.
585	Zapata	Jose
715	Zimmer	W.
36 ½	Zimmer	William
523	Zimmer	William
752	Zimmer	William
821	Zimmer	William
558 A	Zimmerman	George
407 A	Zursen	Elias

Name Index to Military Claims—Numerically

Claim #	Surname	Name
1	Story	W.R.
2 A	Davis	Henry C.
3	Winkel	H.
3	Barnett	GG. W.
3	Brisco	Robert
3	Foreman	James C.
3	Frost	Elisabeth T.
3	Hoffheines	George
3	Lovelace	William
3	Lyles	A. M.
3	Simons	Alex
3	Slack	W. H.
3	Thomas	James
3	Wright	Pryor
4	McCoy	Jno. C
5	Armstrong	W. P
5	Blalock	W. B. & C.D.
5	Bowman	J. D.
5	Buckles	E. R. A.
5	Floyd	Jno. B.
5	Frost	Benjamin
5	Gossom	H. H.
5	Leak	Samuel
5	Lively	J. C.
5	Lovelace	J. Y.
5	Lyles	H. P.
5	Malloy	Duncan
5	Mills	E. C.
5	Picket	A. T.
5	Redington	Edward
5	Routh	John
5	Waltoon	Anthony
5	Whaley	Hercules
5	Whitfield	G. W.
6	Burks	W. S.
6	Elliott	M. A.
6	McGraw	J. E.
7	Webster	Marcus L.
8	Denson	Jesse
9	Lindsay	J. M.
9 A	Gaston	H. M.
9 A	Haweth	F. A.
9 A	Lawson	Jonathan
9 A	Bailey	A. C.
9 A	Bailey	M. H.
9 A	Boyd	Jno. D.
9 A	Bray	William
9 A	Burns	Robert L.
9 A	Crabtree	Rees
9 A	Gahagan	Thomas W.
9 A	McChristian	Thomas
9 A	McChristian	William
9 A	Montague	Daniel
9 A	Potts	P. A.
9 A	Redman	I. S. M.
9 A	Rhone	Thomas J.
9 A	Sageser	George W.
9 A	Sharon	A. J.
9 A	Titus	Robert B.
9 A	Vowell	Harrison
9 A	Warley	A.
9 A	Warmack	Andrew T.
9 A	Wheeler	Thomas
9 A	Willingham	Jno.
9 A	Willingham	William C.
10	Chamberlain	D. T.
10 A	Embree	A. J.
10 A	Halley	R. B.
10 A	Lane	J. T.
10 A	Westbrook	M. C.
11	Fulcher	F. T.
12	Allen	P. E.
12	Bear	James W.
12	Bennett	Clark
12	Dukes	James E.
12	Johns	N. D.
12	Keller	Henry
12	McIntosh	William
12	Meuret	Joseph
12	Mulray	John
12	Schlessinger	Charles
12 ½	Gallagher	E. P.
13	Crum	H. P.
13	Everett & Howell	
13	Freeman	C.
13	Howell	T. A.
13	Lowery	James T.
14	Haynie	H. H.
14 A	Risler	Nathan
15	Wildcahn	Isaac
15 A	Farmer	J. C.
15 A	McSpadden	C. H.
15 A	Smithhardt	J. W.

Name Index to Military Claims-Numerically

15 A	Twaddle	J.	26	Moore	Henry
16	Ney	Joseph	26	Morisey	Morris
17	Eanes	Thomas	26	Mullane	John J.
18	Billingsley	J. R.	26	Myers	Henry
19	Luckett	R. F.	26	Nenrath	John R.
19 A	Arthur	G. W.	26	O'Brien	Henry D.
19 A	Hutchinson	W. M.	26	Oram	Henry C.
19 A	Lockett	R. F.	26	Paige	Charles H.
19 A	Luckett	F. R.	26	Paige	Horace
19 A	Milam	B. R.	26	Pascal	William E.
20	Walker	Joseph	26	Peacock	William
20 A	Dary	Selson	26	Pendegrast	John T.
20 A	Herring	Curtis	26	Peters	Henry
20 A	Long	M. M.	26	Pruker	Oscar
20 A	Wright	W. R.	26	Renfro	Isaac
21	Hopkins	A. N.	26	Rickhow	Haralson
22	Snell	William	26	Shilling	Mathias
22 A	Cunningham	Robert	26	Simmons	William H.
22 A	Snell	William	26	Spencer	George W.
23	Stucken	F. V. D.	26	Standish	Charles L.
24	Winkel	H.	26	Thompson	Edgar W.
24 A	Gilbert	Russell	26	Trahin	Joseph E.
25	Champion	Peter	26	Vincent	James C.
25	Kleiber	Joseph	26	Wells	John
26	Bagley	Robert W.	26	Williams	Joseph S.
26	Belcher	Melvin A.	27	Allen	Ross
26	Belcher	Ransam W.	27	Brown	Charles
26	Brown	Lawrence D.	27	Brown	William
26	Bunte	William	27	Burgess	A. B. T.
26	Champion	Maria	27	Herndon	Samuel T.
26	Daggett	Ephraim B.	27	O'Brien	David
26	Dorn	Christ N.	27	Turner	Martin A.
26	Duckworth	William T.	28	Snell	William
26	Edwards	John T.	28 A	Snell	William
26	Errey	Charles H.	29	Smith	A.
26	Ferguson	William J.	29 A	Bowles	P. S.
26	Harrison	Joseph E.	29 A	Cody	G. T.
26	Hart	James C.	29 A	Dignan	D. T. W.
26	Herring	William H.	29 A	Fowler	A.
26	Hibberd	Luther	29 A	Johnson	Ansel
26	Houston	Oled W.	29 A	Shumate	W. M.
26	Hughes	John H,	30	Stancel	Jesse
26	Hughes	Francis J.	30 A	Kelly	Patrick
26	James	Henry S.	30 A	Willams	Jno. H.
26	Laddan	John	31	Haran	John
26	Lipkins	John M.	31 A	Gibbins	J. D.
26	Maitland	James T.	31 A	West	Benjamin
26	McConnell	Henry F.	32	Steussy	F.
26	Miller	James M.	32 A	Brown	A. J.

Name Index to Military Claims-Numerically

32 A	McKee	R. W.
33	Moore	Thomas
33 A	Barnett	E. L.
33 A	Hamrick	D. T. C.
33 A	Haynie	H. J.
33 A	Leavy	J. R.
33 A	Magill	James
33 A	O'Hair	William
33 A	Thomas	Elisha F.
33 A	Williams	John T.
34	Foster	Robert
35	Kent	Thomas H.
36	Eilers	August
36	Eilers	August
36 A	Conner	James
36 A	Davis	R. W.
36 A	Wood	William M.
36 ½	Alexander	James T.
36 ½	Van Allen	G. G. W.
36 ½	Anderson	David
36 ½	Austin	J. P.
36 ½	Austin	I. P.
36 ½	Baird	John
36 ½	Baird	Jno.
36 ½	Baker	George
36 ½	Baley	Robert W.
36 ½	Bannon	John F.
36 ½	Beard	John
36 ½	Belcher	Melvin A.
36 ½	Belcher	Ransom W.
36 ½	Bell	Joseph C.
36 ½	Bennett	Theodore G.
36 ½	Benson	Milton L.
36 ½	Benson	M. L.
36 ½	Benson	Milton L.
36 ½	Bethune	Alex R.
36 ½	Bigelow	I. B.
36 ½	Bohlware	M. M.
36 ½	Bolton	Henry C.
36 ½	Bohlware	Mark W.
36 ½	Braid	John S.
36 ½	Briggs	Joseph W.
36 ½	Briggs	James W.
36 ½	Briggs	Joseph W.
36 ½	Brossig	Hugo S.
36 ½	Brown	Henry
36 ½	Brown	Henry
36 ½	Brown	Charles
36 ½	Browne	James G.
36 ½	Brozeg	Hugo P.
36 ½	Bruger	John
36 ½	Bruinn	W. H.
36 ½	Burckhardt	Lewis
36 ½	Burckhardt	Lewis
36 ½	Byrom	Cornelius
36 ½	Canfield	Charles
36 ½	Carlos	Francisco
36 ½	Carothers	Isaac
36 ½	Chano	Nicholas
36 ½	Childs	John
36 ½	Cobb	James W.
36 ½	Cobb	James W.
36 ½	Colllings	Edwin
36 ½	Colloton	James
36 ½	Concannon	Michael J.
36 ½	Concannon	Michel J.
36 ½	Conner	David19
36 ½	Connor	John
36 ½	Connors	Jno.
36 ½	Cook	John B.
36 ½	Corcoran	James
36 ½	Coryell	Joseph R.
36 ½	Cosgrove	William
36 ½	Courts	Charles
36 ½	Cowen	Louis
36 ½	Cowen	Louis
36 ½	Crane	William
36 ½	Crane	William
36 ½	Crill	Joseph
36 ½	Crill	Joseph
36 ½	Crossman	Gottlieb
36 ½	Cunnngham	James J.
36 ½	Curry	James
36 ½	Daggett	Ephraim B.\
36 ½	Daggett	E. M.
36 ½	Dailey	John
36 ½	Daughtery	John
36 ½	Davis	James
36 ½	Davis	David
36 ½	Deffner	G.
36 ½	Delaney	Richard
36 ½	Debesdernier	L. F.
36 ½	Dermody	Patrick
36 ½	Dermody	Patrick
36 ½	Dixon	Jno.
36 ½	Dolan	Thomas
36 ½	Donnelly	J. B.
36 ½	Doran	G. H.

Name Index to Military Claims-Numerically

36 ½	Doran	William P.	36 ½	Hall	William J. C.
36 ½	Doran	G. H.	36 ½	Hall	Owen
36 ½	Dorn	Christ H.	36 ½	Hamby	Jno. H.
36 ½	Downs	Daniel T.	36 ½	Hamilton	Richard J.
36 ½	Druitt	Leo	36 ½	Hanley	Thomas
36 ½	Duckworth	William T.	36 ½	Hanley	Thomas
36 ½	Duff	Frederick P.	36 ½	Hanna	Robert H.
36 ½	Duff	Frederick P.	36 ½	Hanson	Charles
36 ½	Duff	Frederick P.	36 ½	Hape	Chris.C.
36 ½	Duggan	James A.	36 ½	Hargroves	Robert
36 ½	Duncan	William	36 ½	Hart	James C.
36 ½	Duncan	William	36 ½	Hart	Michael
36 ½	Durant	Frederick	36 ½	Hart	James C.
36 ½	Eby	Isaac	36 ½	Hartson	Jno. M.
36 ½	Edwards	John T.	36 ½	Hasslauer	Victor
36 ½	Edwards	John T.	36 ½	Hastings	Lewis W.
36 ½	Ellsworth	John	36 ½	Heberd	Luther
36 ½	Ely	Isaac	36 ½	Hendricks	G. A.
36 ½	Emmons	James D.	36 ½	Hendricks	G. A.
36 ½	Enfernier	Archille	36 ½	Hendricks	George A.
36 ½	Ervey	Charles H.	36 ½	Henry	R. C.
36 ½	Espinosa	Florentine	36 ½	Hensley	William H.
36 ½	Ferguson	James J.	36 ½	Herring	William H.
36 ½	Ferguson	Joseph J..	36 ½	Hicks	J. B.
36 ½	Ferguson	William J.	36 ½	Hines	Thomas H.
36 ½	Ferris	Edward A.	36 ½	Hoffman	M.
36 ½	Foley	Thomas	36 ½	Honnicut	James M.
36 ½	Frazee	W. E.	36 ½	Hope	C. C.
36 ½	Freeman	Levy F.	36 ½	Hope	C. C.
36 ½	Freeman	L. F.	36 ½	Howard	Robert S.
36 ½	Fuggitt	Francis M.	36 ½	Howard	Charles A.
36 ½	Fuggitt	Francis M.	36 ½	Howard	Charles A.
36 ½	Fuller	Alfred	36 ½	Huebner	Edmond
36 ½	Furbern	Wash.	36 ½	Hughes	Francis J.
36 ½	Furburn	Wash	36 ½	Hughes	John H,
36 ½	Galbraith	Theopilus	36 ½	Hughes	James S.
36 ½	Galbreah	Theophelus	36 ½	Hughes	Ellen
36 ½	Gallagher	William	36 ½	Irwin	Henry G.
36 ½	Gammon	Benjamin	36 ½	Irwin	Henry G.
36 ½	Gammon	Benjamin	36 ½	James	James L.
36 ½	Gillett	Augustus	36 ½	James	Henry S.
36 ½	Grant	Charles H.	36 ½	James	James J.
36 ½	Griffin	William	36 ½	Johnson	Lawrence
36 ½	Griffin	Thomas	36 ½	Johnson	Zachariah B.
36 ½	Griffin	William M.	36 ½	Johnson	William
36 ½	Hagan	Charles	36 ½	Johnson	Lawrence
36 ½	Hagan	Francis	36 ½	Johnson	Zachariah G.
36 ½	Hagan	Francis G.	36 ½	Jones	Austin
36 ½	Hall	William J. C.	36 ½	Joyce	J. T.

Name Index to Military Claims-Numerically

36 ½	Joyce	I. T.
36 ½	Joyce	John T.
36 ½	Keithen	J.C.
36 ½	Kelley	James R.
36 ½	Kirbey	William
36 ½	Kirby	Worrel
36 ½	Landsford	James
36 ½	Lang	Ewald
36 ½	Ledden	John
36 ½	Lewis	Stephen S.
36 ½	Lewis	Stephen L.
36 ½	Lipkins	John M.
36 ½	Loflin	William B.
36 ½	Loflin	W. B.
36 ½	Loflin	William B.
36 ½	Loftin	William B.
36 ½	Lots	William
36 ½	Martin	William
36 ½	Mason	Henry S.
36 ½	Mateland	James T.
36 ½	McDade	William A.
36 ½	McDivitt	Thomas
36 ½	McDonald	D.
36 ½	McDonald	Edward
36 ½	McFarland	Archibald
36 ½	McGrane	David
36 ½	McIntyre	John M.
36 ½	McKay	William H.
36 ½	McKithen	I. C.
36 ½	McLaughlin	J. H.
36 ½	McLoughlin	John
36 ½	McNeill	John
36 ½	Miller	William A.
36 ½	Miller	Francis
36 ½	Miller	James M.
36 ½	Miller	W. A.
36 ½	Mills	Ambrose
36 ½	Mitchell	James C.
36 ½	Mitchell	James C.
36 ½	Moffat	Adam
36 ½	Moffat	A.
36 ½	Montgomery	John J.
36 ½	Moog	Frank
36 ½	Mooney	Jno. A.
36 ½	Moore	Henry
36 ½	Moore	Henry
36 ½	Morrisay	Horris
36 ½	Motherway	David
36 ½	Mullane	John J.
36 ½	Mullins	Pat
36 ½	Murphy	James W.
36 ½	Murray	Thomas H.
36 ½	Murrell	Thomas
36 ½	Myers	Henry
36 ½	Newrath	John R.
36 ½	Newrath	J. R.
36 ½	Nimmo	James W.
36 ½	Noel	Theop.
36 ½	Noel	Theop.
36 ½	Nuner	Joseph W.
36 ½	O'Brien	Daniel
36 ½	O'Brien	David
36 ½	O'Brien	Michael
36 ½	O'Brien	Jerm.
36 ½	O'Brien	I.
36 ½	O'Brien	Henry D.
36 ½	O'Brien	Michael
36 ½	O'Brien	David
36 ½	O'Hall	William
36 ½	Orain	Henry C.
36 ½	Oram	Henry C.
36 ½	Pack	Jno. L.
36 ½	Pack	James L.
36 ½	Paige	Charles H.
36 ½	Pantan	Andrew J.
36 ½	Peacock	William
36 ½	Perine	Benjamin
36 ½	Peters	Henry
36 ½	Powers	F. H.
36 ½	Purcell	Thomas
36 ½	Quinlan	G. G. A.
36 ½	Ransom	A. J.
36 ½	Ransom	A. J.
36 ½	Ray	Frank
36 ½	Ray	Frank
36 ½	Ray	Frank
36 ½	Reagan	Merriweather G.
36 ½	Redmont	Robert
36 ½	Reed	Thomas
36 ½	Reese	Robert J.
36 ½	Reiley	Edward
36 ½	Renfro	Isaac
36 ½	Rhea	Chris. W.
36 ½	Rickhow	Harbason
36 ½	Riley	Edward
36 ½	Riley	Jno.
36 ½	Risler	Nathan
36 ½	Robinson	Charles

Name Index to Military Claims-Numerically

36 ½	Rodgers	James	36 ½	Walker	William J.
36 ½	Rodgers	James	36 ½	Walker	Alexander B.
36 ½	Sala	Pedra	36 ½	Waltring	Francis
36 ½	Sanders	J. B.	36 ½	Webber	Henry
36 ½	Schoen	Francis	36 ½	Webber	Henry
36 ½	Scott	Patrick	36 ½	Weeks	Andrew
36 ½	Seelhorst	Auguste	36 ½	Werbiski	A.
36 ½	Shilling	Marties	36 ½	Werbiski	A.
36 ½	Shirrell	Arthur	36 ½	West	Henry
36 ½	Shirrell	Arthur	36 ½	Williamson	John
36 ½	Skipper	Isaac C.	36 ½	Wilson	James
36 ½	Smith	Fred	36 ½	Wilton	Richard
36 ½	Smith	Jno.	36 ½	Wilton	Richard
36 ½	Smith	John	36 ½	Wood	Wilson
36 ½	Smith	Fred	36 ½	Yarbarro	Doro
36 ½	Somerville	Michael W.	36 ½	Yznaga	Anthony
36 ½	Spann	Charles R.	36 ½	Zimmer	William
36 ½	Spencer	George W.	37	Bennett	Thomas G.
36 ½	Stanley	David	37	Michel	Gustave
36 ½	Steinhurst	Lawrence	38	Bolton	Henry C.
36 ½	Stephens	Ferdinand	38	Crill	Joseph
36 ½	Stickles	Peter H.	38	Cude	A. J.
36 ½	Stringfield	Littleton	38	Doran	J. H.
36 ½	Sweeny	Thomas	38	Fuller	Almond
36 ½	Swope	Jno. S.	38	Hart	James C.
36 ½	Swope	Jno. S.	38	Laddan	Jno.
36 ½	Tebault	George	38	Livesay	Jno. R.
36 ½	Tebault	George	38	Martin	Emanuel
36 ½	Tebault	George	38	McLaughlin	Jno.
36 ½	Terrey	William	38	Pack	Jno. L.
36 ½	Terry	William	38	Ransom	A. J.
36 ½	Terry	William	38	Robinson	Charles
36 ½	Thomas	Benjamin C.	38	Sanchez	Florentio
36 ½	Tindall	Roderick V.	38	Strusz	Carl
36 ½	Tindle	Roderick T.	38	Taylor	Jno. C.
36 ½	Townsend	Daniel E.	38	Williams	Robert
36 ½	Trehin	Joseph E.	39	Anges	Philipp
36 ½	Trigloan	J. H.	40	Northington	M. W.
36 ½	Trigloun	James H.	40 A	Chism	A. O.
36 ½	Tubbs	John C.	40 A	Denson	Henry
36 ½	Tubbs	John C.	41	McCoy	J. C.
36 ½	Vaden	French S.	42	Northington	M. W.
36 ½	Van Allen	G. G. W.	42 A	Howard	William B.
36 ½	Van Pelt	William F.	42 A	McDawall	John
36 ½	Vermillion	Robert A.	42 A	McDowell	John
36 ½	Vermillion	R. A.	43	Weir	James P.
36 ½	Vincent	James C.	43 ½	Weir	James P.
36 ½	Voss	William	44	Austin	J. P.
36 ½	Wagnier	Anie Luis	44	Bolton	H. C.

Name Index to Military Claims-Numerically

44	Conner	David
44	Gaffney	William
44	Hendricks	G. A.
44	Jones	Aug.
44	Lawton	Manley C.
44	Manchaca	Jose Maria
44	Mason	Henry S.
44	McDado	William M.
44	Nuner	I. W.
44	Rhea	C. W.
44	Swearinger	R. W.
44	Walker	A. B.
44	Williamson	Jno. W.
45	Shaffer	T. L.
45 A	Stallcey	E.
46	Peters	H.
47	Billard	Thomas
47	Graves	G. W.
47	Sisco	John
47	Smith	F. M.
47	Wynn	M. V.
48	Davis	William
49	Cook	Jno. W.
49	Ingram	George W.
50	Raymond	N. C.
51	Green	H.
51 A	Harris	R. S.
52	Steussey	F.
52 A	Burleson	D. C.
52 A	Fitch	M. L.
52 A	Hall	J. M. W.
52 A	Ingram	John M.
52 A	Paschal	John H.
53	Brannon	John
53	Burditt	Willaim B,
53	Butler	Thomas
53	Crossman	Goetl.
53	Eckford	John
53	Elwine	Jno. T.
53	Harris	Pant.
53	Henry	Samuel
53	Kehr	Charles J.
53	McKinney	Jno.
53	Millican	J. H.
53	Palmer	J. R.
53	Peace	James M.
53	Pheme	Oley
53	Pheme	John T.
53	Ratcliff	Elijah
53	Scott	Thomas P.
53	Shervit	Phil.
53	Stowell	George H.
53	Turmon	A. W.
53	Tyler	John
54	Sharp	W. H.
55	Austin	Jno. P.
55	Averall	William J.
55	Barthelow	Jeff
55	Brewin	W. H.
55	Briggs	James W.
55	Brown	Richard
55	Burckhardt	Lewis
55	Can	James
55	Cantera	Jose
55	Davis	Leo B.
55	Eads	B. F.
55	Ellsworth	J.
55	Hargroves	Robert
55	Harris	F. E.
55	Harrison	Albt.
55	Hartson	Jno. M.
55	Henry	James
55	Hicks	James M.
55	Hicks	J. B.
55	Hudson	Russell
55	Kanouse	W. W.
55	Kelly	James R.
55	Lawton	Manley C.
55	McFarland	Isaac
55	Mitchell	James C.
55	O'Brien	Jeremiah
55	Parker	Nelson
55	Sanders	Jesse B.
55	Shirrell	Arthur
55	Simmons	W. H.
55	Terry	William
55	Tindell	Roderick B.
55	Williams	Robert
55	Willman	George
55	Wilson	James
56	Roberts	William G.
57	Barthelow	Jeff
57	Palmer	J. R.
58	J. Kleiber & Co.	
59	McDonald	Peter
60	Finnin	Edward
61	Hendricks	G. A.
61	Kelly	James R.

Name Index to Military Claims-Numerically

62	Arnold	W. R.	62	Land	Thomas B.
62	Barr	K. M.	62	Lovelace	M. W.
62	Bennett	William M.	62	Martin	P. H.
62	Bond	I. F.	62	Martin	Woodf. M.
62	Booth	Charles T.	62	Mayfield	Henry
62	Booth	W. L.	62	Mayfield	E. C.
62	Bowls	J. C.	62	McArnner	John
62	Bradley	J. P.	62	McKinney	R. J.
62	Brown	H.	62	McMillan	C.
62	Burden	Joseph	62	Morrison	Jno. W.
62	Calhoun	R. W.	62	Norman	C. N.
62	Callahan	I. A.	62	Offield	John P.
62	Carver	N. M.	62	Pace	A. A.
62	Case	Eli	62	Pace	Elijah
62	Chapman	G.	62	Park	A.
62	Clayton	W. B.	62	Pennington	R.
62	Crow	W.	62	Rece	Thomas
62	Daniel	L. B.	62	Roberts	A.
62	Daniel	N. B.	62	Roberts	George A.
62	Denson	M. M.	62	Rodman	H. M.
62	Fancher	A. J.	62	Rose	James M.
62	Feazell	D. C.	62	Russell	D. F.
62	Files	Thomas G., Jr.	62	Russell	John
62	Files	G. W.	62	Rutherford	J. G.
62	Files	T. G., Sr.	62	Sawyers	R. H.
62	Foreman	R. W.	62	Seiver	John
62	Frazier	Richard	62	Smith	H. B.
62	Frost	J. J.	62	Sneed	Israel
62	Gallagher	J. G.	62	Steele	N.
62	Gathings	James	62	Steele	J. G.
62	Gee	R. A.	62	Tanner	George W.
62	Gibson	James D.	62	Taylor	S. P.
62	Green	William	62	Thomas	A. G.
62	Green	George	62	Traftan	M.
62	Harrison	J. R.	62	Traftan	B. E.
62	Heath	George	62	Trim	John
62	Heath	Thomas	62	Twilliger	G. E.
62	Heath	W. S.	62	Varnon	Thomas
62	Hickey	M. L.	62	Wallace	John B.
62	Higgins	L. F.	62	Weatherley	Wardin
62	Hight	T. J.	62	Weaver	John W.
62	Holcom	J. J.	62	Webster	George T.
62	Hughes	Jesse C.	62	White	C. M.
62	Ingram	John B.	62	White	L. C.
62	Jackson	Joel	62	Wilby	James
62	Jackson	James M.	62	Wilkinson	James E.
62	Johnson	A. J.	62	Williams	M.
62	Kemp	Nathan	62	Woods	W. C.
62	Lamb	A. H.	62	Young	J.C.

Name Index to Military Claims-Numerically

63	White	George W.	72	McGary	Patrick
63 A	Nedlett	S. .S.	72	McLaughlin	Jno.
64	Eichels	John	72	McMunn	Jno.
64 A	Hines	Silas M.	72	Murphy	Jno.
64 A	Ingram	John M.	72	Noble	S. F.
64 A	Waugh	W. A.	72	Null	J. H.
65	Dashiell	J. V.	72	Oates	George
66	Duval	B. D.	72	Parker	Thomas
66 ½	Duval	B. D.	72	Pile	H. R.
67	Norris	J. M.	72	Proudfoot	J. R.
68	Clement	Thomas H.	72	Regel	Charles
69	Bradley	Jno. P.	72	Rodafelt	William
69	Carmichall	William	72	Rodgers	James
70	Ford	Jno. S.	72	Rosenberg	Jacob A.
71	Bradley	Jno. P.	72	Shea	Henry C.
71	Ince	F. M.	72	Smith	Prevast
71	Ince	J. M.	72	Smyth	Patrick
71	Moore	Thomas	72	Strusz	John
71	Taylor	Jno. M.	72	Strusz	Charles
72	Allen	Ross	72	Tressum	Jno.
72	Angers	Philip H.	72	Tryan	William
72	Bannon	Francis	72	Williams	Allen
72	Bird	Peter	72	Woodlief	M.
72	Bryan	Lewis W.	73	Reynolds	William W.
72	Campbell	Samuel H.	74	Bohay	William
72	Capron	James T.	74	Brown	George R.
72	Clark	Jno. S.	74	Cabot	Jno.
72	Coffee	James	74	Carlyle	W. T.
72	Coleman	John	74	Chinn	William
72	Curren	Patn.	74	Clinton	Lawrence
72	Dickerson	A. J.	74	Curren	James
72	Doran	J. H.	74	Davis	Isaac S.
72	Durnett	Jno.	74	Farrow	L. B.
72	Fitzgerald	Thomas W.	74	Ford	Jno. P.
72	Ford	Jno. P.	74	Goodwin	Charles
72	Gallavan	Patrick	74	Green	Charles
72	Gerwin	W. H.	74	Hale	George
72	Gilliland	James	74	Higgins	Charles
72	Green	C. W.	74	Howard	Joseph V.
72	Greve	Lewis	74	Hubert	Henry J.
72	Harding	Jno.	74	Lucas	Fred J.
72	Harrison	H. H.	74	McCauley	Henry
72	Hathaway	Charles D.	74	Montgomery	J. J.
72	Henderson	Samuel G.	74	Nitoche	William
72	Henry	Richard J.	74	O'Brien	Martin
72	Hyde	James H.	74	Pounden	James
72	Knight	Thomas H.	74	Rains	Charles
72	Lambdin	R. B.	74	Riks	Jno.
72	McDonald	Edward	74	Stevens	James

Name Index to Military Claims-Numerically

74	Sullivan	Patrick
74	Tamlinson	A. A.
74	Turner	M. A.
74	Walker	Allen
74	Walsh	Andrew
74	Watkins	M. P.
74	Watkins	B. F.
74	Westerman	Henry
74	White	James
74	Williams	Thomas
74	Williams	Jno.
75	Eanes	Thomas
76	Doran	J. H.
77	Campbell	Samuel H.
77	Davis	William
77	Davison	Benj.
77	Dickerson	A. G.
77	Ford	Jno. P.
77	Green	Charles W.
77	Harding	Jno.
77	Harrison	H. H.
77	Harrison	I. A.
77	Henry	R.
77	Hyde	James
77	Livesay	Jno. R.
77	Martin	Emanuel
77	McDonald	E.
77	Moore	Jno.
77	Murphy	Jno.
77	Oates	George
77	Rodefile	W.
77	Speed	Stephen G.
77	Williams	Wiley
77	Woodlief	M.
78	Croghan	Michael
79	Swisher	J. M.
79 A	Graves	M. W.
79 A	Vance Bros.	
80	Worratt	J. R.
80 A	Cage	James H.
80 A	Gibbens	Robert
80 A	Goodlett	J. A.
80 A	Hagler	G. W.
80 A	McCord	James E.
80 A	Moore	Milton
80 A	Sublett	D. L.
80 A	Toliver	J. O.
80 A	Van Cleave	William
80 A	Whitten	R. C.
81	Edwards	William
81	Ford	Jno. P
81	Green	Charles
81	Henry	Richard
81	McRay	Colin D.
81	Nicholson	J. D.
81	Rankin	J. Y.
81	Tebault	George
81	Wagner	William
82	McCluskey & Mitchell	
83	Bessiere	E. A.
84	Anderson	David
84	Childs	John
84	Dale	Hugh
84	Ford	Jno. P.
84	McNeil	Robert B.
85	Hendrick	J.
86	Marsten	R.
87	Decker	John
88	Eavens	James S.
89	Daddridge, Jacobs & Cox	
90	Card	John B.
91	Ferguson	John
92	Sanders	M.
93	Cenac	Stephen
94	Bacon	R. S.
95	Crozier	R. B.
96	Reeves	T. L.
97	Cruveilhier	Leary
98	Dawd	Peter
99	L. G. Cole & Co.	
100	Ford	Jno. P.
101	Adams	Henry A.
101	Adams	Jno. M.
101	Allen	Joseph
101	Ashcroft	William
101	Bacon	James M.
101	Barnes	Newton S.
101	Brooks	Rufus S.
101	Clement	Harvey
101	Collins	Alfred C.
101	Collins	Young
101	Crook	M. L.
101	Dennis	George W.
101	Denson	Jonathan F.
101	Elliott	Johnson M.
101	Ewing	Henry L.
101	Ewing	Thadeus C.
101	Fowler	James F.

Name Index to Military Claims-Numerically

Page	Surname	Given
101	Gooding	George
101	Grubbs	Benjamin
101	Hale	Creed
101	Hale	William F.
101	Hancock	Rufus E.
101	Harrington	William
101	Harris	James M.
101	Jones	Robert S.
101	Joy	Jesse C.
101	Kaufman	Edward
101	Lawson	W. R.
101	McCamant	Jno. D.
101	McCuistion	Bedford L.
101	McGlasson	George M.
101	McGowan	William I.
101	Moore	Jno. L. F.
101	Morrison	Absolam W.
101	Newby	John W.
101	Patton	John R.
101	Peevey	Leroy M.
101	Perkins	William M.
101	Pickard	George N.
101	Puryear	John J.
101	Reeves	Sherwood A.
101	Richie	Jno. W.
101	Rogers	Wiley P.
101	Rutherford	Griffith
101	Saline	Melvin L.
101	Scetoche	Padro
101	Scruggs	John P.
101	Shields	Lewis O.
101	Simpson	James W.
101	Skidmore	William M.
101	Smart	Lemuel G.
101	Snavely	Eli F.
101	Spain	U. L. W.
101	Thompson	John W.
101	Vaden	Leonidas
101	Waddell	Abel W.
101	Whiting	James H.
101	Williams	Charles A.
101	Willis	Jacob C.
101	Worrall	J. R.
101	Wright	James E.
101	Wright	William R.
101	Strother	William D.
102	Brown	Henry
102	Collings	Edward
102	Dailey	John
102	Dermody	Patrick
102	Ferguson	J. J.
102	Fugett	Francis M.
102	Hall	William J. C.
102	Hamby	John H.
102	McClusky	James B.
102	Reagan	M. G.
102	Reese	Robert J.
102	Rodgers	James
102	Shilling	Marties
102	Tubbs	John C.
103	Randolph	C. H.
103 A	Kevin	C. W.
104	Holmes	G. T.
104	Stewart	J. S.
104	Webb	Milton
104	White	Jno. L.
104	Worrall	J. R.
105	Dashiell	J. Y.
106	Dawson	James M.
106	Dunn	Hiram D.
106	Ezell	William J.
106	Husbands	James A.
106	Keiser	Valentine
106	Kerbey & McCord	
106	Smith	James M.
106	Wilson	James A.
107	Basse	Carl
107	Becker	Francis
107	Bender	Conrad
107	Betz	R.
107	Blank	John
107	Braubach	P.
107	Burg	P.
107	Duecker	Aug.
107	Felter	William
107	Fenge	C.
107	Gold	Peter
107	Graf	Charles
107	Hohman	V.
107	Jacoby	P.
107	Junke	William
107	Kirchner	Henry
107	Klier	William
107	Leyendecker	J.
107	Meckel	B.
107	Mosel	P.
107	Peterman	Franz
107	Sauer	Fred.

Name Index to Military Claims-Numerically

107	Schieldknecht	Ad.
107	Schilaknecht	Aug.
107	Schmidt	L.
107	Schmidt	Jacob
107	Schmidt	N.
107	Schmidt	Lorenz
107	Schnerr	W.
107	Schutze	Julius
107	Stickler	Joseph
107	Tatsch	Peter
107	Tatsch	Michael
107	Wahrmund	Chs.
107	Wahrmund	E.
107	Weinheimer	G.
107	Weinheimer	A.
107	Weinheimer	Jno.
108	Caruthers	Isaac A.
108	Daran	William P.
108	Duffau	F. T.
108	Galvin	Patrick
108	Murray	Thomas H.
108	Reagle	Charles
108	Redfelt	William A.
108	Scott	Patrick
109	Richardson	Samuel J.
110	Bratton	D. L.
111	Clark	J. W.
111	Holcomb	J. F.
111	McCain	William J.
111	Ragsdale	F. B.
111	Richardson	Samuel J.
112	Allen	R. S.
112	Altaway	L. L.
112	Anderson	A. H.
112	Bann	A.
112	Barker	Jno.
112	Bayless	L. R.
112	Beard	Jno.
112	Beavers	W. M.
112	Benge	R. P.
112	Black	R. P.
112	Boddell	E. T.
112	Boswell	C. P.
112	Bullock	H. C.
112	Burton	S. J.
112	Casgrove	J. H.
112	Chambers	I. R.
112	Clark	A. N.
112	Cole	W. B.
112	Collier	C. W.
112	Cotton	Joseph
112	Cox	H. P.
112	Curtis	J. C.
112	Cusenberry	H. M.
112	Dobbins	S.
112	Duke	John
112	Elgin	T. A.
112	Fain	J. M.
112	Fitzpatrick	S. G.
112	Gaither	G. W.
112	Geer	G. L.
112	Gravitt	I. M.
112	Hamlet	F. M.
112	Harris	M. I.
112	Hart	A. J.
112	Hartstill	W.
112	Harwell	A. W.
112	Hawley	L. C.
112	Henderson	L. A.
112	Higgins	T. V.
112	Hinds	J. D.
112	Hudson	T. J.
112	Hughes	I. W.
112	Hummel	G. H.
112	Hyde	J. R.
112	Jarrott	G. W.
112	Jarrott	J. R.
112	Johnson	M. W.
112	Jones	H. H.
112	Keenen	L. I.
112	Kennedy	S. I.
112	Laufley	J. C.
112	Lawrence	I. M.
112	Longhery	R. W., Jr.
112	Loot	L. L.
112	Marris	A.
112	McCain	R. A.
112	McDonald	I. W.
112	McKinney	W. M.
112	Moshier	H. H.
112	Norris	Joe H.
112	Perry	W. C.
112	Pounds	Thomas
112	Rabb	W. P.
112	Ramsey	J. W.
112	Reese	Jno. B.
112	Reynolds	S. H.
112	Richardson	Samuel J.

Name Index to Military Claims-Numerically

Page	Surname	Given
112	Riley	Frank
112	Sandford	W. D.
112	Scott	J. W.
112	Seaberry	M. R.
112	Shepperd	J. W.
112	Smisson	J. A.
112	Smith	N. A.
112	Starkey	W. C.
112	Teasfer	J. M.
112	Thompson	W. S.
112	Tillery	M. I.
112	Twitty	Thomas
112	Underwood	L. A.
112	Vanderhuff	W.
112	Vaughn	I. M.
112	Vines	Jno. M.
112	Wallace	B. A.
112	Warwick	R. M.
112	Watson	Samuel
112	Watson	G. W.
112	Watts	William
112	Weaver	T. O.
112	Williams	W. P.
112	Williams	R. W.
112	Williamson	W. W.
112	Witt	L. R.
112	Young	J. W.
113	Todd	G. M.
114	Bishop	W. H.
114	Trainer	W. N.
114	Trainer	D. J.
114	Trainer	W. N.
114	Watson	I. M.
115	McDaniel	James
116	Arrill	William J.
116	Bissell	John
116	Bockius	I. M.
116	Brodigan	Peter
116	Brown	Richard
116	Burdett	William B.
116	Cannon	Jno.
116	Cannon	William
116	Carr	James
116	Carrington	James
116	Clark	Jordan E.
116	Clymer	Samuel
116	Crain	William
116	Crogman	Michael
116	Dale	Hugh
116	Davis	L. B.
116	De Leon	Moses A.
116	Duew	Henry
116	Ely	Isaac
116	Farrell	Leroy B.
116	Foster	De Witt C.
116	Hagan	Francis
116	Harrison	Albert
116	Henson	Herbert G.
116	Highland	Michael H.
116	Hooper	James
116	Hudson	Russell
116	Hughes	Bernard
116	Kanous	William W.
116	Kehr	Charles J.
116	Kelly	John
116	Kiser	James
116	Lawrance	John
116	Leonard	John
116	Lopez	Fernando
116	Mahon	W.
116	Martin	William W.
116	McCluskey & Mitchell	
116	McDanold	Douglas
116	McGarry	Michael B.
116	McKinney	William
116	McMahan	I.
116	McNeill	Robert B.
116	Moffett	Adam
116	Moore	Henry
116	Morrell	Joseph
116	Morrell	H.
116	Myers	John
116	Nix	Jim
116	O'Brien	David
116	Odom	Justus S.
116	Polk	John A. Jr.
116	Roberts	Mat. G.
116	Rogers	James
116	Taylor	George W.
116	Tinney	Samuel
116	Touhey	William
116	Walker	James H.
116	Wallace	Elias
116	Worth	William A.
116	Wright	George F.
116	Wright	Henry
116	Ynoyosa	Jesus
117	Mechling	W. T.

Name Index to Military Claims-Numerically

118	Balnerthe	Francisco	126 A	Ricks	Stephen
118	Booth	Joseph G.	126 A	Strannard	William
118	Bridges	P. H.	127	Glover	H. B.
118	Burns	William	127 A	Butler	A. B.
118	Carro	Joseph	127 A	Hewitt	A. M.
118	Cude	Alfred S.	127 A	Hill	A. C.
118	Curtis	L. W.	127 A	Sittleton	John
118	Davis	William	127 A	Weir	W. W.
118	Hamilton	George	128	Finnin	Ed.
118	Herener	John	129	Rust	William
118	Jones	John	130	Brown	Jno. N.
118	Livesay	J. R.	131	Gussett & Woessner	
118	Martin	Emanuel	132	Hanna	Robert H.
118	McClusky & Mitchell		133	Gusett & Moessner	
118	McGlauchlin	John	134	Canfield	Charles H.
118	Moore	John	134	Dffau	F. F.
118	O'Connor	Charles	134	Hicks	J. B.
118	Patterson	William	134	Schuyler	Samuel
118	Puckett	W. T.	135	Turman	Thomas J.
118	Smith	C. W.	136	Trimble	Thomas L.
118	Speed	Stephen	137	Montgomery	J. J.
118	Stanhope	H.	138	Keyes & McKnight	
118	Tyler	John	139	Fathery	H. H.
118	Williams	John	140	Renfroe	E. S.
118	Williams	Wiley	141	Hill	G. A.
119	Truehart	H. M.	142	Baxter & Prather	
119 A	Bowls	David G.	143	Davis	W. H. H.
120	Randolph	C. H.	144	Thompson	Edgar W.
120 A	Darter	John H.	145	O'Gorman	P.
120 A	Lester	A. Y.	145 A	Timon	H.
121	Burditt	William B.	146	Russell	Charles
121	Duffan	F. T.	147	Gossler	Bridget
121	Highland	Michel A.	148	Baker	George
121	Moesner	Frank	148	Bell	J. C.
121	Morrell	Joseph	148	Botton	H. C.
121	Morrell	H.	148	Braid	J. S.
121	Moses	A. D.	148	Brown	Henry
121	Odum	Justus S.	148	Caryell	J. R.
122	Sumpter	Hiram	148	Clemens	E. J.
123	Halford	A. J.	148	Collins	E.
124	Bigham	J. S.	148	Cook	J. B.
125	Abbott	J. B.	148	Cronin	Phillip
126	Stell	J. W.	148	Cunningham	J.
126 A	Cavender	G. R.	148	Davis	David
126 A	Clark	H. J.	148	Doran	W. P.
126 A	Cravey	G. W.	148	Emmons	James D.
126 A	Ingram	Jno. M.	148	Ferguson	I. I.
126 A	Mann	W. H.	148	Foster	Charles
126 A	Paschal	Jno. H.	148	Fuller	A.

Name Index to Military Claims-Numerically

148	Gallagher	William
148	Ganzel	Henry
148	Gholson	James
148	Gilbert	Hugh
148	Gilbert	E. F.
148	Gray	I. H.
148	Griffin	William
148	Hamby	J. H.
148	Hanna	R. H.
148	Hartson	J. H.
148	Herndon	Samuel T.
148	Hill	Robert
148	Hoffman	M.
148	Howard	R. S.
148	Howard	J. C.
148	Jones	A. H
148	King	Benjamin F.
148	Kirby	William
148	Lewis	S. L.
148	Lewis	Joseph
148	Mason	H. S.
148	McDonald	D. J.
148	McFarland	A.
148	McFarland	Isaac
148	McGrain	D.
148	Morrell	Thomas
148	Nimms	J. W.
148	O'Brien	Daniel
148	O'Brien	Dennis
148	Pack	John L.
148	Pontone	A. J.
148	Purcell	Thomas
148	Redmond	R.
148	Rivers	Thomas
148	Robinson	Amos H.
148	Rook	C.
148	Smith	C. W.
148	Somerville	H.
148	Stanley	David
148	Stickles	Peter H.
148	Strothers	David E.
148	Sweeney	Thomas
148	Taylor	J. C.
148	Tighe	John
148	Van Allen	G. W.
148	Van Pelt	William
148	Walker	A. B.
148	Ward	Patrick E.
148	Weilman	V.
148	Wells	John
148	Williams	Robert
148	Williamson	J.
148	Wilson	James
148	Wolworth	James
148	Wood	Wilson
148	Wright	Charles E.
149	Lawrence	John
149	Miles	George
149	Wolworth	James
150	Woodhouse	H. C.
151	Yturria	Francis
152	Miller	Henry
153	De Cordova	P.
153 A	Tumlinson	Peter
154	De Cordova	P.
154 A	Barnett	A. M.
154 A	Donahoe	E. P.
154 A	Mabry	S. W.
154 A	Murray	M. W.
154 A	Raichardson	J.
154 A	Royal	A. J.
154 A	Winn	Jno. A.
155	Bone	J. A.
156	Williams	J. J.
157	Yturria	Francis
158	Duffau	F. T.
159	Elliott	J. W.
160	Medlan	A. B.
161	Cotton	M. G.
162	Richards	W. C.
163	Byrd	William
163 A	Granbury	H. B.
163 A	McMahan	William
163 A	Torris	C.
163 A	West	W. J.
164	Darnell	N. H.
164 A	Bingham	John H.
164 A	McCommas	W. M.
164 A	Ray	Robert
165	Darnell	N. H.
165 A	Bingham	John H.
165 A	Keith	Martin F.
165 A	Keith	Martin L.
165 A	McCommas	W. M.
165 A	Ray	Robert
165 A	Smith	J. M.
166	Daniels	Charles
167	Sneed	R. A.

Name Index to Military Claims-Numerically

168	Burleson	James
169	Casta	Jno. B.
169 A	Pace	G. G.
170	Chipman	Hebert
170	De Montel	Charles
170	Miller	T. L.
170	Pagenot	August
171	Long	J. M.
171 A	Mann	J. W.
171 A	Sutton	J. W.
172	Arrowood	Wiley
173	Collard	William
173	Ford	Manuel
173	Garrard	Thomas
173	Harrington	A. J.
173	Knowles	James M.
173	McIlheney	W. J. G.
173	McIlheney	A. H.
173	Ogelsbey	William
173	Ogelsbey	Willis
173	Prowse	William
174	McDonald	N. B.
175	Cunningham	David
176	Garrard	Thomas
176 A	Arwood	William
176 A	Arwood	H.
176 A	Carson	Thomas
176 A	Davis	James
176 A	Friend	Samuel
176 A	Haley	William
176 A	Moore	T. J.
176 A	Pollard	R. A.
176 A	Saunders	T. P.
176 A	Scott	James R.
176 A	Scott	Thomas
176 A	Wallace	William
177	Davis	W. B.
178	Baggett	James
178	Cunningham	James
178	Marshall	R. W.
179	Alsop	A. M.
179	Baggett	James
179	Carnes	E. C.
179	Cox	B. P.
179	Cross	J. M.
179	Cunningham	D. C.
179	Cunningham	James
179	Cunningham	Aaron
179	Denton	Elia S.
179	Hock	William
179	Isham	C. H.
179	Scott	J. M.
179	Valendine	Wilson
179	Watson	William
180	Jno. Marshall & Co.	
181	Martin	H. R.
181	Neal	Jno.
181	Wright	Thomas
181	Wright	Jno. A.
182	Finnin	Edward
182 A	Ashbeck	M. S.
182 A	Branch	Nathaniel
182 A	Coins	Seaborn
182 A	Neighbors	S. M.
182 A	Neighbors	Allen W.
183	Finnin	Edward
183 A	Coots	George
183 A	McMillan	N. D.
183 A	Neighbor	S.
183 A	Ragsdale	R. A.
183 A	Shaw	William
183 A	Warren	Henry C.
184	Pogue	William C.
185	Campbell	G. W.
186	Moore	E. H.
186 A	Chambers	W. T.
186 A	Foster	E. F.
186 A	Greener	John
186 A	Hancock	B. M.
186 A	Hardman	James
186 A	Hearn	John
186 A	Irvin	J. D.
186 A	Johnson	W. J.
186 A	King	J. T.
186 A	Kirkling	R. T. M.
186 A	Lisk	Thomas D.
186 A	Lusk	H. V.
186 A	Malone	Solomon
186 A	Moore	E. H.
186 A	Ruse	Thomas
186 A	Self	T. C.
186 A	Smith	W. R.
186 A	Washington	B. F.
186 A	White	John M.
186 A	Woodworth	C. H.
187	Moore	E. H.
187 A	Richards	W. C.
188	Winkel	H.

Name Index to Military Claims-Numerically

188 A	Woods	W. M.
188 A	Woodward	Thomas
189	Abbott	J. B.
189	Alford	R. L.
189	Alford	Aaron
189	Anderson	T. J.
189	Andrews	Joseph
189	Austin	J.
189	Baker	J. O.
189	Baker	W. R.
189	Baker	T. H.
189	Barlee	J. T.
189	Barnett	E. G.
189	Bartlett	F. M.
189	Bartlett	R. B.
189	Baydsten	J. R.
189	Bennett	D. P.
189	Biggs	J. H.
189	Bonner	Jno. H.
189	Brown	E.
189	Carroll	B. F.
189	Chancelor	W. G.
189	Chandler	B. F.
189	Clanton	S. W.
189	Compton	W. F.
189	Compton	J. E.
189	Coody	P. W.
189	Davis	W. C.
189	Day	W. C. W.
189	Dillard	James C.
189	Dillard	F. G.
189	Driver	W. B.
189	Feilder	S. D.
189	Feilder	C. S.
189	Friend	J. W.
189	Futch	G. W.
189	Garrell	H. H.
189	Gibson	T. A.
189	Griffin	J. T.
189	Grover	F. H.
189	Hammonds	J. C.
189	Harris	W. H.
189	Hays	J. T.
189	Heatley	R.
189	Hester	William S.
189	Hodges	J. H.
189	Holder	D. L.
189	Horn	J. L.
189	Jardon	Andrew J.
189	Johnson	S. D.
189	Johnson	N. G.
189	Johnson	R. B.
189	Jones	J. L.
189	Jones	G. W.
189	Jones	J. D.
189	Jordon	Gid L.
189	Laing	M. D. L.
189	Langster	M. T.
189	Lewter	W. F.
189	Lott	James F.
189	Lott	John T.
189	Mercer	W. J.
189	Mitchell	B. F.
189	Moore	F. M.
189	Morrison	W. S.
189	Newsom	Joel
189	Owen	Bedin
189	Pate	J. M.
189	Patton	W. T.
189	Philips	T. W.
189	Pinson	George
189	Richards	W. E.
189	Roberts	H. S.
189	Roebuck	W. E.
189	Sansom	J. M.
189	Shacklett	B. D.
189	Silwell	J. B.
189	Smith	J. T.
189	Smith	F. A.
189	Smith	E. W.
189	Somner	A. E.
189	Streety	R. B.
189	Terry	Elisha
189	Walker	A. W.
189	Walker	L. P.
189	Weaver	A. G.
189	Weaver	J. L.
189	Weaver	John
189	Whatley	J. L.
189	Whitfield	Jonathan
189	Williamson	J. G.
189	Yarborough	W. B.
189	Yarborough	R. T.
190	Acuff	C.
190	Black	Aaron
190	Caralton	William
190	Casey	William
190	Dykes	W. B.

Name Index to Military Claims-Numerically

190	Hardin	T. J.
190	Herrod	J. A.
190	King	C. W.
190	Parker	G. W.
190	Robinson	William
190	Ross	H. H.
190	Shaw	J. R.
190	Smith	T. H.
190	Thompson	J. H.
190	Tucker	W. H.
190	Warren	Frank
190	West	W. J.
191	Holder	W. L.
191	Maddox	A. M.
192	Bigham	B. K.
192	Blackburn	William N.
192	Blanton	John H.
192	Bonner	R. W.
192	Bradley	Samuel D.
192	Bradley	J. H.
192	Bradley	William
192	Brown	Richard
192	Burgess	Jno. W.
192	Choate	K. E.
192	Cox	John B.
192	Craig	R. M.
192	Cureton	Thomas
192	Dixon	James
192	Ellis	J. P.
192	Flippin	William
192	Fontaine	W. F.
192	Gago	John L.
192	Gardner	F. A.
192	Getzendanner	W. H.
192	Getzendanner	William H.
192	Goodloe	B. H.
192	Griffin	A. B.
192	Griffin	W. J.
192	Griggs	F. M.
192	Groves	Nelson
192	Hagan	John
192	Hoffman	F. M.
192	Jeffries	James H.
192	John	Robert
192	Kezzia	W. K.
192	Kezzia	R. S.
192	Lancaster	J. M.
192	Leonard	George C.
192	Levier	Charles
192	Levy	J. E.
192	Marchbanks	N. B.
192	Marchbanks	B. F.
192	Marsh	A.
192	McBride	John
192	McFall	Hugh
192	McSpadden	James T.
192	McTynn	William C.
192	Misenhamer	W. L.
192	Moore	J. M.
192	Nance	D. C.
192	New	J. H.
192	New	W. J.
192	Nichols	S.
192	Parker	A. H.
192	Parsons	William P.
192	Patton	S. E.
192	Potterfield	James T.
192	Potterfield	R. L.
192	Pullen	W. H.
192	Ramsey	Jno.
192	Ramsey	James
192	Ramsey	Charles
192	Rucker	A.
192	Scales	J. A.
192	Sevier	Frank
192	Sharp	William
192	Sheaks	W. C.
192	Sims	W. D.
192	Slover	William C.
192	Smith	William W.
192	Starkey	C. J.
192	Starkey	N. B.
192	Sullivan	J. M.
192	Tabent	J.
192	Tyrrell	R.
192	Wilson	J. H.
192	Young	John W.
192	Young	John
193	Brown	J. C.
193	Davis	W. M.
193	Getzendanner	William H.
193	Kenner	W. N.
193	Lee	C. Murray
194	Jackson	T. A.
194 A	Kerby &McCord	
195	Ainsworth	A. M.
195	Boven	Tarleton
195	Clay	T. H.

Name Index to Military Claims-Numerically

Page	Surname	Given
195	Clemens	J. H.
195	Cotteral	I. H.
195	Dillard	S. H.
195	Farney	E. S.
195	Greenaway	J. B.
195	Hunter	T. R.
195	Jones	R. A.
195	Massie	J. W.
195	McMinn	Thaddeus
195	Riley	Jno. W.
195	Vauter	F. M.
195	Walker	J. P.
195	West	W. J.
195	Willingham	E. A.
195	Wood	J. S.
195 ½	Cook	Jno. A.
195 ½	Cook	Joseph
195 ½	Driskell	Jno. J.
195 ½	Glasscock	Benjamin F.
195 ½	West	W. J.
196	Allen	John
196	Arista	Eli
196	Barnes	Benjamin
196	Barnes	Jno. F.
196	Billingsley	William
196	Billingsley	Barrow
196	Carpenter	S. A.
196	Childress	A. R.
196	Combs	William L.
196	Conway	Thomas B.
196	Conway	Henry
196	Cooper	James D.
196	Cowen	James S.
196	Crockett	Jno. B.
196	Davis	Colonel P.
196	De Ianette	William T.
196	De Spain	Alonzo L.
196	Dobbs	James
196	Easterwood	William H.
196	Easterwood	Joseph A.
196	Eastham	Jno. E.
196	Eastham	James B.
196	Estes	Cornelius
196	Ezell	William L.
196	Flemming	David D.
196	Frazier	James I.
196	Grover	Jesse R.
196	Hall	George S.
196	Halley	John
196	Harris	Samuel N.
196	Hause	George W.
196	Heath	Oliver S.
196	Hensler	Enoch
196	Hicks	William E.
196	Higgins	Simeon A.
196	Hiram	Hobaugh
196	Howell	James M.
196	Hubbard	Michael
196	Jackson	James A.
196	Jones	Cornelius C.
196	Jones	Wiley S.
196	Killough	James H.
196	Killough	Samuel B.
196	King	Richard
196	King	Alonzo W.
196	Kirkpatrick	John H.
196	Ladd	Lin. D.
196	Laid	Payton I.
196	Lamar	John R.
196	Lauderdale	John F.
196	Lavare	John F.
196	Leath	Robert L.
196	Liggon	Anderson W.
196	Mahan	Franklin
196	Marchbanks	Jasper B.
196	Maxey	Rice Jr.
196	Maxey	Greenberry H.
196	McKee	Oscar J.
196	Meniffee	William O.
196	Mills	William A.
196	Murray	Jerry
196	Nichell	John R.
196	Nivisan	Thomas J.
196	Osborne	Sam
196	Payne	Thomas J.
196	Pritchard	Jackson G.
196	Puckett	Jackson
196	Puckett	Andrew J.
196	Ray	Stephen H.
196	Ray	James P.
196	Raybourn	Howell A.
196	Raybourn	Milton V.
196	Roberts	Martin V.
196	Robinson	Andrew J.
196	Sawyer	Frank C.
196	Shaw	James
196	Shropshire	Green
196	Shropshire	John W.

Name Index to Military Claims-Numerically

Page	Surname	Given
196	Shropshire	James
196	Singleton	Jasper A.
196	Stedman	John C.
196	Steene	John
196	Stephens	Absolam
196	Thayer	Shelton
196	Tipton	John E.
196	Tipton	Henry C.
196	Turner	James F.
196	Turpin	Joseph F.
196	Upton	John W.
196	Walker	John W.
196	Warner	George
196	Wren	Thomas L.
196	Wright	James G.
197	Conaby	Jno. P.
198	Carpenter	S. A.
198	Caroebter	S. A.
199	Alexander	Mark L.
199	Alexander	Cyrus D.
199	Allen	Elihu H.
199	Arnold	Berryman
199	Baker	John C.
199	Booth	Thomas J.
199	Booth	Tobias
199	Brack	Richard F.
199	Bunker	J. W.
199	Butcher	Solomon M.
199	Campbell	Samuel L.
199	Campbell	Joseph P.
199	Chapman	Robert
199	Cornelius	J. W.
199	Davil	Daniel
199	Dawson	Henry
199	Elkins	Richard S.
199	Flemming	William B.
199	Flemming	Thomas C.
199	Fowler	George P.
199	French	James O.
199	Fullerton	Henry
199	Garvin	Thomas
199	Gilbert	John A.
199	Gilmore	James A.
199	Glanden	Stephen R.
199	Goslin	Newton J.
199	Gowen	Samuel N.
199	Green	Ira
199	Ground	Thomas J.
199	Hancock	Simeon C.
199	Hawkins	James F.
199	Hawkins	George W.
199	Hooker	Robert B.
199	Hyde	Richard
199	Hyde	James
199	Jettou	Granville
199	Jettou	Samuel B.
199	Kendall	Thomas J.
199	Kirtley	Templeman S.
199	Kisby	W. H.
199	Lancaster	John M.
199	Laurens	William N.
199	Lemmon	Jackson
199	Lowe	Peter W.
199	Luton	George W.
199	Maxwell	William M.
199	Maxwell	James A.
199	Mayfield	Samuel
199	McElroy	Joseph A.
199	McElroy	William D.
199	McElroy	George C.
199	Morgan	William J.
199	Morgan	John W.
199	Morgan	John
199	Newton	John
199	Norman	Granville L.
199	Odom	M.
199	Orr	Henry G.
199	Orr	James M.
199	Orr	Robert E.
199	Pace	James L.
199	Parks	John M.
199	Patterson	Tillman
199	Richardson	De Witt B.
199	Richardson	John J.
199	Saunders	Thomas J.
199	Scarborough	John
199	Skeen	Burrell S.
199	Smith	James R.
199	Smith	Frank M.
199	Spencer	Henry I.
199	Spillman	James T.
199	Thompson	Aloy J.
199	Treadwell	Huistan
199	Uhl	Samuel
199	Vardell	William G.
199	Veal	W. G.
199	Wallace	Milton C.
199	Weatherspoon	Alexander

Name Index to Military Claims-Numerically

199	Wilson	Malcom
199	Wyman	Joseph
200	Andrews	James M.
200	Payne	William P.
200	Veal	W. G.
200	Wright	Jno. W.
201	Bucker	James L.
201	Griffith	William T.
201	Rogers	James M.
202	Baby	Thomas M.
202	Carter	Thomas M.
202	Chitwood	John T.
202	Fortson	James F.
202	Getzendanner	William H.
202	Riley	E. R.
202	Silton	Thomas F.
202	Veale	Jackson
202	Wells	Eli E.
202	Wilkins	R. H.
203	Campbell	William M.
204	Anderson	Gordon
204	Anderson	W. C.
204	Beachamp	Lewis
204	Beall	Peter R.
204	Beard	J. L.
204	Blackman	S. A.
204	Booker	J. L.
204	Brock	S. P.
204	Burnett	J. Samuel
204	Burress	James
204	Busby	W. J.
204	Campbell	W. A.
204	Campbell	S. R.
204	Christman	Daniel
204	Clemens	J. M.
204	Cobb	C. C.
204	Coffee	R. W.
204	Coffee	W. A.
204	Davis	R. C.
204	Embry	L. B.
204	Farrar	Jno. A.
204	Farrar	D. S.
204	Farrar	George W.
204	Farrar	R. W.
204	Farrar	A. L.
204	Fears	B. F.
204	Ferris	W. D.
204	Foster	C. F.
204	Gage	Jerry
204	George	Jno. C.
204	Germany	T. H.
204	Gocher	John W.
204	Graves	R. R.
204	Graves	W. J.
204	Harris	R. D.
204	Haynes	H. L.
204	Henderson	J. R.
204	Hesser	J. A.
204	Hester	S. F.
204	Hughes	J. B.
204	Hunter	W. A.
204	Jackson	D. L.
204	Johnson	William M.
204	Kelley	Joseph
204	Kirkpatrick	J. P.
204	Lave	A. J.
204	Lawson	W. M.
204	Lowery	M.
204	Loyd	Jno. W.
204	Loyd	A. J.
204	Mabry	J. L.
204	Mabry	D. H.
204	Mabry	G. R.
204	McCartney	R. K.
204	McDonald	William B.
204	Michie	C.
204	Moore	H. N.
204	Motes	W. B.
204	Oldham	J. Lane
204	Petre	F. L.
204	Pruett	J. L.
204	Pruett	J. B.
204	Pruett	J. W.
204	Quait	S. A.
204	Rogers	T. W.
204	Scott	T. J.
204	Smith	J. C.
204	Smith	J. L.
204	Spaulding	B. F.
204	Spiller	W. M.
204	Sweet	E. W. B.
204	Swett	G. B.
204	Thomas	L. B.
204	Walden	Jno. W.
204	Weatherspoon	F. E.
204	Weatherspoon	J. M.
204	Winn	M. V.
205	Abbott	J. B.

Name Index to Military Claims-Numerically

205	Holder	W. F.	207	Sterritt	William
206	Farrar	George W.	207	Styles	L. B.
206	Hawkins	J. E.	207	Sweringen	Ben
206	McDonald	W. B.	207	Tate	M. V.
206	Stokes	W. J.	207	Tate	Jno. H.
207	Alexander	James M.	207	Terrill	R. A.
207	Anderson	A. A.	207	Turner	E. R.
207	Beck	A. J.	207	Turner	E.
207	Becker	W. E.	207	Ussery	M. S.
207	Boze	T. R.	207	Van Pelt	A. J.
207	Brown	G. M.	207	Wallace	J. W.
207	Brown	James F.	207	White	Thomas
207	Brucks	J. G.	207	Williams	James Sr.
207	Burton	J. T.	207	Williams	W. A.
207	Daugherty	J. R.	207	Williams	James
207	Dillinger	J. B.	208	O'Vanpool	
207	Fender	W. M.	208	Sowell	H. H.
207	Ferguson	J. D.	208	Wilson	A. T.
207	Fleetwood	E. D.	209	Bonner	J. E.
207	Fogelman	M.	210	Arnold	Berryman
207	Fowler	J. J.	210	Gilbert	John A.
207	Fox	B. F.	210	Gilkey	George T.
207	Frazier	W. C.	210	Glandon	Stephen R.
207	Gallaway	Thomas	210	Morgan	William J.
207	Gardener	E. J.	210	Veal	W. G.
207	Gray	P. W.	210	Wilson	Malcan
207	Gray	J. H.	210	Wyman	Joseph
207	Haas	W. M.	211	Chalmers	W. L.
207	Haas	J. E.	212	Wolworth	James
207	Harper	W.	212 A	Emmons	Henry A.
207	Hobbs	Hiram	212 A	Hampton	G. A.
207	Hurst	J. D.	212 A	Howard	W. D.
207	Irwin	J. L.	212 A	Hubbard	William
207	James	John	212 A	King	Richard
207	Johnson	E.	212 A	Paschal	Jno. H.
207	Keyser	P. S.	212 A	Simmons	James W.
207	Landry	John	212 A	Stevens	M.
207	Levy	Henry	212 A	Straghorn	N. T.
207	Malone	W. R.	212 A	Tumlinson	Peter
207	McElmurry	J. C.	212 A	Tumlinson	William
207	Noble	J. M.	212 A	Tumlinson	A. T.
207	Noel	G. A.	212 A	Webb	James
207	Parrish	N. H.	213 A	Bonner	J. E.
207	Pickering	Levy	214	Wolworth	James
207	Pope	Jesse	214 A	Balli	F.
207	Scott	W. C.	214 A	Chamberlain	Hiram
207	Shaw	R. B.	214 A	Galvan	J.
207	Spear	W. M.	214 A	Galvan	S.
207	Spikes	G. W.	214 A	Kennedy	M.

Name Index to Military Claims-Numerically

214 A	Love	J. E.
214 A	Pee	Laurent
214 A	Stilman	Charles
215	Anderson	W. C.
215	Anderson	Gordon
215	Beachamp	Louis
215	Beall	Peter R.
215	Beard	J. L.
215	Blackman	S. A.
215	Brock	S. P.
215	Burnett	J. Samuel
215	Busby	W. J.
215	Campbell	W. A.
215	Campbell	S. R.
215	Christman	Daniel
215	Clements	J. H.
215	Cobb	C. C.
215	Coffee	W. A.
215	Davis	R. C.
215	Embry	L. B.
215	Farrar	R. W.
215	Farrar	D. S.
215	Farrar	A. L.
215	Farrar	John A.
215	Fears	B. F.
215	Ferris	W. D.
215	Foster	C. F.
215	George	Jno. C.
215	Gochar	Jno. W.
215	Graves	R. R.
215	Graves	W. J.
215	Graves	David
215	Haines	H. L.
215	Harris	R. D.
215	Henderson	J. R.
215	Hesser	J. A.
215	Hester	L. F.
215	Hughes	J. B.
215	Hunter	W. A.
215	Jackson	V. L.
215	Johnson	W. M.
215	Kelley	Joseph
215	Kirkpatrick	J. P.
215	Lawson	W. M.
215	Love	A. J.
215	Lowery	M.
215	Loyd	A. J.
215	Mabry	D. H.
215	Mabry	G. R.
215	Mabry	J. L.
215	Mays	W. G.
215	McCartney	R. K.
215	McDonald	W. B.
215	McMahan	J. P.
215	Michie	C. M.
215	Moore	H. N.
215	Motes	W. B.
215	Oldham	J. Lane
215	Petri	F. L.
215	Prewitt	J. L.
215	Prewitt	J. W.
215	Prewitt	J. B.
215	Quait	S. A.
215	Rogers	T. W.
215	Scott	T. J.
215	Smith	J. L.
215	Spaulding	B. F.
215	Spiller	W. M.
215	Sweatt	G. B.
215	Sweatt	E. V. B.
215	Thomas	L. B.
215	Walden	Jno. W.
215	Weatherspoon	J. M.
215	Weatherspoon	F. E.
215	Winn	M. V.
216	Adams	J. R.
216	Brown	J. P.
216	McDaniel	A. M.
216	Moss	A. F.
217	Quait	S. A.
218	Sigler	W. L.
219	Dashiell	J. Y.
220	Winn	Jno. A.
221	Rogers	Clayton
222	Baldwin	A. J.
222	Baldwin	A. H.
222	Bennett	S. W.
222	Bradford	N.
222	Broach	J. B.
222	Broach	A. A.
222	Broach	J. M.
222	Brown	J. H.
222	Brunett	Jno.
222	Burney	Taply
222	Butrill	T. E.
222	Butrill	Britt
222	Carinton	W. H.
222	Chisum	J. M.

Name Index to Military Claims-Numerically

222	Chisum	E. M.
222	Clark	Samuel
222	Cox	Obidiah
222	Cox	Eli
222	Davis	T. J.
222	Deans	N.
222	Devens	A. N.
222	Drury	H. A.
222	Flint	L. F.
222	Fry	W. T.
222	Gentry	E. M.
222	Gentry	William
222	Goff	Marion
222	Good	Robert C. H.
222	Griffin	C. C.
222	Groves	T. P.
222	Hammond	W. R.
222	Head	J. R.
222	Hearon	J. M.
222	Hillier	E.
222	Jones	J. A. C.
222	Lamb	Franklin
222	Lawrence	J. E.
222	Lawrence	J. T.
222	Lewis	J. A.
222	Lightsey	S. J.
222	Lightsey	S. E.
222	Linch	David
222	Logan	H. H.
222	Long	W. T.
222	Lowery	M. S. P.
222	Lowrey	W. M.
222	Marsh	J. W.
222	Martin	A. P.
222	McCorkle	Samuel
222	McDaniel	J. L.
222	McDaniel	A. H.
222	McKernley	C. W.
222	McKissick	A. F.
222	McKnight	J. H.
222	Moore	H. A.
222	Nathans	G.
222	Owens	G. W.
222	Pevehous	A.
222	Pierce	Lewis
222	Ponder	J. F.
222	Roberts	J. R.
222	Rogers	W. S.
222	Saddler	Henry
222	Scott	Henry
222	Snyder	F. M.
222	Snyder	J. M.
222	Stephenson	W. H.
222	Stevenson	R. F.
222	Strumler	S. A.
222	Tarver	B. L.
222	Thomas	J. J.
222	Thomason	J. P.
222	Thompson	W. M.
222	Thompson	J. E.
222	Thurman	W. W.
222	Thurmon	J. W.
222	Tidwell	H. N.
222	Vanalstine	George
222	Veal	A. L. W.
222	Wageman	Henry
222	Welch	Charles
222	Williams	J. W.
222	Winson	J. M.
222	Woodward	L. E.
222	Worley	Richard
223	Cantrell	Jno. A.
223	Graves	Isaac F.
223	Hickman	C. G.
223	Mallaw	M.
223	Stiff	David
224	Dumas	James P.
224	Jennings	Jno.
224	Shannon	T. J.
225	Tate	J. H.
226	Ragsdale	P. C.
226 A	Hughes	John
227	Moore	F. W.
227 A	Jones	M. L.
228	McCain	A. K.
229	Moore	F. W.
229 A	Martin	Ernest
229 A	Martin	August
230	Rust	Edward
230 A	Barlow	William E.
230 A	McCord	J. E.
231	Randolph	C. H.
231 A	Garnett	S. B.
231 A	Hopper	W. A.
232	Lowery	M. S. P.
233	Abbott	J. B.
233	Dickerson	Jonathan
233	Moss	A. F.

Name Index to Military Claims-Numerically

234	Highsmith	M. B.
235	Long	M. M.
236	Finnin	Edward
237	Clement	Thomas H.
238	Reynolds	William W.
239	King	James L.
240	Du Val	Burr G.
241	Dashiell	G. R.
242	Carpenter	S. A.
242	Haley	Thomas
242	Henslee	Enoch
242	Neal	W. J.
243	Jackson	Jno.
244	Andrews	Jno. M.
244	Epps	D. J.
244	Green	Ira
244	Hyde	James
244	Jetton	G.
244	Norman	G. L.
244	Patterson	Tilman
244	Richardson	T. B.
244	Richardson	Jno. J.
244	Spencer	Henry
244	Uhl	Samuel
244	Veal	W. G.
244	Wallace	M. C.
244	Whitfield	Jonathan
244	Wright	Jno. W.
245	Herring	Curtis
246	Herring	Curtis
246	Hewitt	A. M.
246	Old	Hollowell
247	Herring	Curtis
248	Moncure	John J.
249	Moncure	John J.
250	Illingworth	J. O.
250 A	Berris	B. F.
251	Ballenger	Thomas
251 A	McDaniel	William L.
252	Truehart	H. M.
252 A	Flemming	Anmdrew J.
252 A	Haljian	Joseph
252 A	Halpain	Joseph
252 A	Trimmer	Thomas J.
252 A	White	R. H.
253 A	Cronin	Philip
253	Jackson	T. A.
254	Hancock	William L.
254 A	Conner	James
255	Swisher	J. M.
255 A	Elkin	H. D.
255 A	Flowers	A. F.
256	Highsmith	M. B.
257	Adkins	L. C.
257	Alsup	L. H.
257	Anderson	M. E.
257	Barchay	C. T.
257	Bell	J. M.
257	Berry	Joseph
257	Brame	J. W.
257	Brooks	W. C.
257	Brooks	R. L.
257	Brown	J. A.
257	Buchanan	John
257	Burleson	William H.
257	Burrier	W. C.
257	Butler	J. R.
257	Christian	O. M.
257	Collins	K.
257	Collins	J.
257	Condray	Elijah
257	Craft	Jesse
257	Dancer	J. H.
257	Eggleston	Z. P.
257	Eiker	Henry
257	Estes	J. L.
257	Faulkner	J. T.
257	Faust	Freeman S.
257	Gray	W. P.
257	Harrison	F. M.
257	Haynes	James R.
257	Hendricks	G. W.
257	Highsmith	M. B.
257	Highsmith	H. A.
257	Holligen	Jonathan
257	Houston	J. A.
257	Hughes	George W.
257	Hughes	M. S.
257	Kelly	P. A.
257	Kennedy	Aaron
257	Kirnrey	J. L.
257	Lee	Richard
257	Lehman	William
257	Lintez	G. M.
257	Litton	J. T.
257	McCall	A. J.
257	McClure	F. M.
257	McDavid	T. B.

Name Index to Military Claims-Numerically

257	McDavid	J. T.
257	McFall	William
257	McKinney	R. J.
257	Meyer	John
257	Miller	C. J.
257	Milligand	William L.
257	Morris	S.
257	Nichols	W. A.
257	Ogden	J. W.
257	Pance	Nicholas
257	Percell	George B.
257	Perciville	A. J.
257	Perkins	J. W.
257	Perry	J. M.
257	Perry	James W.
257	Priest	Aaron
257	Priest	E. T.
257	Ray	F. M.
257	Reese	J. W.
257	Reid	S. D.
257	Reid	B. S.
257	Robbins	J. M.
257	Rogers	R. C.
257	Royall	Jesse
257	Scott	W. P.
257	Smith	W. J.
257	Sowell	James M.
257	Spaulding	George
257	Spaulding	Charles
257	Spaulding	John
257	Stacy	Henry
257	Stephenson	A. R.
257	Stone	F. A.
257	Thompson	William
257	Thompson	Jno. T.
257	Townsend	James
257	Truss	J. W.
257	Turner	C. W.
257	Turner	J. B.
257	Turner	H. H.
257	Turner	J. S.
257	Turner	George
257	Wade	Thomas J.
257	Walker	J. G.
257	Walker	James C.
257	Watson	W. H.
257	Weaver	J. G.
257	Whitehead	H. H.
257	Williams	J. H.
257	Wolfinberger	William
257	Woods	W. D.
257	Young	Thomas H.
258	Reynolds	W. W.
259	Ayers	F. H.
259	Carr	R. D.
259	Clayton	J. W.
259	Clements	J. B.
259	King	C. W.
259	Levy	Henry
259	Malone	W. R.
259	Miller	E. B.
259	Moore	Jonathan
259	Sterritt	William
259	W. Ahrenbeck Brother	
259	Wofford	M. N.
260	Jones	Alexander
261	King	J. E.,
261	May	William P.
261	Polk	Jno. H.
262 -	Mackey	C. M.
262 -	Morris	G. G.
263	Peep	Adam
264	Reese	J. W.
265	Embree	A. J.
266	Bochelle	William E.
267	Counts	G. W.
268	Walker	James
269	Blum & Walker	
270	Morris	A. R.
270 A	Hampton	G. J.
271	Jones	F. K.
271 A	Gregg	William
272	Brown	I. T.
273	Ake	T. J.
273	Baker	Jno. R.
273	Berry	L. B.
273	Bridges	John
273	Britt	C. N.
273	Burris	R. J.
273	Caldwell	T. J.
273	Caldwell	M. M.
273	Caskey	J. D.
273	Chapman	G. W.
273	Cohen	Jno.
273	Dalrymple	James
273	De La Falcon	Francisco
273	Denison	G. H.
273	Denison	A. B.

Name Index to Military Claims-Numerically

273	Donnell	Wiley J.
273	Dresser	Thomas
273	Elliott	T. W.
273	Gano	Morris
273	Garner	J. H.
273	Garner	W. W.
273	Hagan	A. M.
273	Harrell	William
273	Hayle	J. F.
273	Knight	R. F.
273	Kuykendal	B.
273	Long	William H.
273	Long	J. E.
273	Lumpkin	R. S.
273	Manson	S.
273	McEntyre	W. C.
273	McGuire	T. W.
273	McKown	J. O.
273	Montgomery	W. J.
273	Moore	James P.
273	Moore	A. W.
273	Morris	E. D.
273	Morris	Jno. F.
273	Morrow	J. C. S.
273	Nelson	J. E.
273	Peace	W. J.
273	Perkins	William
273	Perry	Jno. S.
273	Price	Daniel
273	Ramsey	A. M.
273	Reid	O. D.
273	Robbins	R. R.
273	Stanton	D. A.
274	Finnin	Edward
275	Mullins	Jno. W.
275	Peace	W. J.
276	Caldwell	T. J.
276	Mullins	Jno. W.
276	Peace	W. J.
277	Graves	R. R.
278	Davis	A. S.
278	Getzendanner	W. H.
278	Weathers	W. B.
279	Duerson	W. K.
280	Duerson	W. K.
281	Clark	J. T.
282	Ridge	F. M.
283	Harrison	A. J.
284	Leverett	Joseph M.
284	Morris	Joseph M.
284	Peace	W. J.
284	Reid	James
284	Ridge	William
284	Strickland	William B.
284	Wade	J. W.
284	Wales	J. T.
284	Whittenberg	T. D. S.
285	Rogers	E. W.
286	Sansom	Richard
286	Sapp	W. S.
286	Walker	A. S.
287	Donelson	Jno.
288	Haralson	Hugh A.
289	Hamner	H. A.
290	Baker	Allen
290	Ballard	W. R.
290	Barron	Travis
290	Barron	David S.
290	Biggs	Harvey J.
290	Bowman	Abner
290	Boyd	Jno. W.
290	Boyett	Green B.
290	Brown	James R.
290	Brown	Harry
290	Browner	Nathan
290	Burk	Francis M.
290	Burroughs	George W.
290	Carr	James W.
290	Carter	J. C.
290	Chasteen	Jno.
290	Clark	Jno. L.
290	Clemens	Jesse B.
290	Conner	W. W.
290	Coon	David
290	Crawford	Jno.
290	Criswell	Davis
290	Criswell	William
290	Daugherty	William
290	Davis	William D.
290	Despain	Jno.
290	Durrett	Thomas
290	Durrett	William
290	Eddleman	Jno. A.
290	Edwards	James C.
290	Edwards	Thomas
290	Estes	Benjamin
290	Evans	James R.
290	Evans	Henry

Name Index to Military Claims-Numerically

290	Fox	Jno.	290	Wallace	Jno. A.
290	Fulton	T. J.	290	Wallace	William E.
290	Gilliland	Joseph C.	290	Watson	William J.
290	Gilliland	William	290	Willis	Floyd J.
290	Haines	Pinkney L.	290	Willis	Andrew J.
290	Haley	James	290	Wood	James H.
290	Hamner	H. A.	290	Wood	Spruce M.
290	Hansford	Benjamin T.	290	Young	Robert C.
290	Harding	Robert H.	290	Young	Langdon A.
290	Harris	Jno. C.	291	Ford	David
290	Hart	Aaron	291	Haggler	George W.
290	Hart	Gabriel	291	Hamner	H. A.
290	Heffigton	James C.	292	Farrar	L. J.
290	Hightower	Thomas	292	Green	J. M.
290	Hill	William	292	Hillyer	Simon
290	Hill	George W.	293	Farrar	L. J.
290	Hoggard	Granville	294	Kerbey	J. C.
290	Hoskins	William	295	Graves	H. S.
290	Howell	Joseph V.	296	Nance	E.
290	Hyatt	William J. R.	297	Beck	Lanford
290	Johnson	George W.	297	Chentz	Henry
290	Key	Reuben W.	297	Foreman	William
290	Kincade	John	297	Groves	Jno.
290	Lafferty	John A.	297	Kerbey	J. C.
290	Lascar	Morris	297	Lea	Robert T.
290	Lawler	James W.	297	Martin	Neal
290	Lawrance	Robert	297	McCord	James E.
290	Lindsay	Jno. C.	297	Moore	Jonathan E.
290	Malone	W. H.	297	Moore	James W.
290	Maulding	William P.	297	Morris	G. W.
290	Mayhar	Henry T.	297	Powers	Tazwell W.
290	McCurley	E. A.	297	Powers	Jno. H.
290	Morton	Henry J.	297	Redwine	H. D. E.
290	Mundy	W. W.	297	Thompson	Jno. M.
290	Murphy	Jno.	297	Whetstone	A.
290	Newsome	Daniel P.	297	Willingham	E. A.
290	Phillips	Charles	298	Dyche	A. J.
290	Pickard	Thomas	299	Brisco	Jno. R.
290	Price	Francis M.	299	Corder	Arthur
290	Pritchet	Harvey	299	Erby	Daniel P.
290	Ramsaw	Joseph	299	Everett	F.
290	Roark	James M.	299	Heath	Jno. O.
290	Robinson	Ashley E.	299	Jacobs	E.
290	Smith	Isaac	299	McAllen	Henry
290	Suddith	Jno.	299	McEachern	B. W.
290	Templeton	Frank	299	Parsons	J. D.
290	Teters	Moses S.	299	Scales	A. C.
290	Vance	William	299	Trowell	V. F.
290	Van Cleave	Mathew	301	Eule	Ernest

Name Index to Military Claims-Numerically

301	Kelley	C. C.
301	Morehouse	Edward
301	Nagel	William
301	Sansom	J. W.
301	Sansom	J. P.
301	Sansom	William G.
301	Schwartz	Francis
301	Theif	Jacob
302	Walton	William M.
303	Edwards	William
303	Haynie	H. H.
303	Lockwood	Benjamin F.
304	Andrews	Robert
304	Bell	S. W.
304	Dupree	F. L.
304	Hotchkiss	W. S.
305	Cox	J. F.
305	Veal	W. G.
306	Berger	Lewis
306	Bohnert	Anthony
306	Bower	Leopold
306	Cramer	Ernst
306	Engenhutt	Thomas
306	Hinen	Peter
306	Lieck	A.
306	Neill	Francis T.
306	Phifer	Adolph
306	Saur	G.
306	Schreiner	Charles
306	Shlader	F.
306	Sinahelm	Henry
306	Weiss	Moritz
307	Short	J. J.
307	Short	C. L.
308	Baker	George
309	Burleson	A. B.
310	Beversdolph	August
311	Hollingsworth	B. P.
311 A	Cherry	W. P.
311 A	Dupree	D. B.
311 A	Wood	Thomas W.
312	Burleson	A. B.
313	Hogan	J. D.
314	Anderson	W. H.
314 A	Elkins	Harmon D.
315	Short	C. L.
315	Short	J. J.
316	Mullins	Jno. W.
317	Bradberry	Jno.
317	Brafwell	B. A.
317	Madden	A. C.
317	Mullins	Jno. W.
317	West	David
317	West	J. W.
318	Hatch	Henry E.
319	Ireland	Jno.
319 A	Boniar	R. M.
319 A	Cameron	Charles
319 A	Coopender	L.
319 A	Dunn	James
319 A	Erskine	A. N.
319 A	Martindale	D. M.
319 A	Petty	D. C.
319 A	Phipp	W. A.
319 A	Roberts	F. G.
319 A	Wilson	James
320	Donelson	Jno.
321	Finnen	Edward
322	Johnston	E.
323	Breedlove	G. W.
323 A	Dupey	William
324	Hardeman	L. L.
325	Hawkins	M. H.
326	Mitchell	N. A.
326 A	Taylor	N. A.
327	Baker	Jonathan
327	Baker	C. W.
327	Carter	D. J.
327	Cooper	Jonathan
327	Cotton	W. F.
327	Dooley	Jno.
327	Fuller	Henry
327	Greenwood	Jno.
327	Horton	T. P. I.
327	Hughes	J. B.
327	Langford	Asa
327	Lloyd	S.
327	McElroy	J. L.
327	Self	J. F.
327	Self	T. M.
327	Self	J. W.
327	Sneed	Peter
327	Standifer	H. C.
327	Stedham	F.
327	Tatum	William
327	Townsend	L. J.
327	Windham	Joseph
327	Witcher	J. W.

Name Index to Military Claims-Numerically

327	Witcher	A. T.	340	Banta	J. R.
328	Stedham	James J.	340	Banta	William
329	Morris	Andrew	340	Billings	W. R.
330	Blansit	J. C.	340	Burleson	J. G.
330	Deaton	Thomas	340	Casey	B. F.
330	Dooley	J. L.	340	Clements	B. L.
330	Hackworth	N. L.	340	Gibson	S.
330	Manning	E.	340	Glenn	J. J.
330	Power	A. V.	340	Glenn	W. G.
330	Rice	James M.	340	Glenn	W. J.
331	Turner	E. B.	340	Hall	Richard
331 A	Anderson	A. J.	340	Henderson	J. W.
331 A	Clark	William D.	340	Henderson	J. B.
331 A	Robinson	Jno. C.	340	Henderson	J. A.
332	Turner	E. B.	340	Johnson	J. N.
332 A	MacKay	A. J.	340	Johnson	W.
332 A	Rawland	James	340	Lasey	J. H.
333	Callan	J. J.	340	Lock	Jackson
334	Witcher	A. T.	340	Lovel	Charles
335	Witcher	J. W.	340	McDonald	Thomas
336	Rice	James M.	340	McDonald	J. M.
337	Cotton	W. F.	340	McDonald	Ely
337	Witcher	J. W.	340	McDonald	Martin
337	Witcher	A. T.	340	McMinn	Robert
338	J. M. Swisher & Co.		340	Nelson	H. L.
338 A	Cassidy	L. N.	340	Nelson	H.
338 A	Fitzhugh	William	340	Nelson	Allen B.
338 A	Halbert	H. S.	340	Stockman	T. H.
338 A	Neeley	G. M.	340	Strong	Jno.
338 A	Ross	L. S.	340	Stucken	F. V. D.
338 A	Smith	P. T.	340	Taylor	M. M.
338 A	Smith	P. F.	340	Taylor	Thurman
338 A	Stagner	W. H.	340	Taylor	James
338 A	Williams	J. H.	340	Temple	P. S.
339	J. M. Swisher & Co.		341	King	Adolph
339 A	Bateman	W. L.	341 A	Murry	Dan
339 A	Earle	J. H.	342	King	Adolph
339 A	Graham	F. N.	342 A	Binum	Q. E.
339 A	Houston	A. M.	342 A	Sauders	Jno. A.
339 A	Johnson	B. F.	342 A	Wright	J. M.
339 A	Jones	E. M.	343	Batey	Robert W.
339 A	Jones	M. N.	344	De Cordova	P.
339 A	Morales	L.	345	Hotchkiss	W. S.
339 A	Pierce	A. J.	345 A	Matthews	W. D.
339 A	Powell	W. L.	346	Chandler	F. W.
339 A	Ross	P. F.	346 A	Burleson	D. C.
339 A	Schreiner	Charles	347	Chandler	F. W.
339 A	Tero	F.	347 A	Bourland	J. S.
339 A	Thomas	J.	347 A	Harris	J. N.

Name Index to Military Claims-Numerically

348	Muller	Ottoman
349	Owen	W. E.
350	Ainsworth	G. L.
351	Finnin	Edward
351 A	Armstrout	G.
351 A	Burden	O. C.
351 A	Burney	W. R.
351 A	Duncan	J. R.
351 A	Farrar	H. G.
351 A	Fowler	J. A.
351 A	Guadalupe	G.
351 A	Gunter	John
351 A	Harkey	Matthew
351 A	Harkey	L. J.
351 A	Harkey	Riley
351 A	Harmon	John
351 A	Haynes	J. L.
351 A	Leavy	J. R.
351 A	Nabers	A. W.
351 A	Neighbors	A.
351 A	Pope	James
351 A	Ragsdale	R. A.
351 A	Roda	L. H.
351 A	Sulton	J. M.
351 A	Taylor	William
351 A	Wright	George
352 A	Alstain	Richard
352 A	Darnell	N. H.
352 A	Irving	M. L.
352 A	Knopfli	Henry
352	Swisher	J. M.
353	Swisher	J. M.
353 A	Field	W. R.
353 A	Futch	Thomas
353 A	Gay	J. M.
353 A	Montgomery	L.
353 A	Sanders	George
354	Smith	J. M.
354 A	Donaho	M.
354 A	Embry	W. G.
354 A	Smith	J. M.
354 A	Smith	J. M.
355	Smith	J. M.
355 A	Claggett	H.
355 A	Doughney	A. J.
355 A	Nichols	John
355 A	Randolph	J. P.
356	Redwood	William H.
357	Long	M. M.
358	Kuhn	J. C.
359	Carr	R. D.
359 A	Craw	Eli
359 A	More	Haywood
360	Jowell & Simpson	
361	Daughney	A. J.
361	Finnin	Edward
361	Nichols	J. N.
362	Lange	Ewald
363	McGehee	W. B.
363 A	Nichols	G. R.
363 A	Ragsdale	R. A.
364	McGehee	W. B.
364 A	Cathley	William
365	McGehee	W. B.
365 A	Davis	W. J.
366	Chalmers	W. L.
367	Wernett	J. B.
368	Cox	J. M.
368	Henricks	A.
368	Howard	W. R.
369	Joyce	Jno. T.
370	Marrs	T. M.
371	Garrard	Thomas
371 A	Baskin	W.
371 A	Bear	F. T.
371 A	Caradine	W.
371 A	Diltz	J.
371 A	Franks	Eli
371 A	Friend	G. L.
371 A	Grozier	Oliver
371 A	Haley	William
371 A	Logan	W. L.
371 A	Love	W. E.
371 A	McCutcheon	W. R.
371 A	Tipton	A.
371 A	Walde	C. H.
371 A	Williamson	J.
372	Bratton	L. D.
373	Wolf	Asa
374	Burlage	John
374 A	Farrow	J. D.
374 A	Herron	A. C.
374 A	Manelino	P.
375	Burlage	John
375 A	Watkins	W. M.
376	Allan	J. T.
376 A	Hamilton	W. B.
376 A	Herron	Andrew

Name Index to Military Claims-Numerically

377	Alexander & Allen	
378	Reynolds	W. W.
379	Lane	E. D.
380	Garrard	Thomas
380	Knowles	B. H.
380	Mills	Samuel
380	Scott	Thomas
380	Shook	J. D.
381	Duffau	F. T.
381 A	Claybrook	Thomas
381 A	Coop	Pat P.
381 A	McDarry	Pat W.
381 A	Reeder	A. Y.
381 A	Sears	A. W. G.
381 A	Smith	J. M.
381 A	Smith	E. A.
381 A	White	William A.
381 A	Williams	George W.
382	Brown	Leander
382 A	Leary	I. R.
383	Duff	James
383 A	Baumeirser	H.
383 A	Fitzhugh	W.
383 A	Mains	S. T.
383 A	McCord	J. E.
384	Duffau	F. T.
384 A	Bigelorn	J. W.
384 A	Blackburn	M. W.
384 A	Cutberth	D. E.
384 A	Davis	A. W.
384 A	Graham	J. W.
384 A	Hampton	R. H.
384 A	Hodge	Milton
384 A	Kuykendall	Samuel
384 A	Mahoney	E.
384 A	Maples	M. H.
384 A	McMurry	A. J.
384 A	Mires	J.
384 A	Odle	A. C.
384 A	Ramier	E. J.
384 A	Steedham	Henry
384 A	Witt	J. C.
385	Lubbock	F. R.
385 A	Box	M. P. S.
385 A	Decourcy	James A.
385 A	Fitzhugh	William
385 A	Fitzhugh	G. S.
385 A	Haney	K. N.
385 A	Nicholson	J. M.
385 A	Patterson	A. G.
385 A	Wilmith	W. G.
386	Glenn	Jno. W.
387	Kemp	L. J.
388 A	Bayles	A. P.
388 A	Berdine	V. E.
388 A	Berdine	V. E.
388 A	Bingham	T. P.
388 A	Bounds	O.
388 A	Campbell	J. W.
388 A	Chandler	D. P.
388 A	Farrar	A. L.
388 A	Farrar	O. S.
388 A	Foster	A. A.
388 A	Gentry	M. W.
388 A	Greener	Jno.
388 A	Greenway	Jno. B.
388 A	Griggs	Thomas
388 A	Hancock	B. M.
388 A	Hickland	Young
388 A	Hill	W. R.
388 A	Home	William G.
388 A	Hughes	A. J.
388 A	Irwin	I. D.
388 A	Johnson	W. J.
388 A	King	J. R.
388 A	Kirkling	R. M. J.
388 A	Lawrence	James H.
388 A	Lowe	G. A.
388 A	Malone	Solomon
388 A	McCartney	R. K.
388 A	McCreary	William M.
388 A	McKnight	E. F.
388 A	McMinn	Thodius
388 A	Moore	Josiah
388 A	Moore	E. H.
388 A	Myrick	H. W. K.
388 A	Neel	T. C.
388 A	Nelson	David
388 A	Nelson	Davis
388 A	Rabourn	Jno.
388 A	Rankin	A. M.
388 A	Reager	John
388 A	Reagor	John
388 A	Redington	O.
388 A	Reese	Thomas
388 A	Self	T. C.
388 A	Sisk	Thomas D.
388 A	Smith	W. R.

Name Index to Military Claims-Numerically

388 A	Wallace	E. D.
388 A	Washington	B. F.
388 A	Watts	W. J.
388 A	Watts	W. J.
388 A	White	Jno. M.
388 A	Wood	I. S.
389	Derryberry	N. C.
390	Finnin	Edward
391	Wrather	William B.
392	Davis	George M.
392	Forrest	S. R.
392	Forrest	Car
392	Hines	Thomas
392	McDaniel	James
392	Moore	Jno.
392	Sims	Jno. D.
392	Watson	B. W.
392	White	R. M.
393	Kinsey	Thomas
394	Swann	Jno. S.
395	Smith	J. M.
396	Whites	C. W.
396 A	Bingham	J. J.
396 A	Dougherty	J. R.
396 A	McCarty	A. J.
396 A	Talley	J. R.
396 A	Warren	G. W.
397	Dashiell	J. Y.
398	Stucken	F. V. D.
398 A	Bauer	Jacob
398 A	Donap	Otto
398 A	Lehmberg	C.
399	Stucken	F. V. D.
399 A	Stuckew	S. V. D.
400	Becker	John
401	Finnin	Edward
402	Dashiell	George R.
403	DuVal	Burr G.
404	Clement	Thomas H.
405	Taylor	George W.
406	Hirshfeld	H.
406 A	Dalrymple	W. C.
406 A	Johnson	T. J.
407 A	Bouchelle	W. E.
407	Hirshfeld	H.
407 A	Hirshfield	W. L.
407 A	Johnston	Alex
407 A	Zursen	Elias
408	Hirshfeld	H.
408 A	Druson	J. A.
408 A	Mason	W. R.
409	Haskins	P.
409 A	Hopkins	P.
410	Henricks	A. B.
410 A	Granbury	H. B.
411	Henricks	A. B.
411 A	Taylor	Fechtig
412	Fleming	J. B.
412	Hofeckert	Philip
412	Randolph	J. P.
412	Reeves	C. J.
413	Smith	Edward
414	Caison	J. M.
415	Chandler	W. W.
416	McTyre	William
417	Finnin	Edward
417 A	Ashblock	W. T.
417 A	Brown	W. A.
417 A	Richards	W. C.
418	Finnin	Edward
418 A	Van Cleave	Matthew
419	Harrell	J.
420	Coates	T. S.
420 A	Winkle	Henry
421	Garrard	Thomas
421 A	Adams	Ben
421 A	Britton	M. A.
421 A	Britton	J. E.
421 A	Cash	J. T.
421 A	Christman	J. H.
421 A	Dawson	J. H.
421 A	Faunt Le Roy	F. W.
421 A	Franks	Eli
421 A	Friend	J. W.
421 A	Haley	D. C.
421 A	Haley	G. W.
421 A	Hall	N. J.
421 A	Knowles	Jacob
421 A	Lanham	B.
421 A	McDonalds	J.
421 A	McGhee	L.
421 A	Miller	T. G.
421 A	Mills	Jacob
421 A	Reed	F. M.
421 A	Tackitt	J. H.
421 A	Windhouse	Willy
422 A	Calfer	W. A.
422 A	Chambers	W. T.

Name Index to Military Claims-Numerically

422 A	Gebhard	L. H.
422 A	McMinn	T.
422	Moore	E. H.
422 A	Rogers	E. W.
422 A	Woolworth	E. H.
423	Bahn	A.
423 A	Russell	W. L.
424	Bahn	A.
424 A	Cowan	D. C.
425	Bahn	A.
425 A	Potts	Thomas G.
426	Bahn	A.
426 A	Billingsley	J. C.
426 A	Downs	F. C.
426 A	Sublett	D. L.
427	McReynolds	G. W.
428	Watson	Robert
429	Jackson	R. J.
430	Jackson	R. J.
431	McLane	William A.
432	Ragsdale	Thompson
433	Burker	William
434	Mason	C. C.
434 A	Kincheloe	W. J.
435	Mason	C. C.
436	Beasley	L. W.
436	Bonner	J. R.
436	Marshall	F. M.
437	Billingsley	J. R.
437	Harris	James H.
437	Williams	Edward
438	Jones	A. W.
439	Rogers	Joseph
440	Pevehouse	J. W.
440 A	Schuler	E. M.
441	Benavides	Atelano
441	Duff	James
441	Ramsey	Henry
441	Salinas	Marino
442	Duff	James
443	Hernandez	Mariano
444	Andrews	R. D.
445	Baugh	L. P.
445	Baugh	Mac
445	Brewer	P. W.
445	Brown	William
445	Caison	H. L.
445	Clemens	Israel
445	Hague	William
445	Harris	L.
445	McCain	A. K.
445	McReynolds	E. B.
445	Roberts	Levi
446	McGee	Riley
447	Wedbee	L. C.
448	Alverson	H. B.
449	Swindells & Lane	
450	Swindells & Lane	
451	Lancaster	Ellis W.
452	Scoggins	D. G.
453	Tucker	L. T.
454	Timan	Hugh
455	Cockrell	Sarah H.
456	Leonard	Mary
457	Finnin	Edward
458	Bigham	N. W.
458	Moffett	H. J.
458	Nance	William J.
458 ½	Bryan	R. M.
459	Morris	Eugene
460	Rogers	J. B.
461	Black	Jno.
462	Lavenberg & Bros.	
462 A	Cross	J. H.
462 A	Mather	Samuel
462 A	Tobin	W. G.
463	Lavanburg & Bros.	
463 A	Ballentyne	Robert
463 A	Walker	Joseph
464	Clements	Blount
464 A	Martin	Ernest
465	Barfield	C. J.
466	Rines	Willis J.
467	Nichols	L. D.
467 A	Carter	W. H.
467 A	Willis	William
468	Bagley	W. M.
468	Breedlove	George W.
468	Elkin	S. A.
468	Fox	Charles T.
468	Gough	A. B.
468	Hardeman	J. M.
468	Haweth	William
468	Herndon	George
468	Mays	R. B.
468	Shirley	Marion
469	Wright	Arwin
470	Breedlore	George W.

Name Index to Military Claims-Numerically

470	Fitzhugh	Robert
470	Patterson	A. G.
470	Stroughan	J. O.
471	Edmonson	M. D.
471 A	Edmundson	M. D.
472	Ward	E. P.
473	Green	H.
473 A	Norfleets	E. L.
474	Green	H.
474 A	Hogan	L. A.
474 A	Stewart	J. A.
474 A	Stewart	William
474 A	Wimberly	G. C.
474 A	Winn	Thomas J.
475	Stucken	F. V. D.
476	Weatherspoon	A. D.
477	Willis	T. G. A.
478	Kuykendall	W. A.
479	Lamb	Martin
480	Mays	John
481	Luce	M. L.
481 A	Steen	George N.
482	Jones	M. L.
483	Hector	James P.
483 A	Patton	J. M.
484	Military Board	
485	Military Board	
486	Thomason	E.
486 A	Ward	O.
487	Fink	R.
488	Vance Bros.	
489 A	Alexander	Joseph
489 A	Alexander	Franklin
489	Bean	Mark
490	Chamberlin	D. T.
490	Hannah	Allison W.
490	Neely	J.
490	Wallace	Clifton J.
491	Chamberlin	D. T.
491	Davis	L. A.
491	Kuykendall	M. J.
492	Garey	Jno. E.
493	B. Monroe Bros.	
494	Pascal	George W.
494 A	Boutwell	J. R.
495	Pascal	George W.
495 A	Barnett	James H.
495 A	Blair	George M.
495 A	Brown	D. H.
495 A	Glass	A. M.
495 A	Meader	Charles
495 A	Underwood	W. B.
496	Redding	M. C.
497	Amos	A. W.
498	Swenson	S. M.
498 A	Howard	G. T.
499	Swenson	S. M.
499 A	Howard	H. P.
499 A	Ogden	Howard J.
500	Massey	George S.
501	London	C. M. H.
502	O'Keife	Hugh
503	Dashiell	J. Y.
503 A	Harrison	Thomas
504	Roling	J. M.
505	Martin	James
506	Hall	C. B.
506 A	Conaway	William
507	McDonald	Edward
508	Swenson	S. M.
508 A	Kirkpatrick	J. G. W.
508 A	Liner	W. T.
508 A	Noel	G. W.
508 A	Woodward	P.
509	Campbell	William
510	Brown	George
511	Heilbrormer	G.
511	Jacobs	J. S.
511	Richards Bros.	
511	Roling	J. M.
512	Billingsley	J. R.
512 A	Alexander	William
512 A	Davis	John
512 A	Ellison	J. W.
512 A	Gatlin	J. G.
512 A	Jones	M. H.
512 A	Nichols	Jno.
512 A	Rabourn	Jno.
513	Brush	L. B.
513 A	Donahoe	E. P.
514	Cowan	G. P.
514	Cowan	D. C.
514	Cowan	L. H.
515	Warfield	T. P.
516 A	Billingsley	J. R.
516 A	Gray	R. W.
517	Neill	J. H.
518	Warren	Jno. G.

Name Index to Military Claims-Numerically

519	Dunlevie	John	527	Palmer	J. M.
520	Box	T. W.	527	Steele	Charles
521	Dorbandt	C.	527	Steele	Hardin
522	Jno. Marshall & Co.		527	Tally	T. C.
523	Bell	Joseph C.	527	Vaughn	J. L.
523	Bruger	Jno.	527	Watson	B.
523	Cook	Jno.	527	York	L.
523	Davidson	Whitfield	528	Moore	Haywood
523	Druitt	Leo	529	Silliman	R.
523	Enfernier	Achille	530	Traner	David
523	Gaffney	William	531	Hammock	W. W.
523	Hartley	R. K.	531 A	Adams	B.
523	McCabe	Jno. W.	531 A	Arrowood	H.
523	McCarty	Jno.	531 A	Arrowood	G.
523	McDivit	Thomas	531 A	Arwood	G.
523	McNeil	Jno.	531 A	Biehl	J. B.
523	Mills	Ambrose	531 A	Binum	Q. L.
523	Parker	Thomas	531 A	Box	Wade
523	Pruker	Oscar	531 A	Branner	C.
523	Purcell	Thomas	531 A	Carden	Jo.
523	Reese	Clements	531 A	Crozier	O.
523	Riley	Jno.	531 A	Dyer	Jno. L.
523	Sullivan	Daniel	531 A	Gholson	S.
523	Thomas	Edward	531 A	Glearson	W.
523	Wagniere	Louis	531 A	Hammack	Jno.
523	Welch	James	531 A	Kinsey	E.
523	Zimmer	William	531 A	Knowles	B.
524	Carson	J.	531 A	Logan	J. H.
524 A	Quinn	Edmund	531 A	Logan	R. S.
525 A	Githeen	L. P.	531 A	Logan	J. N.
525 A	Kim	C. W.	531 A	McCarty	Thomas
526	Bremond	Eugene	531 A	Shipman	K.
526 A	Kerby & McCord		531 A	Smith	J. S.
526 A	Queen	C. J.	531 A	Tatum	W.
527	Alley	J. N.	531 A	Tiptan	B. W.
527	Blackwell	W. A.	532 A	Mains	S. F.
527	Brewer	Leo	532	Shelley	N. G.
527	Carson	Joseph	533	Shelley	N. G.
527	Felps	T. C.	533 A	Harmon	John
527	Felps	B.	534	Spaulding	C.
527	Felps	W. D.	534 A	Robinson	P. Waller
527	Felps	Benjamin	535	Tips	I.
527	Furgeson	B. G.	535 A	Hudson	R. W.
527	Gates	A. V.	536	Martsdorff	Robert
527	Glenn	G. B.	537	Hoy	J. R.
527	Hamilton	J. W.	538	Suitor	A. T.
527	Lindeman	E. D.	538 A	Binnion	J. B.
527	Lindeman	A.	538 A	Russell	Decatur
527	Lindeman	H. C.	539	Brush	S. B.

Name Index to Military Claims-Numerically

539 A	Harrison	Thomas
540	West	C. S.
540 A	Foler	S. G.
541	Harkness	W. B.
542	Lovenskiold	Charles
543	Billingsley	J. R.
543 A	Ellis	Jesse
543 A	Henson	L.
543 A	Hunter	John
543 A	Rogers	H. B.
544	Hartley	R. K.
545	Osburn	S.
546	Ackerman & Matthews	
546	Clark & Hearn	
546	Greer	D. D.
546	McDonald	J. G.
547	Wolf	T. H.
548	Duffau	F. T.
548	Dunn	Peter
548	Gussett & Woessner	
548	Mitchell	J. B.
548	Moses	J. Williamson
548	Newman	O.
548	Ohler	L.
548	Schubert	Richard
549	Lavenskiold	Charles
549 A	Combs	F. H.
550	King	Adolph
550 A	Crain	J. S.
550 A	Foak	James
550 A	Gray	C. R.
550 A	Stucke	C.
551	Johns	C. R.
552	King	Adolph
552 A	McFaddin	J. P.
553	Breedlave	G. W.
553 A	Fitzhugh	Robert
553 A	Maddon	W. H.
554	Dashiell	J. Y.
555	Lavenskiold	Charles
556	Breedlove	G. W.
556 A	Aldridge	J. C.
556 A	Beverley	A. J.
556 A	Brown	C. S.
556 A	Browning	S. M.
556 A	Burney	R. T.
556 A	Clark	M. R.
556 A	Dameron	Pat
556 A	Dews	S. H.
556 A	Fisher	N. B.
556 A	Fitzhugh	G. L.
556 A	Fitzhugh	William
556 A	Fitzhugh	G. S.
556 A	Fitzhugh	J. D.
556 A	Halter	D. S.
556 A	Horn	J. C.
556 A	Hufte	John
556 A	Hunter	Pete
556 A	Johnson	W. T.
556 A	Jones	William P.
556 A	Lair	J. H.
556 A	Lavelady	W. A.
556 A	Lewis	James
556 A	Maddox	W. H.
556 A	Maxwell	J. H.
556 A	Myers	E. G.
556 A	Nichols	C. P.
556 A	Nicholson	J. M.
556 A	Patterson	A. G.
556 A	Pitts	M.
556 A	Rattan	W. A.
556 A	Rhine	H.
556 A	Roberts	W. W.
556 A	Sanders	Pete
556 A	Sims	James
556 A	Thompson	A.
556 A	Wardan	J.
556 A	Watkins	W. W.
556 A	Wilsmith	W. C.
556 A	Wilson	J. W.
557	Dashiell	J. Y.
558	Steussy	F.
558 A	Zimmerman	George
559	Kilburn	G. A.
560	Johnson	L. A.
561	Love	P. R.
561 A	O'Hare	John S.
561 A	Reese	William R.
562	Billingsley	J. R.
562 A	Jackson	C. R.
562 A	Rogers	Herman
562 A	Smith	J. M.
563	Hartley	R. K.
564	Military Board	
565	Bahum	C. L.
566	Gregg	W. R.
566	Hotchkiss	W. S.
567	Whaley	Hercules

Name Index to Military Claims-Numerically

568	Bean	W. R.	568	Puryear	J. B.
568	Berry	Jno.	568	Read	J. L.
568	Blaine	Jno.	568	Reynolds	H. M.
568	Blake	W. A.	568	Robertson	James T.
568	Bray	W. H.	568	Self	Jno. B.
568	Brumley	L. L.	568	Sheezog	Edward
568	Brumley	J. H.	568	Smith	W.
568	Burch	B. D.	568	Spencer	Thomas C.
568	Burch	L. M.	568	Strickland	J. T.
568	Burden	William	568	Sullivan	C.
568	Burns	O. H.	568	Swan	J. D.
568	Connell	J. T.	568	Twittey	William C.
568	Cooley	David	568	Ward	Charles
568	Dyer	Charles	568	Wesson	A.
568	Edwards	James	568	Whaley	A. H.
568	Glanville	C. C.	568	Whaley	M. H.
568	Goodson	G. W.	568	White	J. L.
568	Goodson	J. B.	568	Whitten	A. H.
568	Haweth	F. A.	568	Wininger	William
568	Hawkins	David	568	Wisdom	W. J.
568	Hill	A. M.	569	Brough	L. D.
568	Hodge	A. M.	569	Twittey	William C.
568	Hornbuckle	C. C.	570	Redus	George
568	Howell	J. H.	571	Lockhardt	William
568	Hughey	William	572	Parker	S. M.
568	Jones	G. W.	573	Hobbs	J. M.
568	Jones	W. J.	574	Puryear	Jno. B.
568	Jones	W. C.	575	Riardon	Thomas
568	Jones	J. P.	576	Buege	W. B. & J. M.
568	Jones	J. C.	576	Breadlove	George W.
568	Justice	J. F.	576	Rhine	A.
568	Laving	William	576	Tucker	A. I.
568	Law	J. W.	577	Collom	J. W.
568	Leddington	Thomas	577	Stone	W. E.
568	Linch	J. D.	578	Cannon	Jno.
568	Luck	A. H.	578	Hobby	A. M.
568	Martin	W. P.	578	Hooper	James
568	Mathews	Jasper	578	McGeary	M. B.
568	McCalaster	Jno.	579	Herbert	P. T.
568	McCowan	R.	580	Estrange	F. L.
568	McCowan	S. M.	580 A	Nichols	R.
568	McDaniel	D. J.	580 A	Sanches	J.
568	McElhannan	William	580 A	Walker	Joseph
568	Morris	R.	580 A	White	R. M.
568	Morris	G. G.	580 A	Woody	John
568	Oferil	Barney	581	Shelly	N. G.
568	Ozment	P. L.	581 A	Duley	James D.
568	Ozment	William	582	Shelly	N. G.
568	Philips	J. A.	582 A	Wheeler	W. E.

Name Index to Military Claims-Numerically

583	Shelly	N. G.
583 A	Bozhluck	John
584	Taylor	W. G.
585	Cancannon	M. J.
585	Collings	R.
585	Farrell	P.
585	Hamilton	George
585	Irwin	H. G.
585	Moore	Jno. W.
585	Moreno	George
585	Oxer	William
585	Polk	Jno. A.
585	Strother	D. C.
585	Swenson	S. M.
585	Swoope	Jno. S.
585	Van Cleve	C.
585	Ximenes	Jesus
585	Zapata	Jose
586	Howell	J. T.
586 A	Howell	J. T.
587	Spann	Charles
588	Bayer	D.
588	Burk	Jacob
588	Dorsey	C. W.
588	Georg	G.
588	Gott	H.
588	Holzer	H.
588	Huffman	Jacob
588	Korn	Louis
588	Lang	Philip
588	Lang	Peter
588	Lang	Henry
588	Lorens	Peter
588	Lorens	Henry
588	Ostrich	F.
588	Richeman	A.
588	Riley	R. W.
588	Schmidt	AD.
588	Schneider	C.
588	Schneider	L.
588	Schneider	W.
588	Sharer	Henry
588	Vasterling	Henry, Sr.
588	Vasterling	Henry, Jr.
589	Moore	Lewellin
590	Hartley	R. K.
591	Shearer	Henry
592	W. M. Rice & Co.	
592 ½	N. Lidstone & Co.	
593	Moore	Lewellin
594	Harrell	M.
595	County of Galveston	
595	Hartley	R. K.
595	Ufford	E. L.
596	Lane	E. D.
597	Evans	James S.
598	Military Board	
599	Duffau	F. T.
599 A	McCown	J. A.
600	McCowan	J. M.
601	Young	William P.
602	Wolf	Jacob
603	McKnight	Thomas
604	Kirchberg	James
605	Dashiell	J. Y.
606	Angelman & Gerson	
606	Berry	C. W.
606	Chapman	P.
606	Conner	L. W.
606	Davis	C. W.
606	Davis	Joel
606	Flipper	T. A.
606	Foster	A. A.
606	Fulton	Wilson
606	Givens	J. W.
606	Givens	G. W.
606	Gray	T. L.
606	Haynes	Burney
606	Higgs	W.
606	Hinds	J. M.
606	King	R. D.
606	Laughlin	J. P.
606	Marchbanks	T. H.
606	McCarty	A. C.
606	McCray	A.
606	McFarlain	B. P.
606	Meridith	J. B.
606	Moore	E. H.
606	Oldham	N.
606	Overstreet	C. C.
606	Parks	Felix
606	Picket Bros.	
606	Prince	J. E.
606	Prince	William
606	Rausberger	S. H.
606	Reager	Jacob
606	Reager	J. F.
606	Richardson	W. B.

Name Index to Military Claims-Numerically

No.	Name	Initials
606	Rogers	E. W.
606	Siddons	J. A.
606	Smith	G. W.
606	Smith	H. W.
606	Smith & Parks	
606	Sweat & Turner	
606	Thompson	R. C.
606	Wilson	L.
606	Works	B. M.
607	James	H. S.
607	King	B. F.
608	King	B. F.
609	Bigham	B. F.
609	Burnett	J. S.
609	Cooper	L.
609	Moore	E. H.
609	Oldham	W. T.
610	King	J. T
611	Moore	E. H.
611 A	Ainsworth	A. N.
612	Nolan	Mathew
613	Nolan	Mathew
614	Hinderson	James
615	Lubbock	F. R.
615 A	Bingham	John H.
616	Shelley	N. G.
616 A	Manninig	S. W.
617	Beynon	Thomas
617	Clymer	Samuel
617	Collins	Robert
617	Dalton	O. B.
617	Deass	G. W.
617	Farrell	Peter
617	Flemming	Benjamin
617	Hasdurff	William G.
617	Henderson	Robert
617	Hooper	Jno.
617	Hudson	Russell
617	Hutchinson	Alfred
617	Hutchinson	G. W.
617	Hutchinson	Hugh
617	Kelly	John
617	Koonce	C. C.
617	Leonard	Jno.
617	McCarthey	J.
617	McManus	William J.
617	Nolan	Mathew
617	Oxer	William
617	Page	Francis
617	Roach	F. L.
617	Rush	William H.
617	Sexton	Wiley
617	Stevenson	G. W.
617	Taylor	Edward
617	Taylor	William
617	Tilley	A. W.
617	Van Derveer	H. F.
617	Van Derveer	H. F.
617	Wardrope	Peter
618	Moore	J. M.
619	Brown	James
620	Schellinger	J. C.
621	Flournoy	S. M.
622	Blythe	W. T.
623	Hall	James M.
623 A	Hall	G. J. M.
624	Jordan	Thomas J.
625	Anderegg	Jno. A.
625	Bast	M.
625	Bauer	Jacob
625	Behrens	Henry
625	Bickenbach	William
625	Bickenbach	Peter
625	Bieberstein	H. R.
625	Bode	Robert
625	Brandenberger	F.
625	Cramm	I. C.
625	Danheim	H.
625	Donop	Otto
625	Durst	I.
625	Durst	F. G.
625	Hasse	H.
625	Hick	H.
625	Hoester	W.
625	Hoester	F.
625	Jordan	Ernst.
625	Kothman	D.
625	Kothman	F.
625	Lehmberg	C.
625	Lehmberg	F.
625	Leifeste	A.
625	Leifeste	F.
625	Lorens	Frederick
625	Simon	C.
625	Werner	Jno.
625	Winkel	C.
626	Patton	J. M.
626 A	Patton	J. M.

Name Index to Military Claims-Numerically

627	Shaw	F. G.
628	Worrall	M.
628 A	Bledsoe	J. R.
629	Kenedy	M.
630	Leggett	W. D.
631	Sullivan	Adam
632	Benson	William
632	Breithauph	Jacob
632	Cassady	John
632	Christopher	N. C.
632	Creventer	J. Y. E.
632	Dealy	Pat
632	Evans	Edward
632	Fitze	Gustave
632	Gibbs	Samuel
632	Gifford	John
632	Hadden	James B.
632	Hartz	Louis
632	Herald	George
632	McAllen	William
632	Reder	Peter
632	Shannon	Bartlett
632	Simmons	Thomas
632	Strickland	G. W.
632	Studer	Joseph
632	Swisher	J. M.
632	Wilkinson	Conrad
632	Wilson	William
633	Benton	Thomas
633	Raymond	J. H.
633	Somerhalter	Valentine
634	Marlin	W. N. P.
635	Ake	Thomas
636	Marlin	W. N. P.
637	Suitor	A. T.
638	Dashiell	J. Y.
639	Finnin	Ed.
640	Clement	Thomas H.
640	Dashiell	George R.
640	Du Val	Burr G.
641	Pankratz	John
642	McDade	W. A.
643	Bechem	W. C.
643	Conger	J. B.
643	Farley	W. H.
643	Gunter	A. Y. & W. W.
643	Hanning	Aaron
643	Hobbs	Harrison
642	Holder	N. S.
643	Mager	Richard
643	Roberts	J. C.
643	Sacra	Ed.
643	Saunders	J. R.
643	Truelove	Jno. A.
643	Tully	Jno. E.
643	Turnbough	M. C.
643	Vanderburg	G. W.
643	Wade	Thomas S.
643	Williams	Lewis
643	Wilson	B. R.
643	Worrall	J. R.
643	Worrall	J. R.
644	Nail	J. M. Junior
645	Amason	B. J.
646	Parker	R.
647	Walker	H. P.
648	Proudfoot	I. R.
648	Swenson	S. M.
648	Williams	Joseph L.
649	Birk	Jacob
650	Billingsley	J. R.
650 A	Pierce	A. J.
650 A	Waller	J. R.
651	Ahearne	Patrick
651	Alben	Lieut. W. P.
651	Allsbrook	Joseph
651	Bannon	Jno. F.
651	Campion	Jno.
651	Carlos	Francisco
651	Coryell	Joseph R.
651	Crain	William
651	Crosby	L.
651	Debesdernier	L. F.
652	Faulker	Oliver P.
651	Gibbs	Henry
651	Gillett	August
651	Hagan	Charles
651	Higgins	Charles
651	Hooker	Frederick
651	Hubner	E. B.
651	Montgomery	J. J.
651	Murphy	J. W.
651	Noble	S. F.
651	O'Brien	Martin
651	Reagan	J. W.
651	Sewell	Edward
651	Steinhurst	August
651	Steinhurst	Laurence

Name Index to Military Claims-Numerically

651	Stephens	Ferdinand
651	Upton	W. R.
651	Vincent	James C.
651	Walker	Jno. No. 1
651	West	Henry
652	Forbis	James
652 A	Donahoe	E. P.
653	Albertson	B.
653	Austin	J. P.
653	Canfield	Charles
653	Donnelly	B.
653	Dunn	Christopher
653	Edwards	William
653	Hatton	A. E.
653	Henry	Lieutenant R.
653	Hull	Jno.
653	Joyce	J. T.
653	Lambdin	R. B.
653	Love	J. E.
653	McMann	E.
653	Miller	H.
653	Millican	J. H.
653	Montgomery	J. J.
653	Morgan	J N.
653	Myer	Lucien
653	Neill	J. H.
653	Noble	S. F
653	Proudfoot	J. R.
653	Rlvew	William
653	Sands	Jack
653	Schubert	Richard
653	Somerville	Michael W.
653	Swenson	L. M.
653	Tomlinson	A. A.
653	Wagner	William
653	Walker	James A.
654	Schooner Royal Yacht	
655	Kaufman & Kleaner	
656	Galveston Wharf Co.	
657	Wahrenberger	John
657 A	Graves	J. G.
657 A	McIntyre	G. W.
657 A	Willie	F.
657 A	Woolridge	C. N.
658 A	Adams	A. M.
658	Wahrenberger	John
658 A	Arispe	L.
658 A	Austin	James
658 A	Field	J. H.
658 A	Gormas	F.
658 A	Kinsey	J. T.
658 A	Level	N. H.
658 A	Matta	Andres
658 A	Miller	W. O.
658 A	Oldright	Jno.
658 A	Walker	Jno.
659	Love	J. E.
660	Wilson	Jason
661	Galveston, The City of	
662	T. B. Stubbs & Co.	
663	Bryan	L. W.
663	Hill	Robert
663	Swenson	S. M.
663	Wildman	Valentine
664	Pope	J. H.
664 A	Davenport	J. R.
664 A	Mulkey	James D.
665	Davis	Isaac S.
666	Shark	Shn.
667	Jameson	Rufus
668	James	Benjamin
668 A	Jacobs	J. G.
669	Shelby	N. G.
669	Story	J. W.
669	Stroud	S. M.
670	Rhea	C. W.
671	Jones & Dunaway	
671	Tomlinson	A. A.
672	Ball Hutchings & Co.	
673	Military Board	
674	Cabassos	Antonio
675	Cabassos	Philip
675	Cabassos	Francisco
675	Chism	William
675	Cobb	James W.
675	Curry	Jno.
675	Daugherty	Jno.
675	De Los Santos	Caesoris
675	Edwards	Jno. T.
675	Effman	Charles
675	Emons	James D.
675	Flores	Fecundo
675	Ford	Jno. P.
675	Freeman	Levy
675	Guera	Philip
675	Hamilton	R. J.
675	Herring	William H.
675	Hull	Jno.

Name Index to Military Claims-Numerically

675	Kelsey	Jno. P.	683	Patterson	William
675	Moses	Alfred	683	Pucket	W. T.
675	Murphy	W. B.	683	Shyler	Samuel
675	Ramidos	Philip	683	Somerhalter	Valentine
675	Ramidos	Manuel	683	Somers	William
675	Ray	Frank	683	Speed	S. G.
675	Sayres	Gabrial	683	Taylor	Jno.
676	Crawford	Ann	683	Tebeault	GG.
676	Dickerson	Achilles G.	683	Valverde	Francisco
676	Fitzgerald	Thomas H.	683	Williams	Jno.
676	Harding	Jno.	683	Williams	R.
676	Hathaway	Charles D.	684	Avant	Lewis
676	McDonald	Edward	684	Beltram	J.
676	Smith	Patrick	684	Benton	Thomas
677	Morris	A. R.	684	Bowen	James E.
677 A	Marshall	A. B.	684	Burns	William
678	Hays	J. M.	684	Caro	Jose
678 A	Dinap	Otto	684	Concannon	M. J.
678 A	McCord	Ruby	684	Cravey	G. W.
679 A	Gillett	James S.	684	Cude	A. J.
679	Pope	J. H.	684	Curtis	L. V.
680	Hobby	A. M.	684	Davidson	B.
680 A	Jackson	J. M.	684	Davis	William
681	Russel	Charles	684	Eckford	Jno.
681 A	Harvey	E.	684	Enderly	Lewis
681 A	Rankin	J. Y.	684	English	William
682	Lowe	B. B.	684	Gray	J. H.
682 A	Tate	J. L.	684	Hamilton	George
683	Burns	William	684	Harrison	Ira A.
683	Carling	Jno. T.	684	Harrison	James
683	Carro	Jose	684	Haycock	William
683	Cude	A. J.	684	Herring	Curtis
683	Curtis	L. V.	684	Hevner	Jno.
683	Decker	Jno.	684	Hewitt	A. M.
683	English	William	684	Hopkins	Lambeth
683	Espinosa	F.	684	Jeron	Jno.
683	Gray	J. H.	684	Mamess	W.
683	Hamilton	George	684	Manios	L.
683	Harrison	James	684	Martin	E.
683	Harrison	Ira J.	684	McRea	L. D.
683	Hevner	Jno.	684	Moore	Jno.
683	Jeron	Jno.	684	O'Connor	Charles
683	Livesay	J. R.	684	Old	H.
683	Martin	E.	684	Porter	Samuel
683	McRea	C. D.	684	Pucket	W. T.
683	Moore	Jno.	684	Saunders	M.
683	Nicholson	J. D.	684	Schyler	L.
683	O'Conner	Charles	684	Somerhalter	Valentine
683	Old	H.	684	Somers	W.

Name Index to Military Claims-Numerically

684	Speed	L. G.	694	Rust	William
684	Stringfield	S.	695	Rust	William
684	Taylor	Jno.	696	Rust	William
684	Tebault	George	697	Carr	R. D.
684	Wadsworth	J. W.	697 A	Diviney	Thomas
684	Williams	W.	698	Lea	Pryor
684	Williams	R.	698 A	Dunlap	W.
684	Williams	Jno.	699	Moore	William J.
684	Williams	H. J.	700	Headen	William
685	Elliott	J.	701	Carr	R. D.
685 A	Elliott	James	701 A	Morral	J. R.
686	Bowers	M. H.	702	Fox	P.
686 A	McKee	R. W.	703	Finnin	Ed.
687	Nunn	William M.	704	Pope	J. H.
688	Parsons	William H.	704 A	Conaway	F. M.
689	Alford	H. M.	705	Hartley	R. K.
689	Bonner	R. M.	705 A	Crozier	W. J.
689	Manning	H.	706	Jones	R. R.
690	W. M. Harper & Co.		706 A	Troughbar	W. R.
691	Crosby	L.	707	Duffau	F. T.
691 A	Berry	H. W.	708	Duffau	F. T.
692	Bailey	Samuel	709	Mogford	William
692	Briggs	E.	710	Mogford	William
692	Burk	Aaron	711	Koomce	Amando
692	Childress	H. M.	712	Cummings	James
692	Childress	E.	713	Gilbert	Edward F.
692	Cox	William	714	Shane	Francis
692	Edmondson	William	715	Ahearne	P.
692	Forsythe	Thornton	715	Alexander	J. T.
692	Fulkeson	James	715	Bossig	H. P.
692	Griffin	Henry	715	Bruger	Jno.
692	Hinsley	A.	715	Callahan	M.
692	Johnson	Jesse	715	Carlos	Francisco
692	Johnson	Dudley	715	Champion	Fred
692	Lindsey	James	715	Cook	Jno.
692	Marshall	B. T.	715	Court	Charles
692	Mays	Jno.	715	Daugherty	Jno.
692	Middleton	W. R.	715	Delaney	Rd.
692	Morgan	R. C.	715	Dolan	William
692	Nix	H.	715	Druitt	Leo
692	Shelly	N. G.	715	Durant	F.
692	Thyne	Thomas	715	Effman	Charles
692	Watts	A. S.	715	Enfernier	A.
692	Wilburn	F. M.	715	Gillett	A.
692	Wilburn	C.	715	Golledge	James W.
692	Wilburn	W. P. B.	715	Hagan	Charles
692	Wilkerson	J.	715	Hall	Owen
692	Williams	William A.	715	Hall	William O.
693	Cox	William	715	Hanson	Charles

Name Index to Military Claims-Numerically

715	Hart	M.
715	Harvey	Edward
715	Jones	Austin
715	Kruger or Brown	Charles
715	Lilly	F.
715	Lockwood	B. F.
715	McCabe	Jno. W.
715	McCarty	
715	McLauchlin	J. H.
715	McNeill	
715	Michel	G.
715	Mills	A.
715	Money	Jno. A.
715	Moore	H.
715	Murphy	J. W.
715	Murray	T. H.
715	Neville	William
715	Reese	C.
715	Resler	N.
715	Riley	Jno.
715	Roach	Jno.
715	Robinson	Jno.
715	Scott	P.
715	Seelhorste	
715	Sewell	E.
715	Shane	Francis
715	Spann	Charles
715	Spann	R. C.
715	Steelhorste	
715	Sullivan	
715	Thomas	
715	Thomas	B. C.
715	Upton	W. R.
715	Vadin	F. S.
715	Voss	W.
715	Wagner	A. L.
715	Walker	
715	Weeks	
715	Wells	Jno.
715	Welsh	
715	Zimmer	W.
716	Brush	S. B.
716	Duff	F. P.
716	Forrest	Thomas
716	Hope	C. C.
716	Smith	Provast
716	Spann	C. R.
717	Thomas	F. E.
718	Cruse	J. A.
719	Biard	J. W.
719	Bostick	R. F.
719	Clark	James L.
719	Coy	Charles P.
719	Doyle	David T.
719	Harrell	Booker B.
719	Harris	Marion D.
719	Hollaway	Charles W.
719	Howeth	Jno. C.
719	Jones	M. R.
719	Jones	Wiley A.
719	Lynch	Warren L.
719	Robinson	Jesse A.
719	Rowland	Jno. T.
719	Willingham	W. C.
720	Ernest	E. M.
720 A	Davis	N. G.
721	Brush	S. B.
721 A	Bourland	James L.
722	Baurland	B. L.
722	Bostick	R. F.
722	Myers	W. L.
723	Brandon	J. M.
723 A	Cunningham	E. L.
723 A	Decouncey	J. A.
724	Donnelly	Bartholomew
725	Nance	O. B.
726	Galveston, City of	
726	Hartley	R. K.
727	Hobbs	Isaac M.
728	Scott	George
729	Galveston, City of	
730	Alderman & Ford	
730	Kellough	Mary D.
730	Neal	James P.
731	Finnin	Ed.
732	Cassels	Elias
733	Dashiell	J. Y.
734	Cassels	Elias
734 A	Waterhouse	Jack
735	Brandon	J. M.
735 A	Cord	Pete
735 A	Duncan	W. E.
735 A	Dunklin	F. M.
735 A	Head	J. E.
735 A	Reeves	C. J.
735 A	Shan	W. C.
736	Bell	J. M.
736 A	Brian	E. O.

Name Index to Military Claims-Numerically

736 A	Childress	S. C.
736 A	Rice & Childress	
737	Zachary	Jno.
738	Garland	Thomas L.
739	Kelly	William B.
740	Wadsworth	Jno. W.
741	De Cordova	P.
741	De Cordova	P.
741 A	Carbe	William
741 A	Lennen	D. M.
741 A	Robinson	J. A.
742	Powers	F. P.
743	Randolph	C. H.
743 A	Archer	W. M.
744	Lane	E. D.
745	Lane	E. D.
746	Lane	E. D.
747	Erhardt	C.
747 A	McCord	James E.
748	Benton	Benjamin E.
749	Finnin	Ed.
750	Hardcastle	G. L.
750 A	Wilson	Charles
751	Erhardt	C.
751 A	Smith	Robert
752	Ahearne	Patrick
752	Alexander	James T.
752	Bennett	Theodore G.
752	Brosig	Hugo P.
752	Bruger	Jno.
752	Callaghan	Michael
752	Campion	Jno.
752	Carlos	Francisco
752	Daugherty	John
752	Debesdernier	L. F.
752	Delaney	Richard
752	Druitt	Leo
752	Durant	Fred
752	Effman	Charles
752	Enfernier	Achille
752	Gillett	Augustus
752	Gollege	James W.
752	Hagan	Charles
752	Hall	Owen
752	Hanson	Jno.
752	Harney	Edward
752	Hoffman	Anna
752	King	Lawrence
752	Lewell	Edward
752	Lockwood	B. F.
752	McCabe	Jno. W.
752	McCarty	Jno.
752	McNeill	Jno.
752	Michel	Gustan
752	Mills	Ambrose
752	Murphy	James W.
752	Murray	Thomas H.
752	O'Hall	William
752	Reese	Clement
752	Riley	Jno.
752	Risler	Nathan
752	Robinson	Jno.
752	Schane	Francis
752	Scott	Patrick
752	Seethorse	Auguste
752	Spann	Charles R.
752	Spann	Charles
752	Steinhurst	Lawrence
752	Sullivan	Daniel
752	Thomas	Edward
752	Upton	William R.
752	Vaden	French S.
752	Wagner	A. Louis
752	Walker	Jno. No. 1
752	Zimmer	William
753	Delaney	Richard
753	Dunlevie	Jno.
753	Graham	Jno.
753	Hagan	Frank G.
753	Hagan	Francis
753	Hunsaker	O. F.
753	Lopes	Fernando
753	Miller	Samuel R.
753	Rosenberg	Jacob R.
753	Weiks	Andrew
753	Williamson	Jno.
754	Lewis	D.
755	Ammeram	C. R.
755	Baird	J. A.
755	Birch	Hiram
755	Reeves	W. L.
755	Reeves	G. R.
755	Reeves	R. O.
755	Wimberley	G.
756	Rodrigues	T. A.
756 A	Patton	B. F.
756 A	Stannard	William
756 A	Webb	James

Name Index to Military Claims-Numerically

757	Lane	E. D.
758	W. P. Hughes & Co.	
758 A	Grindell	Albert
759	Ottenhouse	H.
759 A	Otterhouse	H.
760	Riley	James
760 A	Meurer	Peter
761	Rooke	Thomas
762	Darnett	Jno.
763	Clement	Thomas H.
764	Flanagan	Jno.
765	Lane	E. D.
766	Reynolds	W. W.
767	Addington	W. H. H.
767	Bailey	Edward
767	Bailey	A. C.
767	Banning	L. C.
767	Barnett	T. L.
767	Beckham	William C.
767	Blain	W. B.
767	Bond	W. M.
767	Bostick	R. F.
767	Bourland	W. W.
767	Bourland	B. L.
767	Boyce	P.
767	Cadel	Peter
767	Caldwell	Jno. C.
767	Caldwell	B. P.
767	Campbell	William
767	Crain	J. A.
767	Diamond	G. B.
767	Dickson	A. T.
767	Dunn	M. M.
767	Elliott	J. P.
767	Gaston	H. M.
767	Givens	C. W.
767	Goble	Jno. G.
767	Harris	Joseph B.
767	Hodges	William
767	Holford	W. A.
767	Holford	Jno.
767	Howard	Z.
767	Jackson	L. C.
767	Jackson	Jno. W.
767	Jones	H. R.
767	Lageser	G. W.
767	Latham	William
767	Livingston	J. L.
767	Livingston	A. H.
767	Livingston	W.
767	Looney	J. N.
767	Mann	Joel L.
767	Mann	W. W.
767	McAlister	James
767	McCraw	Jno. T.
767	McCuistion	Thomas
767	McCuistion	William
767	Miller	William
767	Milsop	J. V.
767	Montague	D. R.
767	Moore	B. C.
767	Moss	Henry
767	Murrell	J. N.
767	Norris	C. J.
767	Parsons	E. O.
767	Parsons	Jno. R.
767	Parsons	W. W.
767	Pearl	Napoleon
767	Perry	Thomas
767	Rochell	Jno. P.
767	Roff	A. B.
767	Russell	W. R.
767	Spoon	William
767	Spoonts	W. W.
767	Stiers	Isaac
767	Stroope	F. B.
767	Titus	Turner H.
767	Tool	Jno.
767	Taylor	William
767	Vowel	H. V.
767	Ward	Joseph C.
767	Warnock	A. J.
767	Wilson	H. C.
767	Woolsey	T. J.
767	Woolsey	J. R.
767	Worley	A.
767	Young	Jno. G.
768	Foreman	W. W.
769	Bostick	R. F.
770	Rone	Thomas J.
771	Bostick	R. F.
771	Burks	William S.
771	Cloud	William
771	Diamond	G. B.
771	Mann	Joel L.
771	Rone	Thomas J.
771	Young	James D.
772	Bostick	R. F.

Name Index to Military Claims-Numerically

772	Doak	Dud.
773	Jones	J. L.
774	Debesdernier	L. F.
775	Clement	Thomas H.
776	Eastland	W. M.
777	Brown	Frank
778	Miller	Samuel H.
779	Brush	L. B.
779 A	Stone	G. T.
779 A	Stone	R. A.
779 A	Thompson	G. W.
780	Mitchell	Asa
781	Lane	E. D.
782	Lawson	Jonathan B.
783	Roby	R. J.
784	McCormick	J. M.
785	Dashiell	J. Y.
786	Dashiell	J. Y.
787	Dashiell	J. Y.
788	Bean	Jesse
788	Bethel	Hiram
788	Darchester	Jno.
788	George	H. B.
788	Hudson	J. E. M.
788	Hughes	John
788	Hunter	Jno. W.
788	Ingram	James
788	Jennings & Wantland	
788	Looney	Jesse
788	Morgan	James D.
788	Reeves	G. R.
788	Staley	G. W.
789	Young	W. C.
790	Browne	J. G.
790	J. M. Swisher & Co.	
790	Lander	Louis
790	Palmer	J. R.
791	Garcia	Eugenio
791	Gonzales	Dario
791	Jimenes	Angel
791	Raymond	James H.
792	Bigelow	Israel
793	J. M. Swisher & Co.	
793	Johnson	Henry
793	Monroe	John
794	Brush	S. B.
794 A	Bedwell	James
794 A	Eastman	B. F.
794 A	Moore	J. E.
794 A	Pyatt	J. B.
794 A	Sneed	William
794 A	Turner	E. P.
794 A	Williams	R. C.
795	Brush	S. B.
795 A	Blair	George W.
796	Brush	S. B.
796 A	Christian	J. C.
796 A	Ganny	Jno.
796 A	Sloan	J. C.
796 A	Tate	J. L.
797	Brush	S. B.
797 A	Quait	S. A.
798	Swenson	S. M.
798 A	Beard	T. R.
799	Earnest	E. M.
799 A	Canasto	A.
799 A	Cullen	T. J.
799 A	Todd	G. H.
800	Lane	E. D.
801	Smith	J. W.
801 A	Wright	William
802	Lavanberg Bros.	
802 A	Adams	R. E.
802 A	Birick	G. C.
802 A	Dawson	T.
802 A	Estip	E.
802 A	Franks	J. M.
802 A	Freeman	J. B.
802 A	Freeman	F. M.
802 A	Friend	G. L.
802 A	Gallarin	M.
802 A	Gillett	James L.
802 A	Gilliam	William
802 A	Gott	Henry
802 A	Huffman	J.
802 A	Hughes	H.
802 A	Hughes	Moses
802 A	Johnston	Abe
802 A	Jones	L.
802 A	Kerby & McCord	
802 A	Kirkpatrick	J.
802 A	Kirkpatrick	F. M.
802 A	Manwell	J. R.
802 A	Mays	C.
802 A	McDonald	J. C.
802 A	Miller	A. C.
802 A	Neal	A. H.
802 A	Neil	A. M.

Name Index to Military Claims-Numerically

802 A	Nelson	A.
802 A	Norris	I. O.
802 A	Owen	Thomas
802 A	Peters	A.
802 A	Pierce	W. P.
802 A	Rainer	W. G.
802 A	Riley	R. W.
802 A	Robertson	J. M.
802 A	Robinson	A. P.
802 A	Saur	G.
802 A	Shaw	W. C.
802 A	Shipp	E. S.
802 A	Short	S.
802 A	Smith	J. P.
802 A	Trainer	S. F.
802 A	Van Pelt	G. G.
802 A	Wall	D. D.
802 A	Warren	B.
802 A	Williams	Jno.
802 A	Wood	Henry
802 A	Woods	G. W.
802 A	Woods	W. R.
803	Basse	Charles
803	Becker	Jno.
803	Becker	Franz
803	Bender	Conrad
803	Blank	Jno.
803	Braubach	Philip
803	Burg	Peter
803	Duecker	Aug.
803	Feller	William
803	Fenge	Christian
803	Gold	Peter
803	Graff	Charles
803	Hohman	Valt
803	Juenke	William
803	Kirchner	Henry
803	Klier	William
803	Lyendecker	Joseph
803	Mickel	B.
803	Mosell	Peter
803	Peterman	Franz
803	Sauer	Fritz
803	Scherr	William
803	Schieldknecht	Aug.
803	Schmidt	Jacob
803	Schmidt	Lorenz
803	Schmidt	Nicholas
803	Schmidt	Ludwig
803	Schutze	J.
803	Tatsch	Peter
803	Wahrmund	Emil
803	Wahrmund	Charles
803	Weinheimer	George
803	Weinheimer	Anton
804	Earnest	E. M.
804 A	Hart	Abe T.
805	Erhard	E.
805 A	Moore	S. C.
806	Tillman	Edward
806 A	Alexander	C. W.
806 A	Conrad	H.
807	Foote	G. A.
807	Hedricks	J. W.
807	Mayrand	W. N.
807	Mayrand	J. N.
807	Reeves	G. R.
807	Reeves	G. R.
808	Pryor	Lea
809	Braubach	Philip
810	Alexander	J. M.
810	Barefoot	J. W.
810	Berry	L. W.
810	Blevins	M. W.
810	Blevins	J.
810	Booker	J. L.
810	Brewer	W. J.
810	Brown	William
810	Bruce	W. N.
810	Bruce	J. C.
810	Chafin	L. F.
810	Clark	R. J.
810	Clement	R. W.
810	Cooksey	W. P.
810	Corey	J. M.
810	Couch	A. J.
810	Couch	J. H.
810	Couch	J. W.
810	Cox	J.
810	Cullup	Jno.
810	Davis	W. J.
810	Davis	J. W.
810	Davis	M.
810	Davis	L.
810	Day	J. M.
810	De Graffenried	T. H.
810	Dickerson	J. F.
810	Dobbs	L.

Name Index to Military Claims-Numerically

810	Ellis	J. L.		810	Wilson	T. N.
810	Fenter	Bradley		811	Hopkins	Lambeth
810	Fitch	J. R.		812	Crawford	L. F.
810	Ford	T. L.		812	Ford	T. S.
810	Hanks	F. M.		812	Reeves	G. R.
810	Harris	A. J.		813	Fountain	H. C.
810	Hills	H. T.		813	Hill	Jno.
810	Hitchcock	E. J.		813	Musgrave	B. M.
810	Holt	W. C.		814	Montague	Charles
810	Howell	Jno.		815	Bailey	J. P.
810	Jackson	G. W.		817	Paul	James
810	Jackson	J. R. P.		817 A	Folmer	John
810	Jackson	T. B.		817 A	Kumick	John
810	James	R. C.		818	Tatum	Walter
810	Johnson	L. A.		819	Barksdale	W. P.
810	Jones	J. B.		819	Dossey	G. B.
810	Lynch	J. B.		819	Dossey	William
810	Massey	H. Y.		819	Fountain	H. C.
810	Mayrant	William N.		819	Franks	Jno. B.
810	Mayrant	C. K.		819	Fuller	J. L.
810	McAdoo	D. M.		819	Fuller	Jno.
810	McGehee	James		819	Fuller	B. F.
810	McGehee	Sampson		819	Gates	A. F.
810	Outhouse	I.		819	Hall	Frank
810	Parish	J. B.		819	Harrison	J. C.
810	Pettus	R. W.		819	Hinds	G. F.
810	Pogue	James		819	Johnson	Eli
810	Potts	L. B.		819	Kelly	M. C.
810	Purrines	J. B.		819	McGuire	GG.
810	Ragsdale	B. H.		819	McMains	Jno.
810	Reeves	G. R.		819	Sherman	Jno.
810	Reeves	T. B.		819	Slaughter	Jno.
810	Richards	White		819	Slaughter	B.
810	Russell	Bennett		819	Smith	J. R.
810	Saddler	T. R.		819	Walton	W. J.
810	Sexton	M.		819	Whistler	William
810	Sherrard	George		819	Williams	Jno.
810	Spay	Q. H.		820	Braubach	Philip
810	Stevens	J. R.		821	Ahearne	Patrick
810	Story	E.		821	Alexander	James T.
810	Summy	M.		821	Batey	Robert W.
810	Terry	N. W.		821	Belcher	Melvin A.
810	Vaden	J. W.		821	Benson	Milton L.
810	Walker	G. W.		821	Braid	Jno. S.
810	Warren	E. J.		821	Briggs	Joseph W.
810	Watson	J. T.		821	Brossig	H. P.
810	Wiggs	R. C.		821	Bruger	Jno.
810	Wilkerson	William		821	Burchardt	Louis
810	Willyard	Thomas		821	Callahan	Michael

Name Index to Military Claims-Numerically

821	Carlos	Francisco
821	Cobb	James W.
821	Concannon	Michael J.
821	Daggett	Eph. B.
821	Daugherty	Jno.
821	Delaney	R.
821	Druitt	Leo
821	Duckworth	William T.
821	Duff	Frederick P.
821	Durant	Frederick
821	Eby	Isac
821	Effman	Charles
821	Emons	James D.
821	Enfernier	Achille
821	Ferguson	William J.
821	Fugitt	Francis M.
821	Galbraith	Teophilus
821	Gallagher	William
821	Gillett	August
821	Griffin	William F.
821	Grill	Joseph
821	Hagan	Charles
821	Hall	Owen
821	Hamilton	R. J.
821	Hanson	Jno.
821	Hargroves	Robert
821	Hart	James C.
821	Hibberd	Luther
821	Hines	Thomas H.
821	Hughes	James L.
821	Hughes	Francis J.
821	Hunnicut	James M.
821	James	Henry S.
821	James	James J.
821	Johnson	Zachary G.
821	Johnson	Samuel H.
821	Jones	Austin
821	King	Lawrence
821	Kruger	Charles
821	Laddan	John
821	Lipkins	John M.
821	Lockwood	B. F.
821	Loflin	William B.
821	Lotts	William
821	McCabe	John W.
821	McCarty	John
821	McConnell	Henry F.
821	McLaughlin	J. H.
821	Michel	Gustav
821	Miller	Francis
821	Miller	James M.
821	Mills	Ambrose
821	Mitchell	James C.
821	Mooney	John A.
821	Murphy	James W.
821	Murray	Thomas H.
821	Myers	Henry
821	Neville	William
821	Newrath	John R.
821	O'Brien	David
821	O'Hall	William
821	Oram	Henry C.
821	Paige	Charles H.
821	Pendergast	John T.
821	Ransom	Andrew J.
821	Reagan	Merryweather
821	Redmond	Robert
821	Reeves	Berry L.
821	Rickhow	Harbason
821	Risler	Nathan
821	Robinson	Pinckney H.
821	Saba	L. P.
821	Scott	Patrick
821	Seelhorse	August
821	Sherrell	Arthur
821	Shilling	Marties
821	Skipper	Isaac C.
821	Spann	Charles R.
821	Spann	Charles
821	Sweeney	Thomas
821	Tebault	George
821	Thomas	Edward
821	Thompson	Edgar W.
821	Tindall	Roderick V.
821	Tubbs	John C.
821	Upton	William R.
821	Vaden	French S.
821	Vincent	James C.
821	Wagnier	A. Louis
821	Walker	John No. 1
821	Walker	John No. 2
821	Weeks	Andrew
821	Welch	James
821	Williams	Joseph L.
821	Wilton	Richard
821	Zimmer	William
822	Jones	A. H.
823	Paston	R. J.

Name Index to Military Claims-Numerically

824	Fountain	H. C.
824	Izyard	M. W.
824	Musgrave	Wallen
824	Turner	C. S.
824	Whistler	L. G.
825	Taylor	Josiah
825 A	Harris	J. N.
825 A	Irwin	D. E.
825 A	Morrum	John
825 A	Pullett	D. L.
825 A	Robinson	J.
825 A	Ross	L. S.
825 A	Smith	J. S.
826	Taylor	Josiah
826 A	Barren	William A.
826 A	Gwens	W. M.
826 A	Jackson	Isac
826 A	Ross	L. S.
826 A	Thompson	William
827	Taylor	Josiah
827 A	Coats	George D.
827 A	Ross	L. S.
828	Lane	E. D.
829	Cummins	J. M.
830	Dean Randel & Co.	
831	Ganahl	Charles
832	Trahin	James C.
833	Callaghan	C.
834	E. B. Nichols & Co.	
835	Dunn	Peter
836	Lawton	Manley C.
837	Conner	J. H.
838	Hollingsworth	B. P.
838 A	Bradley	J. M.
838 A	Chambers	Andrew
838 A	Dorris	James
838 A	Hale	A. C.
838 A	Henry	P. G.
838 A	Maloney	J. P.
838 A	Merrick	George W.
838 A	Sutherland	George
839	McFadden	David
840	Duffau	F. T.
840 A	Brown	W. H.
840 A	Cody	George P.
840 A	Cowan	D. C.
840 A	Dallas	James
840 A	Dedrich	J.
840 A	Duffan	F. T.
840 A	Farquhar	W.
840 A	Friend	J. W.
840 A	Fuller	D.
840 A	Goode	J. D.
840 A	Harris	R. S.
840 A	Hunter	W. H.
840 A	Hurley	William
840 A	Lehman	M.
840 A	Lynch	J. C.
840 A	Montgomery	J. N.
840 A	Morris	W. C.
840 A	Patterson	W.
840 A	Tipton	H. C.
841	Duffau	F. T.
841 A	Cowan	G. P.
842	Duffau	F. T.
842 A	Crump	J. S.
842 A	Glenn	John
842 A	Killiher	Thomas
842 A	Oman	J.
842 A	Phelps	E. J.
842 A	Sublett	W. C.
843	Chandler & Turner	
843	Lyons	J. H.
843	Pafford	Randolph
844	Crosby	L.
844	Fletcher	Solomon
844	Wells	Glover
845	Bahn	A.
845 A	Bauer	J.
845 A	Bickenback	P.
845 A	Donap	O.
845 A	Dorsey	C. W.
845 A	Hoester	F.
845 A	Human	C.
845 A	Husso	H.
845 A	Jordon	E.
845 A	Leefeste	A.
845 A	Winkel	F.
846	Bahn	A.
846 A	Fisher	W. H.
846 A	Iles	Thomas
846 A	Oden	V.
846 A	Stephens	M. M.
846 A	Weeks	W. T.
847	Duffau	F. T.
847 A	Hill	H. C.
847 A	Holland	J. M.
848	Asher	Leve

Name Index to Military Claims-Numerically

849	Boone	George
849 A	Chenowith	B. J.
849 A	Fitzwaters	E.
849 A	Holdaway	J. D.
850	Fuller	R. A.
851	Goodman	J. R.
851	Goodman	J. C.
852	McKissack	William
853	Barton	E. B.
854	Moffatt	Adam
855	Langston	A. M.
855	Mooney	Dennis
855	Tennis	Bazal
855	Worrall	J. R.
856	Military Board	
857	Waddell	D. F.
857 A	Cormicas	Silas
858	Louis	Joseph
859	Aycock	John L.
860	Harrel	W. H.
860 A	Harrell	J. B.
860 A	Harrell	N. H.
861	Yturria	F.
862	Benton	B. E.
862	Boothby	Daniel
862	Lamb	Martin V.
862	Merriweather	David F.
862	Russell	William
862	Smith	Louis
863	Moodie	John
864	Bailey	T. L.
864	Bautwell	Alexander
864	Bone	Y. E.
864	Foucher	W. T.
864	Hoffman	S.
864	Latham	William
864	Worrall	J. R.
865	Duffau	F. T.
865	Escamillo	Pablo
865	Herrera	Prudencio
866	Stubblefield	J. J.
866 A	Johnson	T. J.
866 A	Russell	J. H.
867	Pitt	Thomas J.
867 A	Pogue	W. C.
868	Lavanburg Bros.	
868 A	Berger	L.
868 A	Degener	H.
868 A	Faltin	August
868 A	Howell	W.
868 A	Jackson	Silas
868 A	Moore	T. J.
868 A	Queen	E. G.
868 A	Schwedhelm	H.
868 A	Spencer	J. P.
868 A	Tillyman	William
868 A	Weis	M.
869	Lavanburg Bros.	
869 A	Ake	J. W.
869 A	Brown	A. J.
869 A	Corman	D. C.
869 A	Dawson	T. H.
869 A	Eastlip	E. R.
869 A	Eastman	B. T.
869 A	Jackson	J.
869 A	Kirkpatrick	R.
869 A	Lean	J. R.
869 A	Quarts	J. A.
870	Lavanburg Bros.	
870 A	Barnett	J. B.
870 A	Coates	S.
870 A	De Concy	J. A.
870 A	Jones	John A.
870 A	McKay	William
870 A	Nedlett	S. L.
870 A	Ross	L. L.
870 A	Short	S.
870 A	Spencer	W. A.
870 A	Walker	S. W.
871	Reynolds	W. W.
872	J. Tips & Co.	
872 A	Griffin	John W.
873	Mays	L. M.
873 A	Mays	L. M.
874	Watt	James
874 A	Fitzhugh	William
874 A	Graham	T. H.
874 A	Grain	J. S.
874 A	Hunter	John
874 A	Ruis	Nicholes
874 A	Smith	R. B.
875	Baty	Hugh
875	Carnes	John
875	Chrisman	J. H.
875	Croeman	Thomas
875	Croeman	Jackson
875	Delany	N.
875	Hammock	W. H.

Name Index to Military Claims-Numerically

No.	Surname	Given
875	Hodgpeth	James W.
875	Murdock	James
875	Powell	T. D.
875	Scuddy	W.
875	Steelman	James G.
876	Hamilton	William
877	Willis	John
878	Brownson	T.
878 A	Lobin	N. G.
879	Hutchinson	W. M.
879 A	Hutchinson	W. M.
880	Harris	John
880 A	Bellah	William M.
880 A	Brown	H. A.
880 A	Harper	A. J.
880 A	Hefley	W. J.
880 A	Hoover	William M.
880 A	Walker	John L.
881	Palm	August
881 A	Rodrigues	B.
881 A	Trevino	J.
882	Ragsdale	P. C.
882 A	Robar	L. A.
883	Jennings	H.
884	Duffau	F. T.
884 A	Coleman	Hy
884 A	Cowan	J. J. G.
884 A	Miller	C.
884 A	Pettyjohn	J.
884 A	Underwood	William B.
885 A	Billingsly	W. C.
885	Duffau	F. T.
885 A	Harper	G. W.
885 A	Harper	D.
885 A	Harper	J. D.
885 A	Lammert	A.
885 A	Robins	G. M.
885 A	Vanpoll	D. A.
886	Callahan	Wiley
887	Gilliam	William
888	Lubbock	F. R.
888 A	Fitzhugh	William
889	Pearce	A. C.
889 A	Blevis	John H.
889 A	Foreman	W.
889 A	Mercer	W.
889 A	Tudle	M.
890	Chandler	F. W.
890 A	Sier	J. N.
891	Dashiell	George
891 A	McFaddin	E. A.
892	Nicholson	A. J.
892 A	Smith	J. C.
893	Nicholson	A. J.
893 A	Shoal	Gabriel
894	Holbein	Reuben
895	Duee	Julius
895	Duee	Henry
895	Holbein	Reuben
895	Lancaster	Francis
896	Crosby	S.
896 A	Earnest	J. R.
896 A	Oliver	A. J.
897 A	Catlett	H. B.
897	Crosby	S.
898	Higgins	J. C.
898 A	Eden	J.
898 A	Goble	John G.
899	Terry	J. D.
899 A	Garrett	William M.
900	Carter	C. C.
900 A	Jones	R. M.
900 A	King	J. P.
900 A	Mahuffry	J. G.
901	Carter	C. C.
901 A	Goodwin	J. M.
902	Spaulding	C.
902 A	Bawcam	N. C.
902 A	Farrar	H. G.
902 A	McDaniel	J. C.
903	Armstrong	J.
903 A	Rubarth	L. I.
904	Carr	R. D.
904 A	Miller	George
905	McKethan	J. C.
906	Mills	R. D. G.
907	Davie	J. P.
908	Briggs & Yard	
909	Duffau	F. T.
909 A	Wills	B. N.
910	Dashiell	J. Y.
911	Finnin	Ed.
912	Dashiell	George R.
913	Duval	Burr G.
914	Duffau	F. T.
914 A	Vaughn	R.
915	Duffau	F. T.
915 A	Gholson	B. F.

Name Index to Military Claims-Numerically

915 A	Purdy	F. J.
916	Rhodes	Fred L.
917	Duffau	F. T.
917 A	Glenn	John
918 A	Burney	G. J.
918 A	Jack	A. G.
918 A	Kennedy	Thomas
918 A	Leperd	E. M.
918 A	Newley	W. D.
918 A	Norvell	J. S.
919	Wills	B. N.
920	Meredith	J. B.
920	Stakes	W. H.
920 A	Beard	J. M.
920 A	Lusk	H. F.
920 A	Sheffield	William M.
920 A	Wood	J. S.
921	Elkins	Jno.
922	Wright	F.
922 A	Rains	P. P.
923	Goodlet	J. A.
923 A	Holcomb	C.
924	Goodlet	J. A.
924 A	Alley	Thomas
924 A	Breter	J. M.
924 A	Cleveland	D. B.
924 A	Goodlet	J. A.
924 A	Johnson	J. J.
924 A	Nail	M. J.
924 A	Richards	M. C.
925	Burriss	J. B.
926	Rainboult	William
927	Herrington	Jno.
928	Wells – Bro.	J. W.
929	Daughertz	W. C.
929	Daughertz	J. P.
929	Daughertz	George W.
929	Daughertz	G. W.
929	Daughertz	L. H.
929	Duncan	A. D.
929	Lowell	H. H.
929	Seitz	L. M.
929	Tate	J. H.
929	Williams	W. A.
930	Ussery	M. S.
931	Huell	Alfred M.
932	Payne	R. N.
933	Kilgore	Meredith
934	Crosby	L.
934	Kennedy	M.
934	M. Kennedy & Co.	
934	Parker	F. J.
934	R. J. Lawler & Co.	
934	Roman	J. Lan
935	Nicholson	A. J.
936	Allen	W. B.
936	Downing	George
936	Nicholson	A. J.
936	Stapp	Sinclair
936	Walcott	B. S.
936	Yoakum	A. S.
937	Nicholson	A. J.
937 A	Holt	Frank
938	Cardwell	C.
938 A	Nelson	J. W.
939	Cansler	M. H.
939 A	Keith	J. M.
939 A	Rains	P. P.
940	Mabray	Joshua
941	Cansler	M. H.
941	Phoenix	James R.
941	Sampson	Louis H.
942	James	Jno.
943	James	Jno.
944	Conner	David
945	Allen	W. M.
945	Bell	W. A.
945	Dodson	Nicholas
945	Dodson	N. P.
945	Funderberg	Jno.
945	Oxford	L. A.
945	Pollard	Jno. B
945	Spear	David
945	Taylor	S. S.
945	Walker	H.
945	Whitmore	T. S.
945	Williams	G. W.
946	L'Estrange	F.
946	Morgan	James N.
946	Stewart	William A.
946	Wright	George F.
947	Bedford	B. C.
947 A	Blair	George W.
947 A	Rippley	George
947 A	Sanders	J. W.
947 A	Waits	J. W.
948	J. Tips & Co.	
948	Muller	O.

Name Index to Military Claims-Numerically

948	Stucken	F. V. D.
949	Lane	E. D.
950	Geron	L. C.
950	hill	L. M.
950	Strother	T. J.
951	Freeman	E. G.
951	Vestal	William B.
951	Webb	M.
952	Stewart	S. L.
953	Allen	Jno. W.
954	Bland	P. T.
955	Nolan	E. F.
956	Edmonson	Latimore
956	Green	Columbus C.
956	Neal	Robert
956	Singleton	Jefferson
956	White	Thomas B.
957	Burke	William
957	Calderon	Rafael
957	Dwyer	Jno.
957	Garra	Juan
957	Hogan	Edward
957	Raymond	James H.
957	Weraz	Isace
958	Webb	Milton
959	Thaxton	William
959 A	Feazell	F. J.
960	Browne	Jesse
961	Crow	Edward
962	Carnes	A. J.
963	Norton	E. R.
963 A	Bennett	J. W.
964	Dorn	C. H.
965	Daran	G. H.
965	Edwards	William
965	Henry	R.
965	Hicks	J. B.
965	Lambdin	R. B.
965	McKethan	J. C.
965	Neill	J. H.
965	Noble	L. F.
965	Proudfoot	T. R.
965	Rankin	J. Y.
965	Roman	Lou
965	Tomlinson	A. A.
966	Baird	Jno.
966	Duffau	F. T.
966	James	James J.
966	Morrisey	Morris
967	Johnson	James F.
967 A	Brooks	J. R.
968	Espie	T. H.
969	Cowan	D. C.
969 A	Cowan	D. C.
970	James	Jno.
970 A	Gibbons	E.
970 A	Hay	George
970 A	Towle	George F.
971	Johnson	W. R.
971 A	Chadin	A. D.
971 A	Merriweather	D. T.
972	Oltorf	J. D.
972 A	Kerby & McCord	
972 A	Long	G. T.
972 A	Matlock	C. B.
972 A	Matlock	C.
973 A	A. Michael & Bros.	
973	Michael	A. Bro.
973 A	Stokes	W. J.
974	Sims	M. W.
974 A	Fitch	Thomas
975	Oltorf	J. D.
975 A	Kerby & McCord	
976	Gammon	Benjamin
977	Botello	Incarnacion
977	Browne	G. W. G.
977	Sanches	Ijnio
977	Strother	David C.
978	Brown	L. D.
979	Jacobs	Jno. G.
980	Zallicoffer	E.
981	Flint	J. T.
982	De Leon	Lazario
982	Gonzales	Loreto
982	Hubbs	George
982	Hubbs	William
982	Lapulver	Jesus
982	Pfeuffer	George
983	Binkley	C. C.
983 A	Butt	G. N.
984	Pfeuffer	George P.
984	Ynojosa	Juan
984	Ynojosa	Jesus
984	Ynojosa	Martin
985	Brown	A. B.
986	Thomas & Swing	
986 A	Cheatham	D. S.
986 A	Coates	T. D.

Name Index to Military Claims-Numerically

986 A	Crownover	B.
986 A	Fairler	W. M.
986 A	Fitzhugh	G. J.
986 A	Fondrive	L.
986 A	Graham	A. H.
986 A	Harding	J. R.
986 A	Kerby	J. C.
986 A	Kerby & McCord	
986 A	Lawford	H. C.
986 A	McDermitt	W.
986 A	McDowell	F. M.
986 A	Mitsher	G. W.
986 A	Moor	G. W.
986 A	Peak	W. W.
986 A	Stugg	J.
986 A	Webb	A. W.
986 A	Webb	A. W.
987	Bogarth	Stephen
987	Brown	H. A.
987	Burrell	W. G.
987	Cole	William
987	Dennis	Hugh
987	Everett	Thomas
987	Faris	A. J.
987	Ferris	B. C.
987	Fossett	Henry
987	Fossett	Samuel
987	Gandy	F. M.
987	Green	G. D.
987	Hoover	William
987	Johnson	Hampton
987	Johnson	O. J.
987	Lee	J. H.
987	McCurry	W. H.
987	McCurry	W. J.
987	Myers	Abraham
987	Neely	D. H.
987	Ouistad	Even
987	Pannell	H. R.
987	Pierson	P.
987	Reeder	H. M.
987	Robinson	S. H.
987	Simmons	W. S.
987	Splawn	T. C.
987	Swenson	A. B.
987	Thomas	J. L.
987	Warden	J. F.
987	White	H. A.
988	Fossett	Samuel
988 A	Newton	R.
988 A	Roberts	J. L.
988 A	Vine	William
988 A	Walker	D.
988 A	Williams	J. L.
989	Fossett	Samuel
989 A	Walker	D.
990	Greener	Jno.
991	Moore	Thomas
991 A	Bingham	C. C.
992	Moore	Thomas
992 A	Turner	E. P.
993	Turner	C.
993 A	Lane	J. S.
993 A	Lears	Jno.
993 A	McCoy	Thomas
993 A	Quinn	W. W.
993 A	Riddle	Jno. J.
993 A	Sutherland	W. H.
994	Finnin	Ed.
995	Reynolds	W. W.
996	Turner	C.
996 A	Adams	L. C.
996 A	Ardin	D.
996 A	Doggett	W. D.
996 A	Fingland	William
996 A	Jones	D.
996 A	Smith	J. P.
996 A	Sifter	W. H.
997	Price	James H.
998	Fossett	Henry
998	Francis	E.
998	Hanna	J. L.
998	Hanna	A. W.
998	Herrick	N.
998	Pierson	P.
998	Walker	Dixon
998	Wylie	J. S.
999	Quillian	J. B.
999 A	Nelson	John R.
1000	Harwell	J. E.
1000 A	Howard	A.
1001	Culton	N.
1002	Lakser	M.
1002 A	Isbell	George
1003	Stephens	Jno. M.
1003 A	Johnson	John
1004	Graham	R. H.
1004 A	McGarrah	J. G. S.

Name Index to Military Claims-Numerically

1005	Lakser	M.
1005 A	Baum & Sanger	
1006	Holt	J. J.
1006 A	Numer	J. W.
1007	Military Board	
1008	Rutherford	R. A.
1008 A	Gaines	Reuben
1008 A	Hamner	H. A.
1008 A	Hisan	B. F. A.
1008 A	Mayfield	Stephen
1009	Rutherford	R. A.
1009 A	Rollins	T. B.
1010	Rutherford	R. A.
1010 A	Barnett	E. J.
1011	Thaxton	William
1011 A	Feazelle	W.
1012	Thaxton	William
1012 A	Feazell	W. F.
1013	Burg	Peter
1014	Pehil	Matth
1014	Scheildnecht	Ad.
1014	Schutze	J.
1014	Weinheimer	Jno.
1015	Braubach	P.
1015	Duecker	Aug.
1015	Fenge	Christ
1015	Gold	Peter
1015	Hohman	Val.
1015	Kirchner	Henry
1015	Lauer	Fritz
1015	Peterman	Frans
1015	Schmidt	Lorenz
1015	Tatsch	Michael
1015	Wahrmund	Charles
1015	Wahrmund	L.
1016	Leigh	W. B.
1016 A	Branch	N.
1016 A	Cook	J. W.
1016 A	Hall	Isac
1016 A	Musgrove	C.
1016 A	Musgrove	B.
1016 A	Musgrove	D.
1016 A	Whistler	L. S.
1016 A	Whistler	R. R.
1017	Maverick	S. A.
1018	Boatright	J. D.
1018	Brunson	Sal.
1018	Brunson	Alex.
1018	Burns	Patrick
1018	Campbell	James
1018	Collins	Isaac
1018	Donald	A. J.
1018	George	G. D.
1018	Guinn	J. P.
1018	Guinn	C. T.
1018	Harris	James
1018	Jeffries	William
1018	Mayfiled	William
1018	McFarland	F. F.
1018	McFarland	Thomas
1018	McGee	Jno.
1018	McGuire	J. D.
1018	Owen	Singletary
1018	Purley	Limbric
1018	Savage	J. N.
1018	Sigall	A. J.
1018	Sterman	W. W.
1018	Stump	R. B.
1018	Stump	Francis
1018	Stumps	Joseph
1018	Walker	Jackson
1018	Worrall	J. R.
1019	Stafford	Jno.
1020	Canaster	W. B.
1020	Eldredge	N.
1020	Funderberg	Jno.
1020	Jowell	G. R.
1020	Kyle	W. B.
1020	McGothlein	W. A.
1020	McGothlein	B. F.
1020	Oxford	L. A.
1020	Ramsey	William
1020	Roberson	Squire
1020	Slaughter	C. C.
1021	Lipkins	Jno. M.
1022	Wood	Jno. M.
1023	Thomas & Swing	
1023 A	Gordon	F.
1023 A	Hustead	J. L.
1023 A	Magrath	J. T.
1023 A	Perrius	R. A.
1023 A	Taylor	A. J.
1024	Thomas & Swing	
1024 A	Beverley	A. J.
1024 A	Forest	J. P.
1024 A	Gibbins	J. D.
1024 A	Gibbins	J. M.
1024 A	Kerby & McCord	

Name Index to Military Claims-Numerically

1024 A	McCord	G. W.
1024 A	Robinson	J. W.
1024 A	Sanders	J. R.
1025	Thomas & Swing	
1025 A	Weatherford	T. H. B.
1026	Barlough	Jno. H.
1026	Bentley	James
1026	Brandenburg	A.
1026	Branson	Thomas
1026	Gill	E.
1026	Horne	Samuel A.
1026	Lucas	Thomas
1026	Penn	Joseph R.
1026	Swing & Thomas	
1026	W. H. Witt & Co.	
1026	Wilmot	Benjamin
1026	Witt	W. H.
1027	Browder	James M.
1027	Caldwell	James
1027	Daniel	E. A.
1027	Hard	W. H.
1027	Harpe	T. C.
1027	Knight	O. W.
1027	Mays	W. B.
1027	McConnell & Co.	
1027	McDermott	L. L.
1027	McKenzie	E. C.
1027	Morehead	James T.
1027	Palmer	Amos B.
1027	Paek	Jefferson
1027	Penn	Robert G.
1027	Stark	M. H.
1027	Swing	M. L.
1027	Tarberville	William
1027	Thomas & Cochran	
1027	W. W. Peak & Co.	
1027	Wilson	Thomas G.
1027	McDermott	W. A.
1028	Haynie	H. H.
1028 A	Slaughter	Thomas
1029	Haynie	H. H.
1029 A	Fry	James H.
1030	Casey	George W.
1030	Grounds	Robert
1030	Hanna	Jno.
1030	Howell	Jno.
1030	Pollard	T. J.
1030	Row	W. B.
1030	Sherwood	Thomas
1030	Smith	Peter T.
1030	Smith	Jno. P.
1030	Smith	Thomas
1030	Thomas	W. H.
1030	W. A. Gould & Co.	
1030	Wigginton	F. M.
1031	Browser	David
1031	Caldwell	Volney
1031	Edmonson	W. T.
1031	Page	Berry
1031	Rowland	R. W.
1031	Thomas	W. H.
1032	Magill	James P.
1032	Moore	Jno.
1032	Moore	Thomas
1033	Hotchkiss	W. S.
1033 A	Smith	L.
1034	Pope	J. H.
1034 A	Hammett	Washington
1035	Duffau	F. T.
1035 A	Couch	A. J.
1036	Duffau	F. T.
1036 A	Robinson	A. J.
1037	Thomas & Swing	
1037 A	Buman	J. S. W.
1037 A	Chenworth	J.
1037 A	Cole	G. A.
1037 A	Lindsay	A.
1038	Thomas & Swing	
1038 A	Johnson	M. J.
1039	Thomas & Swing	
1039 A	Gentry	M. W.
1039 A	Jones	S. F.
1039 A	Ray	Robert
1040	Slack	William H.
1041	Durham	James M.
1041	McMahan	Jno. M.
1041	Prince	J. H.
1042	Frank	Eml.
1042 A	Lapton	A. H.
1042 A	Lapton	G. W.
1042 A	Lareton	W.
1042 A	Williamson	Eli
1042 A	Beard	James H.
1043	Steiner	J. M.
1044	Steiner	J. M.
1044 A	Myrick	H. W. K.
1045	King	R.
1045	Pee	Laurenz

Name Index to Military Claims-Numerically

1045	Walworth	James
1046	Oxford	S. A.
1046 A	Darnale	N. A.
1046 A	Hart	A. H.
1046 A	Pollard	R. W.
1047	Bigham	Robert C.
1047	Chamberlain	D. T.
1047	Elliott	James C.
1047	Gallatin	Samuel J.
1047	Warren	G. W.
1048	Bridget	Mrs.
1048	Brown	Charles
1048	Cook	Jno.
1048	Courts	Charles
1048	Hart	Michael
1048	Jones	Austin
1048	Kruger	Charles
1048	McLaughlin	J. H.
1048	Miller	Francis
1048	mooney	Jno. A.
1048	Thomas	Benjamin C.
1048	Voss	William
1048	Walker	Jno. No. 2
1048	Weeks	Andrew
1048	Welch	James
1048	Wells	Jno.
1049	Breedlove	Ira M.
1049	Dowell	F.
1049	Fields	I.
1050	Brock	T. W.
1051	Dean Randall & Co.	
1052	Rickhow	Halberson
1053	Wilson	J. H.
1053 A	Farland	S. J. M.
1054	Mason	GG. S.
1055	De Cordova	P.
1055 A	Cross	A.
1055 A	Kathman	D.
1055 A	Mater	J. N.
1055 A	McCrea	James
1055 A	Waller	J.
1056	Odle	Jeremiah D.
1057	De Cordova	P.
1057 A	Packard	A. S.
1058	Wells	D. F.
1059	De Cordova	P.
1059 A	Jackson	W. T.
1059 A	Orr	M. L.
1060	Blackwell	Isaac
1060	Byers	Joseph
1061	Goodrich	L. H.
1062	Wahrenberger	Jno.
1062A	McFarland	William
1063	Baugh	F. A.
1063	Clark	Stephen
1063	Fleming	M. V.
1063	Hamsley	James M.
1063	Hornsley	James M.
1063	Huffman	Eli R.
1063	Huffman	Eli R.
1063	Hunter	James P.
1063	Isaacs	George
1063	Mankins	Samuel
1063	Mankins	Evan
1063	Mercer	William
1063	Mercer	Jno.
1063	Montgomery	Addison
1063	Stacy	Gabl.
1063	Thorp	George J.
1063	Whatley	William
1064	Petty	Jno.
1065	Estep	E.
1065 A	Cop	C. L.
1065 A	Hamet	T. P. C.
1065 A	Hammrock	J. P. C.
1065 A	Harkey	M.
1065 A	Montgomery	J. C.
1065 A	Woodard	L. B.
1066	Estep	E.
1066 A	Hannah	Miltan
1066 A	Hannah	Joseph
1066 A	Pyatt	A. M.
1067	Lane	J. F.
1068	Hanna & Cummins	
1069	Price	J. W.
1070	Skipper	Isaac C.
1071	Rutherford	R. A.
1071 A	Bell	F.
1071 A	Cracklin	Jno. A. M.
1071 A	Fitch	Jno. W.
1071 A	Gonzales	A.
1071 A	Graham	A. H.
1071 A	Outlair	L. B.
1071 A	Outlaw	E. R.
1071 A	Peak	E. M.
1071 A	Shuler	G. W.
1071 A	Stanley	J. A.
1071 A	Stanley	G. W.

Name Index to Military Claims-Numerically

1071 A	Wood	Jno. M.
1071 A	Worthy	William
1072	Rutherford	R. A.
1072 A	Boyle	J.
1072 A	Burney	J. M.
1072 A	Duncan	J. H.
1072 A	Russell	W. L.
1073	Rutherford	R. A.
1073 A	Davis	William J.
1074	Biffle	W. L.
1074	Billingsley	J. W.
1074	Boushong	J. E.
1074	Brown	C. P.
1074	Brown	A. B.
1074	Cates	D. C.
1074	Combes	F. H.
1074	Follis	William J.
1074	Foreman	A. J.
1074	Kilgore	M. S.
1074	Lindsay	Thomas J.
1074	McCanless	James
1074	Meissner	Gustavas
1074	Nelson	M. V.
1074	Parrish	Marcus W.
1074	Parrish	J. L.
1074	Petitt	Cornelius P.
1074	Williams	Jno. S.
1074	Wills	James E.
1075	Dashiell	J. Y.
1076	Finnin	Ed.
1077	Lane	E. D.
1078	Reynolds	W. W.
1079	Wills	James E.
1080	Adams	George F.
1081	Frost	Thomas C.
1082	Alexander	M. L.
1082	Armstrong	A. M.
1082	Hammock	W. W.
1083	Carnes	Jno.
1083	Carnes	Jno.
1084	Bean	Mark
1084	Carter	Mathew
1084	Hurst	J. H.
1084	Townsend	O. H. P.
1085	Bean	Mark
1085	Short	Marcus
1085	Willis	Jesse
1086	Frost	J. M.
1087	Eubanks	Alfred
1087	James	Jno.
1087	Jones	James F.
1087	Peery	J. M.
1087	Powers	Jno. D.
1087	Ware	James
1087	White	James
1087	Worrall	J. R.
1088	Lane	E. D.
1089	Edwards	William
1090	Bean	M.
1090	Cash	J. T.
1090	Hally	Jackson
1090	Jackson	Silas
1090	Jones	Williamson
1090	Lewis	William
1090	Partis	Josiah
1090	Patterson	Jno.
1090	Patterson	Wilson
1090	Peters	Andrew
1090	Scott	Abner
1090	Smith	Philip
1090	Stanley	Elias
1090	Stanley	Ben.
1090	Stanley	J. T.
1090	Straley	J. L.
1090	Straley	C. D.
1090	Willis	Jasper
1090	Willis	R. G.
1090	Willis	Jesse
1090	Willis	John
1090	Windham	William
1090	Windham	Willis
1090	Windham	Henry
1091	Hammock	W. W.
1091 A	Butan	J. E.
1091 A	Derrick	H. V.
1091 A	Derrick	William V.
1091 A	Hale	D. C.
1091 A	Haley	William
1091 A	Love	W. C.
1092	Brumley	T. B.
1093	Reynolds	W. W.
1094	Alexander	James P.
1094	Angelo	Annett
1094	Escamilla	Ignes
1094	Glidden	GG. R.
1094	Gonsales	Martin
1094	Grant	Charles H.
1094	Hall	Owen

Name Index to Military Claims-Numerically

1094	Herndon	Samuel T.
1094	McRea	Colin D.
1094	Robinson	Amos H.
1094	Skelly	Michael
1094	Swenson	L. M.
1095	Reynolds	W. W.
1096	Bean	M.
1096	Carter	W. H.
1096	Morris	Andrew
1096	Morris	Jno.
1097	Binnion	T. B.
1097	Burrow	P. J.
1097	Burrow	W. H.
1097	Caldwell	Thomas M.
1097	Cosby	J. T.
1097	Crane	Joel
1097	Galligher	Thomas
1097	Gearin	Thomas
1097	Leonard	J. L.
1097	Lindsay	A. L.
1097	Lindsay	A. L.
1097	Long	G. W.
1097	Matlock	J. L.
1097	Matlock	Jno.
1097	Mayo	J. G.
1097	Miller	C. G.
1097	Morris	Thomas A.
1097	Prince	A. A.
1097	Prindle	J. A.
1097	Pringle	Peachy
1097	Reed	J. C.
1097	Rigg	R. A.
1097	Slacks	J. M.
1097	Stewart	H. M.
1097	Tackatt	G. W. C.
1097	Tackett	L. L.
1097	Tackett	J. G.
1097	Thomas	J. M.
1097	Thompson	A. J.
1097	Thompson	L. G.
1097	Thompson	H. J.
1097	Thompson	B. M.
1097	Walker	L. H.
1097	West	W. A.
1097	Woody	Jno.
1097	Woody	Brice
1098	Ireland	Jno.
1098 A	Dunn	Nichols
1099	Lindsay	A. L.
1099	McNahan	J. T.
1099	Tackett	M. D.
1100	Jackson	T. C.
1100 A	Anderson	A. R.
1100 A	Farquhar	W.
1100 A	Haralson	J. C.
1100 A	James	C. E.
1100 A	James	M. L.
1100 A	Jones	W.
1100 A	Lhea	L.
1100 A	Morris	J.
1100 A	Norfleet	J. H.
1100 A	Patty	J. W.
1101	Jackson	T. C.
1101 A	Haralson	James C.
1101 A	Stepp	William H.
1102	Armstrong	B.
1102	Armstrong	E.
1102	Armstrong	I. R.
1102	Bird	Jacob
1102	Blocker	G. W.
1102	Blocker	W. L.
1102	Cooper	C. W.
1102	Counts	Mark
1102	Daugherty	F. M.
1102	Davis	L. M. C.
1102	Dossier	James B.
1102	Fox	J. F.
1102	Hartsfield	Jno.
1102	Higgins	Jno.
1102	Love	F. M.
1102	Martin	Jno. L.
1102	McMahan	James
1102	McMahan	J. L.
1102	McMahan	Jno. T.
1102	Meaks	G. W.
1102	Roberts	H. J.
1102	Roberts	James R.
1102	Saunders	James
1102	Shirley	Henry
1102	Shirley	G. W.
1102	Sillivent	D. O.
1102	Sillivent	Carroll
1102	Sillivent	Jno.
1102	Sillivent	W. J.
1102	Sillivent	G. W.
1102	Slover	J. M.
1102	Slover	J. S.
1102	Slover	H. L.

Name Index to Military Claims-Numerically

1102	Stinnett	James
1102	Stinson	David
1102	Tackett	J. H.
1102	Tackett	M. D.
1103	Armstrong	E.
1103	Armstrong	J. r.
1103	Bird	Jacob
1103	Counts	Mark
1103	Daugherty	F. M.
1103	Dosier	James B.
1103	Hartsfield	Jno.
1103	Hendrix	Reuben
1103	Higgins	Jno.
1103	Love	F. M.
1103	Martin	Jno. L.
1103	McMahan	J. T.
1103	McMahan	J. L.
1103	McMahan	James
1103	Meaks	J. W.
1103	Roberts	H. J.
1103	Roberts	J. R.
1103	Sanders	James
1103	Shirley	Henry
1103	Shirley	G. W.
1103	Sillivent	G. W.
1103	Sillivent	D. O.
1103	Sillivent	Carroll
1103	Slover	J. M.
1103	Slover	J. S.
1103	Stinnett	James
1103	Stinson	David
1103	Tackett	M. D.
1103	Tackett	J. H.
1104	Sillivent	H. P.
1105	Worrall	W. R.
1105 A	Baugh	John
1105 A	Baylor	Jno. R.
1105 A	Binding	S.
1105 A	Definsey	J. A.
1105 A	Earnest	J. R.
1105 A	Fields	D. C.
1105 A	Hunter	Jno.
1105 A	Kerby & McCord	
1105 A	Lowe	J. C.
1105 A	Rain	D. W. C.
1105 A	Wood	W. M.
1106	Trevino	Jose
1107	Walker	Deptha F.
1108	Worrall	J. R.
1108 A	Baylor	John R.
1109	Worrall	J. R.
1109 A	Brown	J. M.
1109 A	Harris	Joseph
1109 A	Neighbors	J.
1110	Crosby	L.
1110 A	Ivy	Thomas
1111	Emanuel	J.
1112	Hotchkiss	W. S.
1112 A	Jackson	W. T.
1113	Burnett	W. L.
1113	Dyer	R. H.
1113	Jackson	Jeremiah
1113	Walker	James
1113	Walker	W. C.
1113	Worrall	J. R.
1114	L'Estrange	F.
1114 A	Gebbard	S. H.
1114 A	Neal	W. G.
1114 A	Pucket	J.
1115	Crozier	A. R.
1115 A	Owen	James
1116	Logan	J. B.
1116 A	Daughty	J. Q.
1116 A	McMurray	J. T.
1117	Bagly	N. G.
1117 A	Inge	J. J.
1118	Gliddon	George R.
1118	Hoffman	Michael
1118	Jones	Leaborn W.
1119	Meisters	H. A.
1119	Bass	Charles C.
1119	Bastamente	Benseslado
1119	Bell	George W.
1119	Bonneville	C. L.
1119	Cantrell	Jno. W.
1119	Cantrell	Rise
1119	Carsters	Jno. H.
1119	Chadwick	Luke D.
1119	Clark	Harvey
1119	Cunningham	C. E.
1119	Dubose	James H.
1119	Gliddon	George R.
1119	Hoffman	Michael
1119	Jones	Leaborn W.
1119	Liles	Charles
1119	Mahon	P. F.
1119	Moore	Jno. W.
1119	Morgan	Henry

Name Index to Military Claims-Numerically

Page	Surname	Given
1119	Morrisey	Bernard
1119	Nelson	Jno. W.
1119	Nickles	P. H.
1119	O'Donnell	Jno.
1119	Pace	H. A.
1119	Palacio	Leandro
1119	Pell	Frederick
1119	Pfeifer	Joseph
1119	Reynolds	Patrick
1119	Rines	Willis J.
1119	Rowland	W. B.
1119	Rutledge	Jno. L.
1119	Stephens	M. M.
1119	Stewart	Mathew W.
1119	Wardsworth	Joseph C.
1119	Wardsworth	Jno. W.
1119	Warner	George W.
1119	Winterhimer	Nicholas
1120	Rutherford	H. F.
1121	Lauderdale	Ellis
1122	De Cordova	P.
1122 A	Owen	James
1123	Baker	Henry E.
1123	Fields	William B.
1123	Hartshorn	Jno. B.
1123	Hoffman	Michael
1123	King	James C.
1123	Leisernig	Charles F. A.
1123	Meisters	H. A.
1123	Rachor	Nicholas
1123	Spencer	William A.
1124	Browne	G. W. G.
1124 A	Swallon	Jno. W. s.
1125	Greer	Jno. L.
1126	Snell	M. K.
1127	Avant	Louis
1127	Green	Charles
1127	Hamilton	G. G.
1127	Herner	Jno.
1127	McKay	William H.
1127	Parker	Thomas S.
1127	Price	Thomas R.
1127	Robinson	Jno.
1127	Smith	Henry
1127	Swenson	S. M.
1127	Wigenroad	Jno.
1128	Carpenter	G. W.
1128	Crosby	S.
1128	Frost	J. W.
1129	Harlin	S. F.
1130	Gathey	James
1130	Gathings	J. J.
1130	Steiner	J. M.
1131	Stockran	Thomas A.
1132	Johnson	James F.
1132	Miller	James M.
1132	Reeves	Benjamin L.
1133	Ward	H. W.
1134	Miller	Francis
1135	Spence	Jno. S.
1135 A	Bockenbach	William
1135 A	Kothan	D.
1136	Corryell	Joseph R.
1136	Eby	Isaac
1136	Johnson	William
1136	Loftin	William B.
1136	Swenson	S. M.
1136	Vermillion	Robert A.
1137	Dashiell	J. Y.
1138	McKay	W. H.
1138	Paige	Harace
1138	Swenson	S. M.
1139	McKethan	J. C.
1139	Moses	Elkin
1139	Pendergrast	Jno. T.
1139	Swenson	S. M.
1140	McConnell	Henry F.
1141	Baker	George
1141	Belcher	Malvin A.
1141	Belcher	R. W.
1141	Daggett	Ephraim B.
1141	Duckworth	William T.
1141	Edwards	Jno. T.
1141	Emmons	James D.
1141	Ervey	Charles H.
1141	Ferguson	William J.
1141	Hamilton	R. I.
1141	Harrison	Joseph E.
1141	Hart	James C.
1141	Herring	William H.
1141	Hibberd	Luther
1141	Hughes	Jno. H.
1141	Hughes	Francis J.
1141	Ladden	Jno
1141	Laugley	Sydney
1141	Lotts	William
1141	Morrisey	Morris
1141	Mullen	Jno.

Name Index to Military Claims-Numerically

1141	O'Brien	H. D.
1141	Oram	H. C.
1141	Paige	Charles H.
1141	Peacock	William
1141	Proker	Oscar
1141	Ransom	A. J.
1141	Redmond	R.
1141	Scott	William H.
1141	Swenson	S. M.
1141	Thompson	Edgar W.
1141	Trahin	James E.
1142	Billig	A.
1142	Farrow	Leroy
1142	Swenson	S. M.
1143	Trahin	James E.
1144	Gandy	F. M.
1145	McCreight	James
1146	Reynolds	W. W.
1147	Gandy	F. M.
1148	Ricketts	William
1149	Benson	Milton L.
1149	McCampbell	L.
1149	Walker	O. B.
1149	Wood	Wilson
1150	Frazier	Jno.
1151	Frantsen	Erasmus
1151 A	Frautsen	E.
1151 A	Wayrick	M.
1151 A	Weymer	F.
1152	Breeman	S. D.
1153	Perry	W. H.
1154	Edmiston	F. G.
1155	McKellar	J.
1156	Harris	James B.
1157	Lewis	D. W.
1158	Logan	J. L.
1159	Logan	A. C.
1160	Long	G. H,.
1161	Hyde	W. F.
1162	Davenport	T. E.
1163	Beeson	Argyle
1164	Cox	L. A.
1165	Camp	T. L.
1166	Cessna	W. G.
1167	Huntsman	A.
1168	Alford	A. N.
1168	Armstrong	W. A. D.
1168	Arnold	J.
1168	Bonner	J. H.
1168	Bowers	J. E.
1168	Box	G. W.
1168	Box	F. S.
1168	Broom	A. C.
1168	Burton	J. J.
1168	Bush	E.
1168	Cannon	R. T.
1168	Coates	C. C.
1168	Collins	S. M.
1168	Crooms	J. W.
1168	Cruce	S. J.
1168	Dean	R. W.
1168	Derden	S. M.
1168	Donahoe	J. M.
1168	Dorsett	F. E.
1168	Dorsey	W. T.
1168	Duke	N. B.
1168	Ezell	W. H.
1168	Frynier	T. F.
1168	Graves	P. L.
1168	Green	Y. H.
1168	Hamilton	C. P.
1168	Hardaway	G. W.
1168	Hardeman	P.
1168	Harris	Jerome B.
1168	Hart	Chas. W.
1168	Hatchett	W. W.
1168	Heth	I. W.
1168	Hunter	M. K.
1168	Hunter	W. W.
1168	Jackson	R. M.
1168	Jones	Jesse R.
1168	King	W. A.
1168	King	J. C.
1168	Kirk	Jno. C.
1168	Langston	J.
1168	Mallard	M. M.
1168	Margraves	J. M.
1168	Marlow	W. F.
1168	Maynott	H. I.
1168	McClure	R.
1168	McHenry	T. D.
1168	McHenry	W. P.
1168	Millican	Ira
1168	Numson	G. F.
1168	Pruitt	George P.
1168	Quarles	C. M.
1168	Raines	J. P.
1168	Rasco	G.

Name Index to Military Claims-Numerically

1168	Rose	W. B.
1168	Shanks	J. A.
1168	Shanks	C. A.
1168	Simpson	T. L.
1168	Sloan	A. J.
1168	Spivey	J. W.
1168	Stribbling	T. B.
1168	Taylor	C. J.
1168	Taylor	M.
1168	Tucker	J. W.
1168	Vinson	H. H.
1168	Welsh	W. L.
1168	West	J. T.
1168	Witherspoon	N. G.
1169	Aycock	I. T.
1169	Glenn	Mark
1169	Hardeman	P.
1170	Graves	P. L.
1171	Cooley	A. O.
1172	Military Board	
1173	Cooley	A. O.
1173 A	Stockman	H. F.
1174	Williams	Jno.
1174 A	Williams	John
1175	Williams	Jno.
1175 A	Gregg	John
1175 A	Watson	R.
1175 A	Williams	John
1176	Labadie	Joseph
1177	Tibbitts	A. P.
1178	Howard	D. C. H.
1179	Coleman	Jno.
1180	Lee	A.
1181	Worrall	J. R.
1181 A	McFairland	F. F.
1182	Hibberd	Luther
1183	Swenson	S. M.
1184	Texas Pioneer	
1185	Harrison	L. L.
1186	Rogers	M. W.
1187	Lockwood	Thomas
1187 A	O'Hair	J. J.
1187 A	Wolf	Rowland
1188	Joyce	W. J.
1189	Brown	Frank
1190	Carlisle	William
1190	Glass	W. L.
1190	Nitschke	Willlliam
1190	Panton	Andrew J.
1191	Story	W. R.
1192	Williams	J. N. B.
1193	Richardson	D.
1193 A	Rowland	J. I.
1194	Richardson	D.
1194 A	Shuner	Thomas
1195	Richardson	D.
1195 A	Griffin	Henry
1196	Saunders	W. E.
1197	Brown	A. L.
1197	Carpenter	Thomas J.
1197	Fuller	James
1197	Hester	R. F.
1197	Rogers	James C.
1197	Sparkman	James
1197	Strackner	W. H.
1197	Walker	Charles H.
1198	Fuller	James
1199	Trevino	Tomas
1200	Redmond	Henry
1201	Martin	R.
1202	Alexander	W. F.
1203	Alexander	W. F.
1204	Botello	Incarnacion
1204	Botello	Victor
1204	Corona	Haris
1204	Evins	Thomas M.
1204	Garcia	Eugenio
1204	Guterres	Onofre
1204	Herrera	Prudencio
1204	Mendiola	Bernardo
1204	Redmond	H.
1204	Rodriguez	Cesario
1204	Telles	Juan
1205	Alexander	William F.
1205	Aredondo	Juan
1205	Aresola	Dario
1205	Bela	Victorians
1205	Benavides	Santas
1205	Benavides	Christaval
1205	Benavides	Christaval
1205	Bidauri	Aranacio
1205	Botello	Victor Sr.
1205	Botello	Canception
1205	Botello	Marcus
1205	Botello	Victor Jr.
1205	Botello	Viviano
1205	Botello	Antanio
1205	Callaghan	C.

Name Index to Military Claims-Numerically

1205	Cano	Incarnacion
1205	Castillo	Christobal
1205	Charo	Nicholas
1205	Charo	Refugio
1205	Corona	Anastacio
1205	Corono	Pary
1205	Corono	Ibario
1205	Cueller	Santiago
1205	Escalante	Juan Garcia
1205	Escamilla	Angel
1205	Escobal	Felix
1205	Gambar	Ramon
1205	Gambar	Antonio
1205	Gambar	Sanstenos
1205	Gambar	Prudencio
1205	Garcia	Lucas
1205	Garcia	Ijonio
1205	Garcia	Leonarda
1205	Garcia	Marcello
1205	Garcia	Incarnacion
1205	Garza	Perfecto
1205	Garza	Ildefanso
1205	Garza	Estanaslado
1205	Garza	Rafael
1205	Garza	Nepomocino
1205	Gil	Luis
1205	Gonsales	Polonio
1205	Gonzalez	Ricardo
1205	Gusman	Benino
1205	Gusman	Juan
1205	Gusman	Alexandro
1205	Guterres	Onofre
1205	Guterres	Quirim
1205	Herrera	Elisio
1205	Herrera	Jesus
1205	Herrera	Pedro
1205	Herrera	Natividad
1205	Herrera	Estavan
1205	Jimines	Angel
1205	Juarres	Ildefonso
1205	Larma	Victoriano
1205	Level	David M.
1205	Lopez	Viviano
1205	Martinez	Cisto
1205	Mendiola	Julian
1205	Mendiola	Bernardo
1205	Mendiola	Juan
1205	Mendiola	Jubacio
1205	Molina	Antonio
1205	Moreno	Jose Maria
1205	Moreno	Bartolo
1205	Navarro	Alejandro
1205	Nunes	Jose Maria
1205	Ochoa	Francisco
1205	Olivarez	Rafael
1205	Ortis	Juan Jose
1205	Pederes	Jesus
1205	Pederes	Manuel
1205	Pena	Zenobia
1205	Plaza	Vicente
1205	Redmond	H.
1205	Rodriguez	Cesario
1205	Rodriguez	Jesus
1205	Rodriguez	Rogue
1205	Salinas	Jacobo
1205	San Miguel	Domingo
1205	Sanches	Antonio
1205	Solis	Eugenio
1205	Suniga	Alejandro
1205	Telles	Juan
1205	Trevino	Polanio
1205	Villareal	Indelisio
1205	Villareal	Cicilio
1205	Rubio	Salomo
1206	Aguilar	Guadalupe
1206	Alexander	William F.
1206	Aredondo	Juan
1206	Arisola	Dario
1206	Bedouri	Anastacio
1206	Bela	Victorino
1206	Benavides	Atelano
1206	Botello	Viviano
1206	Botello	Incarmocion
1206	Botello	Victor Sr.
1206	Botello	Victor Jr.
1206	Botello	Marcus
1206	Cano	Incarnacion
1206	Castillo	Christobal
1206	Charo	Nicholas
1206	Charo	Refugio
1206	Corona	Paz.
1206	Corona	Anastasio
1206	Corona	Ilario
1206	Cueller	Santiago
1206	Escalante	Juan Garcia
1206	Escamilla	Angel
1206	Escamilla	Ignes
1206	Escamillo	Pablo

Name Index to Military Claims-Numerically

1206	Escobal	Felix	1206	Nunez	Jose Maria
1206	Evins	Thomas M.	1206	Ochoa	Francisco
1206	Glores	Francisco	1206	Olivarez	Rafael
1206	Flores	Nicholas	1206	Ortis	Juan Jose
1206	Gambar	Laustenos	1206	Pederes	Jesus
1206	Gambar	Ramon	1206	Pederes	Manuel
1206	Gambar	Antonio	1206	Pena	Lenobia
1206	Gambar	Prudencio	1206	Plaza	Vincente
1206	Garcia	Lucas	1206	Prunada	Manuel
1206	Garcia	Eugenio	1206	Redmond	H.
1206	Garcia	Leonardo	1206	Rodriguez	Cesario
1206	Garcia	Marcello	1206	Rodriguez	Jesus
1206	Garcia	Ijinio	1206	Rodriguez	Rogue
1206	Garcia	Julian	1206	Rubio	Saloma
1206	Garcia	Jose Maria	1206	Salinas	Jacobo
1206	Garza	Rafael	1206	Salinas	Monico
1206	Garza	Anastaslado	1206	Sanches	Antonio
1206	Garza	Eldefonso	1206	Sanches	Ijinio
1206	Garza	Perfecto	1206	Soles	Eugenio
1206	Garza	Nepomocino	1206	St. Miguel	Domingo
1206	Gil	Luis	1206	St. Miguel	Phelipe
1206	Gonzales	Martin	1206	Telles	Juan
1206	Gonzales	Polonio	1206	Trevino	Jose
1206	Gonzales	Dario	1206	Trevino	Polinario
1206	Gonzales	Ricardo	1206	Villareall	Cecilio
1206	Gusman	Beninio	1206	Villareall	Indelasio
1206	Gusman	Alejandro	1207	Hermann	J. W.
1206	Gusman	Juan	1208	Puckett	Jackson
1206	Guteres	Guirino	1209	Garcia	Julian
1206	Guterres	Onofre	1209	Garcia	Jose Maria
1206	Herrera	Pedro	1209	Gray	J. H.
1206	Herrera	Jesus	1209	Redmond	H.
1206	Herrera	Natividad	1209	Soto	Juan Garcia
1206	Herrera	Ilijio	1209	Stevens	M.
1206	Herrera	Estevan	1210	Benavides	Bacilio
1206	Herrera	Prudencio	1210	Garcia	Bartolo
1206	Jimenes	Angel	1210	Martin	R.
1206	Juares	Ilefanso	1210	Redmond	H.
1206	Lerma	Victariano	1211	Reynolds	W. W.
1206	Lopez	Viviano	1212	Reynolds	W. W.
1206	Martinez	Cisto	1213	Casner	Hiram
1206	Mendiola	Bernardo	1214	Story	W. R.
1206	Mendiola	Julian	1215	McCulloch	Ben
1206	Mendiola	Juan	1216	Bell	J. D.
1206	Mendiola	Ierbacio	1217	Lyons	J. H.
1206	Molino	Antonio	1218	Lopez	Everisto
1206	Moreno	Bartolo	1219	Teabault	George
1206	Moreno	Jose Maria	1220	Evans	Thomas M.
1206	Navarro	Alejandro	1221	Duffau	F. T.

Name Index to Military Claims-Numerically

1221	Leath	Thomas
1221	Pace	Ed.
1221	Polk	Jno. A.
1222	Caldwell	G. H.
1222	Jaques	Nathan C.
1222	Murrell	Thomas
1223	Reynolds	W. W.
1224	Dashiell	J. Y.
1225	Dashiell	George R.
1226	Du Val	Burr G.
1227	Leckie	Thomas
1228	Besser	Jno. S.
1228 A	Snell	William
1229	Palm	Aug.
1229 A	Alexander	Allison
1229 A	Carraway	Wiley
1229 A	Choate	John C.
1229 A	Clark	Jordon E.
1229 A	Clymer	Owen
1229 A	Ellisworth	John
1229 A	Hart	George W.
1229 A	Henson	Herbert G.
1229 A	McKuinn	John
1229 A	McKinney	William
1229 A	Neil	James
1229 A	Robenson	David J.
1229 A	Smith	Thomas W.
1229 A	Underwood	James L.
1230 A	Leavy	J. R.
1230	Palm	Aug.
1231	McCulloch	Ben
1232	Harrell	J.
1232 A	Burnett	J.
1232 A	Cavanass	J.
1232 A	Cavanass	M.
1232 A	Chaliners	M. L.
1232 A	Duncan	S. H.
1232 A	Eaker	W. A.
1232 A	Etherage	L. H.
1232 A	Gentry	A.
1232 A	Gentry	R.
1232 A	Gregg	M.
1232 A	Harris	G. W.
1232 A	Henderson	I. A.
1232 A	Kerby & McCord	
1232 A	Kirkpatrick	J. G.
1232 A	Kirkpatrick	J.
1232 A	Leavy	J. R.
1232 A	Levett	H.
1232 A	Mays	C.
1232 A	Meeks	W.
1232 A	Myrick	E. R.
1232 A	Parish	J. D.
1232 A	Pollack	D. D.
1232 A	Potts	W. H.
1232 A	Smith	J.
1232 A	Stephens	N.
1232 A	Suitar	A. T.
1232 A	Suter	A. T.
1232 A	Walker	J.
1232 A	Wood	J. S.
1232 A	Wood	W. R.
1233 A	Boyd	Benjamin
1233 A	Carter	C. C.
1233 A	Carter	W. H.
1233 A	Cash	J. T.
1233 A	Freeman	F. W.
1233 A	Halley	Jackson
1233 A	Harrell	J.
1233 A	Ivy	A. J.
1233 A	Jackson	Silas
1233 A	Jones	W. C.
1233 A	Jones	M. L.
1233 A	Jones	C. E.
1233 A	Jones	William
1233 A	Lewis	William
1233 A	Morris	John
1233 A	Patterson	John
1233 A	Patterson	Wilson
1233 A	Peters	Andrew
1233 A	Portise	Josiah
1233 A	Scott	Abner
1233 A	Shatey	C. D.
1233 A	Stanley	C.
1233 A	Stanley	J. T.
1233 A	Stanley	Benjamin
1233 A	Willis	William
1233 A	Willis	Jasper
1233 A	Wills	R. J.
1233 A	Wills	John
1233 A	Windham	Willis
1233 A	Windham	William
1233 A	Windham	Henry
1234 A	Bennett	G. C.
1234 A	Brooks	J. R.
1234 A	Chamberlain	D. A.
1234 A	Cullen	T. J.
1234 A	Dennis	J. J.

Name Index to Military Claims-Numerically

1234 A	Garcia	F.
1234	Harrell	J.
1234 A	Howard	A.
1234 A	Jenkins	E.
1234 A	Kevin	C. W.
1234 A	McCord	J. E.
1234 A	Morris	E. W.
1234 A	Wooten	J. A.
1235	Harrell	J.
1236	Dunlevie	J.
1236	Kennelly	C. C.
1236	Myers	Jno.
1236	Roberts	Mat. G.
1236	Spaulding	E. H.
1237	Dashiell	J. Y.
1238	Harrell	J.
1239	Shipman	J. K.
1240	Chamberlin	D. T.
1240	Cox	Joseph
1240	Cox	Benjamin
1240	Kuykendall	Abner
1240	Roberts	C. B.
1240	Smith	Jalomick
1241	Chamberlin	D. T.
1241	Cox	David
1241	Cox	Benjamin
1241	Craighead	Allen
1241	Flemming	Martin V.
1241	Roberts	C. B., Sr.
1241	Roberts	C. B., Jr.
1241	Roberts	J. T.
1241	Stevens	Anderson H.
1241	Wood	Joseph P.
1241	Wood	C. P.
1242	Military Board	
1243	Faulkner	W. L.
1243 A	Long	T. A.
1244	Carmack	Jno.
1244	Carraway	Bryant
1244	Henderson	Jno. B.
1244	McNeill	James A.
1244	Mefford	William
1244	Motheral	William E.
1244	Pickard	Jno. R.
1244	Savage	Jno.
1245	Dunlap	W. W.
1245 A	Pfeiiffer	George
1246	Carmack	Jno.
1246 A	Roberts	William
1247 A	Ainsworth	J. H.
1247	Emanuel	J.
1248	Brown	Frank
1249	Andrews	T. H.
1249	J. Tips & Co.	
1249	Pierce	William
1250	Steussy	F.
1251	Steussy	F.
1251 A	Stuckew	F. V. D.
1252	Cronley	J. D. L.
1253	Kirkpatrick	Jno.
1253	Warrall	J. R.
1253	White	Samuel
1254	Dashiell	J. Y.
1255	Lane	E. D.
1256	Sedberry	J. W.
1257	Person	J. P.
1258	Rust	William
1259	Rust	William
1260	Carr	William H.
1261	Rust	William
1262	Kellum	J. P.
1263	Military Board	
1264	Burrow	William A.
1264	Nagelin	Joseph
1264	Paul	James
1265	Dashiell	J. Y.
1266	Reynolds	W. W.
1267	Marshal	J. C.
1268	Mylius	William
1269	Dashiell	J. Y.
1270	Fancher	E. S.
1270	Johnson	W. H.
1270	Johnson	G. W.
1270	Lee	Jno.
1270	McClane	B. F.
1270	Pettit	C. P.
1270	Ridgill	D. P.
1270	Simmons	William
1271	West	C. S.
1272	Steiner	J. M.
1272 A	Brannum	J. N.
1272 A	Burleson	John L.
1272 A	Duty	M. J.
1272 A	Russel	W. L.
1272 A	Strayhorn	N. S.
1273	Steiner	J. M.
1273 A	Hoffman	J.
1273 A	Jordon	E.

Name Index to Military Claims-Numerically

1273 A	Jung	F.
1273 A	Larry	H.
1273 A	Leefeste	F.
1274	Steiner	J. M.
1275	Clemens	Blunt
1275	Hensely	Jno.
1275	Hensely	George W.
1276	Reynolds	W. W.
1277	Henseley	George W.
1278	Abbe	L. C.
1278	Callahan	Michael
1278	Clark	Daniel
1278	Cochrane	J.
1278	Corbitt	William
1278	Dailey	J. D.
1278	Dipkiwiter	I.
1278	Drown	William D.
1278	Going	Nicholas
1278	Grace	H.
1278	Gumbes	Jno. D.
1278	Hall	Henry
1278	Hanson	Carnelius
1278	Harding	Henry
1278	Hersig	George
1278	J. M. Swisher & Co.	
1278	Jennison	R.
1278	Jones	J. W.
1278	Keller	Thomas
1278	King	Philipp
1278	Koerps	Philipp
1278	Miller	C.
1278	Musselman	A.
1278	Schnabel	August
1278	Shardin	Philipp
1278	Sheche	Bryan
1278	Smith	C. T.
1278	Smith	A. G.
1278	Spurr	Jno.
1278	Toomey	Dennis
1278	Wagner	Martin
1278	Ward	W. G.
1278	Young	Dorsey
1279	Burns	Patrick
1279	Cassady	Miles
1279	Dolan	Patrick
1279	J. M. Swisher & Co.	
1279	Lohrberg	F. H.
1279	Lorillard	William
1279	Marshall	David
1280	Dockerey	Alfred
1280	Duff	Marion
1280	Moore	William
1281	Crouch	W. F.
1281	Cude	William
1281	Cude	Tobias
1281	Edwards	Jno.
1281	Walker	Smith
1282	Military, Board	
1283	Military, Board	
1284	Ford	A. W.
1285	Galveston News	
1286	Military Board	
1287	Allen	A. Y.
1287	Armstrong	Samuel
1287	Armstong	A. J.
1287	Ashton	T.
1287	Barton	Philip
1287	Browley	J. J.
1287	Carpenter	P. J.
1287	Downey	Edward
1287	Hartley	R. K.
1287	Johnson	William
1287	Kerr	Samuel
1287	Lewis	Joseph
1287	McCarma	James
1287	McMahan	Jno.
1287	Pickett	Michael
1287	Stultz	Samuel M.
1287	Weidenhauer	Charles
1287	Wilson	William H.
1288	Bailstone	J. H.
1289	De Cordova	P.
1289	De Cordova	P.
1289 A	York	George
1290	Craig	Jacob
1290	Crews	G. B.
1290	Duncan	R. G.
1290	Earps	J. B.
1290	Halcombe	Caleb
1290	Haney	B. B.
1290	Haney	N. B.
1290	Huff	Nathan
1290	Lovell	Frank
1290	Maim	James
1290	McGarrah	L. G. L.
1290	Morris	J. S.
1290	Oats	W. S.
1290	Oats	J. A.

Name Index to Military Claims-Numerically

1290	Oats	Samuel	1304	Harrison	Jonas
1290	Peak	Jno. C.	1304	Lawrance	D. B.
1290	Pennington	G. B.	1304	Quinlan	C. C.
1290	Scroggins	A. J.	1304	Rees	L. B.
1290	Scroggins	Balem	1304	Rogers	J. W.
1290	Sheets	W. T.	1305	Cowen	L.
1290	Sheffield	W. M.	1305 A	Lawler	R. J.
1290	Stevens	Neal	1306	Brown	Thomas
1290	Stevens	L. M.	1306	Cowen	L.
1290	Walker	R. M.	1306	Griffin	Thomas
1291	Pryor	T. J.	1307	Cowen	L.
1291	Raymond	James H.	1307	Mallett	J.
1291	Rossman	M.	1307	Nimmo	Joseph W.
1292	Brooks	Bernard	1308	Reynolds	Patrick
1292	Ladthoff	Focke	1309	Cowen	L.
1292	Paul	James	1309	Reyes	Peter
1293	Powers	Stephen	1309	Young	Jno.
1294	Longaria	Miguel	1310	Lane	E. D.
1295	Military Board		1311	Military Board	
1296	Hamilton	William	1312	Davis	D. F.
1296 A	Weir	W. W.	1312	Fuller	William
1295	Military Board		1312	Fuller	R. A.
1296	Bowler	J. W.	1312	Nanny	C. W.
1298	Davidson	T. L.	1312	Penrod	G. W.
1298	Diamond	J. L.	1312	Roark	Jasper
1298	Diamond	J. J.	1312	Sapp	J. F.
1298	Erwin	Henry	1312	Stevenson	Henry H.
1298	Garner	Alfred	1313	Mather	Samuel
1298	Ingram	A. C.	1314	Davis	D. F.
1298	Matthews	William	1314	Fairborn	J. N. M.
1298	McGuire	H.	1314	Fuller	R. A.
1298	McGuire	E.	1314	Harcrow	F.
1298	Mergerson	J. T.	1314	Patrick	W. W.
1298	Paits	L. B.	1314	Tidwell	D.
1298	Root	I.	1314	Walding	Jno.
1298	Welbourn	D. A.	1315	Baker	E. C.
1298	White	J. K.	1315	Brooks	D.
1298	White	A. B.	1315	Mayrant	J. W.
1298	White	W. A.	1315	Moore	William
1298	Young	H. G.	1315	Morris	Jonathan
1299	Mayrant	William N.	1315	Young	H. F.
1300	Murray	J. L.	1316	Byrd	Jennie
1300 A	Hannah	D. J.	1316 A	Hampton	G. J.
1300 A	Lipps	L.	1317	Bothwell	Edward
1301	Tankersley	J. H.	1317	Browne	G. W. G.
1302	Ruff	William	1317	Hinfey	William
1303	Dashiell	J. Y.	1318	Cloud & Bostick	
1304	Burney	R. H.	1318	Fareman	W. W.
1304	Harbour	W. T.	1318	Jones	James F.

Name Index to Military Claims-Numerically

1318	Warrall	J. R.
1319	Burns	P.
1319	Collins	Isaac
1319	Guinn	C. T.
1319	Mayfield	Williamson
1319	McFarland	F. F.
1319	McGee	Jno.
1319	McGuire	J. D.
1319	Savage	T. N.
1319	Singellary	Owen
1319	Slack	James
1319	Sterman	W. W.
1319	Stump	Francis
1319	Wade	T. S.
1319	Warrall	J. R.
1320	Pritle	F. G.
1321	Steiner	J. M.
1321 A	Boyd	Ben
1321 A	Caveness	Ed
1321 A	Davis	James
1321 A	Harkey	W. I.
1321 A	Harkey	M.
1321 A	McDonald	Jno.
1321 A	McRay	J. M.
1321 A	Nichols	Jno.
1321 A	Pullock	D. D.
1322	Steiner	J. M.
1322 A	McCord	James E.
1323	Steiner	J. M.
1323 A	Jones	John
1324	Jennings	W. E.
1324	Pankey	E. S.
1325	Dashiell	J. Y.
1326	Military Board	
1327	Bell	Thomas J.
1327	Bell	W. H.
1327	Kuykendall	George
1328	Bell	Thomas J.
1329	Mercer	Jesse
1329 A	Foreman	A. J.
1330	McCoy	G. W.
1331	Kelley	L.
1331 A	Adams	A. S.
1332	Military Board	
1333	Reynolds	W. W.
1334	Ballsive	L. L. L.
1335	Dashiell	J. Y.
1336	Finnin	Ed.
1337	Christian	James
1338	Davis	L. J.
1338	Fields	William B.
1338	Swisher	Green F.
1339	Brosig	H. P.
1339	Crosby	L.
1339	Walker	Jno., II
1339	Woodall	M. B.
1340	Crosby	L.
1340	Parr	C. W.
1340	Parr	C. E.
1341	Galveston News Office	
1342	Finnin	Ed.
1343	Walde	C. H.
1344	Derryberry	G. H.
1344 A	Davis	A. N.
1344 A	Davis	A. F.
1345	Dashiell	J. Y.
1346	Curry	Jno.
1347	Beard	Willis
1348	Cavender	Thomas J.
1349	Cansler	M. H.
1349	Ende	F.
1349	Fry & Allen	
1349	Wright	M. H.
1350	Adams	J. F.
1350	Adams	James
1350	Allen	S. G.
1350	Boring	James
1350	Bryant	James
1350	Cansler	M. H.
1350	Chafin	Green
1350	Chafin	W. C.
1350	Clark	Benjamin
1350	Cole	C. E.
1350	Cole	J. E.
1350	Cook	William
1350	Cooper	G. D. W.
1350	Cosby	J. A.
1350	Cosby	G. P.
1350	Denton	T. C.
1350	Diars	M. W.
1350	Downing	T. B.
1350	Dunn	J. E.
1350	Early	N. F.
1350	Erhardt	J. F.
1350	Erwin	T. C.
1350	Etter	L. R.
1350	Fanning	Jno.
1350	Fanning	A. J.

Name Index to Military Claims-Numerically

Page	Surname	Given
1350	Featherston	C. H.
1350	Fox	J. L.
1350	Fox	Z. J.
1350	Fox	M. J.
1350	Fry	M. T.
1350	Fry	Wilbourn
1350	Garlock	W.
1350	Gillespie	J. T.
1350	Graves	Stephen
1350	Grissum	J. A.
1350	Hamrick	William
1350	Heffner	W. L.
1350	Hill	B. F.
1350	Hobbs	J. C.
1350	Hughes	Jesse
1350	Hunt	D. G.
1350	Jackson	R. S.
1350	Johnson	C. L.
1350	Jones	W. S.
1350	Keith	G. W.
1350	Landers	Jonathan
1350	Lee	J. W.
1350	Mabry	J. M.
1350	McBride	Pleasant
1350	McBride	Daniel
1350	McElroy	J. D.
1350	McKey	L. B.
1350	McKey	J. L.
1350	McWharter	G. A.
1350	Moore	J. R.
1350	Morgan	John
1350	Morrow	Benton
1350	Morrow	Jesse
1350	Moss	T. B.
1350	Moss	J. D.
1350	Moss	J. L.
1350	Murray	George
1350	Nillims	J. J.
1350	Odell	A. B.
1350	Odell	Simon
1350	Odell	J.
1350	Orr	Elijah
1350	Orr	Elisha
1350	Patrick	E. R.
1350	Price	J. N.
1350	Reynolds	N. C.
1350	Ridzell	Jesse
1350	Riley	J. R.
1350	Shakleford	T. C.
1350	Shakleford	H. B.
1350	Stokes	J. J.
1350	Taylor	Robert
1350	Voils	William
1350	Wallace	Nat.
1350	Watson	W. W.
1350	Weatherbey	T. S.
1350	Weeden	Ed.
1350	Wheeler	A. J.
1350	Wilhelms	James
1350	Williams	J. W.
1350	Williams	J. R.
1350	Wilson	W. J.
1350	Wilson	B. J.
1350	Wittie	W. D.
1351	Howard	Valentine
1352	Bell	George W.
1352	Chadwick	L. D.
1352	Henderson	Samuel G.
1352	Masters	Henry A.
1353	Gilmore	G. R.
1354	Cansler	M. H.
1354	Cansler	M. H.
1354	Downing	C. T.
1354	Featherston	C. H.
1354	Fry	Wilbourn
1354	Heffner	William
1354	McBride	William
1355	Dashiell	J. Y.
1356	Lane	E. D.
1357	Neutze	John
1357 A	Neetz	John
1358	Neutze	John
1359	Bailey	Wilson
1359	Bender	Jacob
1359	De Mantel	Charles
1360	Shelly	N. G.
1360 A	Night	L. L.
1361	Wadsworth	James C.
1362	Military Board	
1363	Dumas	James P.
1364	Brookman	John
1365	Adams	Fitch S.
1365	Bales	Noah
1365	Barker	Samuel J.
1365	Beillie	Francis J.
1365	Blanco	Santos
1365	Brownrigg	James
1365	Bruce	Thomas

Name Index to Military Claims-Numerically

1365	Carabajal	Louis
1365	Carter	Henry Q.
1365	Cavillo	Joseph
1365	Cavillo	Pancho
1365	Conly	James
1365	Cook	Franklin
1365	Cordinas	Rafael
1365	Cordinas	Juan
1365	Cortines	Jose
1365	Duncan	Francis M.
1365	Dunson	Erastus
1365	Durand	Naclito
1365	Durand	William
1365	Dye	Benson A.
1365	Flores	Salvador
1365	Flores	Pedro
1365	Garloff	Andrew
1365	Garza	Jesus
1365	Garza	Entaban
1365	Hernandez	Jose Maria
1365	Hernandez	Mauricio
1365	Hogan	Joseph L.
1365	Hutchison	William C.
1365	Johnson	Charles L.
1365	Johnson	Charles J.
1365	Kufus	Edward
1365	Lackey	James W.
1365	Lamberd	J. R.
1365	Lane	Wesley C.
1365	Langley	Marion J.
1365	Leal	Alfonzo
1365	Luckie	Samuel D.
1365	Manchaca	Bernaret
1365	Martinez	Jesus
1365	McCleland	Joseph P.
1365	Murphy	James W.
1365	Navarro	Sextan
1365	Newcomb	J. G.
1365	Noland	Thomas
1365	Ogden	John
1365	Olivario	Pablo
1365	Perryman	W. W.
1365	Reitzer	Joseph
1365	Rivas	Andalaseo
1365	Robertson	Frank G.
1365	Robinson	William
1365	Rodriguez	Miguel
1365	Sierra	Juan
1365	Small	Lycurgus
1365	Smith	Franklin
1365	Stephanes	H. F.
1365	Trevino	Lorenzo
1365	Trimble	Frederick W.
1365	Turner	Oliver J.
1366	Allen	John C.
1366	Arnold	J. B.
1366	Blackmond	Carrol
1366	Bridger	W. R.
1366	Brown	John C.
1366	Brown	Hiram W.
1366	Buchannan	John
1366	Burdges	Robert
1366	Burk	M. J.
1366	Byars	Joseph
1366	Campion	James A.
1366	Campion	Edward J.
1366	Carroll	Thomas E.
1366	Carroll	William G.
1366	Cleghorn	John
1366	Crowder	A. D.
1366	Debard	James
1366	Debard	George W.
1366	Debard	Jesse H.
1366	Doolin	Isaac
1366	Drugan	Thomas H.
1366	Emmanacker	Joseph
1366	Fatheree	L. Berry
1366	Fatheree	Joseph
1366	Hanks	Richard
1366	Harris	James E.
1366	Hawkins	John B.
1366	Hume	William
1366	Jacobs	John
1366	Jenning	L. S.
1366	Jones	W. E.
1366	Jones	Camillius
1366	Jones	Francisco
1366	Kaufman	Lewis
1366	Kockler	Joseph A.
1366	Lattimer	Daniel D.
1366	Lauter	W. P.
1366	Lee	B. F.
1366	Lewis	Thomas J.
1366	Lockett	D. A.
1366	Mallock	L. P.
1366	Martin	John Q.
1366	Martin	W. J.
1366	Newsom	William N.

Name Index to Military Claims-Numerically

1366	Nichols	R. B.
1366	Osgood	George D.
1366	Osgood	P. O.
1366	Patrick	George L.
1366	Penton	Joel
1366	Penton	Alexander
1366	Price	Thomas
1366	Priestly	E. L.
1366	Pulliam	John R.
1366	Seiley	Thomas H.
1366	Simpson	J. D.
1366	Stell	B. T.
1366	Stroud	J. E.
1366	Tate	Joseph
1366	Thompson	E. S.
1366	Turk	William H.
1366	Turner	Fred
1366	Turtle	Archibald
1366	Walfard	P. L.
1366	Walker	James
1366	Walker	C. W.
1366	Waller	John
1366	Whaler	William H.
1366	Willis	M.
1367	Brown	Frank
1368	Finnin	Ed.
1369	Duval	Burr G.
1370	Leckie	Thomas
1371	Dashiell	J. Y.
1372	Shores	Thomas G.
1372	Stewart	J. N.
1372	Toliver	B.
1373	Stokes	H.
1374	Leisering	Charles F. N.
1374	Peden	James A.
1374	Spencer	George W.
1374	Strothers	David C.
1374	Swenson	S. M.
1375	Dashiell	J. Y.
1376	Dashiell	J. Y.
1377	Merrifee	William O.
1378	Finnin	Ed.
1379	Barnard	Charles E.
1379	Bay	Brancha
1379	Bi-aw-no	
1379	Bishi-tun	
1379	Blackfoot	
1379	Burleson	Joe
1379	Caddo	Jim
1379	Cado	George
1379	Car-nash	
1379	Carabajal	
1379	Casa Maria	
1379	Chactaw	Tom
1379	Chactaw	Charley
1379	Chanto	
1379	Chi-mi-ash	
1379	Chi-nis-che	
1379	Chi-win-it	
1379	Childress	Bob
1379	Dutchman	
1379	Hanisto	
1379	Hish-tibe	
1379	Johnson	
1379	Jones	
1379	Kickapo	William
1379	Kie-woon	
1379	Lucas	
1379	Luny	John
1379	Mark	Jim Pock
1379	Ne-on	
1379	Neighbours	
1379	Placido	
1379	Sa-kichi-dah	
1379	Sam	
1379	Santiago	
1379	Shawnee	Sam
1379	Shawnee	Jack
1379	Simon	
1379	Soldier	
1379	Talko	
1379	Ti-wni-tut	
1379	To-sit	
1379	Tom	
1379	U-wa-nee	
1379	White Wolf	
1379	William	
1379	Yellow Wolf	
1380	Dashiell	J. Y
1381	Reynolds	W. W.
1382	Shelton	Samuel
1383	Martin	George M.
1384	Reynolds	W. W.
1385	Hamilton	Wiley B.
1386	Military Board	
1387	Bixenshit	George T.
1387 A	Bexnishit	George T.
1388	Mogford	William

Name Index to Military Claims-Numerically

1388 A	Frishmeyer	Francis
1389	Military Board	
1390	Brown	Frank
1390 A	Wood	John M.
1391	Brown	Frank
1391 A	Harkey	L. J.
1392	Brough	L. D.
1392	Burns	D.
1392	Burns	D.
1392	Deaver	John B.
1392	Hodges	Michael
1392	Turnbough	B. F.
1392	Yerion	J. R.
1393	Jones	J. E.
1394	Military Board	
1395	Lecombe	Ernst.
1396	Bennett	J. W.
1397	Gerdes	Henry
1398	Lane	E. D.
1399	Teel	B. N.
1400	Harris	D. A.
1401	Woodhouse	H. E.
1402	Trask	James H.
1403	Mata	Manuel
1404	Cook	L. D.
1404	Croft	James W.
1404	Davis	Isham
1405	Military Board	
1406	San Antonio Herald	
1407	Duval	Burr G.
1408	Tomlinson	J. M.
1408 A	Stephens	R.
1409	Newman	Theodore
1409 A	McCord	James E.
1410	Finnin	Ed.
1411	Allbright	William
1411	Anderson	F.
1411	Aycock	N. M.
1411	Barrett	Thomas
1411	Bierman	John
1411	Bollen	Timothy
1411	Brooks	William
1411	Chase	William W.
1411	Clement	R. T. Jr.
1411	Colter	L. N.
1411	Conellon	M.
1411	Davidson	W. R.
1411	Delaney	Ed.
1411	Edwards	I. C.
1411	Fields	Adam
1411	Frantz	Christ.
1411	Frechtling	C.
1411	Gill	W. C. Jr.
1411	Gill	William C. Sr.
1411	Gillmore	William
1411	Hackey	Patrick
1411	Hammock	T. J.
1411	Hartong	H.
1411	Hemsworth	Thomas
1411	Hudgis	J. L.
1411	Jarvis	John G.
1411	Johnson	W.
1411	Kierman	John
1411	Lapolian	Lewis
1411	Lathrop	A.
1411	Level	P.
1411	Lewis	Robert
1411	Martel	F.
1411	McCabe	Peter
1411	Millaby	Michael
1411	Muldoon	T.
1411	Payne	William T.
1411	Payne	William N.
1411	Perkins	Thomas A.
1411	Putney	George
1411	Schnicker	F.
1411	Seaborn	H.
1411	Shannon	J. T.
1411	Taylor	A.
1411	Thompser	B.
1411	Vought	D. O.
1412	Toggle	R.
1413	Reynolds	W. W.
1414	Adams	W. G.
1414	Cunningham	E. C.
1414	Fanning	George R.
1414	Jones	Jackson
1414	Littleton	John
1414	Mann	William
1414	Meisters	Henry A.
1414	Moore	John W.
1414	Perez	Vivian
1414	Pfeifer	Joseph
1414	Ricks	Stephen
1414	Sanchez	Pedro
1414	Stewart	M. W.
1415	Duggan	William
1416	Adams	Wilh G.

Name Index to Military Claims-Numerically

1416	Baker	Henry E.
1416	Barfield	C. J.
1416	Bastamento	B.
1416	Bell	George W.
1416	Bonville	Charles L.
1416	Cantrell	Rise
1416	Carstens	John H.
1416	Cavender	T. J.
1416	Chadwick	L. D.
1416	Clark	Harvey
1416	Clemens	J. J.
1416	Craft	James W.
1416	Cunningham	E. C.
1416	Curry	John
1416	Davis	Isam
1416	Fisher	W. N.
1416	Gilmore	G. R.
1416	Gliddon	G. R.
1416	Hartson	John B.
1416	Jones	Leburn L.
1416	Karnes	James
1416	King	James C.
1416	Lecombe	Ernest
1416	Lee	James L.
1416	Leisering	C. F. A.
1416	Liles	Charles
1416	Littleton	John
1416	Lyon	N. L.
1416	Mann	William H.
1416	Meisters	Henry A.
1416	Moore	John W.
1416	Moresey	Barnard
1416	Neil	Joseph C.
1416	Nelson	John W.
1416	O'Donnell	John
1416	Peden	James A.
1416	Pell	Frederick
1416	Pfeifer	Joseph
1416	Rachor	Nicholas
1416	Reeves	Malachi
1416	Reynolds	Patrick
1416	Reys	Peter
1416	Rimes	W. J.
1416	Rowland	W. B.
1416	Slass	David H.
1416	Spencer	W. A.
1416	Spencer	Randolph W.
1416	Stewart	M. W.
1416	Strothers	David C.
1416	Swisher	Green F.
1416	Taylor	John C.
1416	Thompson	Ben F.
1416	Trahin	James C.
1416	Trask	Henry I.
1416	Wadsworth	John W.
1416	Wadsworth	James C.
1416	Warner	George W.
1416	Winterheimer	N.
1417	Clark	Harvey
1417	Cooke	L. D.
1417	Jones	S. W.
1417	Lee	J. L.
1417	Mann	William
1418	Military Board	
1419	Baker	H. E.
1419	Carstens	John
1419	Cunningham	E. C.
1419	Lyons	L.
1419	Thompson	W. B.
1419	Wadsworth	James C.
1420	Dashiell	G. R.
1421	Bouldin	J. E.
1421	Harrington	A.
1421	Harrington	L.
1421	Hoffman	John
1422	Mayrant	J.
1422	Stucken	F. V. D.
1422	Tipps & Co.	
1423	Barnes	B. F.
1424	Niggle	Ferdinand
1425	Finnin	Edward
1426	Harrell	J.
1426 A	Cox	William L.
1426 A	Dalrymple	William C.
1426 A	Mankins	J.
1426 A	Mays	Curtis
1426 A	O'Brian	H. D.
1426 A	Walker	Joseph
1426 A	Wright	J. M.
1427	Harrell	J.
1427 A	McCord	J. E.
1427 A	McKee	R. W.
1428	Alford	T. W.
1428	Battam	J. T.
1428	Beasley	J. F.
1428	Bennett	C. H.
1428	Billups	Robert M.
1428	Bishop	Robert

Name Index to Military Claims-Numerically

1428	Black	James
1428	Blythe	W. T.
1428	Boss	F. M.
1428	Boss	S. S.
1428	Chester	W. G.
1428	Chester	Jno. C.
1428	Colquitt	A. J.
1428	Compton	Jno. M.
1428	Cooper	James M.
1428	Craig	Alex
1428	Crowder	G. H.
1428	Dawson	A. M.
1428	Dawson	William W.
1428	Dean	Jno. T.
1428	Drake	Nicholas
1428	Drake	T. B.
1428	Dulaney	W. R.
1428	Emmons	L. F.
1428	Ford	H. M.
1428	France	Perry
1428	France	Warrick
1428	Gage	William
1428	Gant	J. J.
1428	Garrison	William
1428	Gilliland	L. W.
1428	Grant	J. A.
1428	Gregg	I. G.
1428	Griffith	R.
1428	Hargrove	E. G.
1428	Harman	L. G.
1428	Haughton	J. D.
1428	Hudson	A. B.
1428	Jamison	L.
1428	Johnson	J. A.
1428	Lagsdon	Dan
1428	Logsdon	H. J.
1428	Mathews	R. H
1428	Matthews	J. W.
1428	Maxwell	R. M.
1428	McFall	A. M.
1428	Morgan	James K.
1428	Morrow	George
1428	Mounts	W. C.
1428	Murchison	J. B.
1428	Neal	Richard
1428	Noeley	H. L.
1428	Oxford	J. M.
1428	Partain	M. H.
1428	Posey	L. P.
1428	Reynolds	D.
1428	Richmond	D. L.
1428	Scoggins	J. T.
1428	Settle	J. M.
1428	Smith	J. N.
1428	South	William M.
1428	St. Clair	J. A.
1428	St. Clair	N. B.
1428	Steen	R. B.
1428	Stockton	George W.
1428	Waller	H. S. W.
1428	Waller	A. W.
1428	Walling	C. T.
1428	Ward	J. L.
1428	White	J. P.
1428	White	H.
1428	Williams	Thomas
1428	Wolf	M. L.
1428	Wright	J. O.
1429	Blythe	W. T.
1429	Bolds	F. M.
1429	Eagan	William
1429	Kanouse	W. W.
1429	Lugsdon	H.
1430	Beasley	Nap. J.
1430	Connor	Milton E.
1430	Daniels	Jno.
1430	Day	L. D.
1430	Ewing	W. M.
1430	Franklin	William H.
1430	Glover	G. W.
1430	Glover	L. W.
1430	Morton	Jno. B.
1430	Neeley	Randolph R.
1430	Rogers	David
1430	Russell	Macum
1430	Simpson	Ambrose S.
1430	Thomas	James R.
1430	Wiser	Jno.
1431	Ewing	W. M.
1431	Jones	Thomas
1431	Sanders	J. J.
1431	Simpson	J. B.
1431	Wilson	James
1432	Tolson	P.
1433	Barrett	W. J.
1434	Weaver	Rogers
1435	Hooten	James
1436	Thomas	J. R.

Name Index to Military Claims-Numerically

1437	Blythe	W. T.
1437	Clifton	G. B.
1437	Hill	T. R.
1437	Holcomb	E.
1438	Callahan	James L.
1439	Clabough	J. W.
1440	Hammond	M.
1441	Lane	Samuel
1442	Olmos	Bicente
1443	Bass	C. C.
1443	Bastamento	Benceslado
1443	Carstens	Jno. H.
1443	Liles	Charles
1443	Martin	W. W.
1443	Montgomery	Henry
1443	Pace	H. A.
1443	Palacio	Leandro
1443	Paschal	Jno. H.
1443	Pell	Fred
1443	Reeves	Malachi
1443	Stevens	M. M.
1444	Military Board	
1445	Reynolds	W. W.
1446	Military Board	
1447	West	Charles S.
1448	Moore	B. F.
1449	Drennan	S. D.
1449	Moore	J. M.
1449	Myers	A.
1450	Weydick	E.
1451	Cooper	Hugh
1451	Davis	J. F.
1451	Kemp	C. S.
1451	Lakey	J. M.
1451	Reynolds	J. L. B.
1451	Smith	R. M.
1451	Smith	R. A.
1451	Traylor	S. A.
1451	West	C. S.
1451	Westervelt	George
1452	Hill	L. M.
1453	Bruckman	Jno.
1453	Dwyer	Jno.
1453	Grindle	Albert
1453	J. M. Swisher & Co.	
1453	Jackson	Z. P.
1453	Moore	Jno.
1453	Palmer	Fred
1453	Pritle	Dr.
1453	Rogers	J. W.
1453	Tomlinson	Jno. J.
1453	Vought	Leroy M.
1453	Wolrath	L.
1453	Yarborough	D. M.
1454	Dean	Jesse A.
1454	Hudson	Ama
1454	J. M. Swisher & Co.	
1454	O'Neill	James R.
1454	Perez	Alyas E.
1454	Young	Charles
1455	Angus	A.
1455	Ayers	J. P.
1455	Beavers	Thomas J.
1455	Borgstedt	J. V.
1455	Bracken	James
1455	Butler	Jul.
1455	Clark	William
1455	Cope	James B.
1455	Daniel	Joe W.
1455	Davis	W. H.
1455	Eldridge	A. J.
1455	English	T. W.
1455	Field	Charles
1455	Flowers	B. C.
1455	Hogan	Frank V.
1455	Hogan	S. A.
1455	J. M. Swisher & Co.	
1455	Johnston	Jno.
1455	Kosse	M. W. C.
1455	Lloyd	William H.
1455	Manney	J.
1455	Marshall	E. O.
1455	McGarvey	James H.
1455	Millet	T. H.
1455	Moerez	F.
1455	Moffit	Robert
1455	Morris	Jonathan
1455	Nichols	L. H.
1455	Odlum	E. J.
1455	Parkinson	Joseph
1455	Petillo	George F.
1455	Pettit	W. A.
1455	Ramley	C.
1455	Reeves	E. B.
1455	Rougee	Charles H.
1455	Shaw	James R.
1455	Shekell	James O.
1455	Skinner	J. A.

Name Index to Military Claims-Numerically

1455	Stafford	J. C.
1455	Stansbury	George T.
1455	Tison	William B.
1455	Viemeyer	J.
1455	Wilson	Jno.
1455	Wilson	R. B.
1455	Young	William C.
1456	Wynn	H. H.
1457	Burkhardt	Lewis
1458	Williams	William F.
1459	Carpenter	R. W.
1459	Crozier	Jno.
1459	Derryberry	H. A.
1459	Teel	W.
1459	Weir	J. P.
1459	Yantis	Enoch
1460	Barclay	S. D.
1460 A	Roberts	Abner
1461	Barclay	S. D.
1461 A	Aycock	Jno. L.
1462	Burkett	Alex
1462	J. M. Swisher & Co.	
1462	McCelvey	Alex
1462	Swinson	Thomas
1463	Carouth	H. J.
1464	Moore	C. R.
1465	Finnin	Edward
1466	Dashiell	J. Y.
1467	Neighbors	Thomas J.
1467	Stuart	A. J.
1468	Meredith	J. B.
1468 A	Scrogin	Y. L.
1469	Sweatt	Q. A.
1469 A	Pike	W. A.
1470	Robertson	Austin
1471	Meredith	J. B.
1471 A	Lea	T. F.
1472	Baker	W. B.
1472	Branch	Elihn
1472	Coleman	L. G.
1472	Cowan	Isaac F.
1472	Gordon	Carral
1472	Graves	Robert B.
1472	Harris	Andrew
1472	Lazy	J. W.
1472	Liddea	George W.
1472	Mahon	Charles
1472	Matthews	S. B.
1472	Mills	Gideon
1472	Owen	Alfred
1473	Stephens	Jno. M.
1473 A	Stephens	Jno. M.
1474	Littleton	Jno.
1475	Brown	P. S.
1475	Marshall	Jno.
1476	Gurrero	Felippe
1476	Howard	Annesley
1476	McCracken	Jno.
1476	McCracken	William
1476	Rader	Jeremiah D.
1476	Swisher	J. M.
1477	North	J. E.
1478	Kneeze	Jno.
1479	Burgdorf	L.
1479 A	Bost	M.
1479 A	Hicks	H.
1480	Lane	E. D.
1481	Davis	N. Clay
1481	Ford	Jno. P.
1481	Nix	James I.
1481	Sanders	M.
1481	Villareal	Ynez
1481	Wilmot	George
1482	Blair	James K.
1482 A	Cherry	N. P.
1483	Hubert	H. C.
1484	Cantrell	Rice
1484	Spencer	R. W.
1485	Dashiell	J. Y.
1486	Cantrell	Jno. W.
1486	Mahan	Peter F.
1486	O'Donnell	Jno.
1486	Reynolds	Patrick
1486	Spencer	William
1486	Thompson	Benjamin F.
1486	Warren	George W.
1487	Parker	J. P.
1488	Parker	W. C.
1488 A	Marshall	Robert
1489	Williams	W.
1489 A	Dickerman	William
1490	Doyle	W. W.
1490	Keys & McKnight	
1490	Pabst	O.
1490	Raney	Wyatt
1490	Rushing	Mark
1491	Dashiell	J. Y.
1492	Cross	E. D.

Name Index to Military Claims-Numerically

Claim	Name	Initials
1492	Earley	M. J. B.
1492	Earley	L. Y.
1492	Green	T. L.
1492	Jackson	T. J.
1492	Stewart	J. M.
1493	Military Board	
1494	Allen	W. B.
1494	Allen	W. B.
1494	Ashford	E. R.
1494	Bigbee	W. T.
1494	Braly	B. F.
1494	Bridge	H. C.
1494	Brooks	Enoch H.
1494	Burks	Nathan
1494	Byrum	William R.
1494	Cayle	R. F.
1494	Choat	Ephraim
1494	Clark	James
1494	Cunningham	J. H.
1494	Delk	J. D.
1494	Dobbs	W. D.
1494	Dowling	Jno. W.
1494	Evans	T. F.
1494	Fuller	J. W.
1494	Fuller	T. Y.
1494	Gilmer	George A.
1494	Gilmer	Thomas S.
1494	Gilmer	W. M.
1494	Goetney	G. W.
1494	Hawley	Thomas
1494	Hawley	Hiram
1494	Hindman	J. K.
1494	Hobbs	E. M.
1494	Johnston	W. G.
1494	Jordon	Ebert
1494	Kirck	George W.
1494	Kirk	J. J.
1494	Laukford	Stephen
1494	Lepard	George
1494	Lile	N.
1494	McCart	William
1494	McCasson	T. S.
1494	Newberry	M. H.
1494	Newberry	A. J.
1494	Paschal	G. W.
1494	Ramsey	Jno. H.
1494	Reed	W. P.
1494	Robinett	J. F.
1494	Robinson	J. W.
1494	Saddler	L. F.
1494	Saunders	S. W.
1494	Self	D. F.
1494	Shook	J. A.
1494	Smith	W. M.
1494	Stephens	Thomas E.
1494	Stephens	E. P.
1494	Thomas	James
1494	Tillman	W. W.
1494	Trout	L. M.
1494	Wagener	W. L.
1494	Wall	J. H.
1494	Wall	T. M.
1494	Wells	J. A.
1494	White	J. D.
1494	Wilcher	J. C.
1494	Williams	W. H.
1494	Wilson	Charles H.
1494	Woods	A. S.
1494	Yoakum	J. M.
1495	Williams	T. R.
1496	Robinson	J. H.
1497	Donalson	Daniel
1497 A	Bingham	T. B.
1497 A	Eliot	Jacob
1497 A	Garner	T. P.
1497 A	Hamilton	S.
1497 A	Henner	W. F.
1497 A	Humble	Jacob
1497 A	Hunter	John
1497 A	King	Bardin
1497 A	Patterson	T. H.
1497 A	Walker	H. P.
1498	Donalson	Daniel
1499	Dumas	J.
1499	Holder	W. L.
1499	Vaden	S. B.
1500	Patriot	Sherman
1501	A. Michael & Bros.	
1501	Clark	J. E.
1501	Donalson	Daniel
1501	Neal	J. G.
1501	Talley	James
1502	Green	T. L.
1502 A	Cooke	E.
1503	Gerhard	W.
1503 A	George	W. A.
1504	Gerhard	W.
1504 A	Matt	D. D.

Name Index to Military Claims-Numerically

1504 A	Reinhardt	Jacob
1505	J. Kleiber & Co.	
1506	Brown	A. S.
1506	Cates	C. D.
1506	Crutchfield	J. V.
1506	Treece	Thomas
1507	Marshall	James C.
1508	Mitchell	Jno. E.
1508	Van Allen	George W.
1508	Walker	Allen
1508	Williams	Jno.
1509	Military Board	
1510	Dashiell	J. Y.
1511	A. Michael & Bros.	
1511 A	Hamilton	J.
1512	Beacom	Robert
1512	Cockburn	William
1512	Gill	Patrick
1512	Henry	George
1512	Hill	Jno.
1512	J. M. Swisher & Co.	
1512	Keift	Jno. D.
1512	McCarty	James
1512	Schmidt	Jno.
1512	Wood	George W.
1513	Ryan	Michael
1514	Brown	Frank
1515	Dashiell	J. Y.
1516	Finnin	Edward
1517	Driess	A.
1518	Leckie	Thomas
1519	Raymond	Jn. C.
1520	Chessher	A. J.
1520 A	Delaut	W. T.
1520 A	Lewis	R. F.
1520 A	Myrick	E. R.
1521	Military Board	
1522	Hill	Jesse
1523	Bell	T. J.
1523	Bell	W. H.
1523	Bell	J. D.
1523	Bigelow	J. W.
1523	Bigham	J. S.
1523	Bond	V. A.
1523	Bramlet	S. G.
1523	Burns	C. E.
1523	Christian	James
1523	Davis	A. W.
1523	Edderington	H. C.
1523	Galliton	S. G.
1523	Galliton	M.
1523	Graham	J. W.
1523	Halley	R. B.
1523	Howard & Leigh	
1523	Kennedey	F. G.
1523	Kuykendall	Samuel
1523	Kuykendall	M. J.
1523	Laxton	G. W.
1523	Laxton	W.
1523	Mahoney	E.
1523	McDaniel	James
1523	McNeil	A.
1523	Morris	O.
1523	Morris	L. L.
1523	Musk	W. M.
1523	Pace	Edward
1523	Ranier	E. J.
1523	Robbins	G. W.
1523	Roberts	W.
1523	Scott	J. D.
1523	Sheeton	T. B.
1523	Westbrook	M. C.
1524	Finnin	Edward
1525	Durham	R.
1526	Powers	N. J.
1527	Harris	L. D.
1528	Dashiell	J. Y.
1529	Lane	Samuel
1529	Paul	A. J.
1529	Rees	S. B.
1529	Rees	A.
1529	Wharton	W. G.
1529	Wilburn	A. L.
1530	Brothers	Edward
1530	Brown	O. J.
1530	Fareman	W. W.
1530	Howeth	John
1530	Warrall	I. R.
1531	Brinkman	Alex
1531	Ingenhutt	P.
1531	Rosenthal	AD
1531	Steves	Gustav
1532	Wallace	Elias
1533	Finnin	Edward
1534	Dashiell	J. Y.
1535	Roper	Ben E.
1535 A	White	W. R.
1536	Butt	G. N.

Name Index to Military Claims-Numerically

1536	Lea	J. H.
1536	Tipps & Co.	
1537	Davidson	Whitfield
1537	Donnelly	B.
1537	Shelly	N. G.
1538	Keith	J. J.
1539	Steiner	J. M.
1539 A	Bounds	G. W.
1539 A	Haley	John W.
1539 A	Helms	J. S.
1539 A	Southward	Elijah
1539 A	Wash	D. C. S.
1540	Tabar	Jno.
1541	Steiner	J. M.
1541 A	Ackers	A. J.
1541 A	Craig	C. M.
1541 A	Hicks	Henry
1541 A	Hughes	A. J.
1541 A	Kinsey	Jno. T.
1541 A	Lisk	H. L.
1541 A	Raste	M.
1541 A	Reichinaro	A.
1541 A	Robinson	C. M.
1541 A	Royal	A. J.
1541 A	Shook	William M.
1541 A	Stewart	Andrew J.
1541 A	Stubblefield	A.
1541 A	Wood	Samuel D.
1542	Chamberlin	D. T.
1542	Coop	J. P.
1542	Morris	O.
1543	Lane	E. D.
1544	Cox	H. S.
1544	Miller	G. E.
1544	Peveler	W. R.
1544	Peveler	F. M.
1544	Toler	T. W.
1544	Upton	Giles
1544	Whitley	W. C.
1545	Dashiell	J. Y.
1546	Lambdin	R. B.
1547	Tabor	Jno.
1548	Gilliland	James
1549	Brown	W. J.
1550	Luce	M. R.
1550 A	Duncan	J. F.
1551	Luce	M. R.
1551 A	Booth	Jones E.
1552	Lionberger	J. L.
1553	Lionberger	J. L.
1553 A	Patton	W. H.
1554	Tabor	Jno.
1555	King	James C.
1556	Palm	Swante
1556 A	Cambell	William
1556 A	Dye	George
1556 A	Harrison	J. C.
1556 A	Howard	W. D.
1556 A	Kay	Jesse
1556 A	Mathews	W. A.
1556 A	McGill	W. R.
1556 A	McRae	C. D.
1556 A	Noble	Frank
1556 A	Pree	Arthur
1557	Barry	James B.
1557	Ercanbrack	T. J.
1557	Fuller	B. F.
1557	Little	H. L.
1557	Miller	James H.
1558	Military Board	
1559	Alford	H. M.
1559 A	Geiger	John
1560	Neal	J. P.
1560 A	Everett	Samuel B.
1560 A	McRay	E. T.
1560 A	Peters	Samuel B.
1560 A	Scott	Abner
1560 A	Stanley	J. T.
1560 A	Windham	Henry
1561	Chisholm	E. P.
1562	Bremond	Jno.
1562 A	Anderson	J. J.
1562 A	Arminont	George
1562 A	Bean	E. M.
1562 A	Bean	William
1562 A	Brown	A. R.
1562 A	Burk	Jacob
1562 A	Burnett	Dan
1562 A	Byer	D.
1562 A	Carter	D. J.
1562 A	Caviness	William
1562 A	Clements	W.
1562 A	Cross	J. N.
1562 A	Embry	W. G.
1562 A	Gatlin	J. G.
1562 A	Gott	H.
1562 A	Graves	H. S.
1562 A	Gunter	Jno.

Name Index to Military Claims-Numerically

1562 A	Harkey	R.
1562 A	Harrison	Thomas
1562 A	Hatley	Jno. W.
1562 A	Haynie	Thomas J.
1562 A	Holerman	John
1562 A	Kelly	E. A.
1562 A	Launders	Jno. R.
1562 A	Lawler	J. J.
1562 A	Leavy	J. R.
1562 A	Neighbors	Simpson
1562 A	Ragsdale	R. H.
1562 A	Roberts	Burrell
1562 A	Robinson	James
1562 A	Robinson	John H.
1562 A	Schneider	William
1562 A	Schneider	L.
1562 A	Shaw	W. C.
1562 A	Steele	F. R.
1562 A	Straley	C. D.
1562 A	Suitar	A. T.
1562 A	Swine	Duncan E.
1562 A	Tabor	Robert
1562 A	Taylor	George M.
1562 A	Taylor	G. M.
1562 A	Todd	G. H.
1562 A	Vesterberg	H.
1562 A	Wheeler	J. W.
1562 A	Williams	James
1562 A	Williams	W. D.
1562 A	Willis	John
1562 A	Wilson	Sol
1563 A	Bebont	Willis N.
1563 A	Blair	Jail D.
1563 A	Blair	Albert S.
1563	Bremond	Jno.
1563 A	Campbell	J. B.
1563 A	Cavender	G. R.
1563 A	Chapman	Jno. D.
1563 A	Cobb	Thomas
1563 A	Fields	W. R.
1563 A	Gerhard	M.
1563 A	Heise	August I.
1563 A	Howan	W. D.
1563 A	Lane	Samuel T.
1563 A	Leonan	John S.
1563 A	Lowe	J. D.
1563 A	Mains	S. F.
1563 A	Meader	Charles
1563 A	Pace	Ashly L.
1563 A	Reeves	W.
1563 A	Rogers	Jno. L.
1563 A	Rogers	W. D.
1563 A	Shuler	Glenn W.
1563 A	Vaughn	W. M.
1563 A	Venable	William J.
1563 A	White	Wilson H.
1564	Bremond	Jno.
1564 A	Dawson	Wilburn
1564 A	Jackson	James M.
1565	Nichols	L. D.
1565 A	Wilson	Thomas C.
1566	Dashiell	J. Y.
1567	Nichols	L. D.
1567 A	MacRay	E. T.
1567 A	Patterson	John
1568	Follis	W. J.
1569	Military Board	
1570	White	J. D.
1570 A	Fowler	L. W.
1571	White	J. D.
1571 A	Haney	J. B.
1572	Cormack	Jno.
1573	Cormack	Jno.
1573 A	Baggett	J. J.
1573 A	Stephens	William T.
1574	Fuller	A.
1574	Harabson	H. A.
1574	McGrane	D.
1575	Day	Jno.
1575	Duff	James
1575	Reeves	T. D.
1576	Dashiell	J. Y.
1577	Military Board	
1578	Church	William H.
1578	Coffer	W. A.
1578	Flemmings	B.
1578	Herman	Jno. M.
1578	J. M. Swisher & Co.	
1578	Lamotte	Frank
1578	McDougal	Henry
1578	White	W. P.
1579	Hild	H.
1579	J. M. Swisher & Co.	
1579	Murray	William
1580	Military Board	
1581	Highsmith	W. A.
1582	Montgomery	J. J.
1583	Carlton	D. C.

Name Index to Military Claims-Numerically

1584	Dashiell	J. Y.
1585	Gooding	Samuel
1586	McBride	William
1586	Neal	B. F.
1586	Wagener	W. P.
1587	Peery	J. M.
1588	Quale	William
1589	McGowan	Jno. R.
1589	Pettmeckey	F. W.
1589	Slessinger	Edward
1589	Van Pelt	W. B.
1589	Van Pelt	G. G.
1590	Bado	Christ.
1591	Niggle	Fred
1592	Hobbs	M. M.
1593	Nelson	G. W.
1594	Military Board	
1595	Carley	William
1595	Lacey	Thomas H.
1595	Shelton	L. B.
1596	Mays	Mathew
1597	Miller	T. L.
1598	Bates	Jno. B.
1598	Breece	H. H. C.
1598	Davis	James
1598	Denran	Jno. B.
1598	Jackson	Jno. F.
1598	Merrick	M. W.
1598	Myers	Andrew J.
1598	Semarah	Jesus
1598	Slessinger	E.
1598	Titterington	Jno.
1599	Merrick	W.
1600	Keiser	R.
1601	Pearce	A. C.
1602	Military Board	
1603	Hartson	Jno. B.
1604	Pogue	W. C.
1605	Dashiell	J. Y.
1606	Barksdale	J. O. C.
1607	Donaldson	Daniel
1607	Elson	J. C.
1607	Hunter	B. F.
1608	Military Board	
1609	Finnin	Edward
1610	Military Board	
1611	Military Board	
1612	Driefs	August
1613	Geer	Gordon
1613	Luck	A. G.
1613	Miller	William
1614	Davis	James
1615	Hunter	J. M.
1616	Barnett	J. E.
1616	Barr	W.
1616	Castillo	C.
1616	Chaffin	T.
1616	Coler	G. M.
1616	Deshane	O. M.
1616	Dotson	G. W.
1616	Edwards	M. H.
1616	Etherley	T. C.
1616	Ferris	W.
1616	Ford	R. S.
1616	Franklin	G.
1616	Gallaher	R. W.
1616	Gentry	W.
1616	Harding	W.
1616	Herrin	J. L.
1616	Howell	T. C. S.
1616	Isaacs	J.
1616	Laugham	A. J.
1616	Lewis	J.
1616	Lewis	L. W.
1616	Maddox	J. N.
1616	Mahan	A. J.
1616	Mahan	A. B.
1616	McCool	J. E.
1616	McCool	J. E.
1616	Ming	A.
1616	Penell	B. M.
1616	Pittman	J. D.
1616	Ray	J. W.
1616	Robinson	M. L.
1616	Robinson	D. C.
1616	Savage	E. L.
1616	Sloan	F. M.
1616	Sloan	G. W.
1616	Stout	J.
1616	Thomas	W. A.
1616	Vistilow	Fred
1616	Ware	J. L.
1616	Watkins	W. R.
1617	Byrd	W. D.
1617 A	Wood	Thomas W.
1618	Keeler	C. W.
1619	Thorn	B. F.
1620	Morrow	Jno.

Name Index to Military Claims-Numerically

1621	Mays	R. E.
1622	Jacobs Dodridge Co.	
1623	Givens	Daniel B.
1624	Braden	George
1624	Burk	Jacob
1624	Byer	David
1624	Dorsey	C. W.
1624	Gerk	George
1624	Gott	Henry
1624	Holtzer	H.
1624	Korn	Louis
1624	Lang	Phillip
1624	Lorenz	H.
1624	Lorenz	Pet.
1624	Ostrich	F.
1624	Reichnow	A. A.
1624	Riley	R. W.
1624	Schmidt	A.
1624	Schneider	L.
1624	Schneider	William
1624	Schneider	Christ.
1624	Sharer	Henry
1624	Vasterling	H., Sr.
1624	Vasterling	H., Jr.
1625	Lott	A.
1626	Anderson	H. B.
1626	Anderson	Benjamin M.
1626	Anderson	Isaac
1626	Cartright	H. B.
1626	White	J. H.
1626	Youngblood	J.
1627	Military Board	
1628	Reynolds	W. W.
1629	Edwards	William N.
1630	Hurley	C. H.
1631	McBride	Casp.
1632	Adkins	Jno. E.
1632	Bowman	D. W.
1632	Duncan	B. A.
1632	Lee	Jno. C.
1632	Miller	D. C.
1632	Richardson	L. J.
1632	Sherrod	C. W.
1633	Brooke	J. R.
1634	Military Board	
1635	Parish	M. R.
1636	Ashlock	M.
1636	Campbell	William H.
1636	Parish	M. R.
1636	Skidmore	S. B.
1636	Wilcox	James M.
1637	Aldridge	M. L.
1637	Allen	P. P.
1637	Beverley	E. J.
1637	Beverley	W. A.
1637	Blanton	J. M.
1637	Brogan	James
1637	Brown	Z. T.
1637	Brown	L. A.
1637	Burney	Robert F.
1637	Chambers	E. W.
1637	Choat	G. T.
1637	Clark	M. R.
1637	Collier	T. B.
1637	Estes	B. T.
1637	Fitzhugh	G. S.
1637	Fitzhugh	J. D.
1637	Grimes	G. W
1637	Hall	William H.
1637	Hall	Thomas J.
1637	Hall	Jno. W.
1637	Hart	Jno.
1637	Henry	Thomas B.
1637	Horn	J. C.
1637	Hoskins	William A.
1637	Houseright	Louis
1637	Houseright	William
1637	Hunt	William
1637	Ice	B. F.
1637	Jackson	W. J.
1637	James	Jno. T.
1637	Lewis	S. T.
1637	Lisenbee	Thomas
1637	Lovelady	T. H. B.
1637	Martin	L. M.
1637	McClure	W. J.
1637	McWhorter	William
1637	Means	C. F.
1637	Mills	J. L.
1637	Montgomery	James S.
1637	Moore	Samuel J.
1637	Moore	Henry S.
1637	Nelson	Richard
1637	Nicholson	M. H.
1637	Noland	Robert A.
1637	Norfleet	Thomas
1637	Parish	M. R.
1637	Patterson	A. G.

Name Index to Military Claims-Numerically

1637	Patterson	James
1637	Pemberton	Alfred
1637	Reagan	T. J.
1637	Roark	C. H.
1637	Seaton	R. V.
1637	Secres	Daniel
1637	Shields	Jno.
1637	Shirley	A. J.
1637	Snyder	Charles
1637	Spalding	G. M.
1637	Stanger	Lewis
1637	Stanley	William
1637	Taylor	R. W.
1637	Thompson	J. F.
1637	Throckmorton	J. W.
1637	Tross	James P.
1637	Tucker	D. F.
1637	Vansickle	William
1637	Wallace	Samuel
1637	Walsh	James W.
1637	White	R. C.
1637	Willhight	J. H.
1637	Wilson	J. A.
1638	Steiner	J. M.
1638 A	Rolston	James
1639	Steiner	J. M.
1639 A	Kenner	W. F.
1640	Dashiell	J. Y.
1641	Haynie	H. H.
1641	Johnson	R. M.
1641	Stephens	G. F.
1642	Brady	Patrick
1642	Eagan	Patrick
1642	Luck	A. G.
1642	McMullen	Levi
1643	Dunbar	Thomas
1643	Luck	A. G.
1643	Schnabel	Aug.
1644	Wilson	J. H.
1645	Fitzhugh	William
1646	Dashiell	J. Y.
1647	Wells	Sol. G.
1648	Caldwell	J. C.
1648 A	Jones	James T.
1649	Dakan	Perry
1650	Cook	Jno. B.
1651	Adams	M. V.
1651	Adams	W. C.
1651	Adams	W. C.
1651	Allen	Rufus
1651	Bishop	William
1651	Lewis	Jesse J.
1651	Mattheson	W. H. H.
1651	McLamore	James B.
1651	Read	James H.
1651	Richter	Jno.
1651	Wilkins	Mathew D.
1652	Adams	P. T.
1652	Adams	W. J.
1652	Haynie	Thomas H.
1652	McKinney	T. N.
1652	Patterson	N. M. C.
1652	Weymuller	Jno.
1653	O'Bryant	J. W.
1654	Barella	Jose
1655	Lewis	Charles
1656	Patterson	N. M. C.
1656 A	Lewis	Jesse J.
1656 A	Patterson	J. C.
1657	Adams	M. V.
1657	Adams	W. C.
1657	Adams	W. C.
1657	Andrews	Jacob
1657	Beidiger	Jacob
1657	Bishop	William
1657	Bolt	M. W.
1657	Boyl	J. C.
1657	Burrows	W. A.
1657	Courtney	H. P.
1657	Davis	Jno. C.
1657	Dawson	James
1657	Fleming	L.
1657	Fleming	M.
1657	Grey	J. C.
1657	Harper	M. M.
1657	Haynie	T. H.
1657	Joiner	F. M.
1657	Kellogg	Samuel H.
1657	Lewis	A. J.
1657	Lewis	Jesse J.
1657	McLamore	James B.
1657	McWilliams	Charles
1657	Miller	T. L.
1657	Moore	C. R.
1657	Philips	J. M.
1657	Pingenot	Aug.
1657	Read	James H.
1657	Richter	Jno.

Name Index to Military Claims-Numerically

1657	Schleyer	E.
1657	Schwitzer	Charles L.
1657	Van Pelt	D. A.
1657	Van Pelt	G. G.
1657	Van Pelt	W. B.
1657	Wallace	Peter
1657	Walton	J. A.
1657	Wharton	Jno. D.
1657	Wilkins	M. D.
1658	Bratton	Richard
1658	Hurst	J. A.
1658	Leonard	A. F.
1659	Hurst	J. A.
1659 A	Jopling	S. S.
1660	Hurst	J. A.
1660 A	Cook	Silas
1660 A	Gilmore	Leaborn
1660 A	Ragsdale	B. H.
1661	McCormick	Jno. M.
1661	Smith	Jno.
1661	Worrall	J. R.
1662	Patterson	N. M. C.
1663	Bostick	Cloud
1663	Foreman	W. W.
1663	McCusker	Philip
1663	Myers	W. R.
1663	Worrall	J. R.
1664	Malona	H. P.
1665	Netherland	S.
1665 A	Mabry	M. W.
1666	Argenbright	E. H.
1667	Finnin	Ed.
1668	Worrall	J. R.
1668 A	Dupuy	Riggs
1668 A	Walker	Dixon
1669	Dashiell	J. Y.
1670	Finnin	Edward
1671	Raymond	N. C.
1672	Leckie	Thomas
1673	Henricks	Benjamin
1674	Brown	Frank
1675	Reynolds	W. W.
1676	Edmerson	R. C.
1676	Stephens	J. G.
1676	Stewart	James A.
1677	Lane	E. D.
1678	Finnin	Ed.
1679	Wydick	Emal.
1680	Barry	James B.
1681	Lubbock	F. R.
1681 A	Howard	George T.
1682	Dashiell	J. Y.
1683	Lubbock	F. R.
1683 A	Ariola	Thomas
1683 A	Buck	J. M.
1683 A	Edwards	P. J.
1683 A	Evans	Edward D.
1683 A	French	J. B.
1683 A	Ingram	Jasper
1683 A	Long	Robert G.
1683 A	Luck	Fred L.
1683 A	Miller	William M.
1683 A	Neill	Robert E.
1683 A	Null	Robert E.
1683 A	Olmas	Vicente
1683 A	Thamm	Arthur
1683 A	Tomlinson	A. J.
1683 A	Tomlinson	Jo
1683 A	Tomlinson	Peter
1683 A	Tone	George W.
1683 A	Twindells	J. H.
1683 A	West	James
1684	Stewart	C. W.
1684 A	Bradley	M.
1684 A	Dorris	James
1684 A	Mains	J. F.
1684 A	Maloney	J. P.
1684 A	Merrick	George W.
1685	Stewart	C. W.
1685 A	Dupuy	William
1685 A	Fitzhugh	William
1685 A	Hodges	E. M.
1685 A	Myrick	E. R.
1686	Stewart	C. W.
1686 A	Walker	Johnson
1687	Mayors	James
1687 A	Hill	Jesse
1688	Bokins	J. M.
1689	Military Board	
1690	Military Board	
1691	Rowland	J. T.
1692	Foster	A.
1692 A	Bell	A. D.
1692 A	Burnett & Hoover	
1692 A	Cunningham	W. P.
1692 A	Kerby & McCord	
1692 A	Williams	F. M.
1693	Faulcher	H. C.

Name Index to Military Claims-Numerically

1693	Foster	A.
1693	Scofield	Jno. S.
1694	Teel	T. T.
1695	Dashiell	J. Y.
1696	Bennett	G. H.
1696	Bennett	G. S.
1696	Bennett	J. W.
1696	Bennett	J. W.
1696	Bennett	S. J.
1696	Benson	Samuel
1696	Bettiss	H.
1696	Blythe	Joseph
1696	Boon	F. R.
1696	Bradford	James
1696	Cooke	E. M.
1696	Cooley	S. W.
1696	Cortinas	J. N.
1696	Cramer	Charles
1696	David	Donald
1696	Davis	S.
1696	Fidler	S. G.
1696	Fisher	James
1696	Guerro	M.
1696	Ham	R. P.
1696	Head	R. M.
1696	Interbido	F.
1696	Keller	W. H.
1696	Kemper	E.
1696	Loomis	W. H.
1696	Madison	William
1696	Mann	J. W.
1696	Marbeck	L.
1696	McCall	James
1696	McCulloch	W. R.
1696	McGuinnes	James
1696	McKanna	P.
1696	Messersmith	A.
1696	Newcomb	J. G.
1696	Nicholson	L.
1696	Payne	J. W.
1696	Perez	Anthony
1696	Phelan	James
1696	Reagan	Francis
1696	Robinson	M. D.
1696	Scofield	P.
1696	Smith	G. S.
1696	Stauterland	O.
1696	Street	H. K.
1696	Teel	B. V.
1696	Teel	R. J.
1696	White	A. W.
1696	Wilmot	Richard
1696	Wilson	James
1696	Wilson	T. L.
1697	Thompson	J. D.
1698	Rogers	W. F.
1699	Westfall	E. D.
1700	Graves	H.
1700	Luck	A. G.
1700	Usener	Jno. D.
1701	Cole	Pleasant
1701	Harrell	G. L.
1701	Henry	J. R.
1701	J. M. Swisher & Co.	
1701	Lamb	W. S.
1701	McCulloch	L. C.
1701	Renick	William
1701	Webster	Albert
1702	Dashiell	J. Y.
1703	Weber	George
1703 A	McGlone	James
1704	Kirchberg	James
1705	Horning	Louis
1706	Ackers	R. L.
1706	Allen	William R.
1706	Allison	William M.
1706	Anderson	Alex
1706	Archer	James F.
1706	Ayres	George A.
1706	Barcroft	Thomas L.
1706	Barnhill	W. J.
1706	Berry	T. G.
1706	Boaz	David
1706	Boaz	Richard
1706	Boothe	Quinton
1706	Boyd	William L.
1706	Bradley	David J.
1706	Bradley	Isaac H.
1706	Calloway	J. W.
1706	Carlton	W. R.
1706	Cifert	E. D.
1706	Clair	F. O.
1706	Cox	T. H.
1706	Cox	William
1706	Creed	A. R.
1706	Creed	G. W.
1706	Cross	William N.
1706	Curry	J. J.

Name Index to Military Claims-Numerically

1706	Davis	J. P.
1706	Dean	R. L.
1706	Dotson	J. N.
1706	Dotson	J. P.
1706	Dunn	J. S.
1706	Dyer	F. M.
1706	Eckardt	A. E.
1706	Ellis	G. F.
1706	Estill	J. S.
1706	Fisher	R. W.
1706	Fisher	William H.
1706	Friend	J. C.
1706	Frogge	James M.
1706	Gant	A. B.
1706	Gray	W. S.
1706	Greenup	P. C.
1706	Greenup	William
1706	Grimes	Jno.
1706	Harrison	R. W.
1706	Hayworth	Richard
1706	Hightower	A. M.
1706	Holeman	H. L.
1706	Hudgins	J. P.
1706	Hudgins	J. P.
1706	Hunt	Robert R.
1706	Hutton	J. W.
1706	Jones	Walker L.
1706	King	E. M.
1706	King	James P.
1706	King	Jno. N.
1706	King	Samuel D.
1706	Laney	Robert
1706	Lanham	Robert
1706	Leak	William N.
1706	Leonard	Levi
1706	Lewis	F. M.
1706	Mason	David
1706	McDaniel	M. M.
1706	McDaniel	W. D.
1706	Moore	James E.
1706	Mullies	J. W.
1706	Newton	Lorenzo
1706	Oldham	Leigh
1706	Parish	J. M.
1706	Patton	Thomas W.
1706	Pennington	L. H.
1706	Phillips	J. J.
1706	Piercey	Addison
1706	Piersell	G. C.
1706	Pointer	George
1706	Purcell	Thomas
1706	Quayle	William
1706	Record	Sylvester
1706	Richardson	E. P.
1706	Riley	B. O.
1706	Roach	George
1706	Robinson	William M.
1706	Rogers	R. B.
1706	Russell	R. B.
1706	Schultz	E. A.
1706	Shaw	J. R.
1706	Simmons	J. H.
1706	Stephenson	A. L.
1706	Tandy	W. L.
1706	Tannehill	William J.
1706	Terrill	Woodson
1706	Thomas	J. C.
1706	Tinsley	Jno. L.
1706	Tolle	N. W.
1706	Tompkins	J. S.
1706	Trice	William R.
1706	Turner	James E.
1706	White	A. F.
1707	Brown	R. T.
1707	Gott	A. M.
1707	McCabe	John Y.
1707	Moore	Robert
1707	Sutton	James M.
1707	Vaughn	Tacitus H.
1707	Wright	J. M.
1708	Humphins	J. W.
1709	Wheeler	W. C.
1710	Morrison	Alex
1710	Young	H. F
1710	Young	J. H.
1711	Military Board	
1712	Crawford	Lybte
1712	Hanna	R. H.
1712	Miller	J. T.
1713	Barclay	D M.
1713	Burns	B. F.
1713	Conally	Jno.
1713	Forbes	James A.
1713	Garrett	Robert J.
1713	Markham	N.
1713	Smith	Lazarus
1713	Tribble	B. F.
1713	Wilson	Hiram

Name Index to Military Claims-Numerically

1714.........	McClendell..........	Henry
1715.........	Compton..............	Thomas
1716.........	Bremond & Co.	
1716.........	Military Board	
1717.........	Military Board	
1718.........	Greathouse	H. P.
1719.........	Grant.....................	J. D.
1719.........	Meeks...................	J. W.
1719.........	Nichols	Jerry
1719.........	Woods	F. M.
1720.........	Military Board	
1721.........	Baker	E.
1722.........	Bremond & Co.	
1722 A.....	Dewey	Wash.
1722 A.....	Genity...................	John
1722 A.....	Hughes	Moses
1722 A.....	Jones.....................	W. C.
1722 A.....	Linkenhoyer	John W.
1722 A.....	Morrison..............	Bryon
1722 A.....	Willis....................	R. G.
1723.........	Bremond & Co.	
1723 A.....	Cavanese	J. T.
1724 A.....	Thompson.............	Charles
1725.........	Mimico	Theodore
1725.........	Torres	Thomas
1725.........	Worrall	I. R.
1726.........	Peacock	James
1727.........	Compton...............	William
1727.........	Haynie	H. H.
1727.........	Oliver	R. C.
1728.........	Finnin	Edward
1729.........	Luck	A. G.
1729.........	Simpson................	William
1729.........	Voris.....................	William H.
1730.........	McDermott	Hugh
1731.........	Iftner.....................	Jno.
1731 A.....	Clare	M. S.
1732.........	Hays	Joseph G.
1733.........	Jones.....................	M. L.
1734.........	Boil	Jno. C.
1734.........	Davis	Jno. C.
1734.........	Ellis	J. C.
1734.........	Lewis	Andrew J.
1734.........	Van Pelt................	D. A.
1735 ½.....	Buckner	Thomas L.
1735.........	Dashiell	J. Y.
1736.........	Peters	H.
1736 A.....	Smith	J. M.
1737.........	Peters	H.
1737 A.....	Biggers	S. W.
1737 A.....	Click.....................	James
1737 A.....	Dupuy...................	Riggs
1737 A.....	Lea........................	M. A.
1737 A.....	Prelana..................	James
1737 A.....	Throures	John
1737 A.....	Williams...............	Charles
1738.........	M. Kenedy & Co.	
1739.........	Wurz.....................	W.
1740.........	Military Board	
1741.........	Smith	Louis
1742.........	Avant	Louis
1742.........	Bartlett..................	Joseph
1742.........	Booth	Joseph G.
1742.........	Bowen	James E.
1742.........	Carro.....................	Joseph
1742.........	Cravey	George W.
1742.........	English	William
1742.........	Harralson..............	C.
1742.........	Hopkins	Lambeth
1742.........	Kaiser	W.
1742.........	Livesay	J. R.
1742.........	Maddox	W.
1742.........	Manness	W.
1742.........	Williams...............	Ham J.
1743.........	Hill	W. L.
1743.........	Piles	William
1743.........	Rattan	W. H.
1744.........	George	J. F.
1745.........	Pitman	Isham
1746.........	Arrington..............	Joel
1746.........	Broaddus	E. W.
1746.........	Epperson...............	R. M.
1746.........	White	W. T.
1747.........	Hamilton...............	W. A.
1747.........	Murphy	Patrick
1747.........	Sheets	Jacob
1747.........	Willoughby...........	A.
1748.........	Military Board	
1749.........	Holman.................	F. M.
1750.........	Whitsett	James
1751.........	Mahan...................	Peter F.
1752.........	Springer	Kate
1752 A.....	Halbert..................	H. S.
1753.........	Green	M.
1753 A.....	Attman..................	Thomas
1753 A.....	Fitzhugh	William
1753 A.....	Kevin	Charles
1753 A.....	Robinson	J. W.

Name Index to Military Claims-Numerically

1753 A.....	Sublett	D. L.
1754.........	Green	H.
1754 A.....	Barney	J. M.
1754 A.....	Cheneworth	B. D.
1754 A.....	Dameron	Patterson
1754 A.....	Nedelett	L. L.
1754 A.....	Nedleth	L. S.
1754 A.....	Pike	James
1754 A.....	Smith	J. M.
1754 A.....	Smith	Jill
1755.........	Cleveland	J. T.
1755 A.....	Barton	W. E.
1755 A.....	Green	James
1755 A.....	McCord	J. E.
1755 A.....	Miller	W. O.
1755 A.....	Podge	W. C.
1755 A.....	Sommerville	W. M.
1755 A.....	Tunrell	W. C.
1756.........	Miller	R.
1757.........	Reynolds	W. W.
1758.........	Burchell	B. M.
1759.........	Daughty	J. M.
1759.........	Swenson	James W.
1760.........	Crosby	L.
1760.........	M. Kenedy & Co.	
1761.........	Prince	Jno. H.
1762.........	Alsup	J. J.
1763.........	Howard	K. L.
1764.........	Ichard	M.
1765.........	Weigel	Ernest
1766.........	Boatright	J. D.
1766.........	Harris	James
1766.........	Manning	Aaron
1766.........	McFarland	F. F.
1766.........	McGee	Jno.
1766.........	Savage	P. N.
1766.........	Singeltary	Owen
1766.........	Stigall	A. J.
1766.........	Stump	Francis
1766.........	Walker	Jackson
1766.........	Worrall	I. R.
1767.........	Finnin	Edward
1768.........	Thomas	S. H.
1769.........	Clark	J. M.
1769.........	Johnston	William
1769.........	Mason	H. S.
1769.........	McNeil	Hector
1769.........	Neal	J. M.
1769.........	Perkins	Jordan
1769.........	Sikes	Jno. W.
1769.........	Smart	Peter J.
1769.........	Vaden	F. S.
1770.........	Smith	W. P.
1771.........	Clark	J. M.
1772.........	Haller	Fred
1772.........	Moses	Williamson
1773.........	Alewine	J. P.
1773.........	Allison	Alex
1773.........	Avarel	William J.
1773.........	Beyon	Thomas
1773.........	Bockins	J. M.
1773.........	Bully	Belizar
1773.........	Butler	Thomas
1773.........	Canteea	Jose
1773.........	Choate	Jno. C.
1773.........	Clark	J. M.
1773.........	Clymer	Samuel
1773.........	Crohean	Michael
1773.........	Davis	Leo B.
1773.........	Deas	G. W.
1773.........	Duce	Henry
1773.........	Duce	Julius
1773.........	Ellsworth	Jno.
1773.........	Farrell	Peter
1773.........	Fleming	Benjamin
1773.........	Gliddon	George R.
1773.........	Hagan	Francis
1773.........	Harris	F. E.
1773.........	Harris	P.
1773.........	Hart	G. W.
1773.........	Henderson	James
1773.........	Henderson	Robert
1773.........	Henry	Samuel
1773.........	Hobbs	George
1773.........	Hobbs	William
1773.........	Hudson	Russell
1773.........	Hutchinson	A.
1773.........	Kehr	Chas. J.
1773.........	Kelley	Jno.
1773.........	Kennon	R.
1773.........	Koonce	Amando
1773.........	Koonce	Chris C.
1773.........	Lancaster	F.
1773.........	Lawrence	Jno.
1773.........	Leonard	Jno.
1773.........	Maurer	Jno.
1773.........	McCartney	J.
1773.........	McCrabb	J.

Name Index to Military Claims-Numerically

1773	McKinney	I.
1773	McKinney	William
1773	McNeill	Peter
1773	Neal	J. M.
1773	Newcomer	I.
1773	Oxer	William
1773	Page	Francis
1773	Parker	Nelson
1773	Peace	J. M.
1773	Perkins	J.
1773	Polk	J. A., Jr.
1773	Reeves	H. C.
1773	Rhew	William
1773	Robinson	D. T.
1773	Sewell	R. T.
1773	Sexton	Wiley
1773	Smart	P. I.
1773	Taylor	G. W.
1773	Taylor	William
1773	Thompson	George
1773	Tilly	A. W.
1773	Underwood	J. L.
1773	Vandaver	M. T.
1773	Wardrope	P.
1773	White	G. L.
1773	Wigenisad	Jno.
1774	Belcher	M. A.
1774	Belcher	R. M.
1774	Bell	James C.
1774	Brunte	William
1774	Clark	J. M.
1774	Ducksworth	W. T.
1774	Edwards	Jno. T.
1774	Furbarn	Wash.
1774	Gholson	James
1774	Hart	James C.
1774	Herring	William H.
1774	Hughes	Francis J.
1774	Hughes	James S.
1774	Hughes	Jno.
1774	James	Henry S.
1774	Johnson	Samuel H.
1774	Lipkins	Jno. M.
1774	McDonald	D.
1774	Miller	James M.
1774	O'Brien	Henry D.
1774	Paige	Horace
1774	Peacock	William
1774	Pendergrast	Jno. T.
1774	Peters	Henry
1774	Renfro	Isaac
1774	Simmons	W. H.
1774	Spencer	George W.
1774	Vincent	James C.
1774	Wells	Jno.
1775	Brown	Frank
1776	Compton	E. L.
1776	Haynie	H. H.
1776	Hulsey	Wiley
1777	Harris	Elijah
1778	Rogers	W. T.
1779	J. Tips & Co.	
1779	Morris	J.
1779	Stucken	F. V. D.
1780	Gannon	William
1780	Kirchberg	James
1780	McFarland	B.
1781	Dashiell	J. Y.
1782	Finnin	Ed.
1783	Raymond	N. C.
1784	Henricks	Ben.
1785	Leckie	Thomas
1786	Baggatt	J. R.
1786	Scanland	Jno.
1786	Worrall	I. R.
1787	Andres	Benjamin
1787	Etter	Jacob
1787	Paul	James
1787	Weigel	Ernest
1788	Military Board	
1789	Military Board	
1790	Mankins	Henry
1791	Erwin	Daniel
1791	Good	Robert
1791	Luck	A. G.
1791	Wighman	Jno.
1792	B. A. Shepherd & Co.	
1793	Wylie	J. P.
1794	Johnson	Thomas
1795	Murphy	Patrick
1796	Durham	G. J.
1796 A	McMann	Elmo
1797	Palm	Swante
1797 A	Brian	Jacob
1797 A	Ford	Jno. M.
1797 A	Graham	Jno.
1797 A	Millican	J. H.
1797 A	Morris	Jno. H.

Name Index to Military Claims-Numerically

Year	Surname	Given
1797 A	Reynolds	J. M.
1797 A	Thomas	William D.
1797 A	Werbiski	A.
1798	Anderson	David
1798	Angelo	Arnett
1798	Ashbrook	Joseph
1798	Beard	Jno.
1798	Bell	J. C.
1798	Bethune	A. R.
1798	Bryan	C.
1798	Bulware	M. M.
1798	Burgess	A.
1798	Carothers	J. A.
1798	Childs	Jno.
1798	Collins	E.
1798	Collotron	James
1798	Connor	James
1798	Connors	J.
1798	Cook	J. B.
1798	Corcoran	J.
1798	Cronin	PH.
1798	Cunningham	J.
1798	Curley	Joseph
1798	Davidson	W.
1798	Davis	D.
1798	Dickson	J.
1798	Doran	W. P.
1798	Downs	Daniel T.
1798	Duff	H. P.
1798	Duncan	William
1798	Ferris	E. A.
1798	Foley	Thomas
1798	Gaffney	William
1798	Grant	C. H.
1798	Green	N. O.
1798	Griffin	Thomas
1798	Hall	Jno.
1798	Hamby	J. H.
1798	Hartson	J. H.
1798	Hastings	L. W.
1798	Hedrick	G. A.
1798	Hill	R.
1798	Hope	C. C.
1798	Johnson	L.
1798	Johnson	W.
1798	Jones	A. H.
1798	King	James
1798	Kirby	William
1798	Mason	H. S.
1798	McDerit	Thomas
1798	McFarland	A.
1798	McFarland	J.
1798	McGrain	D.
1798	McKay	W. H.
1798	McKinnan	R. J.
1798	McRhea	C. W.
1798	Miles	George
1798	Miller	W. A.
1798	Motherway	D.
1798	Mullins	P.
1798	Nimmo	J. W.
1798	Noel	T.
1798	Nuner	J. W.
1798	Pantone	A. J.
1798	Quinlan	G. A.
1798	Read	Thomas
1798	Reese	R. J.
1798	Riley	Ed.
1798	Robinson	C.
1798	Rook	C.
1798	Skelley	M.
1798	Smith	F.
1798	Smith	J. M.
1798	Smith	Jno.
1798	Sommerville	H.
1798	Sommerville	M. W.
1798	Van Allen	G. W.
1798	Walker	A. B.
1798	Webber	Henry
1798	West	H.
1798	Williamson	J.
1798	Young	J.
1799	Culver	M. S.
1800	Bolton	Joseph A.
1800	Booth	Joseph G.
1800	Bridges	Peter H.
1800	Brown	B. A.
1800	Brown	Sylvester
1800	Clark	Thomas
1800	Cook	Obediah
1800	Crouch	William
1800	Cude	A. J.
1800	Demiret	Jno.
1800	Denny	C. A.
1800	Dunn	Jno.
1800	Dye	B. F.
1800	English	William
1800	Gossett	M.

Name Index to Military Claims-Numerically

1800	Gray	J. M.
1800	Green	William
1800	Haralson	Charles
1800	Harrison	James
1800	Hart	Jno.
1800	Kaiser	William
1800	Keiley	William
1800	Maddox	William
1800	Martin	Manuel
1800	McDonald	A.
1800	McLane	M. M.
1800	McRhea	Jno. D.
1800	Pile	H. R.
1800	Rogers	Jno. W.
1800	Rogers	V. W.
1800	Shannon	Jno. T.
1800	Speed	S. G.
1800	Tubbs	J. B.
1800	Walker	L. W.
1801	Barfield	James O.
1801	Bartlett	Joseph
1801	Green	N. O.
1801	Morrison	L. B.
1802	Guest	W. M.
1803	Military Board	
1804	Fulton	Wm.
1804	Hardesty	C. F.
1804	Hill	J. H.
1805	Bremond & Co.	
1805 A	Chenoworth	B. D.
1806	Bremond & Co.	
1806 A	Blocker	W. L.
1807	Gardner	William
1807 A	Cody	G. P.
1807 A	Edrington	H. C.
1807 A	Long	James H.
1807 A	Ross	T. F.
1807 A	Ship	White
1808	Gardner	William
1808 A	Byler	R. A.
1808 A	Howard	W. D.
1808 A	Pue	Arthur
1808 A	West	Hiram
1809	De Leon	Lazario
1809	L'Estrange	F.
1809	Millican	J. H.
1810	De Cordova	P.
1810	De Cordova	P.
1810 A	Powell	Floyd
1811	Cruise	Jose
1811	Enijos	Jose
1811	Iavo	Jno.
1811	Loveland	B. W.
1811	Luck	A. G.
1811	Mendes	Jose
1812	Rowan	L. W.
1813	Perez	D.
1814	Jones	Benjamin
1815	Miltary Board	
1816	Evans	J. C.
1816 A	Magill	E. J.
1817	Evans	J. C.
1817 A	Yinke	William
1818	Hilt	William
1819	Gauny	J. N.
1819 A	Cariness	Edmund
1820	Dashiell	J. Y.
1821	Harrell	J.
1821 A	Bonner	M. C.
1821 A	Peris	Petro
1822	Military Board	
1823	De Graffemead	R.
1824	Rine	C. C.
1825	Finnin	Ed
1826	Bonneville	C. L.
1827	Van Cleave	Courteous
1828	Van Cleave	Courteous
1829	Mullen	Peter
1830	Gooch	Jno. C.
1831	Bolton	H. C.
1831	Farr	Semuel
1831	Hartley	R. K.
1831	Haxey	A.
1831	Hemphill	L. A.
1831	Hendricks	G. A.
1831	John	E. D., Jr.
1831	Kirbey	W.
1831	Labusan	A. L.
1831	Motherway	D.
1831	Railey	J. A.
1831	Segui	J. F.
1831	Van Buren	H.
1832	Jackson	Joseph
1833	Paul	James
1833	Reichherzer	F.
1833	Reichherzer	Th.
1834	Magill	William
1835	Military Board	

Name Index to Military Claims-Numerically

1836	Morris	G. M.
1836 A	Crews	G. B. Y.
1837	Military Board	
1838	Military Board	
1839	Roots	J. T.
1840	Kelley	L.
1840	Marshall	Jesse
1840	Messick	O. M.
1840	Randolph	T. W.
1841	Randolph	T. W.
1842	Messer	J. W.
1842 A	Sutherland	George
1843	Randolph	C. H.
1843 A	Downs	T. L.
1844	Williams	R.
1845	Sniveley	H. F.
1845 A	O'Conner	Robert
1846	Reynolds	W. W.
1847	Reynolds	W. W.
1848	Horton	T. J.
1849	Dashiell	J. Y.
1850	Bremond & Co.	
1850 A	Norton	D. C.
1850 A	Teary	Baily
1851	Bremond & Co.	
1851 A	Bell	Thomas A.
1851 A	Bradenburgh	T. B.
1851 A	Cheatham	D. T.
1851 A	Long	Benjamin
1852	Bremond & Co.	
1852 A	Austin	J. T.
1852 A	Banks	George
1852 A	Braid	John S.
1852 A	Buntie	William
1852 A	Corcoran	James
1852 A	Duckworth	William T.
1852 A	Ferris	Edward A.
1852 A	Fitzgerald	Thomas H.
1852 A	Foley	Thomas
1852 A	Frazier	William E.
1852 A	Ganagher	William
1852 A	Hathaway	Charles D.
1852 A	Hughes	Francis J.
1852 A	Hughes	James S.
1852 A	Hyde	James
1852 A	Kerby	William
1852 A	McGrane	David
1852 A	Motherway	David
1852 A	Mullan	John J.
1852 A	Mullins	Patrick
1852 A	Quinibau	George A.
1852 A	Sommerville	H. W.
1852 A	Walker	William J.
1853	Bremond & Co.	
1853 A	Callis	E. M.
1853 A	Gibbons	I. M.
1853 A	Stinson	David
1853 A	Wallace	W. H.
1854	Smith	R. H.
1854 A	Ward	S. S.
1855	Bathune	A. R.
1856	Lyon	N. L.
1857	Rain	D. W. C.
1858	Moodie	John
1859	Bremond & Co.	
1859 A	Jones	R. M.
1859 A	Lawrence	Henry
1860	Wilson	Thomas S.
1861	Finnin	Ed.
1862	Jones	C. E.
1863	Bean	Mark
1863 A	Shaw	William G.
1864	Bean	Mark
1864 A	Shaw	Enoch
1865	J. Marshall & Co.	
1866	Luck	A. G.
1866	Neighbour	J.
1866	Philips	Owen
1867	Brown	Frank
1868	Dashiell	J. Y.
1869	Reves	Frederico
1870	Finnin	Edward
1871	Henricks	Benjamin
1872	Leckie	Thomas
1873	Raymond	N. C.
1874	Donelson	J.
1874	English	James W.
1874	Lawyer	James H.
1874	Lewis	R.
1874	Rowe	Jesse B.
1874	Sherwood	Thomas
1875	Bennett	W. P.
1875	Donelson	John
1875	Ferrell	William
1875	Frazer	G. W.
1875	Hill	Samuel
1875	Robinson	A.
1875	Van Meter	W. C.

Name Index to Military Claims-Numerically

1875	Winters	Joseph
1876	Cunningham	J. J.
1876	Donelson	J.
1876	Porter	L. D.
1877	Reynolds	W. W.
1878	Ballenger	Thomas
1878 A	Ross	P. F.
1879	Pemberton	T. G.
1880	Wright	Reuben
1881	Bahn	A.
1881 A	Mains	S. F.
1882	Horton	G. W.
1882 A	Mains	S. F.
1883	Horton	G. W.
1883 A	Beatie	Ewing
1884	Gerhard	W.
1884 A	Brian	Jacob
1884 A	Champion	C.
1884 A	Dickson	John T.
1885	Reynolds	W. W.
1886	Burns	P.
1886	Campbell	J.
1886	Collins	Isaac
1886	George	G. D.
1886	Guinn	C. T.
1886	Harris	James
1886	McDonald	A. I.
1886	McFarland	F. F.
1886	McFarland	Thomas
1886	McGee	John
1886	Savage	T. N.
1886	Singletary	Owen
1886	Stegall	A. J.
1886	Stump	Francis
1886	Stump	R. B.
1886	Wade	T. S.
1886	Worrall	I. R.
1887	Reynolds	W. W.
1888	Doak	J. D.
1889	Venters	Eli
1890	Dashiell	J. Y.
1891	Wheat	G. W.
1892	Bremond & Co.	
1892 A	Hannah	J.
1893	Bremond & Co.	
1893 A	Campbell	Ed
1894	Bremond & Co.	
1894 A	Larens	H.
1895	Brush	S. B.
1895 A	Paul	F. M.
1896	Ball	George
1897	Brush	S. B.
1897 A	Bells	Joseph
1897 A	Couch	J. W.
1897 A	Farrar	L.
1897 A	Hickland	Young
1897 A	House	Edeline
1897 A	Humble	Jacob
1897 A	McCreary	W. M.
1897 A	Newton	E. C.
1897 A	Patton	W. T.
1897 A	Pierce	William
1897 A	Rockett	L. A.
1898	Palmer	I. R.
1899	Worrall	I. R.
1900	McAlister	S. W.
1901	Werbiski	A.
1902	Steiner	J. M.
1902 A	Greenaway	Harry
1902 A	Higgenson	C. H.
1902 A	Taylor	Lewis H.
1902 A	Wright	Benjamin T.
1903	Steiner	J. M.
1903 A	Hartson	T. P. J.
1903 A	Tatum	Thomas
1904	Crozier	R. B.
1904	Downs	D. T.
1904	Hanna	R. H.
1904	Hensley	W. H.
1904	Moffat	Adam
1904	Thalheimer	D.
1904	Werbiski	A.
1904	West	Henry
1905	Werbiski	A.
1905 A	Welbourn	J. P.
1906	Werbiski	A.
1906 A	Bau	William A.
1906 A	Bronaugh	J. M.
1906 A	Clare	George N.
1906 A	Henry	W. R.
1906 A	Weilman	L.
1907	Werbiski	A.
1907 A	Barton	Santis
1907 A	Werbiski	A.
1908	Werbiski	A.
1908 A	Barclay	Marson
1908 A	Bennett	Jordan W.
1908 A	Combs	F. H.

Name Index to Military Claims-Numerically

1908 A	Dye	George
1908 A	Eldridge	John T.
1908 A	Emmons	H. A.
1908 A	Ford	John S.
1908 A	Fry	James H.
1908 A	George	Jacob F.
1908 A	Givens	Daniel B.
1908 A	Gross	James
1908 A	Gross	James
1908 A	Hord	Edmond R.
1908 A	Jackson	O. M.
1908 A	Lawrence	John
1908 A	Littleton	John
1908 A	Lyons	N. L.
1908 A	Neely	G. M.
1908 A	Pace	J. M.
1908 A	Powell	Floyd
1908 A	Roundtree	Valtare
1908 A	Ruslage	R. A.
1908 A	Thacheimer	D.
1908 A	Thompson	W. B.
1908 A	Tue	Arthur
1908 A	Walker	James
1908 A	Warthy	William
1909	Bremond & Co.	
1909 A	Derick	Vincent
1909 A	Hampton	M. W.
1909 A	Sublett	D. L.
1909 A	Waller	J. R.
1910	Stroud	G. W.
1911	Browne	J. G.
1911	Morgan	Barclay
1911	Werbiski	A.
1912	Lorance	T. D.
1913	Lorance	T. D.
1914	Menifee	W. O.
1915	Bond	V. A.
1916	Frost	J. M.
1917	Kennon	Richard
1918	Nelson	J. D.
1919	Allen	George
1920	Steiner	J. M.
1920 A	Burleson	Ed.
1920 A	Duncan	R. M.
1920 A	Holbein	Reuben
1921	Steiner	J. M.
1922	Lackey	W. E.
1923	Logan, Sweet & Palmer	
1924	Harrell	James
1925	William Hendley & Co.	
1926	Lodd & Armory	
1927	Jeffreys	W. J.
1928	Burleson	A. B.
1929	Prince	J. H.
1930	Paschal	John H.
1931	Paschal	John H.
1932	Scoggin	Y. L.
1933	Bremond & Co.	
1933 A	Bell	Joseph
1933 A	Rockett	John
1934	Dashiell	J. Y.
1935	Finnin	Ed.
1936	Raymond	N. C.
1937	Henricks	Benjamin
1938	Leckie	Thomas
1939	Brown	Frank
1940	Coon	J. M.
1941	Kinney	Somers
1942	Burel	Benedict
1942	Huzeler	Martin
1942	Naegelin	Charles
1942	Paul	James
1943	Childress	J. W.
1943	Moos	J.
1944	Warfield	Cal. C.
1945	Rust	W.
1946	Cleveland	D. B.
1946	Conaster	W. B.
1946	Crawford	Simpson
1946	Derosette	G. W.
1946	Goodright	Charles
1946	Greer	George
1946	Humphreys	T. B.
1946	Keith	W. G.
1946	Kidd	Simpson
1946	Loving	R. C.
1946	Lynn	J. W.
1946	McLure	C. H.
1946	Metcalf	J. J.
1946	Metcalf	William
1946	Mullins	T. P.
1946	Mullins	W. B.
1946	Oxford	S. A.
1946	Peters	J. W.
1946	Smith	Jackson
1946	Truelove	J. B.
1946	Wells	Henry
1946	Wilson	Charles L.

Name Index to Military Claims-Numerically

1947	Marshall	A. B.
1948	Derryberry	N. C.
1949	Bean	Mark
1949 A	Freeman	W. F. M.
1950	Dashiell	J. Y.
1951	Houghtan	W. L.
1951	Pierce	J. A.
1951	Scott	Z. J.
1952	Devine	T. J.
1952 A	Kirchner	Richard
1953	Campbell	Samuel H.
1953	Carrington	H. E.
1953	Lyell	William M.
1953	Martin	W. W.
1954	Dominguez	Manuel
1955	Rust	William
1956	Rust	William
1957	Triweekley Telegraph	
1958	Palm Brothers & Co.	
1959	Duffaw	F. T.
1960	Harrell	James
1961	Dashiell	J. Y.
1962	Johnson	James A.
1963	Reynolds	W. W.
1964	Dashiell	J. Y.
1965	Burnett	Thomas
1965	Green	T. L.
1965	Hulsey	J. C.
1965	Hulsey	W. H.
1965	Johnson	W. B.
1966	Morrell	A.
1967	Bourland	J. S.
1968	Frey	John A.
1969	Shelley	N. G.
1970	Roberts	A.
1971	McGough	William
1972	McCall	T. P.
1973	Barker	J. H.
1973	Jackson	J.
1973	Jackson	R. M.
1973	Stinnett	J. F.
1974	Griner	H. W.
1975	Reynold	W. W.
1976	Bremond & Co.	
1976 A	Canoto	Olice
1976 A	Dillard	A. B.
1976 A	Herman	D.
1976 A	McReynolds	G. W.
1976 A	Moog	Frank
1976 A	Morris	George W.
1976 A	Price	Leon
1976 A	Reynolds	G. W.
1976 A	Roberts	J. N.
1976 A	Tiptan	B.
1977	Bremond & Co.	
1977 A	Bayne	Hiram
1977 A	Bounds	F. M.
1977 A	Chenoworth	B. D.
1977 A	Large	Isham L.
1977 A	O'Brien	W. G.
1978	Leigh	G. H.
1978 A	Bouchelle	W. E.
1979	Reynolds	W. W.
1980	Dashiell	J. Y.
1981	Campbell	J. S. M.
1981 A	Gholson	B. F.
1982	O'Brien	Daniel
1983	De Cordova	P.
1983 A	Brown	R. C.
1983 A	Dartu	James
1983 A	Farrar	O. L.
1983 A	Finley	J. C.
1983 A	Hendricks	W. J.
1983 A	Holeman	J.
1983 A	Mapes	J. M.
1983 A	Martin	J. C.
1983 A	McCulloch	J. M.
1983 A	Oats	B. X.
1983 A	Oats	J. A.
1983 A	Oats	W. S.
1983 A	Price	Leon
1983 A	Roberts	Benjamin
1983 A	Stephens	S. U.
1983 A	Wood	William M.
1984	Glass	W. S.
1984 A	Stillwell	Charles
1985	Morehead	J. L.
1986	Glass	W. S.
1986 A	Miller	John T.
1987	Sims	W. B.
1988	H. G. Bostick & Co.	
1989	Burks	J. H.
1990	Armintrout	L. H.
1990	Arnold	A. D.
1990	Bagby	B. C.
1990	Baker	A. B.
1990	Barry	S. R.
1990	Bennyfield	R.

Name Index to Military Claims-Numerically

Year	Surname	Given
1990	Bremer	W. J.
1990	Brim	George
1990	Brooks	J. T.
1990	Burks	D. B.
1990	Burks	I. C.
1990	Burks	J. H.
1990	Carter	R. H.
1990	Carter	V. J.
1990	Chandler	B. H.
1990	Clark	W. W.
1990	Colby	J.
1990	Conly	G. F.
1990	Coyle	George W.
1990	Craig	John
1990	Crittenden	R. S.
1990	Crooks	W. A.
1990	Davidson	D. G.
1990	Davis	B. F.
1990	Davis	J. J.
1990	Dean	G. B.
1990	Dillard	W.
1990	Doak	John
1990	Doak	W. H.
1990	Donelly	I. C.
1990	Duke	R. M.
1990	English	W. O.
1990	Fields	W. S.
1990	Ford	D. O.
1990	Giddion	G. W.
1990	Gordon	J. L.
1990	Grant	Nathan
1990	Gray	A. P.
1990	Green	N. O.
1990	Grey	George
1990	Guest	Isaac
1990	Hale	J. D.
1990	Hale	W. G.
1990	Haley	James
1990	Haley	M. W.
1990	Hardin	W. D.
1990	Harrington	J. B.
1990	Harris	J. V.
1990	Harris	M. C.
1990	Harris	T. A.
1990	Hart	J. M.
1990	Head	J. W.
1990	Head	M.
1990	Henderson	A. J.
1990	Henderson	John G.
1990	Humphreys	P. W.
1990	Jefferson	C.
1990	Jones	O. M.
1990	Kaufman	A. J.
1990	Kelly	J. P.
1990	Kennedy	J. D.
1990	Leath	J. N.
1990	Lee	W.
1990	Maddox	G. F.
1990	Mahaffy	A.
1990	Mann	R. T.
1990	Marshall	J. H.
1990	McKinley	F. M.
1990	Meyer	George
1990	Miles	B. F.
1990	Miller	Elias
1990	Mitchell	W.
1990	Montgomery	H. K.
1990	Murry	J.
1990	Murry	M. L.
1990	Nash	R. C.
1990	Penter	P. H.
1990	Perminter	J. B.
1990	Porter	D. D.
1990	Powell	J. M.
1990	Putnell	C. A. R.
1990	Raines	R.
1990	Rainey	R.
1990	Redman	W.
1990	Reese	John
1990	Reynolds	W. M.
1990	Shipley	B. F.
1990	Smith	Eli
1990	Smith	W. C.
1990	Stanley	J. K. P.
1990	Stanley	S. H.
1990	Stiles	J. G.
1990	Stiles	L. R.
1990	Stone	W. A.
1990	Stout	W. B. T.
1990	Sutton	C. B.
1990	Swim	D. F.
1990	Swim	L. E.
1990	Thomas	William A.
1990	Tipping	W. H.
1990	Trimble	J. H.
1990	Turner	J. W.
1990	Twinian	J. W.
1990	Wakeley	W. W.

Name Index to Military Claims-Numerically

1990	Walker	M. V. B.
1990	Walker	W. W.
1990	Warren	M. C.
1990	Watts	J. J.
1990	Wellborn	B. M.
1990	Wellborne	George
1990	West	J. C.
1990	West	W. R.
1990	Williams	J. M.
1990	Wilson	J. A.
1990	Wright	Addison
1990 A	Anderson	J. J.
1990 A	Band	Charles
1990 A	Box	W.
1990 A	Carter	C. C.
1990 A	Earss	B. T.
1990 A	Huff	Nathan
1990 A	Markin	George W.
1990 A	Mershaw	W. H.
1990 A	Scroggins	Belaw
1990 A	Stephens	J. G.
1990 A	Wright	L. V.
1991	Johnson	M. T.
1991 A	Johnson	B. H.
1991 A	Self	W. B.
1992	Irwin	John G.
1993	Brogan	James
1994	Reynolds	W. W.
1995	Kent	T. H.
1995 A	Britton	M. A.
1995 A	Gilliam	William
1995 A	Lanham	B.
1995 A	Lewis	J. J.
1995 A	Shaw	James A.
1995 A	Wolf	Rowland
1996	Dashiell	J. Y.
1997	Finnin	Ed.
1998	Leckie	Thomas
1999	Raymond	N. C.
2000	Henricks	Ben
2001	Robertson	R.
2002	Porterfield	S. H.
2003	Scott	Samuel T.
2003 A	Gwynn	W. R.
2004	Matthews	W. G.
2004 A	Campran	W. J.
2004 A	Hood	W. H.
2004 A	Lewis	R. F.
2004 A	Lovelady	W. A.
2004 A	Odell	J. T.
2004 A	Perry	W. J.
2005	Bowen	Thomas H.
2005	Holder	W. L.
2005	McHenry	L. H.
2005	Potts	M. M.
2005	Richards Bros.	
2005	White	C. R.
2006	Chafin	J. H.
2007	L'Estrange	F.
2007 A	Duncan	Samuel H.
2007 A	Duty	M. J.
2008	Texas Almanac Office	
2009	McNealy	James
2010	Brown	Frank
2011	J. M. Swisher & Co.	
2012	J. M. Swisher & Co.	
2012 A	Boerner	Louis
2012 A	Clark	John
2012 A	Forkner	G. T.
2012 A	Hancett	F. G.
2012 A	Peters	J. W.
2012 A	Self	John R.
2012 A	Walton	N. M.
2013	J. M. Swisher & Co.	
2013 A	Fitzhugh	William
2013 A	George	W. A.
2013 A	Louis	J. C.
2013 A	Morris	G. W.
2013 A	Parker	Thomas
2013 A	Smith	J. P.
2013 A	Tanner	Isaac
2013 A	Tom	G. N.
2013 A	Turner	Samuel
2013 A	Wallis	J. H.
2014	Poindexter	James H.
2015	Downs	E. L.
2016	Gibbs	S. J.
2017	Lee	H. C.
2017	McDonald	James
2017	Swenson	S. M.
2018	Jones	H. B.
2019	Womble	S. S.
2020	Lewis	Charles
2021	Rucker	I. H.
2022	White	J. T.
2022 A	Wellbourn	J. J.
2023	Randolph	C. H.
2023 A	Littleton	John

Name Index to Military Claims-Numerically

2024	Doss	Samuel E.
2024	Dougherty	T. M.
2024	Foreman	W. W.
2024	J. D. Newsom & Co.	
2024	Rowland	I. L.
2025	Gerhard	Matthew
2026	Sharp	N. H.
2027	Good	John J.
2028	Mason	D. N.
2029	Carson	Robert
2030 A	Gerhard	M.
2031	Birdwell	T. G.
2032	Elliott	M. A.
2033	Chisum	J. S.
2034	Cummings	I. W.
2034	Davis	Daniel
2034	Paul	James
2035	Allen	H. C.
2035	Baker	W. B.
2035	Brown	J. F.
2035	Cobb	J. E.
2035	Coleman	Thomas H.
2035	Crawford	J. F.
2035	Givatting	F. M.
2035	Haniel	G. I.
2035	Harrison	A. J.
2035	Isham	Claib
2035	McCrow	W. E.
2035	Murrell	W. E.
2035	Towell	S. C.
2035	Underwood	W.
2035	Ward	L. B.
2035	Welch	Edward
2035	Wethersby	D.
2035	Wood	C. L.
2036	Pingenot	Aug.
2037	Gregg	S. S.
2038	Joyce	John T.
2039	Bicknell	J. K.
2040	Fitzhugh	Robert
2041	Brooks	W. H.
2042	Campbell	J. P.
2043	Randolph	C. H.
2044	Raymond	N. C.
2045	Garner	Alf.
2045	Garner	James
2045	Harris	J. B.
2045	Morris	G. D.
2045	Ward	Joseph C.
2045	White	James K.
2045	Williams	J. J.
2045	Wood	Charles
2045	Worrall	I. R.
2046	Maloney	W. P.
2047	Bohag	William
2047	Hudson	R. W.
2047	Townsend	Daniel E.
2047	Werbiski	A.
2048	Stiff	J. B.
2049	Brown	J. G.
2050	Vaughn	Thomas
2051	Dashiell	J. Y.
2052	Finnin	Ed.
2053	Leckie	Thomas
2054	Henricks	Ben.
2055	Wadsworth	J. W.
2056	Brown	Frank
2057	Puckett	L. D.
2057	Rachor	L.
2057	Struez	John
2057	Wadsworth	I. W.
2058	Vaughn	Jerre
2059	Barry	I. M.
2060	Green	Samuel
2060	Johnson	Allen
2060	Redmon	J. M.
2060	Waybourn	I. W.
2060	Waybourn	W. T.
2060	Waybourn	W. W.
2061	Carlisle	W. I.
2061	Crawford	J. F.
2061	Evans	A. I.
2061	Jones	Nathan
2062	Duffau	F. T.
2063	Hart	J. C.
2064	Hall	A. I.
2065	Terry	L. L.
2066	Stevens	G. F.
2067	Dolch	Louis
2068	Acres	Byron
2069	I. Tips & Co.	
2069 A	Weilman	L.
2070	Texas Enquirer	
2071	Glasscock	Thomas A.
2072	Johnson	James
2073	Elliston	Mark
2074	Carpenter	J. A.
2075	Richard King & Co.	

Name Index to Military Claims-Numerically

2076	Hall	H. W.
2077	Rainey	I. W.
2078	Finnin	Ed.
2079	McKinney	T. J.
2080	Beatie	Ewing
2081	Beck	H. H.
2082	Clark	I. T.
2083	Cone	Horace
2084	Sherman Journal	
2085	Patton	B. F.
2086	De Mantel	Charles
2086 A	Buckner	Thomas
2087	Jones	W. I., Sr.
2088	J. Tips & Co.	
2088 ½	Wood	J. M.
2090	Chrisman	I. H.
2090	Finnin	Ed.
2091	Good	W. S.
2092	Good	W. S.
2093	Magaffin	J. W.
2094	Barnard	James R.
2095	Linney	P.
2096	McClendan	A. I.
2097	Citizens Bank of Louisiana.	
2097	Conolly	James
2097	Louisiana State Bank	
2097	Lubbock	F. R.
2097	W. H. Letchford & Co.	
2098	Dashiell	J. Y.
2099	Gibbins	James
2100	Terrill	R. A.
2101	Dashiell	J. Y.
2102	Finnin	Ed.
2103	Leckie	Thomas
2104	Henricks	Ben.
2105 ½	Brown	Frank
2105	Wadsworth	James W.
2106	Dashiell	J. Y.
2107	Reynolds	W. W.
2108	Hays	I. M.
2109	Reynolds	W. W.
2110	J. Tips & Co.	
2110	Mayrant	J. W.
2110	Shirley	John
2111	Scoggin	Y. L.
2112	Rust	William
2113	Finnin	Ed.
2114	Arcanta	Jesus
2114	Basan	Bernardino
2114	Basan	Desiderio
2114	Canta	Juan
2114	Charles	Vicente
2114	Dias	Albino
2114	Elisando	Doronteo
2114	Faras	Lescadio
2114	Farris	Leon
2114	Garca	Lev.
2114	Garza	Francisco
2114	Garza	Juan
2114	Garza	Ramon
2114	Gonzales	Eug.
2114	Gonzales	Lino
2114	Hinojosa	Julio
2114	Hinojosa	Lino
2114	Longoria	Cinolio
2114	Longoria	Juan Soles
2114	Longoria	Santos
2114	Lopez	Angap.
2114	Lopez	Lasar
2114	Lopez	Rafael G.
2114	Lopez	Seferino
2114	Lopez	Tesento
2114	Olmas	Lenardo
2114	Pronado	Casildo
2114	Ramires	Ynocento
2114	Rivas	Rafael G.
2114	Rodriguez	Benito
2114	Salinas	Augustino
2114	Salmas	Juan
2114	Solis	Ant.
2114	Stewart	Samuel J.
2114	Travinio	George
2114	Travinio	Julian
2114	Vara	Santo Y.
2114	Vela	Cecilio
2114	Vela	Santos
2114	Villareal	Ant.
2114	Villareal	Greg.
2115	Garza	Ramon
2116	Stewart	Samuel J.
2117	Jones	W. W.
2118	Williams	I. N. B.
2119	Cochran	H. W.
2120	Read	Thomas
2121	Carpenter	P. K.
2122	Strong	L. P.
2123	Rust	William
2124	Ward	Henry

Name Index to Military Claims-Numerically

No.	Surname	Given
2125	Redmon	J. W.
2126	Thomas	I. W.
2127	McKinney	Alex
2128	Reynolds	W. W.
2129	Reynolds	W. W.
2130	Reynolds	W. W.
2131	Reynolds	W. W.
2132	Littleton	John
2133	Adams	R. F.
2133	Harper	B. A.
2133	Harper	M. M.
2134	Reynolds	W. W.
2135	Freeman	C. T.
2136	Reynolds	W. W.
2137	Barton	E. B.
2138	Reynolds	W. W.
2139	Lubbock	F. R.
2140	Finnin	Ed.
2141	Henricks	Ben.
2142	Henricks	Ben
2143	Dashiell	J. Y.
2144	Campbell	A. G.
2145	Leckie	Thomas
2146	Wadsworth	I. W.
2147	Henricks	Ben
2148	Brown	Frank
2149	Bailey	George
2150	Henricks	Ben
2151	Freeman	C. T.
2152	Freeman	C. T.
2153	Reynolds	W. W.
2154	Reynolds	W. W.
2155	Bostick	R. F.
2155	Cloud	William
2155	Davenport	James B.
2155	Doss	S. E.
2155	Foreman	W. W.
2155	James	John
2155	McCrow	J. E.
2155	Peery	I. M.
2155	Retchie	James
2155	Scott	R. F.
2155	Sheegog	I. E.
2155	Skinner	W. B. F.
2155	Wheeler	John E.
2156	Gooch	John C.
2157	Freeman	Charles T.
2158	Freeman	Charles T.
2159	Reynolds	W. W.
2160	Freeman	C. T.
2161	Reynolds	W. W.
2162	Reynolds	W. W.
2163	Freeman	C. T.
2164	Gwynne	Eli D.
2165	Allen	Rufus
2165	Davis	Daniel
2165	Evans	S. M.
2165	Paul	James
2166	Freeman	C. T.
2167	Henricks	Ben
2167 ½	J. Tips & Co.	
2167 ½ A.	McMurray	J. C.
2167 ½ A.	Weilman	L.
2168	Reeves	William
2168	Skinner	W. B. F.
2168	Trueblood	A. H.
2169	Avis	David
2169	Baggett	James R.
2169	Bailey	O. S.
2169	Bailey	William M.
2169	Bennett	Levi
2169	Boydstone	James E.
2169	Brumley	Benjamin F.
2169	Brumley	Robert J.
2169	Cartright	William P.
2169	Cartwill	John A.
2169	Collins	John M.
2169	Cooley	David
2169	Cox	John H.
2169	Cumins	Hugh
2169	Darnell	A. J.
2169	Dickson	John
2169	Dickson	William
2169	Finley	F. M.
2169	Fisher	William
2169	Foster	E.
2169	Gabriel	William
2169	Gage	John D.
2169	Gibbons	James
2169	Gilbert	Wilson
2169	Glass	Luther C.
2169	Gordon	John A.
2169	Hagler	Jasper F.
2169	Hanning	Aaron
2169	Harper	William M.
2169	Hepleman	T. A.
2169	Herring	John A.
2169	Holcomb	Dascon

Name Index to Military Claims-Numerically

2169	Kelley	J. T.
2169	Keney	A. B.
2169	Kerr	R. J.
2169	Mackay	Thomas
2169	Mackey	John
2169	Mains	Roller M.
2169	Mains	Samuel F.
2169	Martin	E. J.
2169	McCallan	Abner
2169	McCamel	Elisah W.
2169	McDaniel	Charles
2169	McDonald	Cash
2169	McDonald	Jarold
2169	McDonald	S. H.
2169	McFarland	James M.
2169	Milam	N. B.
2169	Miller	Henry
2169	Milton	Andrew F.
2169	Morris	Austin
2169	Oxer	James S.
2169	Paton	J. O. H. P.
2169	Perryman	William H.
2169	Preest	William
2169	Quillin	Charles C.
2169	Quillin	William H.
2169	Reel	J. W.
2169	Reiley	L.
2169	Riddells	Lorance D.
2169	Riddels	Chester
2169	Roberts	Thomas
2169	Seago	Elias M.
2169	Shivers	Isaac
2169	Smith	A. H.
2169	Snodgrass	H. I.
2169	Steaham	John E.
2169	Stennet	Daniel
2169	Sullivan	W. R.
2169	Trueblood	A. H.
2169	Waybourn	Wesley W.
2169	Waybourn	William T.
2169	White	W. S.
2169	White	Anderson
2169	Williams	Alf.
2169	Willingham	John J.
2169	Woods	William
2169	Woolsey	Zephanian
2170	Anderson	I. B.
2170	Beacham	J. H.
2170	Blankenship	Levi
2170	Boggess	Joel
2170	Bond	Miles
2170	Campbell	John
2170	Chance	W. L.
2170	Chance	J. C.
2170	Clark	R. F.
2170	Forester	L. S.
2170	Forester	H. T.
2170	Fowler	J. J.
2170	Goran	Joshua
2170	Gray	D. M.
2170	Griffin	Spencer
2170	Griffin	Henry
2170	Griffin	Richard
2170	Grunde	Felix
2170	Hale	S. S.
2170	Hoff	Richard
2170	Holder	J. S.
2170	Jones	J. C.
2170	Ledkie	Frank
2170	Levingston	S. H.
2170	Levingston	N.
2170	Manasco	D. G.
2170	Marquis	Sidney
2170	McCool	James
2170	McGill	W. B.
2170	Menasco	Thomas
2170	Merritt	John
2170	Moos	J. G.
2170	Night	T. M.
2170	Paschal	N. P.
2170	Russell	P. Q.
2170	Sagister	J. H.
2170	Small	J. E.
2170	Totty	J. E.
2170	Towers	Berry
2170	Trueblood	A. H.
2170	Wall	Mat.
2170	Wall	Johnson
2170	Warren	F. C.
2170	Wease	Mark
2170	Whitten	F. M.
2170	Whitten	N. G.
2170	Yerran	N. Y.
2171	Hotchkiss	W. L.
2172	Trueblood	A. H.
2172	Twitty	H. C.
2172	Whaley	H. A.
2173	Adams	J. Q.

Name Index to Military Claims-Numerically

2173	Bailey	Reuben
2173	Beck	J. L.
2173	Birdwell	A. M.
2173	Birdwell	M. R.
2173	Britt	William
2173	Burns	William
2173	Cecil	Tenville
2173	Cook	Anderson
2173	Dickerson	John
2173	Dill	Aug.
2173	Gallop	John
2173	Glass	G. W.
2173	Grider	Thomas
2173	Kelley	I. W.
2173	Lamascus	William
2173	Langston	W. H.
2173	Layton	W. D.
2173	Lewis	Anderson
2173	Marlett	C.
2173	Millholand	J. B.
2173	Monday	W. F.
2173	Pevellerd	Lewis
2173	Pyatt	M.
2173	Ragan	John
2173	Roberts	James
2173	Rogers	S. D.
2173	Seargean	I. P.
2173	Shoemaker	W. H.
2173	Snyder	William
2173	Taylor	G. W.
2173	Truce	Thomas
2173	Trueblood	A. H.
2173	Tutor	G. W.
2173	Walker	Preston
2173	Wood	John
2174	Freeman	C. T.
2175	Haran	John
2175	Holder	J. S.
2175	Reynolds	Joseph M.
2176	Russell	A. G.
2177	Henricks	Ben
2178	Reynolds	W. W.
2179	Buckingham	John H.
2179	Cloud	William
2179	Crosno	H. C.
2179	Elliott	Stephen
2179	Finch	W. A. J.
2179	Posey	A.
2179	Roff	C. L.
2179	Smith	J. H. B.
2179	Thompson	B. W.
2180	Truelove	J. R.
2180	Truelove	J. A.
2180	Warrall	J. R.
2180	White	John L.
2181	Coleman	Henry S.
2182	Freeman	C. T.
2183	Upton	E. P.
2184	Freeman	C. T.
2185	Freeman	C. T.
2186	Payne	W. P.
2187	Lawson	E.
2188	Freeman	C. T.
2189	Freeman	C. T.
2190	Courtney	H. P.
2191	Lyons	David
2192	Freeman	C. T.
2193	Long	Benjamin D.
2194	Houston Telegraph	
2195	Freeman	C. T.
2196	Dashiell	J. Y.
2197	Reynolds	W. W.
2198	McCall	T. P.
2199	Reynolds	W. W.
2200	Whiteside	R. M.
2201	Dashiell	J. Y.
2202	Henricks	Ben
2203	Bremond	John
2204	Leckie	Thomas
2205	Wadsworth	John
2206	Brown	Frank
2207	Henricks	Ben
2208	Weatherspoon	Peter
2209	Dashiell	J. Y.
2210	Duffau	F. T.
2210	Fusselman	Samuel
2210	Naessel	George
2211	Paul	James
2211	Russell	W. R.
2211	Williams	R. H.
2212	Dashiell	J. Y.
2213	Ballinger	William
2213	Bartlett	John B.
2213	Bates	C. J.
2213	Baurland	William
2213	Birmingham	James M.
2213	Braken	A. H.
2213	Bridge	Samuel T.

Name Index to Military Claims-Numerically

2213	Buchannon	M. F.
2213	Bush	William A.
2213	Cherry	Thomas
2213	Compton	John W.
2213	Compton	Smith
2213	Cook	Joel
2213	Croan	L. A.
2213	Cunico	W. B.
2213	Dider	Sebastian
2213	Dohoney	E. L.
2213	Driver	W. J.
2213	Ellidge	B. F.
2213	Floyd	Edward
2213	Fowler	John L.
2213	Gibbon	J. C.
2213	Givens	C. C.
2213	Griffith	S. G.
2213	Hatcher	D. C.
2213	Hoge	James D.
2213	Jennings	M. H.
2213	Justice	John W.
2213	Lloyd	B.
2213	McLeod	M.
2213	Means	B. F.
2213	Miller	Jac. R.
2213	Miller	H. H.
2213	Moseley	T. G.
2213	Mowrey	J. T.
2213	Mowrey	R. A.
2213	Norris	S. P.
2213	Peoples	E. B.
2213	Perkins	James P.
2213	Perkins	Thomas A.
2213	Poindexter	J. P.
2213	Price	Joseph M.
2213	Read	Telford M.
2213	Riggs	W. R.
2213	Robinson	J. T.
2213	Rodgers	Henry J.
2213	Saikes	Robert
2213	Scott	William
2213	Shearon	A. J.
2213	Shearon	S. R.
2213	Simmons	William
2213	Smith	Thomas B.
2213	Smith	J. W.
2213	Smith	John
2213	Stevenson	K. C.
2213	Tabar	A. G.
2213	Tanner	E. H.
2213	Tatum	John R.
2213	Towns	N. W.
2213	Tyler	E.
2213	Ward	Grecian
2213	White	H. K.
2213	Williams	W. M.
2213	Williams	J. F.
2213	Wilson	William
2213	Yates	William T.
2214	Henricks	Ben
2215	Brady	W. W.
2215	Hudson	James J.
2215	Miller	W. R.
2215	Miller	M. A.
2215	Peron	Charles
2215	Pesterfield	J. H.
2215	Pesterfield	H. L.
2215	Philips	H. L.
2215	Simpson	William E.
2215	Smith	Herand
2215	Stevens	H. E.
2215	Teague	E. A.
2215	Willoughby	W. S.
2215	Wilson	W. E.
2216	Bremond	John Jr.
2217	Goodlett	J. A.
2218	Dyer	J. B.
2218	Garcia	Rafael
2218	Goodlett	J. A.
2218	Harmonson	W. P.
2218	Peveler	John M.
2218	Peveler	James M.
2219	Dashiell	J. Y.
2220	Henry	H. R.
2220	Henry	William Sen.
2220	Lawrence	William
2220	McGregor	J. H.
2220	Millican	W. J.
2220	Seale	C. C.
2220	Walker	James
2220	Wallace	John B.
2221	Johnson	Sam H.
2222	Parish	Irvin
2223	Armstrong	J. G.
2224	Armstrong	J. G.
2225	Emerson	T. B.
2226	Garrett	John
2227	Brown	Frank

Name Index to Military Claims-Numerically

2228	Dashiell	J. Y.
2229	Henricks	Ben
2230	Bremond	John
2231	Henricks	Benjamin
2232	Wadsworth	J. W.
2233	Leckie	Thomas
2234	Boydstone	Joseph L.
2235	Raven	E.
2236	Chase	W. R.
2237	Davis	Lawrey
2237	Fuller	Elijah D.
2237	McCall	J. Smith
2237	Miller	Thomas M.
2237	Morris	J. F.
2237	Reed	John S.
2237	Tyler	L. D.
2237	Walker	Madison
2237	White	J. D.
2238	Lubbecke	A. F.
2239	Hurley	R. F.
2240	Reynolds	W. W.
2241	Worrall	J. R.
2242	Wadsworth	J. W.
2244	Worrall	J. R.
2245	Reynolds	Capt. W. W.
2246	Reynolds	Capt. W. W.
2247	Shirley	John
2248	Burleson	Jacob
2248	Glass	D. H.
2248	Trask	James H.
2249	Duval	Sam
2250	Reynolds	W. W.
2251	Jones	J. M.
2252	Belcher	M. A.
2253	Barnett	Calvin J.
2253	Bell	Thomas J.
2253	Berry	George W.
2253	Bickley	George R.
2253	Blake	John C.
2253	Bowman	Teophilus
2253	Bradfield	J. W.
2253	Branan	Jonathan
2253	Branan	Henry
2253	Bridges	William
2253	Brown	William
2253	Burran	Peter F.
2253	Burroughs	J. R.
2253	Campbell	E. D.
2253	Clary	R. J.
2253	Clower	J. T.
2253	Clumech	B. T.
2253	Coffee	Hiram
2253	Coffee	B. B.
2253	Cole	T. J.
2253	Cook	Alphonso
2253	Cook	R. J.
2253	Courtney	Reuben
2253	Cress	Alfred
2253	Curry	L. G.
2253	Davis	J. P.
2253	Davis	Sam A.
2253	Davis	G. H.
2253	Davison	James
2253	Dodson	John R.
2253	Doller	John G.
2253	Duff	H. H.
2253	Duff	J. W.
2253	Easley	W. C.
2253	Emmett	T. J.
2253	Farmsworth	W. A.
2253	Flack	G. W.
2253	Frost	M. V.
2253	Gibson	W W.
2253	Glass	J. E.
2253	Gleissner	Anton L.
2253	Griffin	Owen D.
2253	Hambrie	Thomas H.
2253	Hamilton	A. J.
2253	Hardaway	J. P.
2253	Hardy	E. P.
2253	Hays	J. M.
2253	Hester	David
2253	Hill	Frederick
2253	Hill	J. P.
2253	Hilt	F. M
2253	Hogue	T. J.
2253	Holbert	J. T.
2253	Holbert	R. M.
2253	Hudgins	Shelby
2253	Hutson	Gilbert
2253	Jasper	Aaron
2253	Jenkins	Pleasantan
2253	Johnson	J. L.
2253	Jones	David
2253	Jordan	Cabeb
2253	Justiss	James O.
2253	Landers	W. H. H.
2253	Lee	J. W.

Name Index to Military Claims-Numerically

Claim	Surname	Given
2253	Liptwich	L. B.
2253	Long	John H.
2253	Lowe	G. H.
2253	Mabry	D.
2253	Manuel	W. H.
2253	Marshall	J. L.
2253	McCamish	Jim
2253	McElreath	D. H.
2253	McPherson	I. L.
2253	Meek	John B.
2253	Michie	J. W.
2253	Milligan	P. T.
2253	Moody	John G.
2253	Morrison	A. J.
2253	Morrison	John
2253	Nipper	W. P.
2253	Panther	L. D.
2253	Parchman	W. C.
2253	Paul	V. A.
2253	Payne	C. C.
2253	Payne	W. B.
2253	Perrean	W. A.
2253	Pierce	J. T.
2253	Porter	I. A.
2253	Porter	G. W.
2253	Porter	Charles
2253	Poston	J. F.
2253	Prather	Newman
2253	Redding	D. F.
2253	Riddle	W. S.
2253	Rogers	W. E.
2253	Rountree	S. J.
2253	Schuler	W. G.
2253	Scott	Jannett
2253	Shaw	Amos
2253	Shearer	S. H.
2253	Skinner	J. L.
2253	Smith	John T.
2253	Smith	James T.
2253	Starey	Thomas
2253	Stephens	John L.
2253	Stephens	A. B.
2253	Stephens	I. A. S.
2253	Sullens	C. P.
2253	Traylor	James
2253	Traylor	G. W.
2253	Tripp	C. J.
2253	Wakefield	J. A.
2253	Ward	W. S.
2253	Wasson	Jasiah
2253	Wasson	W. H.
2253	Wells	J. A.
2253	White	James
2253	Wilkins	Jasper
2254	Houston	Archibald
2255	Bremond & Co.	
2256	Houston	Isaac
2257	Griffin	T. C.
2258	Rust	William
2259	Rust	William
2260	Rust	William
2261	Reynolds	W. W.
2262	Henricks	Ben
2263	Daugherty	Edward
2264	Brown	Frank
2265	Dashiell	J. Y.
2266	Henricks	Ben
2267	Bremond	John
2268	Leckie	Thomas
2269	Carlton	R. A.
2270	Miller	L. K.
2273	Mays	C.
2274	Henricks	Ben
2275	Freeman	C. T.
2276	Reynolds	W. W.
2277	Sommers	L. H.
2278	Henricks	Ben
2279	Murchison	Jno.
2280	Young	George W.
2281	Bacon	E. M.
2282	Hynes	D. L.
2282 A	Stump	J. R.
2283	Reynolds	W. W.
2284	Vansyckle	T. J.
2285	Beard	Jno.
2285	Hucker	Rufus
2285	King	Lawrence
2286	Swing	M. L.
2287	Stewart	H. F.
2288	Finnin	Ed
2289	Reynolds	W. W.
2290	Hutches	B. F.
2291	Kenard	Jno. G.
2291	Proctar	James A.
2291	Ward	H.
2292	Reynolds	Capt. W. W.
2293	Myers	Henry
2294	Hemphill	A. B.

Name Index to Military Claims-Numerically

2295	Ensor	William T.
2296	Reynolds	W. W.
2297	Brown	Frank
2298	Henricks	Ben
2299	Dashiell	J. Y.
2300	Bremond	Jno.
2301	Leckie	Thomas
2302	Miller	L. K.
2303	Carleton	R. A.
2304	Baylor	G. W.
2305	Arrowood	G. W.
2306	Enojos	Juan
2306	Jago	Jno.
2306	Luck	A. G.
2306	Mendes	Juan
2307	Campbell	William L.
2308	Freeman	C. T.
2309	Reynolds	Capt. W. W.
2310	Swenson	D. B.
2311	Reeder	A. Y.
2312	Larieu	J. A.
2313	Durriet	L. B.
2314	Basket	F. B.
2314	Bourland	G. B.
2314	Knapp	D. R.
2314	Lee	G. W.
2314	Lee	Jno. E.
2314	Lee	W. M.
2314	Malloroy	H. P.
2314	Reed	E.
2315	Thomas	Benjamin C.
2316	Reynolds	W. W.
2317	Hust	J. A.
2317 A	Kelliher	Thomas
2317 A	McNeil	R. B.
2318	Reynolds	W. W.
2319	Reynolds	W. W.
2320	Willingham	W. R.
2321	Reager	W. C.
2322	Reynolds	W. W.
2323	Cooper	George W.
2324	Duffau	F. T.
2324 ½	Hemphill	A. B.
2325	Frazier	W. T.
2326	Higby	E.
2327	McAlister	L. W.
2328	Tarkington	Edward
2329	Collins	R. D.
2329	Crosby	L.
2329	Frost	E. R.
2329	Morris	George
2330	Reynolds	W. W.
2331	Houston	F. J.
2332	Dashiell	J. Y.
2333	Henricks	Ben
2334	Leckie	Thomas
2335	Carleton	R. A.
2336	Brown	Frank
2337	Bremond	Jno.
2338	Miller	L. K.
2339	Shott	Jno.
2340	Sheidley	B. A.
2341	Dashiell	J. Y.
2342	Rust	William
2343	Rust	William
2344	McGregor	William L.
2344	McGregor	Jno.
2344	Taylor	F. L.
2345	Rust	William
2346	Telegraph Office	
2347	Smith	Charles P.
2348	Reynolds	W. W.
2349	McCall	T. P.
2350	Burks	W. L.
2350	Thompson	William M.
2350	Tuttle	J. H.
2351	Reynolds	W. W.
2352	Allen	A. B.
2352	Baggett	J. R.
2352	Davis	W. C.
2352	Harden	H. R.
2352	Hoge	Z. A.
2352	Parker	W. A.
2353	Edgar	William
2353	Luck	Fred
2353	Ransom	James M.
2354	Andrews	F. H.
2354	Pierce	William
2355	Clanton	J. W.
2356	Bremond Jr.	Jno.
2357	Cruise	Jose
2357	Enojos	Jose
2357	Jago	John
2357	Loveland	B. W.
2357	Luck	A. G.
2357	Mendes	Jose
2357	Telegraph Office	
2358	Dashiell	J. Y.

Name Index to Military Claims-Numerically

2359	Henricks	Ben
2360	Carleton	R. A. A.
2361	Bremond	Jno.
2362	Leckie	Thomas
2363	Miller	L. K.
2364	Brown	Frank
2365	Bremond	Jno., Jr.
2366	Caldwell	J. C.
2367	Smith	C. P.
2368	Jackson	R. H.
2369	Cannon	Jno.
2370	Harms	Julius
2371	Alexander	Thomas
2372	Reynolds	W. W.
2373	Richardson	Harriett
2374	Kyes	H.
2374 A	Vantine	T.
2375	George	Robert
2375	Taylor	Andrew
2375	Weatherford	Jeff
2376	Ballostri	Lewis
2376	Gilleland	Jno. T.
2376	Pinter	Eli
2377	Ball	H. W.
2377	Bellew	A.
2377	Blake	J. C.
2377	Blake	L. L.
2377	Brown	H. C.
2377	Burge	J. W.
2377	Callahan	R. P.
2377	Cannon	M. M.
2377	Cochran	O. M.
2377	Copenhaver	B. F.
2377	Dorsett	F. J.
2377	Dorsett	W. H.
2377	Foots	T. D.
2377	Forman	Hugh
2377	Hicks	L. J.
2377	Jasper	W. H.
2377	Lallar	J. W.
2377	Lovejoy	Jno. L.
2377	Lubbett	L. P.
2377	Martin	I. H.
2377	Masey	James C.
2377	McCombs	C. W.
2377	McCombs	J. N.
2377	McCombs	I. M.
2377	McCraw	George W.
2377	McKuskey	A. H.
2377	Minor	Joseph
2377	Nawlin	Henry
2377	Nawlin	J. L.
2377	Payne	Samuel
2377	Pinkley	W. H.
2377	Poindexter	James
2377	Raibourn	L. T.
2377	Short	Joel
2377	Simpson	Lionel
2377	Teague	W. R.
2377	Terrey	T. J.
2377	Wakefield	Elisha
2377	White	Jno.
2377	Williams	P.
2377	Wiman	Jno.
2377	Young	Jasiah
2378	State Gazette	
2379	Hall	L. L.
2380	Cruise	Jose
2380	Enojos	Jose
2380	Hawthorn	A. G.
2380	Jago	Jno.
2380	Luck	A. G.
2380	Mendes	Jose
2381	Weatherford	B. B.
2382	Weatherford	Thomas
2383	Neely	Marion
2384	Paul	James
2384	Philups	J. M.
2383	Wharton	Jno. D.
2385	Brown	Frank
2386	Young	William
2387	Miller	Mark
2388	Dashiell	J. Y.
2389	Lynch	Francis
2390	Dashiell	J. Y.
2391	Naghil	D. F.
2392	Miller	Mark
2393	Foster	A.
2393 A	McMahan	J. L.
2394	Throckmorton	J. W.
2395	Freeman	W. M.
2396	Loveland	B. W.
2396	Luck	A. G.
2396	McAlister	L. W.
2397	Atkinson	J.
2398	Culberson	D. B.
2399	Henricks	Ben
2400	Leckie	Thomas

Name Index to Military Claims-Numerically

2401	Carlton	L. K.
2403	Bremond	Jno.
2404	Holman	F. M.
2404	Lovejoy	Jno. L.
2404	Mays	W. H.
2405	Hord	W. H.
2406	Stivers	Baily
2406 ½	Thomas	M. H.
2407	Atkinson	Jethro
2408	Campbell	W. M.
2409	Finn	W. H.
2410	Owens	J. M.
2411	Slaughter	J. M.
2413	Moore	Jno. W.
2414	Lugenbihl	George
2415	Hembrey	A. N.
2416	Ashford	R. P.
2417	Cooke	J. H.
2418	Fellon	R. A.
2419	Sutherland	James
2420	Brown	D. B.
2420	Davis	James B.
2420	Holder	Hart
2421	Martin	George M.
2422	Freeman	Charles T.
2423	Reynolds	W. W.
2424	Freeman	C. T.
2425	Spillman	J. P.
2426	Reynolds	W. W.
2426 ½	Reynolds	W. W.
2427	Diamond	G. B.
2427	Eubanks	Alf
2427	Gould	C. B.
2427	Jones	Wiley
2427	Turner	Jno.
2427	West	William
2427	Whaley	H. A.
2428	Diamond	Jno. R.
2429	Freeman	C. T.
2430	Reynolds	W. W.
2431	Freeman	C. T.
2432	Elkins	R. L.
2433	Tidwell	F. L.
2434	Reynolds	W. W.
2435	Johnson	W. M.
2436	Frost	Y. H.
2437	Fowler	L. M. B.
2438	Wilson	William
2439	Cates	Joseph R.
2439	Ray	William
2439	Smith	Jerome
2440	McDermott	A.
2441	McDermott	L. L.
2442	Wilson	Stephen
2443	Strong	L. P.
2444	Darnell	N. H.
2445	Clark	Jno. D.
2446	Reynolds	W. W.
2446	Schuetze	L.
2447	Reynolds	W. W.
2448	Reynolds	W. W.
2449	Reynolds	W. W.
2450	Richardson	D.
2451	Duffau	F. T.
2452	Henricks	Ben
2453	Culberson	D. B.
2454	Bremond	Jno.
2455	Leckie	Thomas
2456	Carlton	R. A. A.
2457	Richardson	D.
2458	Reynolds	W. W.
2459	Rust	William
2460	Carver	W. R.
2461	Leavette	A. V.
2461	Spaulding	C.
2461	Whitehead	W. J.
2462	Rust	William
2463	Reynolds	W. W.
2464	Reynolds	W. W.
2465	Telegraph Office	
2466	Balloski	Lewis
2466	Gilleland	Jno. T.
2466	Penter	Eli
2466	Smith	J. W.
2467	Reynolds	W. W.
2468	Reynolds	W. W.
2469	Barnhard	Joseph
2470	Reynolds	W. W.
2471	Reynolds	W. W.
2472	Freeman	C. T.
2473	Reynolds	W. W.
2474	Reynolds	W. W.
2475	McCormick	J. M.
2476	Richardson	D.
2477	Steves	G.
2478	Chum	Jesse F.
2478	Crosby	L.
2478	Gist	J. N.

Name Index to Military Claims-Numerically

No.	Surname	Given
2479	Reynolds	W. W.
2480	Reynolds	W. W.
2482	Henricks	Ben
2483	Carlton	R. A. A.
2484	Bremond	Jno.
2485	Leckie	Thomas
2486	Henricks	Ben
2487	Gregg	Josiah
2488	Reynolds	W. W.
2489	Tri Weekly Telegraph	
2490	Reynolds	W. W.
2491	Bell	A. J.
2492	Bell	James M.
2493	Shelby	N. G.
2494	Rogers	James H.
2495	Reynolds	W. W.
2496	Reynolds	W. W.
2497	Crosby	S.
2497	Elliott	M. A.
2498	Gray	Jno. J.
2499	Hickey	W. W.
2499	Hix	George
2499	Keith	William B.
2499	Keith	William
2499	Keith	Gabriel
2499	Keith	Nicodemus
2499	O'Neal	Robert N.
2499	O'Neal	Cornelius
2499	O'Neal	George R.
2499	Robinson	James F.
2500	Edmiston	M. J.
2501	Arnold	William
2502	Reynolds	W. W.
2503	Reynolds	W. W.
2504	Henricks	Ben
2505	Bremond	Jno.
2506	Leckie	Thomas
2506 ½	Carlton	R. A. A.
2507	Dickson	William H.
2507	Pickett	A. D.
2507	Raymond	N. C.
2508	Howard	Jno.
2509	Childress	L. C.
2509	Dunn	James
2510	Crosby	L.
2510	Hicks	John W.
2510	Maza	William
2511	Logan Sweet & Palmer	
2512	Guttrey	J. P.
2513	Monday	E.
2514	Dumas	James P.
2515	Logan Sweet & Palmer	
2516	Black	C. R.
2517	Reynolds	W. W.
2518	Reynolds	W. W.
2519	Leckie	Thomas
2520	Carleton	R. A. A.
2521	Welch	J. C.
2522	Lambert	Will
2523	Henricks	Ben
2524	Hoffman	Jno.
2525	Murrah	P.
2526	Ground	Emanuel
2527	Harvick	N.
2528	Houston	Forbes J.
2529	Freeman	C. T.
2530	Reynolds	W. W.
2531	Reynolds	W. W.
2532	Freeman	Charles T.
2533	Huntsville Item	
2534	Rust	William
2535	Crosby	L.
2535	Mooris	Washington
2535	Yearwood	L. R.
2536	Carleton	R. A. A.
2537	Leckie	Thomas
2538	De Cordova	P.
2539	Hale	J. C.
2540	Hutton	V. J.
2541	Waddell	J. B.
2542	Henricks	Ben
2543	Henricks	Ben
2544	Baxter	R. W.
2545	Adaor	J. H.
2546	Stout	W. B.
2547	Northington	M. W.
2548	Pettey	Zr.
2549	Magill	James P.
2550	Field	John
2551	Weatherford	Jeff
2552	Taylor	Ward
2553	Hibbert	Charles
2554	Bremond	John
2555	Collins	L. W.
2556	Carleton	R. A. A.
2557	Culberson	D. B.
2558	Leckie	Thomas
2559	Lambert	William

Name Index to Military Claims-Numerically

No.	Surname	Given
2560	Henricks	Ben
2561	Henricks	Ben
2562	Military Board	
2563	Tower	W. H.
2564	Reynolds	W. W.
2565	Henricks	Ben.
2566	Henricks	Ben.
2567	Bremond	John Jr.
2568	Leckie	Thomas
2569	Carleton	R. A. A.
2570	Henricks	Ben
2571	Houston Telegraph	
2572	San Antonio News	
2573	State Gazette Office	
2574	Rust	William
2575	Bennett	J. M.
2576	Hartley	R. K.
2576 A	Gillett	James S.
2577	Coleman	H.
2577 A	Taff	N. F.
2578	De Cordova	P.
2578 A	Brown	J. M.
2579	De Cordova	P.
2579 A	Diamond	J. R.
2580	De Cordova	P.
2580 A	Elgin	John B.
2580 A	Elgin	John B.
2580 A	Patterson	A. G.
2580 A	Scott	M.
2581	Reynolds	W. W.
2582	Houston Telegraph	
2583	Howard	James W.
2583 A	Howard	James W.
2584	Carleton	R. A.
2585	Leckie	Thomas
2586	Bremond	John Jr.
2587	Henricks	Ben.
2588	Jackson	J. R.
2589	Henricks	Ben
2590	Reynolds	W. W.
2591	Harms	Julius
2592	Nelson	Thomas C.
2593	Skidmore	S. B.
2594	State Gazette Office	
2594 ½ A	Cervoni	Paul
2594 ½ A	Veseron	Oscar
2595	Benchley	H. W.
2595 ½	Benchley	H. W.
2596	Bendy	H. W.
2597	Tankerley	John W.
2598	Parish	A. H.
2599	Carleton	R. A.
2600	Leckie	Thomas
2601	Henricks	Ben
2602	Bremond	John Jr.
2603	Wadsworth	John W.
2604	Routh	Jacob
2605	Henricks	Ben.
2606	Benseman	Herman
2607	Henricks	Ben.
2608	Henricks	Ben.
2609	Shelley	N. G.
2610	Morris	W. A.
2611	Henricks	Ben.
2612	Logan Sweet & Palmer	
2613	Day	G. W.
2614	Baird	G. W.
2615	Henricks	Ben.
2616	De Berry	Henry D.
2617	Bryant	Solomon
2618	Rust	William
2619	Johnson	A. G.
2620	Foster	T. J.
2621	Strong	L. P.
2622	Ward	H.
2623	Culberson	D. B.
2624	Henricks	Ben.
2625	Carleton	R. A.
2626	Wadsworth	John W.
2627	Fleming	W. H.
2628	Welch	James
2629	Overton	John F.
2630	Russell	Charles A.
2631	Runkley	W. H.
2632	Deadman	D. M.
2633	Wadworth	John W.
2634	Patterson	John M.
2635	Lawrence	M. J.
2636	Clark	B. F.
2637	Anderson	R. M.
2637	Carpenter	Ben. F.
2637	Graves	L. H.
2637	Graves	A. G.
2637	McHugh	John
2637	O'Brien	D. W.
2637	Patrick	Thomas J.
2637	Schule	P. J.
2637	Skidmore	T. F.

Name Index to Military Claims-Numerically

2637	Stewart	J. B.
2637	Throckmorton	J. W.
2638	Culberson	D. B.
2639	Throckmorton	J. W.
2640	Henricks	Ben
2641	O'Gorman	Pat.
2642	Barrett	William G.
2643	Henricks	Ben.
2644	Murrah	P.
2645	Burke	John
2646	Carleton	R. A.
2647	Burke	John
2648	State Gazette Office	
2649	Bass	A. T.
2650	Summerrow	M. P.
2651	Leckie	Thomas
2652	Murrah	Pend.
2653	Haynes	D. C.
2653 A	Davis	N. W.
2654	Sylvester	J. W.
2655	Burke	John
2656	Burke	John
2657	Murrah	Pend.
2658	Haralson	H. A.
2659	Walsh	W. C.
2660	Walsh	W. C.
2661	Adams	F. E.
2662	Bremond & Co.	
2663	Bremond	John Jr.
2664	Reynolds	W. W.
2665	Hamrick	T. P. C.
2666	Reynolds	W. W.
2667	Walsh	W. C.
2668	Leckie	Thomas
2669	Carleton	R. A.
2670	Crigler	R. J.
2671	Randolph	C. H.
2671 A	Ellis	Frederick
2671 A	Wiles	H.
2672	Walsh	W. C.
2673	Rush	William
2674	Henricks	Ben.
2675	O'Callaghan	Thomas H.
2676	Murrah	P.
2677	Brown	John H.
2678	Haralson	H. A.
2679	State Gazette Office	
2680	Walsh	W. C.
2681	Phillips	George P.
2682	Cone	Horace
2683	True Issue Office	
2684	Watson	Robert
2685	Jones	Thomas H.
2686	Saunders	T. B.
2687	Leckie	Thomas
2688	Raymond	N.
2689	Carleton	R. A.
2690	Murrah	P.
2691	Sheidley	B. A.
2692	Roberts	A. S.
2693	Benson	John W.
2693	Burney	D. W. C.
2693	Cowan	Samuel F.
2693	Gibson	Robert
2693	Harper	R. A.
2693	Lawhorn	John
2693	McCall	T. P.
2694	Houston Telegraph	
2695	Walsh	W. C.
2696	Riddle	J. J.
2697	Edgar	H. T.
2698	Erwin	G. W.
2699	Cochran	W. H.
2700	Gibson	Samuel
2701	Raymond	N. C.
2702	Carleton	R. A. A.
2703	Leckie	Thomas
2704	O'Reilly	James
2704 A	Merill	B. H.
2705	Johnson	O. J.
2706	Johnson	Otto
2707	Smith	C. P.
2708	Losse	Henry
2709	Whitley	Josiah
2710	O'Callaghan	T. H.
2711	Howard	A.
2712	Keith	William
2713	Whiteside	R. M.
2714	Whiteside	R. M.
2715	Adams	F. E.
2716	Walsh	W. C.
2717	Cone	Horace
2718	Rhoades	A. J.
2719	Triplett	L.
2720	Russell	Charles
2720 A	Hicks	J. A.
2720 A	Lambdin	R. P.
2720 A	Peters	Henry

Name Index to Military Claims-Numerically

Number	Surname	Given
2720 A	Voss	William
2721	Hausford	J. L.
2722	Lewis	R. F.
2723	Mabry	R. E.
2724	Wadsworth	John W.
2725	Hunter	J. M.
2726	Campbell	W. S.
2727	Thompson	S. G.
2728	Walsh	W. C.
2729	Walsh	W. C.
2730	Walsh	W. C.
2731	Walsh	W. C.
2732	Frazier	W. D.
2733	Randolph	C. H.
2734	State Gazette	
2735	Henricks	Ben
2736	Henricks	Ben
2737	Henricks	Ben
2738	Henricks	Ben
2739	Duffau	F. T.
2740	Matthews	E. S.
2741	Kinney	D. P.
2742	Robinson	Louisa
2743	Fellman	L.
2744	Kinney	D. P.
2745	Leckie	Thomas
2746	Carleton	R. A. A.
2747	Raymond	N. C.
2748	Duffau	F. T.
2748 A	Frazelle	W.
2749	Johnston	J. W.
2750	Cope	J. P.
2751	Texas Ranger	
2752	Walsh	W. C.
2753	Walsh	W. C.
2754	Murrah	P.
2755	Henry	Wade
2756	Murrah	P.
2757	Hickey	W. W.
2758	Bartley	A.
2759	Strong	L. P.
2760	Erwin	G. W.
2761	Galveston News	
2762	Tanner	N. B.
2763	Robards	C. L.
2764	Galveston News	
2765	State Gazette	
2766	Davis	Jinkins
2767	Carleton	R. A.
2768	Raymond	N. C.
2769	Leckie	Thomas
2770	Norwood	O. A.
2771	Franklin	J. R.
2772	Norwood	O. A.
2773	Burke	John
2774	Davis	John B.
2775	Chase	W. R.
2776	Thompson	William
2777	Murrah	P.
2778	Murrah	P.
2779	Crozier	A. R.
2779 A	Flowers	A. F.
2779 A	Hinsley	J. W.
2779 A	West	R.
2780	Randolph	C. H.
2780 A	Howell	J. V.
2781	Randolph	C. H.
2781 A	Kerby & McCord	
2782	Randolph	C. H.
2782 A	George	G.
2783	Raymond	N. C.
2784	Burke	John
2785	Murrah	P.
2786	Hotckiss	W. L.
2787	Murrah	P.

www.ingramcontent.com/pod-product-compliance
Lightning Source LLC
Chambersburg PA
CBHW060506300426
44112CB00017B/2566